U0574734

柴 江◎著

家校合作
与学生核心素养发展

JIA XIAO HEZUO
YU XUESHENG HEXIN SUYANG FAZHAN

人民出版社

目　　录

序

戴斌荣

在教育的历史长河中,家庭、学校、社会始终是教育的主要场所,形成了教育的基本形态。在教育的变革历程中,随着时代发展的诉求和教育改革的需要,以及教育治理体系和治理能力现代化的要求,家校合作成为教育教学改革和育人模式变革的重要内涵,如何加强家校合作与互动,形成家校协同育人的合力,多年来一直是学界研究的热点。

家校合作是中国现代教育改革的重要组成部分,是立足新发展阶段实现教育高质量发展的时代命题,亦是全面提升育人质量、培育时代新人的教育发展趋势。习近平总书记指出,家庭是人生的第一所学校,家长是孩子的第一任老师,要给孩子讲好"人生第一课",帮助孩子扣好人生第一粒扣子。这一论述深刻诠释了家庭教育对子女成长的重要意义,为推动家庭教育与学校教育协同育人的良好教育生态建设提供了方向性的指导。《中共中央关于制定国民经济和社会发展第十四个五年规划和二〇三五年远景目标的建议》、2021年的《政府工作报告》等均指出,要把"健全学校家庭社会协同育人机制"作为教育发展的重要组成部分;《关于进一步减轻义务教育阶段学生作业负担和校外培训负担的意见》指出,要强化"学校教育主阵地作用",完善"家校社协同机制"。2021年10月颁布的《中华人民共和国家庭教育促进法》指出,"中小学校、幼儿园应当根据家长的需求,邀请有关人员传授家庭教育理念、知识和方法,组织开展家庭教育指导服务和实践活动,促进家庭与学校共同教育",这是从法律层面对家庭教育促进工作提出的新要求。国家的顶层设计和宏观规划,为家校合作的体制、内容、方法和路径等方面的探索与实践提供了方向,成为提升育人质量、强化育人路径的有效助益。构建有效的家校合作机制、形成多元的家校合作路径,不仅需要及时了解国际教育的前沿研究动态,将先进经验与中国国情相结合,构建具有中国特色的家校合作理论体系与实践方式,还要不断加强理论研究者和一线工作者队伍建设,尤其是注重加强二者的有效合作,形成"实践—理论—实践"的螺旋式提升模式,助推理论研究和实践推广的共同发展。

家校合作既是加强家庭和学校联系的中介和桥梁,又是各尽其责、协同合作促进学生发展的有效路径。从一定意义上说,家校合作是影响学生全面发展、核心素养提升的重要因子。近年来,在促进学生核心素养提升的教育诉求下,我国学者就核心素养进行了多维化、专门性研究,彰显出中国教育研究的活力。随着核心素养研究的不断深入,如何构架具有中国特色、彰显中国话语的核心素养体系,成为理论与实践工作者共同努力的方向。在教育高质量发展的推进过程中,实现家校合作共育学生核心素养,是当今基础教育改革和家校合作实践的重要内容。因此,我国的教育研究者和工作者应结合中国教育实情,汲取国内外优秀研究成果,将家校合作与学生核心素养提升无缝对接,加强中国特色的核心素养理论体系和实践路径建设,服务于中国基础教育改革发展。

盐城师范学院柴江博士的新著《家校合作与学生核心素养发展》,以家校合作共育学生核心素养为主线,通过扎实的理论研究、充分的实证调研对家校合作与学生核心素养进行了系统的研究。该书在合作共同体理念视域下分析了家校合作的本质属性与特征,以此为基础,从家校合作主体的行为和能力两个层面建构了家校合作类型的分析框架,结合大样本数据结果,探究了家校合作与学生核心素养的关系,进而提出了具有针对性、可行性的实施策略。相对于国内外的已有研究成果,本书在研究视角、研究方法、理论创新等方面有了新的突破。一是在研究视角方面,从家庭和学校两个层面分析影响学生核心素养的因素,甄别各因素中对学生核心素养产生影响的关键变量,提出并验证关键变量对学生核心素养的影响路径,全书围绕这一主线展开深入研究,逻辑严密、思路清晰、论证充分,研究结论为制定更具有效性、更有针对性的家校合作方案提供了实证依据。二是在研究方法方面,采用配对样本调查、结构式访谈与非结构式访谈等方法,利用 SPSS、Amos、Mplus 等软件,以广泛的调研、大量的数据为基础,对家校合作类型、学生核心素养以及家校合作与学生核心素养的关系等内容进行研究,方法得当、数据翔实、分析缜密,有效运用了质性与量化相结合的研究方法。三是理论创新方面,创造性地从家校合作双方内在因素的角度分析家校合作的类型,同时提出将学业素养纳入核心素养框架体系的观点,并对家校合作类型及学业素养的属性与特征进行学理阐释,层次分明、有理有据、论述翔实,丰富了我国本土化的家校合作理论,拓宽了学生核心素养的框架体系。

"事莫明于有效,论莫定于有证",柴江及其团队秉持着对教育的情怀与热心,坚守着对教育的执着与热情,以丰富的实证数据、缜密的逻辑体系创新了家校合作和核心素养研究,并致力于基础教育的改革发展和时代新人的培育,服务于当下教育、谋划于教育未来,为我国基础教育阶段家校合作的有效开展贡献了一分智慧!希望有更多的学者能够参与到这种具有基础性而又富有挑战性、创新性的工作中来,为建立符合我国国情的家校合作理论体系和实践范式贡献智慧。

是为序。

绪　　论

一、研究缘起

为追求高质量的家校合作,最大限度地发挥家校合作在学生发展过程中的积极作用,国家层面出台的有关政策越来越多地涉及学校与家庭以及社区合作方面。2017 年,《义务教育学校管理标准》提出要构建和谐的家庭、学校、社区合作关系,提高家长在学校治理中的参与度,形成育人合力;2019 年发布的《中国教育现代化 2035》提出"推进家庭学校共同育人";党的十九届五中全会再次明确了"建设高质量教育体系"的政策导向和重点要求,并在人才培养路径上进一步凸显了"健全学校家庭社会协同育人机制"的重要性和迫切性;2021 年发布的《关于进一步减轻义务教育阶段学生作业负担和校外培训负担的意见》,要求强化"学校教育主阵地作用",完善"家校社协同机制"。可以看出,家校合作成为现阶段基础教育综合改革的重要举措。

家校合作对学生发展影响的广泛性已被大量研究所证实,在注重学生核心素养培养的现代教育体系中,家校合作共育学生核心素养具有重要的现实意义。2014 年教育部研制并印发《关于全面深化课程改革落实立德树人根本任务的意见》,提出"教育部将组织研究提出各学段学生发展核心素养体系,明确学生应具备的适应终身发展和社会发展需要的必备品格和关键能力"。围绕各学段学生核心素养发展的研究犹如雨后春笋,成为教育界的热点话题和重点研究领域。在涉及学生核心素养发展的众多建议中,家校合作被认为是学生核心素养发展的重要途径。关于家校合作提升学生核心素养这一主题,仍有几个议题值得深入思考。第一,各学段学生的核心素养具体包括哪些内容,即各学段学生要提升的必备品格和关键能力是什么? 2016 年 9 月,北京师范大学研究团队提出中国学生发展核心素养的基本框架,之后,众多学者和研究团队提出如"21 世纪核心素养的 5C 模型""层次说"等核心素养框架。各学段学生的身心发展特点和学习目标任务不同,其必备品格和关键能力的构成亦有差异,做到有效支持学生核心素养的发展,则需要在现有框架下进一步提炼各学段学生的核心素养结构,这也是核心素养研究走向精细化的必然趋势。第二,家校合作到底在多大程度上影响学生核心素养的发展? 具体影响学生核心素养的哪些方面? 其影响路径是怎样的? 从实证角度来说,家校合作与学生核心素养发展的关系以及作用机制,是判定将家校合作作为提升学生核心素养重要途径的依据。因而,提出家校合作共育学生核心素养建议,抑或是将学生核心素养发展纳入家校合作的内容,都需要探讨家校合作与学生核心素养发展的关系,在此基础上进行的对策研究才具有实践指导性。第三,如若家校合作有助于学生核心素养的提升,抑或是学生核心素养发展的重要影响变量,家校合作本身的发展以及家校合作体系的建立,则是实践层面培育学生核心素养首先要解决的现实问题。经过长时间的探索和实践,我国中小学的家校合作越来越普及,但家校合作实践中的组织系统性与计划性、目标统筹性与指向性、方式多样性与层次性,以及合作效果的评估与持续改进等方面,仍有较大提升空间。提升家校合作的专业化,实现合作主体之间协调发展成为现阶段急需解决的问题,这也是学生核心素养发展路径建构必须解决的首要问题。

基于此,本书构建了家校合作提升学生核心素养的框架思路。一是在现有核心素养框架指导下,探讨不同学段学生核心素养的结构。依据核心素养的内涵,结合国内外有关核心素养的框架,本书尝试从"文化性""发展性""动力性""社会性"四个方面建构小学生核心素养的框架结构。在制定小学生核心素养框架时，既注重学生素养整体性，又兼顾小学生核心素养发展的独特性，聚焦小学生核心素养发展的具体领域，最终凝练出小学生核心素养的基本结构。二是分析家校合作与学生核心素养关系以及作用机制。本书在分析家校合作本质属性与特征的基础上，尝试从家校合作主体双方的行为和能力两个层面，建构家校合作类型评估框架，结合家校因素影响学生核心素养的文献研究，调查并分析家校因素与小学生核心素养及其各构成内容的关系，探寻家校因素影响小学生核心素养的路径。三是探索家校合作体系建构的要素，研究家校合作提升学生核心素养发展的途径。家校合作涉及国家、区域、学校、家庭、社区等多个主体之间的互动，单凭学校与家庭的非制度化活动很难构建家校合作的贯通体系。因此，家校合作指向学生核心素养的提升与发展，首先需要厘清家校合作体系构建的关键要素，构建适合于我国教育发展实际的家校合作体系，在此基础上提出家校合作共育学生核心素养发展的建议。

二、研究目标与价值

（一）研究目标

1.构建家校合作类型评估的理论框架

目前，对家校合作的探讨推动了我国对家校合作价值与功能的认识，但缺少评估家校合作类型的方法和工具。本书不仅编制了评估家校合作类型的新工具，还从家校合作双主体的内在因素，探究能够发挥提升小学生核心素养的家校合作新机制，进一步发展和完善家校合作理论和实践研究成果。

2.构建适合于我国教育发展实际的家校合作体系

为解决家校合作机制的不畅通、家校合作中忽视小学生核心素养培育等问题，本书在厘清家校合作体系构建关键要素的基础上，结合我国家校合作实践和学校发展实际，提出家校合作体系构建的建议，以期推动系统化、制度化和可操作性的家校合作体系的建设工作。

3.提供小学生核心素养培育的家校合作路径

本书借鉴国内外家校合作的已有经验,结合小学生核心素养发展的实际状况,提出小学生核心素养的培育路径,逐步提高学生的知识、技能以及支撑其学业发展的动力因素和社会素养等能力,实现理论建构和现实操作的有机统一,顺应新时代对学生关键能力发展的新要求。

(二)研究价值

1.丰富家校合作的相关理论

家校合作具有教育学、社会学和管理学等多学科视角,在不同学科视角下产生了不同的家校合作理论。目前,关于家校合作的主流理论主要有四种:协同理论、社会资本理论、生态系统理论和交叠影响域理论。上述四种理论从不同学科视角出发,为探究我国家校合作提供了理论依据。随着我国教育体制的改革,家校合作研究不仅需要重视基本观念、思想与立场的更新,还需要通过研究其基本结构获得其自身规律与机制,并将这种规律与机制应用到具体情境。① 为适应新政策、新环境,需要建立符合我国本土化的家校合作理论,本书从家校合作双方内在因素这一角度出发,分析家校合作的类型,并从家校合作体系构建的关键要素角度,提出家校合作体系建构思路,从多维度丰富了现有家校合作理论。

2.为家校合作实践提供方法论

本书采用多维视角分析不同类型家校合作的优缺点,在此基础上,从家校合作双方的意愿和能力维度出发,编制家校合作类型的调查工具,透过家校合作类型的现状,进一步发现家校合作困境的根源,对家校合作的发展方向进行合理定位。本书在一定程度上为分析我国家校合作的类型提供了分析工具,

---

① 孙颖等:《基于生态系统理论构建的融合教育专业支持系统探究——以北京市为例》,《中国特殊教育》2020年第7期。

尤其在学校教育正朝着多元学习模式和注重德智体美劳全面发展的学生综合素质评价改革的趋势下,有助于推动家校双方合作观念和行为的积极变化。因而,本书基于家校双方合作意愿和能力角度分析当前家校合作的水平,为探索适合本地区、本学校的有效合作途径与方式提供了参考,也为家校合作实践探索提供了方法论的指导。

3.提出家校合作共育学生核心素养的路径

核心素养的提出反映了新时期学生发展的新目标和新定位,需要我们重新审视“核心素养”对于个体发展的重要意义,以及个体核心素养提升对不断增强国家、民族竞争力的重要价值。学生核心素养的发展是家庭和学校共同关注的内容,也是家校双方开展合作的现实目标和共同努力的方向。当前家校合作实践的团队建设和方案设计中,学生核心素养培育的内容和方式有待进一步探索。本书从指向学生核心素养发展的家校合作体系建构、家庭教育能力提升的服务联盟,以及教师教学和校园环境内在资源建设等方面提出建议,一定程度上可以为学校制定家校合作共育学生核心素养的举措提供参考资料。

三、研究方法

本书采用定性研究与定量研究相结合的方法,通过文献研究、理论分析、问卷调查、结构式与非结构式访谈等展开研究。

一是文献研究,收集国内外有关家校合作政策与理论、学生核心素养理论框架以及有关家校合作与学生核心素养影响因素的文献,对政策文本与文献资料进行深入分析,构建研究框架。

二是理论分析,探讨家校合作属性与特征、家校合作体系构建关键要素以及小学生核心素养框架结构等,为实践中家校合作类型和小学生核心素养水平的研判提供理论基础。

三是问卷调查,本书在对家校合作类型及小学生核心素养理论框架建构的基础上,编制《家校合作类型调查问卷》《小学生学科素养问卷》《小学生学业素养问卷》《小学生社会素养问卷》等问卷,预调后经信效度检测后形成正式问卷。通过调查了解家校合作的主要类型和小学生核心素养的基本状况,以此为基础分析家校因素与小学生核心素养的关系与作用机制。

四是访谈法,本书采用结构式访谈与非结构式访谈进行资料收集。结构式访谈主要应用于《小学生学科素养问卷》的合理性评价方面,以语文、数学学科教师为对象对小学生数学知识、技能测验的维度和梯形的合理性进行访谈。非结构式访谈主要用于收集家校双方对家校合作的态度与看法,以及学生核心素养发展建议等,访谈资料作为数据分析的补充和对策建议的参考。

第一章　共同体与合作共同体

在人类历史发展的不同阶段,共同体的性质、类型以及形态都是不同的。农业社会属于家元共同体范畴,工业社会属于族阈共同体范畴,进入后工业社会和全球化的现阶段正处于合作共同体的生成状态,属于合作共同体范畴。当前,现代文明的发展不仅带来了整个世界的进步和繁荣,也导致整个世界处于资源短缺、环境污染、贫富差距等危机和风险中。规避各种可能的危机与风险,需要实现科技、经济、文化、教育以及思想观念等方面的交流与融合。因此,现代文明所孕育着的全球化时代,共同体的性质、类型和形态也显现出这一时代的独有特征,即建立互惠合作的合作共同体。全球化时代背景下的"共同体"更具包容性、密切性,纵向深度更深且横向广度更广,已延伸至人们工作生活的各个方面、各个范畴,拓展到世界各个国家和地区的经济、社会、文化、教育等各个领域。

全球化的进程深刻地影响着人们的工作和生活,改变着人们的思维方式,也促成了人们对"共同体"概念的深刻理解。与人们日常生活和学习密切相关的信息咨询、购物消费、金融投资、文化教育等,无一不受技术全球化、经济全球化、贸易全球化、投资全球化的影响,人们已习惯于全球化发展所带来的生活与学习上的繁荣和便利,并广泛地接受共商、共建、共享的人类命运共同体的发展理念。人们的观念与行为所发生的这些变化,为推进全球化的进程,形成并稳定社会发展各领域的共同体奠定了重要的基础。

从某种意义上说,家校合作是共同体概念框架下的一种表现形式,是在教育领域中的一种互助互通、资源共享、共同行动的实践活动,包含着共商、共建、共享的发展理念。因此,家校合作首先要打破竞争与对抗的二元对立思维,确立和合共生的对立统一思维,在合作共同体思维框架下重新定位家校双方的关系;其次,要打破家校合作双方的傲慢与偏见,确立和则两利、分则两伤的基本认识,消除家校双方教育理念难以统一、目标与责任分离的观念。这两个方面是形成与发展真正的家校合作共同体的认识论基础,也是共同体构建过程中非常强调的"关键词"。总之,建立合作共同体是全球化时代经济、社会、文化、教育等各项事业发展的必然选择,家校合作这一共同体的构建也需要秉承共同体的发展理念,在共同体的框架下思考家校合作的发展之路。

第一节　共同体的形态及演进

1887 年,德国社会学家斐迪南·滕尼斯在《共同体与社会》一书中提出共同体的概念,认为"共同体"是依赖于记忆和习惯等自然意志,在血缘、地缘和礼俗文化的基础上形成的具有共同价值及融洽感情的结合体。他认为,关系本身即集合,或者被理解为现实的和有机的生命——这就是共同体的本质。[1]共同体构建的基础是现实中的人,现实中的人即是"从事实际活动的人",构成了共同体生成的实践渊薮,而"现实的个人"的实践活动也为人类社会走向"真正的共同体"奠定了现实的起点。[2]涉及人与人之间关系、相互联系的实

---

[1]　李雪松:《社会治理共同体的再定位:一个"嵌入型发展"的逻辑命题》,《内蒙古社会科学》2020 年第 4 期。

[2]　康渝生、边飞飞:《"共同活动方式":"真正的共同体"的实践前提》,《湖南社会科学》2019 年第 6 期。

践活动可以引入共同体概念体系中的元素,实现共同体原生概念的拓展,命运共同体、经济共同体、社会治理共同体、学习共同体等概念,都是建立在共同体思想的理论基础之上的。"共同体"在各个领域话语体系中的延伸与倡导,反映了人们对以平等和尊重为前提的社会生活共同体的渴望,而这种共同体是通过共同意志、信任关系、价值理念等建立而体现在人与人之间相互联系的各个领域中的全新生活模式。

一、共同体的基本形式

共同体的本质是人与人关系的集合,它是一种古老的存在,其胚胎形式可追溯到人类原始的自然生活状态。个体从出生便处于这种关系集合之中,与母亲之间的关系、与兄弟姐妹之间的关系、与所生存时空范围内氏族亲属的关系等,这种类型的关系集合是最原始的,也是最强有力的关系,是最有可能形成共同体的关系集合,即血缘共同体。母亲在养育孩子过程中产生的相互依赖与习惯,与兄弟姐妹在一定时间内共同生活建立的感情和形成的不可磨灭的回忆,与氏族亲属共有的生活经历以及有可能产生的"婚姻关系"等,这些都为血缘共同体的建立提供了先天的条件和基础。这时,基于不同的血缘关系形成了多个共同体,在同一时空中,各个血缘共同体又会产生关联,生活于一定范围土地中的人们彼此之间的联系又推动着地缘共同体的建立与发展,地缘共同体的建立使得生活在一起的人们产生共同的感受、崇拜、信仰得以成为可能,在此基础上则形成了精神共同体。

人与人之间相互关联的交互关系,成为共同体构建的基础。共同体的演化同时描述了共同体的基本形式,即血缘共同体、地缘共同体、精神共同体。血缘共同体发展并逐渐分化成地缘共同体,地缘共同体直接体现为人们共同居住在一起,它又进一步发展并分化成精神共同体,精神共同体意味着人们朝着一致的方向、相同的意义上纯粹地相互、彼此协调。精神共同体在自身中结合了前两种共同体的特征,构成一种真正属人的、最高级的共同体类型。① 依据共同体的本质特征,人们通过各种方式产生相互联系并彼此肯定形成共识,就可以产生各种各样的共同体形式。换句话说,每种共同体的建立与发展,都是以共同体内部成员的天然联系,或通过意志与精神的同向同行为前提条件的,这种天然联系、意志、精神是人与人产生关联的纽带,它为彼此的适应、友谊的深化、秩序的建立以及精神的凝聚提供机会,为共同体的维持发展和共同体内部成员关系的稳定并走向深入提供帮助。

从一般意义上去理解普遍存在的共同体形式,建立人与人相互联系的纽带主要包括三种,滕尼斯将之分别称为亲属关系、邻里关系和友谊关系。一是有着血脉联系的亲属关系。亲属们生活于同一屋檐下,共同占有并分享着共有的资源,这种天然的联系和共同生活于一定空间所产生的亲近、依赖、习惯,使得建立在亲属关系基础上的共同体拥有并保持着共同意志和精神。即使相隔距离甚远,这种意志和精神仍然强大,保证了亲属间关系的持久性和稳定性,是人们所拥有的各种人际关系之中最密切、最亲近的类型。二是有着生产与生活交集的邻里关系。邻里生活于同一片土地,在同一时空的同一片土壤中相互接触、相互适应、共同劳动,或在共同劳动中建立相处规则,这种互动关系为邻里之间共同体的建立提供基础,但邻里关系不一定就能形成共同体。相比亲属关系,邻里关系缺少了共同生活的亲近和相互依赖的体验,离开邻里关系的个体仍能保持自身的状态,回到更具亲近感的亲属关系之中。因而,邻里关系基础上的共同体形成需要共同习惯予以支持。三是有着共同兴趣或思维方式的友谊关系。这是独立于亲属关系和邻里关系的共同体形成的另一种纽带,基础是人与人之间精神上的共同性与心灵上的亲近感(或称为"志趣相投")。友谊关系通常产生于同一职业或行业之中,职业的属性越同一,行业关系越密切,工作性质越相近,友谊关系产生的可能性也就越大。可以想象,

① [德]斐迪南·滕尼斯:《共同体与社会》,张巍卓译,商务印书馆2019年版,第87页。

10

职业与工作性质相同的伙伴彼此之间有着共同的话题、共同的身份、工作中相似的经历和体验，以及在此基础上产生的"惺惺相惜"的精神获取感，这种关系完全通过精神的纽带予以联结，不同于亲属关系的共同生活和邻里关系的共同习惯与适应，是一种精神性、心灵性的自由选择将相近的人群集结并形成共同体。因此，这种共同体可以跨越亲属关系和邻里关系，不受血缘、生活区域的约束。友谊关系本身不是天然的，它的形成与维持，需要经常性的相互交往和交流，因为在经常性的互动中才能逐渐产生人与人之间共同信奉的共同精神，也只有经常性的互动才能赋予这种共同精神以生机勃勃的生命，从而在友谊关系中彼此固化这种精神上、心灵上的依赖。由于频繁的接触、交流，意味着相互否定、矛盾与不合等情形发生的可能性增大，所以友谊关系是最难维持的，但是，只要友爱的现象占有优势的话，这种关系也就可以固化为真正的共同体。

由此可见，共同体建立所依托的各种类型的纽带至少包含两个方面的含义。一方面，它属于一种被共同体内部成员所共同理解、共同认同的意识形态，它是对所属共同体的观念、思想、价值、目标等要素的总和。一个共同体中，其内部成员的意识形态通常具有一定程度的共同性和方向上的一致性。在特定领域，内部成员之间的意识形态可能会存在程度上的不对等，即不是全部成员的意识形态都处于某种同一水平，但会在可允许的界限之内，否则将基于不同意识形态而分化为其他甚至更多的共同体。与此同时，共同体内部成员越体会到自己从属于这个共同体，意识形态与共同体所蕴含的观念、思想、价值、目标越一致，朝向越同步，那么共同体内部成员的习惯、性情、特征等也就越相似，并且会逐渐消除与共同体内在属性不相称的其本有的一些意识形态的内容。因此，每个共同体形式都会有一种共同的意识形态，或许这种意识形态并未很明显地表现出来，但会以一种默契的方式被共同体内部成员所认同。另一方面，它包含有情感或理性方面的心理特征。相互一致、结合到一起的信念是一个共同体特有的意志，它是一种特殊的社群力，也是一种相通的感受,由此,它就把一个整体里的各个成员团结到了一处。① 将共同体成员集合在一起的这种信念、社群力,要么来自情感,要么来自理性。前者主要表现在血缘关系共同体中,这种以情感为基础的血缘关系共同体最原始的形态是家庭,家庭成员彼此生活、相互依赖,其情感是最为原始、最为自然的状态。家庭形态的共同体进一步扩散则形成更为广义的概念,即民族。这时,基于情感的血缘关系所产生的共同体具有了更高级的形态。在这种形态中,我们也能发现统一的意识形态,特别是涉及普遍意义上的共同观念与思想方面,如荣辱感、民族团结等,这是一种在血缘关系基础上的情感表现。后者主要表现在邻里关系和友谊关系中,个体可以经过理智判断选择这个或那个共同体,其间要经过对各种共同体意识形态与其自身一致性的判断,人们倾向于选择与其意识形态相似或相一致的共同体,这本质上是一种理性的选择。我们经常可以看到邻里间产生的各种共同体,有基于共同兴趣的,有基于共同话题的,等等,即使同一个体都以成员身份加入邻里间的不同共同体,也会因理性的选择而区分出共同体的疏密关系与重要程度。我们也经常可以看到游离于共同体之外的一些个体,这些个体往往具有"与众不同"的观念或行为,其无法与共同体内部成员在情感或精神上与心灵上走向统一、达成共识,这其实也是个体在共同体选择层面的理性判断。

共同体的基本形式为我们理解其他形式共同体的内涵提供了思路。血缘共同体、地缘共同体、精神共同体这三种共同体的基本形式,在不同的时代、场域和情境下表现出不同的特点,发展方向也会有所偏重。特别是随着社会劳动分工的深化,价值主体的界限变得越来越精细,在共同体基本形式的基础上,产生出超越一定地域空间,本质上也区别于血缘、邻里与友谊的丰富的共同体形式,如跨区域的共同体、虚拟的共同体、利益驱动的共同体等。这些共同体虽然也是基于人与人之间的相互联系而产生的,但其内涵比共同体的基

---

① [德]斐迪南·滕尼斯:《共同体与社会》,张巍卓译,商务印书馆2019年版,第95页。

本形式有了更多的发展、更深刻的含义和更复杂的关系。

二、共同体的演进

马克思以资本逻辑的产生和发展为主线,将人类社会的共同体发展界划为自然形成的共同体、抽象共同体、自由人联合体三个阶段。自然形成的共同体是资本逻辑产生之前的共同体形式,血缘关系、宗法关系、宗教关系、直接性伦理关系是其运行的基础和规范;抽象共同体运行的基础和规范是物物交换、民族国家、商品拜物教和中介性伦理;以自由联合、共有、共创、共享为基础和特征的自由人联合体,是共同体发展的最高阶段。[①] 人类发展的历史是共同体不断变革与演进的历史,共同体的演变源于人类生产方式的变革。有学者认为,人类发展经历了由"无剥削的共同所有"向"剥削基础上的所有",再向"更高阶段无剥削的共同所有"的演变和跃迁,而共同体的演进发展过程,经历了本源形式的"自然共同体"到抽象形式的"虚幻共同体",再到"真正共同体"的演变序列,这一过程构成了共同体发展的历史逻辑。[②] 也有学者从层级、性质的演进描述了共同体的几个发展阶段,即"自然形成的共同体:前现代社会的共同体形式""虚幻的共同体:资本主义国家批判""抽象的共同体:资本主义政治经济的批判""真正的共同体:自由人的联合体"。[③] 人类社会经历了从原始社会到农业社会,再到工业社会以及后工业社会的演进,从人类社会发展的角度看共同体的演进过程,在不同社会历史阶段共同体所表现出的形式亦不同,大致经历了家元共同体、族阈共同体和合作共同体三种形式的演变。[④]

[①] 桑明旭:《马克思对共同体发展的历史考察及其当代启示》,《湖北社会科学》2019年第4期。

[②] 徐斌、巩永丹:《马克思共同体理论的历史逻辑及其当代表现》,《马克思主义与现实》2019年第2期。

[③] 朱楷文:《马克思共同体思想历史分期及其逻辑演进》,《法制与社会》2019年第9期。

[④] 张康之、张乾友:《共同体的进化》,中国社会科学出版社2012年版,第1页。

（一）原始社会与农业社会：以血缘关系为基础的家元共同体

家元共同体在原生形态中是由血缘、地缘这样的亲族关系以及与之相随的交往关系所构成的,在农业社会的历史阶段中,其他的共同体形式完全可以看作"类家元共同体"的存在形态,或者说是次生的家元共同体。① 家元共同体的概念等同于马克思提出的"自然形成的共同体",在马克思看来,自然形成的共同体是资本主义生产以前的各种形式,即包括了原始社会和农业社会的共同体形式,这种形式共同体的形成直接依赖于血缘关系。"劳动越不发展,劳动产品的数量,从而社会的财富越受限制,社会制度就越在较大程度上受血族关系的支配。"②原始社会和农业社会以"家"为单位的自给自足的生活方式,决定了家元共同体的基本特征。

1. 家元共同体的形成以血缘关系为基础

氏族或部落是原始社会的基本单元,共同体的建立以血缘关系为基础。氏族或部落群体,有些以狩猎或采集为主,有些以渔业为主,有些则以简单的自然农业为主,通过这些途径获取食物以维持氏族部落群体的生存,更多地依靠氏族或部落全体成员的共同努力和劳动。这种在以基本生存为需要、基于自然状态下生成的共同体,与当时极其低下的生产力水平直接关联。原始社会中以血缘关系为纽带建立的氏族或部落,群体成员本身就具有天然的联系,即包含着夫妻关系、母子关系、兄弟姐妹之间的关系以及亲属关系。也正是由于天然的血缘关系的维系,原始社会的人们很自然地共同生产、共同生活,共同拥有并共同享受生活资料,在此基础上,他们逐渐形成了共同的生活习惯、共同的语言、共同的习俗等。

随着生产力的发展,畜牧业和原始农业逐渐产生,原始社会的集体劳动被

---

① 张康之、张乾友:《对共同体演进的历史考察——兼论人文社会科学研究的共同体视角》,《西北大学学报(哲学社会科学版)》2008 年第 4 期。

② 《马克思恩格斯文集》第 4 卷,人民出版社 2009 年版,第 16 页。

个体劳动所替代,氏族或部落逐步解体,人类社会进入以家庭为基本生产单位的自给自足的小农经济占主导地位的农业社会。虽然原始社会的氏族或部落解体,但代之以家庭为单位的共同体仍以血缘关系为基础。部落共同体解体后,社会产生了分工和私有制,出现了剥削和压迫,但血缘关系在社会中的纽带作用并没有发生改变,以血缘关系为基础的世袭制和继承制使得社会分工和私有财产始终保持固定的秩序。① 换句话说,虽然在农业社会生产力发展的推动下,进一步产生了人与人之间的阶级关系,但此时共同体的存在与维系仍建立在血缘关系基础之上,"家"的社会功能占据主导地位,只不过处于共同体之中的人们已普遍接受这种"自然"的伦理关系,这种伦理关系得到普遍认同的心理基础是以血缘关系为纽带的,如"以君比父"的观念。所以,在农业社会这个历史阶段中,无论是以什么样的形式出现的共同体,都具有"家"的特征,或者被直接比喻为家,如果在现代社会中也会出现这种形式的共同体的话,那么它肯定是在较不发达的地区或较不健全的领域中出现的,因为这些地区或领域中还较多地残留着农业社会的痕迹。②

2. 家元共同体的意识形态具有高度的统一性

原始社会中,由于人们的生产生活方式极其简单,没有比进行集体行动获取食物以解决生存问题更重要的事情了,因此作为原始社会的共同体形式——氏族或部落,其成员的观念、想法具有高度一致性,为的是获取更多的食物以维持生存的需要。在氏族制度中,族长和军事首领通常是血缘关系中的"父""母"或长者,他与氏族成员的关系不是统治与被统治的关系,而是扮演着生产与生活经验传授者的角色,他同氏族或部落的成员一起劳动,没有任何特权,氏族与部落的一切大事都由氏族成员共同讨论决定。因此,在典型的

---

① 桑明旭:《马克思对共同体发展的历史考察及其当代启示》,《湖北社会科学》2019 年第 4 期。

② 张康之、张乾友:《对共同体演进的历史考察——兼论人文社会科学研究的共同体视角》,《西北大学学报(哲学社会科学版)》2008 年第 4 期。

原始社会里,没有专职的领袖,没有阶级,没有压迫。

随着生产力的发展,农业和畜牧业在生产中的地位提升,社会生产有了简单的分工,生活产品有了剩余,氏族或部落中则出现了享有更多生活资料的贵族阶层和从事生产劳动的平民阶层,以血缘关系结成的氏族或部落开始破裂,一些成员开始脱离氏族与没有血缘关系的人杂居,出现了按地域划分的农村公社。氏族或部落共同体解体,但留存于人们生产生活中的习惯和观念中的"家长"威严、权力却根深蒂固。原始社会氏族制度中的"家长"虽没有特权,但在生产力极不发达的情况下,传授生产生活经验的"家长"身份蕴含着权威,只不过这种权威的功能在当时的社会形态中还没有表现出来而已。事实上,氏族中的"家长"权威具有传递性,权威的传递最初表现为父子关系,父亲将自己的大量生活经验传授给子女,这种现实的传授关系也就实现了"家长"身份的传递,因为父亲的所有权力在传递过程中已在理念上转移给子女,氏族中的其他成员无形中接受着这种代际延续。认同"家长"的权威、接受"家长"在共同体中的权力有着历史的必然性,即使到了农业社会,生产力发展改变了人们的生产生活方式,开始有了剩余产品,但生活资料仍是紧缺资源,人们仍需要"家长"的保护、支持、领导,这种在家庭中对"家长"的敬畏感从未消失过。因而,在以家庭为基本生产单位形成的共同体以及逐渐演变出"类家元"共同体的农业社会,共同体成员表现出思想、观念的统一是可能且必然的。

3.家元共同体的秩序遵循"自然法则"

原始社会中自然形成的共同体,依据共同体成员共同商定的生产、生活方式开展活动,是维持个人、氏族生存的首要条件。因此,原始社会共同体的秩序法则与当时共同体的性质直接相关,即以氏族"家长"权威为核心作用的自发秩序。自发秩序是在血缘关系基础上形成的自然秩序,人们以同一规则去行动,形成对这一规则的共识。比如,共同生活、共同生产、共同拥有和共同享受生活资料,比如,在氏族中敬畏长者、接受长者传授的生产和生活经验等,一切都依靠传统和"家长"来维系。在原始社会,这种自发秩序是氏族或部落成员发自内心的自觉自愿行为，人们都接受这种在自然演进中生成的人与人之间的关系，在大多数情况下，自发秩序具有高度的一致性，表现出共同体成员所自觉遵守的共同"默契"。

农业社会的共同体，其秩序法则是以伦理关系和宗法观念为核心的自发秩序。一是基于血缘关系传统观念的固化而形成的伦理关系。在共同体中，最初的伦理关系表现为氏族或部落成员间的平等互助、共享成果等，这种最初的伦理观念不是天然存在的，而是在血缘关系制约下的自然规范中逐步生成的。随着阶级关系的出现，伦理观念则作为调节统治者和被统治者矛盾的理论化、系统化的意识形态理论，用于解释人与人之间关系的秩序样态，比如，"三纲五常"是中国封建社会的基本道德原则和规范。在这种情况下，作为统治者解释人与人地位差异的伦理观念被推广成为共同体的道德准则，这种应当与不应当、好与坏的道德认知和道德标准，是基于原有的血缘观念的固化生成。二是基于"家长"权威的象征意义形成的宗法关系。"家长"即父权对家庭的支配作用是构成封建制的基础，人们保持着对父权以及作为父权象征的贵族的自然敬畏。这种敬畏意味着，它以最直接的方式将现实的或想象的氏族首领同整个氏族共同的祖先结合起来，这样做似乎确保了氏族首领的神圣出身，并仿佛很容易便保证了他的神性的威严。① 换句话说，人们把对父权、对共同体中家长和族长以及君主的敬畏，引申、升华到对祖先、神灵、图腾的崇拜，并赋予其象征意义。因此，在宗法关系形成的过程中，共同体中的权威者自然继承了这种"父的权力"，一定程度上成为宗教关系的核心和掌控者，而宗法关系也成为对共同体成员进行管辖和控制的一种社会关系。伦理关系和宗法观念逐渐融为一体，成为维护人的依赖关系的重要支撑，逐渐形成了人们认识彼此关系，并在"家长"设定的规则内活动的自然秩序。

总之，家元共同体的形成以血缘关系以及在此基础上生成的直接伦理关

---

① ［德］斐迪南·滕尼斯：《共同体与社会》，张巍卓译，商务印书馆 2019 年版，第 115 页。

系和宗法关系为纽带,其解体的原因有以下两个方面:一是由其自身的局限性决定的,二是由资本逻辑的产生和发展推动的。① 家元共同体的衰落,意味着以家庭和"类家庭"为基础的共同体的作用逐渐衰竭,在家元共同体衰落的同时,族阈共同体开始生成。家庭及家元共同体的衰落是现代化过程中的历史必然,是一个自然过程,是任何人都无力挽回的。②

(二)工业社会:以利益关系为纽带的族阈共同体

族阈共同体是在分工基础上产生的以利益交换为根本特征的共同体形式,其最初形态是以物物交换为手段、以获取货币为目标的市民社会,以及在此基础上根据"共同精神"逐渐构建起的虚拟共同体——以民族国家形式出现的族阈共同体。工业化的发展使得家元共同体的社会功能减弱,人们开始走出家庭走向社会,改变了人与人之间的关系,这一过程为新的共同体形式的生成提供了现实条件,也使人们为了获取更多生活资料而选择加入不同的共同体成为可能。工业化、城市化的进程促使人们离开家庭选择在现实的利益追求中去把一切都作为工具的生活方式,并且根据工具理性去建构整个世界。③ 因此,工业化催生出的共同体是社会生产力不断发展和分工扩大的结果,工业化和现代化发展的过程同时造就着族阈共同体的形成与发展。

族阈共同体主要经历了由市民社会到民族国家形态的发展过程。马克思把市民社会看作市场经济中人与人的物质交往关系和由这种交往关系所构成的社会生活领域。这里,我们以简单的方式来描述市民社会的形成:居住在村庄中的家庭通过成员们的共同劳动维持着自给自足的生活,家里的生活用品没有什么是买来的,一切都是依靠自己的力量生产出来的。在村庄之外的城

---

① 桑明旭:《马克思对共同体发展的历史考察及其当代启示》,《湖北社会科学》2019 年第4 期。

② 张康之、张乾友:《共同体的进化》,中国社会科学出版社 2012 年版,第 5 页。

③ 张康之、张乾友:《共同体的进化》,中国社会科学出版社 2012 年版,第 68 页。

镇中,学了新手艺的匠人之家利用新的生产工具制作出来一些新的东西,比如鞋,这些东西本身并不是自己使用,而是为了交换家庭生活的必需品。因此,城镇中不从事农业劳动的匠人之家必须不断生产出剩余产品,才有可能和周边村庄的家庭交换必需的生活资料;而村庄中出现的剩余产品如肉、谷物逐渐增多,可以用这些剩余产品从城镇匠人家庭中换取新奇、实用的东西,这时,最初的交换关系也就建立起来。在交换过程中,人们发现需要建立一种交换规则,比如按照5∶1或10∶1的比例来交换,因为村庄中拿剩余产品来城镇换取新东西的人越来越多,同时拿剩余产品来换取物品的种类也出现差别。在估量一个物品时,没有人作出相对于另一个物品更高或更低的价值判断,那么真实的价值就需要被确定下来,此时,人们需要找到一种中介物来估量这些物品的价值以实现平等的交换,货币则成为交换中的最佳对等物,同时成为人们最希望获得的东西。因而,在追求物质利益的强力驱动下,自然形成的共同体土崩瓦解,取而代之的是市民社会,买者和卖者始终保持着彼此的联系,双方都渴望并努力尝试花费自己最少的财富以获取别人的财富,人们不再以自然、单纯的关系去看待人与人的关系,为了获得尽可能多的货币,甚至不择手段或铤而走险,以利益获取为根本的人与人的关系赤裸裸地暴露出来,人类的命运就此被深刻地改变了。① 应当说,由于市场经济的发展,出现了产生市民社会的条件,市民社会是在工业化、城市化的过程中生成的,在市民社会成长到一定程度时,有了产生民族国家的需要。

黑格尔指出,市民社会是处在家庭和国家之间的差别的阶段,市民社会是不同于政治国家的一种存在形态,但又是近代民族国家的起点,也是理解族阈共同体的钥匙。应当说,政治国家和市民社会都是族阈共同体的内容,市民社会首先是作为族阈共同体的内容而存在的,其次才能被纳入政治国家的理解框架中。市民社会决定政治国家却不是政治国家的构成部分,政治国家统治

---

① 王公龙:《从市民社会到人类社会——世界历史视野下人类命运共同体的哲学基础》,《南京政治学院学报》2018 年第 6 期。

和治理市民社会却不存在于市民社会之中,政治国家总是高高凌驾于市民社会之上。① 只不过,政治国家是高度组织化的族阈共同体,而以其他形式出现的族阈共同体,其组织化的程度要弱得多。无论是市民社会还是政治国家,所属的族阈共同体都有着与家元共同体不同性质的特征。

1.族阈共同体按照一定的模式组织起来

从某种意义上来看,族阈共同体是一种后天建构的共同体,与自然生成的家元共同体不同,族阈共同体及其生活的一切方面都是组织化、制度化、系统化的设计,具有明显的理性特征。当人们走出家庭走入社会,在这个地方,每个人都被划分到严格的领域和界限之中,每个领域和界限都有着所谓"共同的东西",去获得更多的财富和价值,同时人们在无形之中也被划入一个个虚构的共同体之中,与这个虚拟共同体相关联的一切内容,如特定的目的、共同的行动、财富的分配、交换的规则等,都成为共同体成员应该遵守的标准和准则。在家元共同体中,每个人都是实实在在的个体,人与人之间的关系是纯粹的、自然的、有血有肉的存在。

在族阈共同体中,人与人之间的关系变成一种物与物的交换,利益关系支配了整个社会中人们的关系,而共同体中的人被抽象成了"劳动力"的概念,作为劳动结果的"物"也被抽象成了"财富""价值""资本"一类的概念,支撑与维持这种劳动力与"财富"关系的基础,则是共同体建构的一系列组织与规则。可以说,族阈共同体通过制度设计和制度安排使成员的共同意愿抽象化,并借助和管理这种建构起来的如法律、制度、组织生活等因素,把人们集结在一起建立形式上的共同体。有学者描述了族阈共同体的构建过程:当人类发现和确立起法的精神后,就可以根据法的精神来构建族阈共同体,如果人类能够发现和确立起伦理精神,如果人类能够实现伦理精神对法的精神的替代,如果人类能够切实地把伦理精神转化为基本生活原则,如果人类能够把伦理精

---

① 张康之、张乾友:《共同体的进化》,中国社会科学出版社 2012 年版,第 7 页。

神贯穿组织模式的设计之中,那么就可以实现对一种高于族阈共同体形态的共同体的自觉构建。① 族阈共同体在组织化方面达到了一个相当高的程度,而且组织自身实现了充分的分化,不仅出现了各种各样的组织,而且任何一个组织内部也是通过分工—协作的方式组织起来的。②

2.族阈共同体中人的关系以利益关系为纽带

随着市民社会的兴起,一切有关血缘、宗法、伦理、邻里的关系都转化成了金钱关系,人与人交往的那种自然的、天然的基本形态变得形式单一,变成了以物与物交换关系为纽带的利益关系。马克思指出,进入抽象共同体阶段后,资本逻辑打破了血缘关系的纽带作用,用金钱关系取代了血缘关系。真正的物与物的交换本身违背了家的本质,因为交换背后隐藏着一种交换的理念,即商品流通的理念。当人们在物与物的交换过程中,发现同一物品在其他的工匠之家可以换来更有价值的东西,或者发现用别的家庭没有的"有价值"的物品可以换到更多的肉和谷物时,家庭之外的人与人之间关系就产生了交换关系的萌芽。如果简单地称家庭之外的地方为社会,在社会里,我们需要根据交换的规则估量手中物品的价值,包括之后进一步抽象为商品的自身的价值(劳动力价值),去交换与之相对等的货币。在交换过程中,每个人都追求着自身的利益,人的一切价值都将被纳入交换的市场体系之中,转化为经济关系,以实现资本的无限增值。

资本的本性是自私的,追求最大额度的价值增殖是其根本目的,在资本主义社会,逐渐产生出谋求价值增殖的资本家和失去生产资料的劳动者。交换关系中的商人,通常以更少的货币、更低的价格获取更多的商品回报,渴望谋取更多的利润。他们精打细算,利用地域差、时间差、商品差,力求每次交换都获取最大限度的收益,再以更合适、更持久的方式拥有生产资料,如土地,这些

---

① 张康之、张乾友:《共同体的进化》,中国社会科学出版社 2012 年版,第 11 页。

② 张康之、张乾友:《对共同体演进的历史考察——兼论人文社会科学研究的共同体视角》,《西北大学学报(哲学社会科学版)》2008 年第 4 期。

商人或资本家天然地成为社会的主人与统治者。与此同时,由于交换过程中存在着利益剥夺,劳动者逐渐失去本有的生产资料,变得一无所有,他们被迫将自己转化成具有一定交换价值的"劳动力",以此在资本家那里换取货币,这种交换关系显现着与家元共同体所完全不同的人与人之间的关系,是建立在所谓达成"契约"的交换规则之上的赤裸裸的利益关系。如果我们在更大范围内分析这种抽象共同体与共同体之间的竞争,更广泛意义、更大区域范围内的人与人之间的关系也将变得利益化,因为从属于不同共同体的人们所进行的一切交往活动,都带着利益获取与利益交换这一隐蔽目的。在这个层面上,人们的利益关系越来越多地成为联结人们的纽带。"资本一旦产生出来并发展下去,其结果就是使全部生产服从自己,并到处发展和实现劳动与财产之间,劳动与劳动的客观条件之间的分离"①。劳动者与劳动的客观条件的分离,加速了商品使用价值向资本转化的过程,这一过程也造就了人的利益关系的产生。

3. 族阈共同体中的人们在契约的框架下开展交往活动

"在商品生产者的社会里,一般的社会生产关系是这样的:生产者把他们的产品当作商品,从而当作价值来对待,而且通过这种物的形式,把他们的私人劳动当作等同的人类劳动来互相发生关系。"②物与物交换作为人们交往关系的纽带,契约在整个交换过程中发挥着作用,它能够约束交换双方的交换行动,并处理交换过程中可能出现的背约行为。所以,族阈共同体必须借助于人为制定的外在性规范体系,才能得以维持下去,即需要用外在的强制性力量去抑制其内部不断生成的离异因素。③ 工业化、城市化的发展,将人们置于家庭之外的"社会"之中,社会中的个体被抽象为"经济人",人们要建立"人"与

---

① 《马克思恩格斯全集》第 30 卷,人民出版社 1995 年版,第 507 页。
② [德]马克思:《资本论》第 1 卷,人民出版社 2004 年版,第 97 页。
③ 张康之、张乾友:《对共同体演进的历史考察——兼论人文社会科学研究的共同体视角》,《西北大学学报(哲学社会科学版)》2008 年第 4 期。

"人"的关系时,家元共同体的那种自然的"亲情"不复存在,这时,面对社会中的陌生人,以往家庭、亲属之间的直接性交往方式会面临很多风险。

在金钱与利益面前,将人们集结在一起开展交往活动以获取共同利益,必然需要找到一种把人们集结在一起的理由和中介因素,契约油然而生,成为维持与稳定族阈共同体中的人与人交往关系的主导性因素。它的存在至少发挥以下三个方面的作用。一是建立交换秩序,避免人们因为利益获取而造成交换过程的混乱。在工业社会,契约是社会关系的基本内容,它规定了包括整个交换过程的各个方面的内容。工业社会的陌生人通过契约在法律制度的框架下开展交往活动,在交往活动中形成契约精神和造就契约文化,并让基于契约和反映了契约特征的社会运行得以顺畅。① 因而,如果没有契约,社会中人们的交换活动会变得秩序混乱,会在每次交换活动中产生矛盾与冲突,因为交换的目的是获取利益,追求利益会使得每次的交换活动变得不可预料。二是建立人与人的交往关系,使社会中的人们找到彼此交往的桥梁。家元共同体中的人们会按照家庭或熟人的交往规则进行交往,人们之间的交往相对固定在一定空间内。在族阈共同体中,受迁徙和流动的影响,人与人的交往可能仅有一次,人们在不同空间中的交往也更多的是陌生人之间的交往,与此同时,工业化社会又将人们置于必须进行社会交往的关系之中。因而,契约则成为中介因素将陌生人联系起来,实现了陌生人交往的可能并为人们之间的交往提供保障。可以说,契约是人们之间信任的物化,是人们在社会交往中创设出来的一种工具,是人们在陌生人的社会交往过程中的必然选择。三是建立更具普遍性的制度,维护共同体朝着预定的方向发展。契约为人与人的交往活动和交换行为提供保障,在面对更大范围、更广泛意义的交往和交换活动时,需要通过制度去实现对复杂现象的控制,因此,契约成为制度创建的基础。从这个层面讲,制度则是抽象化了的契约的集合。这时,制度具有了更广泛的规定

---

① 张康之、张乾友:《共同体的进化》,中国社会科学出版社 2012 年版,第 71 页。

性和约束性,在族阈共同体内部和族阈共同体之间的交往与交换活动中发挥功能。这里的制度主要存在于市民社会的社会自治力量和"行政国家"。我们可以看到,虽然非政府的社会自治力量能够在社会治理过程中发挥自治功能,但它所拥有的秩序却需要由政府提供,这些非政府的社会自治力量即使在秩序建构上有了创新举动,也需要通过一定的途径交由政府去加以确认,使之成为创制秩序。①

从哲学角度看,所有的共同体形式都在追求统一性,就如家元共同体表现出的意识形态的高度统一一样,族阈共同体按照同一标准、同一规则去规定多样性的社会,以及约束社会中人们的各种行为,达到所谓的"统一"。与家元共同体不同,族阈共同体很难依靠契约或制度消除差异,因为它更多的是作为一种外在的约束规制人们的交往与交换行为以及人们生活的各个方面,社会生活的各个层面都打上了统一性的力量。因而,族阈共同体是矛盾的统一体,是形式上的统一与实质上的差异的构成体。到了工业社会的后期,形式统一性在法律、组织结构等一系列外在于人的规范作用下达到了无以复加的地步。与此同时,人类社会在实质上则处于分崩离析的状态,只不过这种分崩离析被深深地隐藏在形式统一性的背后,因而不被人们所察觉。②

(三)后工业社会:以互惠共享为目标的合作共同体

合作共同体是人们为应对高度复杂性和不确定性危机与风险而自觉自愿建立的共同体形式,与竞争—协作模式占主导地位的族阈共同体不同,合作共同体强调的是合作,是在人的独立性和自主性基础上的共同行动所形成的共同体。马克思用"自由人联合体"描述了这种共同体的基本特征,在《资本论》第3卷中,他将自由人联合体称为"自觉的、有计划的联合体"③。从人的发展

---

① 张康之、张乾友:《共同体的进化》,中国社会科学出版社2012年版,第9页。
② 张康之、张乾友:《共同体的进化》,中国社会科学出版社2012年版,第13页。
③ [德]马克思:《资本论》第3卷,人民出版社2004年版,第745页。

角度看,工业化社会中形成的抽象共同体,其创建的创制秩序将人的存在抽象为"经济人",放置于社会不同抽象共同体中的人无形之中被看作片面化、碎片化、分离化的人。在这种情形下,共同体对于人的发展没有发挥真正的作用,因为人们始终处于被约束、被秩序、被强制的境地。当要实现人的全面发展和人的自由个性发展时,工业社会所形成的社会生产和生活模式显得不适应。后工业化时代,人们不再像以往那样为了生存和发展而被动地组成各种形式的共同体,而是希望构建全面发展和自由选择的"自由人联合体",在这个共同体中,人与共同体的发展是同向同步的,是相互依存的。从共同体本身的发展角度看,在工业化社会中,要求按照同一标准、同一规则去规制社会方方面面的各种差异,整个社会治理体系的建构围绕"平等"来进行。事实上,这种同一平面上的治理结果并没有形成真正意义上的平等,而是促成了"中心—边缘"结构的社会治理模式,即少数治理单元扮演了中心角色,而大部分单元要么被排斥在治理结构之外,要么也只是一种边缘化的存在。[1]"中心—边缘"结构的形成某种意义上是源于资源的匮乏。工业化生产使得社会生产力水平有了极大提高,但原本有限的资源需求也开始不断扩张,为了使得有限的资源能够积聚在一定的区域为特定群体所享有,"中心—边缘"结构逐渐形成。[2]"中心—边缘"结构代表了不公平、不合理的旧规则,20世纪80年代以来,人类步入后工业化时代,信息技术飞速发展,各种社会风险迅速增长,各种危机事件屡屡发生,社会生产与生活模式发生巨变,人与物的流动在全球范围内普遍展开,传统的社会治理模式在这些新现象、新问题中已变得无法适应。因此,当人类步入后工业化进程时,首先需要改变的是这一旧秩序,打破"中心—边缘"结构的社会治理模式,需要重新理解和建立共同体的形式。

---

[1] 张桐:《中心—边缘结构视角下的治理结构转型》,《中国社会科学报》2019年9月25日。

[2] 王亚婷、孔繁斌:《用共同体理论重构社会治理话语体系》,《河南社会科学》2019年第3期。

人类正在走向后工业社会,正如人类在工业化的过程中否定和扬弃了农业社会的制度及其社会治理模式一样,在后工业化的过程中,我们也必将超越工业社会的制度及其社会治理模式。① 受工业化的影响,人们习惯于竞争—协作模式下的交往和行为,在社会中,竞争存在于人与人交往和交换的一切活动之中,在竞争中估量着个人的利益和个人所属共同体的所谓共同利益。与此同时,人与人之间又彼此协作,因为协作是存在于人的群体活动和共同行动过程中的,既是行动,也是人们之间的一种生产和交往关系。在这个层面上,纳入竞争—协作交往关系中的协作,其本身也具有利益的成分,成为在竞争过程中获取利益的一种手段。可以说,工业社会中的人与人开展的竞争—协作的一切活动,都透着利益的因素。在新的历史阶段,人们正在经历前所未有的开放化、多元化和不确定性,特别是社会生活中的高度复杂性和高度不确定性,正在重塑着人们的观念和行为,一方面要求人们必须拥有独立处理问题的能力,另一方面又迫使人们必须采取共同行动。在共同行动中,人们必须保持自己的独立性和自主性,只有建立在人的独立性和自主性基础上的共同行动,才是他的自我确认,才是对他的自我实现的有意义的行动。否则,就会像以往世代中所出现的那种共同行动一样,人被裹挟于其中而失去自我。② 因而,在新的历史阶段,唯有建立在人的独立性和自主性基础上的合作,才能使人类应对高度复杂和高度不确定性的社会,真正意义上的合作共同体的建立是人类历史发展的必然结果,在合作共同体建立基础上生成的人们新的行为模式,以及新的社会治理模式,才符合当下历史发展和社会运行的需求。因此,不同于以利益关系为基础的族阈共同体,合作共同体有其自身的特征。

1. 合作共同体的内核是自由联合的关系

马克思在其著作中不止一次将"真正的共同体"与人的本质的实现、人的真正自由的实现以及人的自我实现等联系在一起,他一方面指出"自由是全

---

① 张康之:《合作的社会及其治理》,人民出版社 2014 年版,第 2 页。
② 张康之:《走向合作的社会》,中国人民大学出版社 2015 年版,第 10 页。

部精神存在的类的本质",另一方面又指出"人的本质是人的真正的共同体"。由此观之,"真正的共同体"必然关联于"自由"这一价值。① 在家元共同体中,人与人之间是被迫的联合,是基于生存的需要。在族阈共同体中,人与人之间是在各种各样的规则控制之下的联合,是一种外在力量约束下的集合,个体之间虽然在一定程度上可以自由选择共同体,自由选择人与人的交往模式,但也是基于"利益最大化"考量后的选择,实质上是非自愿的、外在的联合。人类社会发展到自由人联合体阶段时,随着生产力的发展,人不再被人的力量或物的力量固定在单一活动领域,实现了全面发展和自由发展,每个人都获得了自由。在这时,劳动和交往成为人的需要,或者说人的劳动和交往是一种自由自觉的行为,这样,人们在劳动和交往中实现的联合是一种自由联合,既是"自由人"的联合,也是人的"自由联合"。②

合作共同体中的"自由"至少体现了以下两个方面的内涵。一是人的自由。后工业社会将带来社会的空前繁荣,劳动将变成人的基本需要而非获取利益的手段。马克思认为,只有真正的共同体才能实现人的本质的回归,才能获得人性的解放和人的自由全面发展,因为真正的共同体是实现人的解放的载体,它能够"推翻一切旧的生产关系和交往关系的基础"③。共同体是人类生存的基本场域,人类最终要在共同体构建的生存状态下进行活动,因此,共同体本身的价值诉求与人的生存状态和人的发展方向是一致的。就如同族阈共同体下个体发展状态与共同体本身的价值诉求一样,一切活动都是在抛开了个体发展意愿基础上而进行的,共同体本身的性质并不能实现人的自由与个性发展,但是合作共同体是以人的本质追求为基础的,是随着人的本质的实现而逐渐形成的,并且这种本质根植于人的根本需求和共同生活愿望。二是

① 刘培功、晏扩明:《马克思"真正的共同体"思想之规范性解析》,《中国社会科学报》2019年9月23日。

② 桑明旭:《马克思对共同体发展的历史考察及其当代启示》,《湖北社会科学》2019年第4期。

③ 《马克思恩格斯文集》第1卷,人民出版社2009年版,第574页。

联合的自由。后工业化社会正在向我们展示着一个全面开放的社会,就个人角度而言,人们可以根据自己的需要和判断选择共同体,或选择与共同体中的其他成员合作以及开展共同行动,人与人之间的交往不再考虑到性别、阶层、社会出生、亲属关系等涉及利益层面的内容,而是看重在何处和何种环境下能最好地实现自我而进行自我选择。就共同体之间的合作而言,20世纪后期以来,组织面对的各种挑战正在快速升级,影响组织增殖的全球性问题,包括恐怖主义的威胁、土地沙漠化、战争、疾病等,如果不加以重视,对相互联系的政治、社会、经济以及环境的挑战最终会削弱世界范围的生活质量。商业团体必须与城市、乡村和州政府以及国家、跨国组织如联合国、世界银行等进行合作,为解决这些问题投入足够的智力和财政资金——这就要求在各个层次上具有合作积极性。①

合作关系和合作行为是人类生存的要求,也是人类发展必须接受的现实问题,面对无法逃避的各种危机和风险,各种形式的共同体不可避免地必然走上一条自由联合的合作路径。联合的目标可能是解决与应对某个领域的问题,也可能是全方位的合作;有可能是有限期的合作,也有可能是无限期的合作;有可能是过程导向的合作,也有可能是结果导向的合作。无论哪种形式的合作,都是以独立与平等为特征的自觉、主动的合作,解决的是具有统一性、共同性的问题,而非以利益获取为目的的合作。

2. 合作共同体的规则表现为人的内在秩序

我们知道,工业社会是以利益关系占主导地位的社会,工业社会所形成的意识形态以竞争、冲突、利益为核心主导着人们的思想和行为。因此,工业社会的规则表现为外在规制以维持交往、竞争以及交换的秩序。随着全球观念的形成,人们开始意识到普遍的合作比任何冲突都更能够在人类普遍利益实现的同时而使个人利益最大化。就如鲍曼所认为的:"对自利的理性追逐将

---

① 参见[美]迈克尔·贝尔雷等:《超越团队:构建合作型组织的十大原则》,王晓玲、李琳莎译,华夏出版社2005年版,第2页。

导致选择合作的行为方式,它使所有相关者获益并由此考虑到相关伙伴的利益。允许人自由追逐其个人目标的事实便恰恰不会导致人们试图以牺牲他人为代价毫无顾忌地追逐自己的目标,正相反,他们会认识到只有在尊重他人利益的前提下追求自己的目标才是对自己有利,也即是说,他们在自己的行为中将遵守道德的基本规范。人在实现其愿望与目标时始终需要相互依赖,这种状况会使得符合道德和美德的行为与出于自利的行为自行合拍。"①可以说,在由工业社会向后工业社会的转变过程中,人们对"人的本质"的认识将发生根本性的变化,必然迎来对人的解放主题的重新思考。某种意义上,人们将在更为广阔的视野中重新认识并发展自己,也会重新赋予"自由的社会"以更为深刻的意义。所以,在后工业化时代的合作中,人们将逐步褪去以利益关系看待人与人交往的思维,转向在尊重、理解和包容他人价值的前提下如何开展合作的思考,与此同时,人们会在合作中重新构建道德化的秩序,即建立在尊重他人利益基础上的交往规则,这种规则是人们自觉自愿建立的人的内在秩序。

理论上来说,人的内在秩序的建立首先是人们的自觉自愿行为,在具有高度复杂性和不确定性的环境之下,人与人之间的相互依赖关系是人们必须接受的事实。需要说明的是,这种秩序是道德化的秩序,会更少以规则、规定来规范和约束人们的行为,会表现为人的内在秩序追求,因而具有自发秩序的特征。既然属于道德化的秩序,则需要以道德的力量维持与稳定人与人及共同体之间的关系。事实上,工业化社会中出现的竞争、冲突现象缺少道德力量的约束,或者人们根本不愿意从道德的高度处理人与人以及共同体之间的关系,以道德化的秩序去应对或解决"利益"的问题,往往会带来自身利益的损失。因此,合作共同体中人的内在秩序的建立,应该解决道德化的问题,或者说需要消除人们对于以道德化去行事的顾虑,这时则需要解决利益关系的问题,需

---

① [德]米歇尔·鲍曼:《道德的市场》,肖君译,中国社会科学出版社2003年版,第11页。

要将利益的追求转向对人类发展的统一的价值追求。因而,在全球化、后工业化进程中,人类的首要任务应当是弥合文化及其价值观念的隔膜,建立起不同政治实体和文化实体之间能够相互理解、相互信任和相互合作的哲学。根据这种哲学去构建合作的社会和普遍的合作关系。意识形态是哲学转化为社会行动的中介,合作的哲学只有首先被确立为合作的意识形态,才能为普遍合作关系的生成提供"助力"。①

3. 合作共同体的性质是基于互惠共享的合作

马克思认为,古代共同体和虚幻共同体都不可能实现真正的平等和社会完全正义,特别是在虚幻共同体中,看似平等的契约关系只是具有形式平等和形式正义,个体的人身自由在不断减少,他们被迫接受残酷的剥削。劳动者只要还有一块肉、一根筋、一滴血可供榨取,吸血鬼就决不罢休,真正的共同体的实质内容就是解决这种不平等问题和人的异化状态,以达到实质平等和人的全面发展。② 从人的发展角度看,合作共同体将实现人的本质属性的回归,个体不再是"堕落的人、丧失了自身的人、外化的人""地域性的个人""阶级的个人",而是社会中的人,是世界性的、经验上普遍的个人。③ 在以利益关系为基础的族阈共同体中,到处弥漫着利益的味道,人的价值被扭曲,人与人的关系被物与物的关系所替代,利益团体借用共同体的名义使自己的利益普遍化、制度化,在他们眼中,人是作为工具或机器的存在;而在合作共同体中,人被看作独立的、自由的个体存在,真正平等的环境使人的自由发展成为可能。因此,合作共同体的构建默示了人的发展必然达到和谐的状态,此种状态下人与人之间的关系也将复归到原始的"默契",走向真正的合作。这种关系是一种主动的、高层次的关系,是合作共同体的本质表现。从这个角度来看,合作共同

① 张康之:《合作的社会及其治理》,人民出版社 2014 年版,第 16 页。
② 徐斌、巩永丹:《马克思共同体理论的历史逻辑及其当代表现》,《马克思主义与现实》2019 年第 2 期。
③ 《马克思恩格斯文集》第 1 卷,人民出版社 2009 年版,第 538、571 页。

体首先实现的是人人互惠,每个人都可以成为自己的主人。

合作共同体在实现人的真正发展的过程中,也推动着共同体的发展与完善。因为基于共同体中人与人之间的相互信任、相互依赖等特征的不断外化,将实现共同体之间的相互融合与相互信任、相互合作关系的发展,就如亚当·斯密所说的和谐状态:"人类社会的所有成员,都处在一种需要互相帮助的状况之中,同时面临相互之间的伤害。在出于热爱、感激、友谊和尊敬而相互提供了这种必要帮助的地方,社会兴旺发达并令人愉快。所有不同的社会成员通过爱和感情这种令人愉快的纽带联系在一起,好像被带到了一个互相行善的公共中心。"①与之相似,在后工业化社会的发展进程中,每种形式的合作共同体最终将被置于更广阔的范围之中,从而构建出更具包容性、共同性的合作共同体,这时的合作公共体则具有了我们称为全球性的合作共同体的基本特征。在这种合作共同体之中每种形式的共同体,将扮演着"个体"的角色,他们之间相互信任、相互依赖和相互合作,建立互惠共享的合作关系网,自由地共享共同合作的成果。

第二节　合作共同体的生成

共同体的演进向我们展示了人类历史发展不同阶段人与人关系的转变,揭示了不同历史阶段共同体形式与当时社会生产力发展的紧密关系,最重要的是,指明了共同体未来发展的基本趋势。从原始社会与农业社会的家元共同体发展至工业社会的族阈共同体,再到后工业社会的合作共同体,每一种形式的共同体都有其独特的特点,我们不能说哪种共同体更适于哪种社会,只能说不同形式共同体的出现与当时历史阶段的生产力水平高度关联,因此,不同形态共同体的形成与发展是社会生产力推动的结果,与社会生产力发展水平

---

① [英]亚当·斯密:《道德情操论》,蒋自强等译,商务印书馆1997年版,第105页。

相适应。在步入后工业化的当今社会,生产力的极大发展推动共同体走向合作共同体的形式已是必然趋势,但需要注意的是,工业化社会背景下所形成的族阈共同体的影响力仍然巨大,并以最大的抗争力阻挠着合作共同体的生成与发展,它为达到利益的最大化而不断制造矛盾和引起冲突。因此,消除"中心—边缘"模式对人们以及共同体的影响,逐步建立相互信任与相互依赖的合作关系,需要准确把握合作共同体的立场与要点,为共同体的演进发展不断注入新的理论,以此引导并重塑人与人之间的关系,使人们真正体验到合作共同体的实质内涵,从而在实践中实现合作共同体的良性发展。

合作共同体是一种更高文明形态的共同体形式,它是以整个人类社会的共同利益为基础的,其价值旨归是实现人的自由而全面的发展。在工业社会中,资产阶级构建的代表一定群体、阶层、阶级的利益共同体,满足的是局部的、少部分人的"共同利益"。随着生产力的发展和人们自我意识的觉醒,这种共同体形式的"华丽外衣"已被人们所知觉,它所标榜的"共同利益"隐含的欺骗与蒙蔽逐渐暴露出来。将阶级利益粉饰为全面利益,冒充全体人民的"共同利益",其实质是维护资产阶级的"特殊利益"。[1] 在后工业化时代的发展进程中,我们可以看到,社会生产力持续提高,生产关系不断得到调整,科技迅猛高速发展,人们的生产与生活方式正在发生巨大变化。如果随着生产力的不断发展和科学技术的持续进步,在特定的条件下,将出现如马克思所描述的那样的社会:"……分工的情形已经消失,从而脑力劳动和体力劳动的对立也随之消失之后;在劳动已经不仅仅是谋生的手段,而且本身成了生活的第一需要之后……集体财富的一切源泉都充分涌流之后……社会才能在自己的旗帜上写上:各尽所能,按需分配!"[2]这种体现着合作共同体基本内核的社会发展状态和人的生活模式,将随着时代的进步逐步得到实现。事实上,随着全球化时代的到来,合作共同体的生成土壤正在形成,合作共同体的发展条件逐渐

---

① 曹洪军:《马克思"真正共同体"思想及其当代价值》,《理论探索》2020 年第 2 期。
② 《马克思恩格斯全集》第 25 卷,人民出版社 2001 年版,第 20 页。

具备,合作共同体的生成与发展是人类社会走向更高文明的必然。

　　合作共同体作为一种适应于后工业化时代的共同体形式,它的生成与社会生产力发展水平、人的自由发展意识的觉醒程度,以及人与人之间的社会关系变化紧密相关。换言之,这三方面内容构成了合作共同体生成的要素:一是"经济前提",即社会生产力的发展水平,依靠高度发达的生产力,才能为人的生活需求与社会发展提供充足的物质保障,从而将人从物与物的关系中解脱出来;二是"人的前提",即个体有着自由发展的内在需求,这是个体摆脱族阈共同体中人与人的利益关系,实现人性解放的必要条件;三是"社会关系的前提",即消除以利益占主导地位的关系,积极构建相互信任与相互尊重的人与人的纯粹关系。与此同时,上述三方面要素有着内在逻辑关系:首先,"人的前提"与"社会关系的前提"是以"经济前提"为基础的,缺少经济基础作为保障,人的发展需求和社会关系的根本性变化将无法成为可能;其次,"社会关系的前提"又以"人的前提"为条件,只有实现了人的自由发展与自我实现意识的觉醒,认识了人的发展的本质,才能实现社会关系的根本性变革;最后,"人的前提"与"社会关系的前提"是"经济前提"积累到一定程度的产物,也是"经济前提"不断提升的推动力。生产力的发展创造了充分的物质条件,奠定了人的发展与新的社会关系形成的现实基础,其价值旨归在于实现人的自由而全面的发展,也将带来人与人之间社会关系的"去利益化"和"去中心化"。在社会生产力发展的过程中,处于一定社会关系中生活着的具体的人,是社会生产力发展的不竭动力,人的自由发展与自我实现以及社会关系的变革,将使个体由"被动"的劳动转向"主动"的实践活动,这种转变将带来社会生产力的快速发展。因而,合作共同体生成的三方面要素相互影响且互为条件,它们是合作共同体生成的基本前提。

一、经济前提:生产力的高度发展

　　生产力是具有一定生产经验和劳动技能的劳动者和他们所使用的生产资

料结合起来,从而在物质资料生产过程中所发生的力量,即人类创造新财富的能力。马克思主义认为,生产力发展水平的主要标志是生产工具的发展与变革,生产工具的先进与否,反映了社会生产力发展水平的高低。在人类发展进程中的不同历史阶段,由于生产力发展水平的差异,人们的生产与生活方式存在明显差异,创造财富的能力也有所不同,但是,无论在任何历史时期,人的生存需要是每个时期社会发展都需要解决的首要问题。马克思和恩格斯在《德意志意识形态》中指出:"……我们首先应当确定一切人类生存的第一个前提,也就是一切历史的第一个前提,这个前提是:人们为了能够'创造历史',必须能够生活。但是为了生活,首先就需要吃喝住穿以及其他一些东西。因此,第一个历史活动就是生产满足这些需要的资料,即生产物质生活本身,而且这是人们从几千年前直到今天单是为了维持生活就必须每日每时从事的历史活动,是一切历史的基本条件。"①人类社会得以发展存续的基本前提在于物质生产活动,在满足人们生存需要的前提下,生产力的发展所创造的物质财富与生活资源才有可能转化为"共享成果"而被纳入"按需分配"的范畴之中。换句话说,在社会生产力发展水平没有达到一定高度、所创造的财富与资源不足以满足人们的生存需要之时,劳动则无法成为人们生活的需要,而仍是获取财富与资源以满足自身生存需要的手段,也就无所谓真正意义上的共同体所描述的那种发展状态。

毫无疑问,在合作共同体的生成过程中,高度发展的生产力不仅起着决定性的作用,而且发挥着革命性的作用。马克思在《资本论》中指出:"作为价值增殖的狂热追求者,他肆无忌惮地迫使人类去为生产而生产,从而去发展社会生产力,去创造生产的物质条件;而只有这样的条件,才能为一个更高级的、以每一个个人的全面而自由的发展为基本原则的社会形式建立现实基础。"②从这个层面来看,资本主义发展过程中创造的社会生产力为合作共同体的生成

---

① 《马克思恩格斯文集》第 1 卷,人民出版社 2009 年版,第 531 页。
② 《马克思恩格斯文集》第 5 卷,人民出版社 2009 年版,第 683 页。

提供了物质条件,正是社会生产力发展积累的巨大物质财富,才使得合作共同体的生成成为可能。原因有二:一是生产力的持续发展将创造足够多的社会财富,二是生产力的持续发展将重塑人们对劳动的理解。马克思提出,要大力发展生产力,让财富的源泉充分涌流。因为真正的共同体中的分配方式是按需分配,一方面要考虑到平等地满足共同体中每个个体的需要,这本身就有赖于生产力高度发展所带来的物质的极大丰富;另一方面要在高度发达的生产力和充分涌流的社会财富的基础上提高每个人的思想境界,把人从狭隘的私有制条件下形成的观念中解放出来,让劳动而非对物质财富的占有成为人们生活的第一需要。① 因而,高度发展的社会生产力是合作共同体生成的首要条件。在后工业社会的发展进程中,我们已经初步看到社会生产力带来的这种变化,但这只能说明合作共同体的生成有了必要的经济前提,其间还要看人的自由发展与自我实现的状态,因为这一要素决定着人们对"按需分配"中"需"的认识和对"需"的获取程度。

二、人的前提:人的自由发展的需要

生产力的高度发展为社会创造了充足的财富和生活资源,奠定了合作共同体生成的经济基础,与此同时,人们在改造客观世界的过程中,也在改造着自己的主观世界。换言之,"现实的人"在推动社会生产力发展的同时,也在促进着自我的发展。

工业社会所创建的共同体通过自由市场等价交换的秩序维持人与人之间的关系,这种看似自由而平等的交换关系实质上是资产阶级掠夺无产阶级剩余价值的过程,是一种对人的自由发展的压迫。在资本主义生产方式中,资产阶级通过购买劳动力的方式占有着其本身可创造的更多的价值,即剩余价值,而这些价值恰恰是劳动者并非自愿付出的,是在看似平等交换的规则中被剥

① 钟科代、郑永扣:《应然、实然、必然:论马克思"真正的共同体"》,《河南大学学报(社会科学版)》2020 年第 3 期。

夺和占有的。因而,在以利益关系占主导地位的族阈共同体中,隐藏于"平等"规则秩序下的剥削和奴役,其本身就是对人的独立性和人的自由的一种压迫和限制。与此同时,劳动本身是人们社会生活的一种实践活动,是一种自觉、自愿的自主性活动,但在资本主义生产关系中,人们被强制纳入交换关系之中,无论是以出卖劳动力换取货币与财富,或是以物品换取物品,个体在整个交换过程中是异化的人、经济的人、利益的人,而不是"人的本质"的体现。以这种生产关系为基础建立起来的社会关系,不是人们自由自觉的联合,而是在强制的规则下个体作出的无奈选择。因此,建立在利益关系基础上的族阈共同体,其生产方式已经决定了人与人之间的利益关系,决定了"人的本质"的异化,人的自由全面发展根本无法实现。

随着生产力的不断发展,工业社会时代积累与创造财富的过程,无形之中促动了人的自由发展与自我实现意识的觉醒。"资产阶级在它的不到一百年的阶级统治中所创造的生产力,比过去一切世代创造的全部生产力还要多,还要大。"①正是由于科学技术的发展,生产效率的提升,物质财富的不断积累,人们可支配时间的增多,使得人的自由发展成为可能。首先,人们的劳动时间大幅缩减,特别是人工智能技术的爆发性增长,高科技智能机器人出现在诸多生产领域,大大提高了工作效率。同样劳动时间内所制造的产品数量成倍增长,提高生产效率的同时极大地缩短了人们的劳动时间。人们可支配时间的增多意味着人必然从"桎梏"的束缚中解脱出来,在完成必需的和外在既定劳动之后有了发展自身的时间条件。其次,人们的物质财富与生活资料积累到一定程度后,精神世界的发展将成为人们生活的必需。人是物质与精神的统一体,物质生活是基础和条件,精神生活是目的和结果。人首先需要满足生存的需要、生理的需要之后,才能追求生存的意义,满足心理的需要。某种意义上,精神生活是物质生活的升华,没有精神生活这个结果,物质生活就失去了深刻的

---

① 《马克思恩格斯选集》第 1 卷,人民出版社 2012 年版,第 405 页。

意义。因而,当人们享受生产力发展带来的物质生活满足了自我的生存需求后,精神层面的人的自由发展与自我实现的需要将成为人们的普遍追求。最后,人工智能技术在生产劳动中的普遍应用,将实现人在劳动中的角色转变,要求人们重新思考其在劳动生产中的角色定位。因此,随着生产方式的不断改进,新的生产关系将逐渐淘汰片面发展的个体,客观上对人的全面发展提出了要求。

合作共同体的生成需要人的自由发展意识的觉醒,在实践中需要逐步实现人的自由而全面的发展。无论是探讨何种共同体的组织形式,"人"的问题始终处于首要地位。马克思将历史发展看作追求着自己目的的人的活动,他看到了作为历史主体的现实的人对人类社会发展的推动作用。当下所走向的真正的共同体,既不是命中注定的,更不可能不劳而获,而是人通过丰富多彩的实践活动自由、自觉、自主创造的结果。① 因而,合作共同体的生成需要解决好"人的前提",需要提升主体素养、调动人的主体性,将人的能力最大限度地发挥出来。在"人的前提"发展到一定程度后,人们将深刻领悟到劳动的价值、合作的意义以及共同体的发展目标,此时,人们在自由发展和自我实现的发展过程中形成的共同利益,以及对共同利益的共识,将为人们开展共同行动并主动建立合作共同体奠定基础。

三、社会关系的前提:人与人的纯粹关系

社会关系是人们在生产和共同生活过程中形成的人与人之间的关系。依据唯物史观的理论逻辑,生产力的发展变化直接决定着生产方式的改变,并推动着人与人之间社会关系的变革。从农业社会向工业社会的发展历程中,生产力的发展推动了生产方式的变革,实现了由简单农业、畜牧业向手工业劳动、机器大生产的转变,与此同时,基于血缘的、自然的人与人之间的关系也逐步演化为以利益关系占主导地位的人与人之间的关系。因此,进入工业社会

---

① 钟科代、郑永扣:《应然、实然、必然:论马克思"真正的共同体"》,《河南大学学报(社会科学版)》2020 年第 3 期。

后,农业社会及以前那种简单、单纯的社会关系变得复杂,除家庭成员之间的血缘关系外,在"家庭"之外出现了建立在一定规则与秩序约束下的交换关系,人们为追求更多"财富"而产生了人与人之间关系利益化的问题。这种社会关系的转变是社会生产力对人与人之间关系影响的必然结果。随着生产力的不断发展,这种社会关系将迎来新的变化和产生新的形态,将由以利益关系占主导地位的人与人之间的关系,逐渐演化为以"道德化"为先导的人与人之间的纯粹关系。

道德是通过社会的舆论、生活的习俗与精神的信仰等对人们的共同生活及行为起约束作用的隐性准则和规范。道德化是道德准则与规范的内化,道德化水平决定于人们将道德准则与规范的内化程度,内化程度高则说明道德化水平高,内化程度低则说明道德化水平低。以"道德化"为先导的人与人之间的关系,主要表现为人们以内化的道德准则与规范去看待和处理人与人之间的关系,这种关系将摆脱以"利益"为主的依赖关系,是人们在"共同默契"基础上主动建立并内化为个体生活的自觉观念与行为。本质上,"道德化"的社会关系是一种人与人之间的内在秩序,而非外在制度与规则约束下的强制性观念与行为,相当于"观念的法"而非"实在的法"。合作共同体中人与人之间纯粹关系形成的基础是人的自由而全面的发展。人的自由而全面的发展代表着人的较高水平的意识觉醒状态,代表了人们完全可以就观念或心灵的力量理解人类共同生活的规则体系,以"道德化"的观念和行为去处理人与人、人与社会,乃至共同体与共同体之间的关系。此种关系形成后,人们将不再困扰于社会交往中人与人之间的关系权衡,不再纠结于个人利益与集体利益的权衡,任何团体、独立的个人都能自觉、自愿地遵守"共同规则",因此建立在人与人纯粹关系基础上的合作共同体也将通过默认一致、约定俗成的习俗的共同意志表现出来。"道德化"为先导的人与人的纯粹关系是合作共同体生成的基础,然后才有了合作共同体"共同意志"的特征。在这个层面上说,人与人之间关系的变化促进着合作共同体的生成,随着合作共同体的发展,这种关系又成为合作共同体的本质属性。

合作共同体的生成需要必要的前提条件,在"经济前提""人的前提""社会关系的前提"发展到一定程度时,才会真正实现由族阈共同体向合作共同体的转变。因此,在合作共同体生成的过程中,必须是以发达的生产力及普遍的交往为前提和基础,每个人基于自愿原则与自己的兴趣来选择劳动或活动,并在排除"利益化"的观念下处理人与人以及共同体之间的关系。在现代资本主义的虚幻共同体、抽象共同体及资本共同体中,个人劳动与私有制呈现对立状态,人们被剥夺了生活实践的真实内容而无力掌控自己的生命、生活和生产。① 这在很大程度上限制了人的自由发展,在此影响下的人与人之间关系的异化状态难以消除。需要肯定的是,合作共同体的生成是历史的必然,马克思在《共产党宣言》中说:"代替那存在着阶级和阶级对立的资产阶级旧社会的,将是这样一个联合体,在那里,每个人的自由发展是一切人的自由发展的条件。"②人们对自由全面发展的追求,也是合作共同体建立的价值导向,这一价值导向将指引人类社会向更高文明形态发展。事实上,随着全球化的加速推进,包括社会主义和资本主义制度在内的各个国家和地区,已越来越成为相互交融的命运共同体。特别是对复杂性与不确定性环境的研判,有助于人们从根本上认清当下合作共同体构建的现有条件和诸多矛盾挑战,对当下合作共同体生成机理和发展条件的综合分析,将有助于我们明确合作共同体发展的目标和推进的方向。

第三节　合作共同体的发展

20 世纪后期,人类社会进入后工业化、全球化时代,世界各国之间的相互

---

① 牛云芳:《从"虚幻共同体"到"真正的共同体"——〈德意志意识形态〉共同体思想探析》,《长春理工大学学报(社会科学版)》2016 年第 5 期。

② 《马克思恩格斯文集》第 2 卷,人民出版社 2009 年版,第 53 页。

依存关系和依赖程度得到进一步加强，各种社会组织之间的沟通愈加频繁和深入，人与人之间的交往空间和范围得到空前扩展。人们越来越深刻地认识到，真正意义上的"地球村"正在形成并发展，国家与国家之间、人与人之间的关系在这个时代下变得更为紧密、更为密切，这个时代人们已无法"与世隔绝"，社会生产与人们生活的模式进入全面合作的状态。不同于原始社会与农业社会的家庭生活模式，也不同于工业社会的竞争—协作模式，后工业化时代需要建构以合作的形式而做出共同行动的共同体，这个共同体是人的共生共在关系在实践中的主动建构。在工业社会的历史阶段中，人们并没有形成这种科学的认识，而是把利益实现理解成排他性的活动，因而构建起一个竞争的社会，用竞争的思维去处理人与人之间的关系，把竞争作为制度建设和几乎所有社会治理活动的调查对象。① 进入后工业化时代，竞争—协作的结构将被更为简洁、适合于时代需求的合作模式所替代，人们被无形的力量拉入合作系统之中，并逐渐认识到竞争是社会分化的根本原因，合作社会的发展才是人类社会的根本追求。也就是说，时代的发展赋予了共同体发展的现实基础，也正是基于后工业化、全球化的发展，形成了合作共同体得以生根发芽的条件，在各种条件不断发展的基础上，合作共同体的发展将成为人类社会走向更高文明的主题。

一、时代的呼唤：高度复杂性和不确定性带来的挑战

我们正处于工业社会向后工业社会转变的历史时期，社会的高度复杂性和不确定性是后工业化社会发展进程的显著特征。人们可以真切感受到周围的一切事物都在以难以想象的速度发生着变化，涉及人们工作与生活的方方面面，如思维方式、沟通方式、生活方式、工作方式、贸易方式等。在短短的几年甚至几十年的时间里，出现在科幻世界中和人们理想中的生产与生活的画

---

① 张康之：《合作的社会及其治理》，人民出版社 2014 年版，第 81 页。

面变为现实。在科学技术高度发展且仍在持续快速发展的今天，许多事物都在以新的形态、新的形式、新的现象出现在人们面前，同时，新的矛盾、新的挑战、新的压力也摆在人们面前。事实上，人们并没有适应后工业化社会这些突如其来的变化，尤其在面对全球化、后工业化带来的各种高度复杂与不确定的风险与挑战时，经常被置于疲于应对和消极等待的境地。换句话说，在习惯了工业社会的生产生活与行为模式的束缚下，我们秉承的理念与原则跟不上时代前进的步伐，我们依然以工业化社会的知识体系、思维方式、运行方式，或者说以旧有的知识和经验去看待与处理这些风险与挑战，就如我们在评价历史上各个时期人们思想、观念与行为的局限性一样。不可否认的是，我们需要承认全球化、后工业化对我们生产与生活的影响，也需要承认这种影响正深入人们生产与生活的每个领域，包括个体自身。因此，我们需要以新的思维方式和行为模式去行动，去主动建构适合于全球化、后工业化社会的发展模式。

全球化、后工业化进程中的高度复杂性和不确定性涉及公共领域和私人领域的各个方面，如公共领域中的生态危机、自然条件恶化、商业环境等，私人领域中的知识更新、市场适应、生活适应等。无论是公共领域还是私人领域，全球化意味着人们生存与生活空间的扩大，同时带来了生存与生活界限的模糊，意味着人们的利益相关度显著提高。因此，在应对全球化、后工业化具有高度复杂性与不确定性问题时，人与人的合作、民族国家之间的联合是一条必经之路，这也是在新的时代背景下人们应该作出的理智选择。可以看出，这种合作与工业社会的竞争—协作模式更加适应于全球化、后工业化进程中的高度复杂性和不确定性问题的解决。换言之，全球化、后工业化进程中的高度复杂性和不确定性为合作共同体的建立提供了现实条件，如若换作工业社会中的那种低度复杂性与不确定性的环境，人们是可以通过原有知识体系与治理模式，或通过竞争—协作模式去处理各种压力与挑战的。正是经历了以原有知识与经验去应对具有高度复杂性和不确定性的挑战与压力而未果或疲于应对之后，人们才真正体会到合作的重要价值以及改变原有思维方式和行为方式的重大意义。

事实上，人们正在努力推动着真正意义上的合作的发展，或者说，合作共同体的实践探索正在进行。"人类命运共同体"思想的提出以及在实践层面的运行是合作共同体发展的重要标志。2012 年 11 月，"人类命运共同体"一词出现在党的十八大报告中："合作共赢，就是要倡导人类命运共同体意识，在追求本国利益时兼顾他国合理关切，在谋求本国发展中促进各国共同发展，建立更加平等均衡的新型全球发展伙伴关系，同舟共济，责权共担，增进人类共同利益。"①2013 年 3 月，习近平总书记在莫斯科国际关系学院的演讲中第一次提到了命运共同体的概念："这个世界，各国相互联系、相互依存的程度空前加深，人类生活在同一个地球村里，生活在历史和现实交汇的同一个时空里，越来越成为你中有我、我中有你的命运共同体。"②随着习近平总书记在诸多场合对人类命运共同体的一次次深入阐释，人类命运共同体理念的层次和内涵逐步充实。在实践中，中国除了与众多周边国家及发展中国家之间结成命运共同体，还与新西兰、法国、德国等发达国家结成命运共同体；除了倡导亚洲命运共同体，还提出中国—东盟命运共同体、中阿（阿拉伯）命运共同体、中非命运共同体、中拉命运共同体等。③ 某种意义上，在对全球化、后工业化进程中的高度复杂性和不确定性作出正确研判后，我们当前所应承担的任务和责任也就变得非常清楚了，这时最需要积极的危机应对策略，以真正的合作建立新的共同体形态，才有可能走出困境，应对诸多复杂与不确定的风险与压力。

二、人的发展的基础：人的存在形态发生变化

后工业化社会极大地拓宽了人们的交往范围，加深了人们的交往深度，人

---

① 《中国共产党第十八次全国代表大会文件汇编》，人民出版社 2012 年版，第 43 页。
② 《习近平谈治国理政》第一卷，外文出版社 2014 年版，第 272 页。
③ 滕向丽：《构建人类命运共同体的现实基础及路径选择》，《兵团党校学报》2018 年第 3 期。

的存在形态在适应具有时代性内涵的交往活动过程中发生变化,正在由被融化于共同体之中的人向具有社会意义的独立个体转变,从社会关系的角度看,则是由关注人的竞争向关注人的合作的转变。

人的存在形态是理解一个社会的基本依据,从不同历史阶段的比较中可以发现:在中世纪,人被掩盖在神的光晕之中,不仅欧洲是这种状况,而且几乎所有地区的农业社会历史阶段中,人要么被掩盖在神的背后,要么被融化在共同体之中。这个历史阶段,没有生成所谓独立的个体,也就无所谓"自我"。①个人的出现是工业化社会发展的结果,在农业社会向工业社会发展的过程中有了原子化的个人,即笼罩于利益关系之下与整个社会处于冷漠和分离状态下的个人。因而,在工业化社会的发展进程中,关于人的存在形态的讨论,主要是如何将人从某种利益集团或共同体的掌控中解放出来,如何从等级体系中走出来从而实现人的解放。这一主题在工业化向后工业化社会的发展历程中已基本完成。进入后工业化社会,人们追求的则是人的存在形态向更高水平或状态的发展,即对人的自由、平等的追求。因此,如何促进人的自由与平等发展成为后工业化社会关于人的解放的最新主题。

事实上,在人类社会发展不同的阶段,人们一直没有放弃过对自由与平等的追求。启蒙时期,人们向往与追求自由,渴望与期盼平等,并与不平等的制度做斗争,最终把自由与平等作为一项基本权利确定下来。工业社会的发展在抛弃了等级压迫的制度后,人的存在形态也发生了转变,以一种形式上的自由与平等的状态存在着,但被置于一种新的规则与约束框架中。在这个框架中,资本家以隐蔽的方式将对人们的压迫掩藏于各种各样的物化结构中。本质上,人们所争得的自由与平等的权利是在某种前提下的自由与平等,在工业社会中,人们并没有真正享受自由与平等。更深层次的原因在于,后工业化之前的人类社会发展状态,无法真正为人的自由与平等提供空间与可能,但到了

---

① 张康之:《合作的社会及其治理》,人民出版社 2014 年版,第 134 页。

后工业化社会,为适应高度复杂性与不确定性带来的挑战与压力,人类生活的各个领域都将超越原有规则的限制和社会治理方式,以一种新的、基于真正合作的模式开展共同行动。因为人们将会发现以旧有模式无法解决新的问题,或者说,依据惯习的所谓利益角度的考虑根本无法解决这些问题。这时,人们会发现唯有摒弃利益因素构建合作关系才是有效路径。所以,在后工业化人类社会发展的现实需求下,需要人的自由与平等,因为合作本身是建立在自由与平等基础之上的。与农业社会、工业社会压迫人的自由与平等所不同,后工业化社会的发展需要人的自由与平等,同样为人的自由与平等这种人的本质形态的发展提供了滋养的空间。与此同时,人的自由与平等又为合作共同体的发展提供了条件。

三、物与资源的需求:群体间合作观念形成的基础

获取并占有生存资源是最初形态共同体建立的基础,不同形态共同体的形成与演变,都与人们对生存与生活资源的获取与占有紧密关联。家元共同体,是以血缘关系为基础建立的共同获取并占有生存资源的社群。族阈共同体,是以利益关系为基础建立的、在物与物交换规则约束下的家庭之外人与人联合的群落。合作共同体,是以合作关系为基础建立的共享生产与生活资源的自由联合体。可以说,不同历史时期共同体形态的演变,反映着人们对物与资源的获取手段的变化,也反映着人们对物与资源占有后享有方式的变化。在家元共同体中,人们获取生存资源的手段是集体性的共同行动,对生存资源的享有方式也是集体共享。在族阈共同体中,人们获取生存与生活资源的手段是个别性的、行业性的物与物的交换,对生存与生活资源的享有方式属于再分配性质,即在某种规则规制下根据"等价交换"的原则实施再分配,分配的多与少完全依据"个体"在整个交换过程中的"价值"和所谓的自己付出劳动的多与少。在合作共同体中,人们获取生活与发展资源的手段是集体性的,对这些资源的享有方式是基于个体实际需求基础上的再分配式的共享。这种分

享方式的特点有二：一是基于个体的自觉，个体根据实际需要状况占有相应的资源；二是共同体成员的集体共享，不存在共同资源的私人占有和所谓的"等价交换"，依据的是共同商定与共同意愿下资源统筹后的再分配。合作共同体的资源获取与分配方式是人类生存的较高水平的发展状态，这种形态共同体的发展需要有物与资源作为保障，而物与资源的获取需要人们真正意义上的合作，以此实现利益的最大化而非工业社会形成的竞争思维下的利益交换。

工业化社会形成的"利益化"的社会关系，其根源就在于对生产与生活资源的占有，资本家通过建立各种隐蔽式的规则占有着劳动者的资源，劳动者也以各种方式在一定规则框架内最大限度地争取个人利益。工业社会的基本冲突是由物质方面的原因引起的，当人们对物质方面的追求成为一种普遍认知与自觉行为时，人们的价值观念也就形成了，这就决定了人们习惯性地在各种利害关系中作出权衡，事先计算利益得失后尽可能谋而后动，根据自我利益的要求去进行行为选择。因此，大量社会冲突的实质性根源最终应归结为资源的占有，工业社会所形成的人与人之间利益关系的消退则需要从资源问题入手。解决资源问题的基本思路有二：一是人类社会创造出足够多的资源，这些资源足以满足人们的需求，使人们不再为获取资源而担忧，充足资源保障下的利益为先的观念也将逐渐消失。这种发展状态需要较长的时间和更高水平生产力的发展，是人类社会生产发展到一定阶段出现的物质资源极大丰富的结果。需要说明的是，人们对资源的需求是无法衡量的，这是由人的自然本性所决定的。在人的本质的觉醒状态未达到一定程度时，自然的本性仍会决定人们的"占有"行为，哪怕是在物资资源极大丰富的发展状态。二是摒弃狭隘的利益观，从社会或群体的整体利益出发展开合作，以实现整体利益的最大化。借用"新社会契约论"的观点，工业社会中原子化的"个体的人"之间具有竞争关系，要在社会契约的基础上构建"群体合作"的框架。它把"原子化个人"转化成了"人群"这样一种个人的集合形态，从而使"自然状态"中如狼似虎的个人转化成"原初状态"中有着制造"代表"之天性的人群。① 因而,基于整体利益的视角去号召和鼓励人们的合作,可能是摒弃"利益"为先观念的最合适于当今时代的先进思维。在今天这样一个竞争的社会中,通过弘扬这种共同合作的理念去促进合作是一条具有现实意义的途径。

毫无疑问,人们在步入全球化、工业化时代的历程中也深刻体会到了合作社会的到来。如果仍以狭隘的视野去计算各种利益得失与利害关系进而作出个人行为选择,其结果是将失去更多的利益与资源。道理很简单,因为在合作的社会需要的是整体观、大局观,需要应对的是高度复杂性与不确定性带来的各种风险与挑战,无论涉及私人领域或是公共领域,这种观念的转变是个体和各种类型共同体得以在这个时代立足的根本。在多元化的社会中,个人、组织与群体的角色是多元多维的,合作将带来更大范围与领域中物与资源的机会,同时能够在更稳定的环境中维持并发展物与资源的获取状态。依据这样的思路,如果通过合作的方式能够促进个人、组织与群体的利益达到最大化,或者说促进个人利益、公共利益与社会利益达到最大化,这种共同的愿景将使得持有不同价值观与不同利益观的群体获得群体性认知,从而消除相互冲突、利益、对抗等观念赖以存在的思想基础和社会基础。

---

① 张康之:《合作的社会及其治理》,人民出版社 2014 年版,第 85—87 页。

第二章　合作共同体理念
视域下的家校合作

　　合作普遍存在于人类社会中,只要涉及人的活动必然存在合作问题。由于生产力发展水平的差异,人类社会发展的不同历史阶段,共同体表现出不同的形态,反映了人的社会关系的变化。在进入生产力快速发展的后工业化时代,我们看到的是人类历史上从未有过的多元化与开放性,人类生产与生活环境的剧变改变了我们的社会生活模式和行为模式。新的生产与生活模式预示着需要更高水平的共同体形态与之相适应,工业社会占主导地位的竞争—协作模式正在失去其合理性,我们不能再以固有的观念去看待并处理个人与个人之间、个人与群体之间、群体与群体之间等方面的关系。某种意义上说,当人们之间的关系愈加密切且息息相关时,工业社会形成的以利益考量与竞争观念为主导的协作思维与当前人的共生共在的现实关系不协调、不匹配,或者说是相悖的。承认人的共生共在关系,这是人的本性,也是人们进行各种选择与行为的前提,因而,在当前历史阶段,我们需要以合作共同体的理念去理解人类社会的发展,去处理个人与个人之间、个人与群体之间、群体与群体之间等方面的关系。

　　在分析了合作共同体的由来、特征、生成条件与现实基础等方面内容之后,我们理应达成以下几点共识:一是合作的必然性。不管是任何领域、任何人、任何群体或任何组织,都需要建立相互信任、相互尊重的合作关系,在当前的人的共生共在的生存环境中,这是人类社会发展的必然趋势,也是人类应对各种复杂与不确定性挑战与危机的必然选择和最佳路径。二是合作的可能性。当前,人们已普遍认识到合作社会的到来,在对自身发展和物与资源的需求达到新的高度时,人们自身的选择与行为方式也会产生变化,这恰恰是合作共同体产生的重要表现,也使得合作共同体的生成在现实中成为可能。三是合作的多样性。合作共同体是共同体发展的一种形态,可以表现在各个领域的人与人、人与群体、群体与群体的关系中,换言之,合作共同体的理念可以用来理解各个领域不同形态的共同体,它不仅是各个领域不同共同体形态发展的目标,也是我们用来分析并解决当前共同体问题的有效工具。

家校合作是家庭和学校双方在学生教育过程中结成的共同体,是以学生发展或学生教育获得为目标而形成的一种人与人之间的交往关系。这种关系的产生根源于人们生存与发展的要求,现阶段的价值在于,使人们能够在更广阔的环境中获取更广泛的资源以实现学生最大限度的发展,从而为更好地适应新的生产与生活模式做好准备。社会的发展不可避免地推动教育走向一条更为全面、科学的发展道路,尤其是经历了学校教育与家庭教育分离的教育模式后,选择更大范围的合作将更有益于学生的发展,这不仅是现代教育发展理念在现实中的体现,更是合作共同体理念在教育领域中的体现。在当前的历史阶段,人们是无法逃避合作的责任的,生存在这个社会中的人唯有在与他人的合作中才能发现自我及其价值。因此,当我们体会与分析家校合作意义与价值时,需要回到合作共同体本身的价值与意义等方面,以真正理解什么是真正的家校合作,我们为什么要开展家校合作,以及怎样开展家校合作。

第一节　家校合作的本质属性

家校合作的属性是对家校合作性质的抽象刻画,它具有非本质属性和本质属性。非本质属性是对事物不具有决定意义的属性,包括事物的派生属性、偶有属性。家校合作的非本质属性即表层属性,如家校合作的对象、家校合作的方式、家校合作的内容等,是在其他类型合作中也有可能出现的某些属性,这些属性并非家校合作所独有。本质属性是决定某一事物之所以成为该事物而区别于其他事物的特有属性。家校合作的本质属性即"共同体属性",首先,家校合作属于共同体在具体领域中的一种表现形态;其次,受制于共同体本质属性的影响,在不同历史时期具体领域的共同体形态也表现出不同的特征,如农业社会中家校合作的"完全分离",工业社会中家校合作的"貌合神离"。在当前的社会发展阶段,家校合作的本质属性决定于合作共同体的发展,理论上来说,合作共同体理念下的家校合作应体现去中心化、自觉自愿的联合、共同行动、整体利益最大化等特征。

一、去中心化

所谓去中心化是针对"中心—边缘"的社会结构而言的,是指从根本上淡化或消除一些人处于中心而更多的人分布在边缘的不对等的结构。"中心—边缘"的社会结构生成于工业社会,不同于农业社会基于感知的拥有共享文化的立体的等级结构,工业社会的社会关系是在一个平面上铺展开来的,只是在形式上显示出同一个平面上的平等社会关系,实质上呈现了一个不平等的结构。① 它覆盖着人们生产与生活的各个方面,社会与社会治理的方方面面都被分为中心和边缘,这是一种支配与依附的关系,是一个不对等的结构。无论是在社会领域,还是在组织框架中,"中心—边缘"结构都得到了充分体现。一处是中心,周边是边缘,中心主导着边缘,而边缘依附着中心。"中心—边缘"结构覆盖整个社会,支配与依附的关系也无处不在。② 可以说,"中心—边

---

① 张桐:《社会关系变迁的结构化过程:基于中心—边缘结构的视角》,《社会发展研究》2018 年第 3 期。

② 向玉琼:《"中心—边缘"结构下政策过程的线性思维》,《党政研究》2017 年第 6 期。

缘"结构是自我与他人之间关系的集中体现,或者说,其本质就是自我与他人的关系,是建立在自我中心主义的基础上的,是自我控制他人的欲求实现了的形态,是服务于维护自我与他人关系不受破坏的保障性设施。①

　　家校合作的去中心化主要是家校双方在合作过程中逐渐消除各自的"中心主义"观念和视对方为依附的运行状态。就如同组织框架中的自我与他人的关系,家校合作至少要涉及家长与教师,或家长与校长,或家长与教师和校长等双方与多方之间的关系,既然是独立的个体,就内含着走向"中心—边缘"结构的可能性,单方都有可能将自己置于关系的中心。自我中心主义的确立,实际上是在"中心—边缘"结构的意义层面将合作中的人们等级化了,隐含着不对等的关系。所以,只要存在"中心—边缘"结构,无论以家还是以校为中心,都会造成合作中人与人之间的事实上的不对等。在家校合作中,只有从根本上消除"中心—边缘"结构,才能解决既有的各种形式的矛盾和冲突,形成家校合作的去中心化局面。

　　去中心化的状态将是一种家校双方每个人将自己放置于合作共同体之中的状况,在没有中心与边缘的位差结构中采取共同行动去实现合作目标。在这种状况下,家校合作中的家校双方呈现两方面的特点:一是以家校合作的目标为行动旨意。去中心化意味着"无中心",在消除了一方对另一方支配、一方对另一方依附的关系后,双方被置于更为开放的系统之中,即合作共同体之中。在合作共同体成员共同意愿的指引下,家校双方行动的动力将不再源于任何一方的控制与支配,而是基于家校双方共同意愿与共同协商基础上所开展的自觉行动。二是家校双方不再存在合作主体与客体的定位。中心是相对于边缘来说的,"中心—边缘"结构体现着相关对象在时空中的位差,这种位差代表着占有与支配核心资源的比例与机会。主体是相对于客体来说的,一方是另一方的主体,一方是另一方的客体,或在某种活动与某次行动中一方为

---

① 张康之、张乾友:《共同体的进化》,中国社会科学出版社 2012 年版,第 109 页。

主体另一方为客体等,本质上仍是将家校双方置于某种相对位置之中的一种不对等的关系。理论上,家校合作中将不再有主体与客体之间的差别,而是以合作共同体中的独立个体出现,拥有家校合作共同体所赋予的完整的权利。

二、自觉自愿的联合

在不同历史时期共同体的演进过程中,人与人的联合发生着根本性的改变,但是,既往的每个历史阶段中,人与人之间的合作行为与合作活动都是从属于依赖的需要,而不是原生于人们自觉、自愿的合作关系。在家元共同体中,由于生存的需要形成了人与人之间的被动联合。在族阈共同体中,外在于人的制度和规则体系将人们整合到一个个组织框架中,形成了人与人之间的非自愿的联合。在当前正在发生的后工业化进程中,人与人的社会关系将以合作关系的形式出现,更重要的是,这种合作是人与人之间的自觉自愿的联合,而非外在制度与规则或是被动的联合。这是由后工业社会的高度复杂性和不确定性的基本特征决定的,在具有高度复杂性和不确定性的环境之下,人与人之间联合的那种基于相互依赖的需要具有了广泛的普遍性。也就是说,与农业社会与工业社会的特定领域或特定人群中的相互依赖不一样,它并不是在某个特定条件与环境中基于某种压力而被迫结成的合作关系,而是在人们普遍接受与认同这种依赖关系基础上形成的合作关系。实际上,人与人之间的自觉自愿的合作关系与当前具有高度复杂性与不确定性的社会有着必然联系,人的自由的联合将是当前社会发展的基础性的社会关系。

理论上,家校合作是建立在家校双方共同意愿基础上的,是一种自觉自愿的联合。如果套上了一定的约束与规则,或者是在某种被动、非自愿情形下建立的合作关系,这种共同体的本质是协作而非合作。协作是工业社会所建立的一种行为模式,是适应于市场经济的要求而出现的。人们之所以愿意与他人进行协作,是因为他人欲要实现的目标恰好与"我"的目标相一致,协作关系隐含着工具性的内容,即将协作对象视作自我目标实现的工具与手段来加以利用;而合作是对协作的超越,扬弃了将对方看作自我目标实现的工具与手段的状态,合作不是出自利用对方为目的,也不是为了某个具体的或临时的目标而走到一起,他们之间的联合是出于对某种共生共在的需求而自觉自愿的结合。因此,我们经常提及的家校合作,其目标是实现学生的全面发展或提升学生的教育获得,这一目标首先根植于家校双方的观念之中,在对学生发展形成共识的基础上才会推动家校双方的主动合作;其次,双方的自觉自愿的结合,将从根本上排除视对方为实现自我目标之工具与手段的状态。

家校双方的这种自觉自愿的联合是家校合作发展的高级状态,是在双方生存与生活的目标相统一的条件下作出的选择,它代表着家校合作脱离了外在制度与规则的约束,走向更高形态的合作文化之路。首先,自觉自愿的联合展现着家校双方的共同意愿,是一种深层次合作的表现。家校双方之所以开展合作并不是外在制度的约束,不需要契约与规则告知他们该做什么、有什么职责或是承担什么任务,双方是基于一种对学生发展的"共识"而自觉自愿地走到一起的。事实上,这是家校合作发展到一定程度的高级状态。其次,自觉自愿的联合表明了家校双方是独立的、自由的个体,是合作共同体的人的本质的表现。家校合作最终体现为人与人之间的合作,家与校任何一方相关个体的自觉自愿行为,都是人的本质的发展状态即人的自由发展的外在表现。在缺少人的自由发展的前提下,家校合作双方都将难以做出自觉自愿的联合。因为人的自由发展表明了人的意识的觉醒状态,在人的意识未达到觉醒状态的时候,"工具主义""利益化"的观念仍将决定着个体的思维与行为。因而,自觉自愿的联合的形成,不可避免地要有两方面的支撑:一是人的意识状态的觉醒,需要实现人的自由发展;二是家校双方的联合由无到有、由简单到复杂、由低级到高级,最终走向自觉自愿的结合,形成一种更高形态的合作文化,需要制度与规则的支持与约束。

三、共同行动

共同行动是合作共同体内部成员行为的一致性,它是合作共同体维持与发展的动力。缺少了人们的共同行动,也就意味着共同体内部行为出现了差异或不同步,如若这种异质性未转换为共同行动的内驱力,则会演变成为共同行动的障碍,甚至会削弱或破坏已经形成的合作共同体。共同行动建立在共同意愿的基础之上,它们之间的基本关系是,合作共同体的内部成员都有着对于"合作"的共同认识,这种共同认识会成为合作共同体的一种主流观念,在人们的合作互动中生成共同行动的行为模式。相反,未形成共同行动的行为模式,表明合作共同体内部成员还未对"合作"形成共同认识,即缺少共同行动的意愿,其结果是共同行动的取消或是达成共识后的再次行动。事实上,我们可以将共同行动看作共同意愿达成后的一种行为,而合作共同体中内部成员共同意愿的达成是一个建构的过程。其原因很简单,个体的思维方式与价值观念的差异是客观存在的,合作共同体不可能也不会消除个体之间的差异,尊重与理解个体差异是合作共同体的本质要求,消除个体差异则与合作共同体的本质要求相悖,因而,在共同行动之前必然存在着合作共同体内部成员共同意愿的建构过程,只不过,合作共同体不是压迫个体差异,而是在包容个体差异的基础上将之转换为合作共同体共同行动的内驱力。

客观上说,个体之间的差异会影响合作共同体共同意愿的生成。在合作共同体中,人们相互之间又尊重个体的差异,因为它是构成人的完整性的必要因素。虽然个体的差异会为共同意愿的生成带来困扰,但合作共同体中的人们会以理性的方式去看待这种差异,也会在个体与他人的差异中找到平衡点从而达到一种"无差异"状态,即达成共识。从这个层面理解,合作共同体中的个体差异是一个客观存在但会自然消除的"存在物"。个体在理性地查找自我与他人"个体差异"的过程中,既是个体的思维与观念进行调整的过程,也是合作共同体的共同行动不断深化的过程。只有当人们一次次进行共同行动前的反思,对共同行动的认识才会越深刻,这种认识层面的变革具有自发性的、根本性,最后将带来更为深刻的共同行动。同时,人们在进行自我调整的过程中,也不断地重新构建共同行动的具体方案和目标,因为共同意愿的达成需要人们就共同行动的过程与目标形成一致性,每个个体理性的判断与选择将形成群体的意见,而群体意见的形成过程也是共同行动过程与目标不断完善的过程,它代表着合作共同体长远的战略性利益的意识。

家校合作的共同行动是指向学生发展或教育获得而进行的共同行为。因而,真正意义上的家校合作,首先,与合作共同体的共同行动一样,家校双方建立相互信任的关系且有着普遍性的共识,所开展的家校合作活动是建立在共同意愿基础之上的。其次,家校合作的共同行动为的是学生的全面发展或提升学生的教育获得,这也代表着家校双方共同行动的长远的具有战略性意义的共同意愿。依据上述对合作共同体共同行动的分析,在家校合作共同行动的过程中,针对家校双方或单方个体认识上的差异,所需考虑的是合作意愿的形成而非合作行为本身,也就是说,应该把重心放在用什么途径去让家庭或学校理解共同行动,而不是用什么样的方式去让家庭或学校达到某种行为。因而,家校合作的共同行动要重视家校双方共同意愿的形成,而家校双方共同意愿的形成主要源于个体的认识,个体的认识之源理应是科学的研究成果,而非经验的判断或个体的知识。这就需要借助家校合作的价值与功能等相关研究成果,基于对家校合作功能与价值等形成共识后,也就有了共同行动的认识基础。

四、整体利益最大化

合作是一种能够获得共同体成员整体利益最大化的互惠互利的生活形态。在合作过程中,人们也正是由于获得了互惠互利的合作利益而使得它们之间的相互信任得到不断深化。在合作共同体中,人们之间的合作并不是以利益追求为目标,合作是个体生存与生活的一种内在需要,而非获取利益的一种工具或手段。这与族阈共同体的以利益为基础的人与人之间的关系有着质的差别,消除了以利益追求为目标的人们的交往也就摆脱了制度与规则的约束,实现了合作共同体所追求的合作的自觉自愿与自由。但是,在合作中可以使各个成员获得合作利益,在没有利益追求的合作中获得这种合作利益,就会进入不断促进合作行为的良性循环之中。与此同时,人们在相互信任中体会到自身的价值,体会到合作带来的人的本质的发展。自觉自愿的联合是合作共同体的本质属性,个体在合作的过程中以独立、自由的身份出现,合作共同体中个体之间的合作交往包含着合作者的自尊与自我价值,此时的人们也会更愿意合作,并乐于增强和促进与他人的合作,这种基于人的内在动力的合作所带来的整体利益更具稳定性和长久性。

家校合作的整体利益不是预先设定的,也不是家校双方为了合作而建构出来的"共同目标",如若如此,它将成为家校双方进行合作的一种"利益化"的追求。合作共同体理念下的家校合作,家校双方是基于各自的合作需求而结成的共同体,是基于家校双方的自我需要而非为了获得某种利益。也就是说,家校双方合作所生成的合作利益是在合作共同体建立之后所出现的自然结果,这个结果的产生并非是家校合作建立的目的。家校合作要冲破那种预设的所谓"共同目标"而驱使家校双方做出合作行为或开展合作活动,因为这不是出于家校双方自然生成的合作意愿下的自觉自愿的联合,而是在利益的考量下作出的"被迫"选择,包含着明显的功利性与利益化的内容。虽然家校合作会产生共同利益,而且很可能带来最大化的整体利益,但这个整体利益是作为家校双方联合的原因,是在"无利益"追求的情况下生成的结果进而成为促进家校合作的动力,也是区别家校合作与"协作"的主要标志。

家校合作整体利益的最大化涉及两方面的内容。一是合作利益的最大化,即学生获得最大限度的发展或最大限度地提升学生的教育获得。理论上,家校合作所实现的"1+1"的教育合力对学生发展产生的作用,要高于家校分离或非完全合作状态下学生发展的程度和水平。一方面,合作关系之下的家校双方各自的优势会变强,而不足也会被合作者的优势所填补;另一方面,家校双方基于自身合作需求而主动提供的资源与"智慧",比基于各自利益考量所做出的"有条件式"投入更为真切和充分,站在更主动合作层面形成的教育合力所产生的整体利益将更大。二是家校双方独立性与自主性发展的最大化。近代以来由于契约观念的出现,整个社会的治理借助于契约以及契约的制度化进行设计。家校合作亦是如此,家校双方的所谓合作其实是在协作框架、指导协作行动的各种制度与规则中进行的。对于家校双方而言,合作也是在各种规章制度或政策的约束下进行的,其原动力并非家校双方自身的需要和自觉自愿的联合,因而,无法真正实现家校双方在合作中的独立与自由。真正意义上的家校合作,是在平等的基础上由家校双方通过自主的对话和协商而做出的共同行为。这个过程,依靠的是家校双方各自的独立性与自主性,同时最大限度地发挥家校双方的独立性与自主性。

第二节　家校合作的相关理论

家校合作有助于避免家庭教育与学校教育分离而造成教育力量的分散,可有效统整并使用家庭与学校各自所拥有的教育资本,使教育资源最大化从而作用于学生发展的结果。同时,有助于实现教育生态系统内部的良性互动状态,为学生发展提供"绿色"发展的生态环境。学者们基于不同的理论来解释家校合作的功能及其内在机理,这些理论为我们理解家校合作的价值与意义以及实践层面的操作与应用提供了依据。

一、协同理论

协同理论,也称为"协同学"或"协和学",是由德国物理学家赫尔曼·哈肯创立的一门跨学科理论,它是研究系统中各个子系统相互竞争与合作的科学。其基本观点是,在一定的条件下,系统内部各子系统通过自组织,具有从无序状态转变为有序状态的共同规律。① 一般来说,组织是指系统内的有序结构或这种有序结构的形成过程,哈肯基于组织的进化形式,将组织分为他组织和自组织两类。如果一个系统靠外部指令而形成组织,就是他组织;如果不存在外部指令,系统按照相互默契的某种规则,各尽其责而又协调自动地形成有序结构,就是自组织。自组织其实是系统自发走向复杂系统的能力与途径,系统内部的子系统在内在机制的驱动下,自行从简单向复杂、从粗糙向细致方向发展,不断提高自身的复杂度和精细度的过程。② 自组织原理告诉我们,任何系统如果缺乏与外界环境进行物质、能量和信息的交流,其本身就会处于孤立或封闭状态。在这种封闭状态下,无论系统初始状态如何,最终其内部的任何有序结构都将被破坏,呈现一片"死寂"的景象。因此,系统只有与外界通过不断的物质、信息和能量交流,才能维持其生命,使系统向有序化方向发展。③

协同理论揭示了结构、组织与系统形成的一般原理和规律,因而广泛地应用于不同系统的分析、建模、预测以及决策。这一理论的基本特性包括以下四个方面:一是目标性。系统整体性的具体体现是有明确的目标,这也是系统内部子系统相互作用、相互协同的重要引导。二是关联性。系统内各子系统之间的关联性是产生协同作用的基础,这种关联的强度有强有弱,只有那些强关联性才可能最终对系统的行为产生主导作用,但影响系统有序结构的关联性集合一定满足系统目标的整体要求。三是动态性。在系统目标的引导下,子系统之间的协同性处于一种动态调整的状态,来满足系统整体目标实现的需要。四是竞争与协同的对立统一。对于一个系统而言,子系统之间并不仅仅存在协同作用,也存在相互之间的竞争,竞争体现在子系统之间的相互制约,

① 张心悦:《基于协同理论的我国科技计划资金监管政策研究》,博士学位论文,中国科学技术大学公共事务学院,2018 年,第 13 页。

② 秦书生:《自组织的复杂性特征分析》,《系统科学学报》2006 年第 1 期。

③ 张燕红:《基于地方实践的社会组织党建创新研究》,《福建省社会主义学院学报》2018 年第 4 期。

促进子系统适应系统发展的需要而不断作出自我调整,进而产生新的协同。[①]

　　教育系统是社会领域各种类型系统中的一种类别,如果将教育系统看作一个整体,那么它由许多子系统构成。比如从宏观上看,有学校教育、社会教育、家庭教育;从微观上看,有教育者、受教育者、教育措施。教育这一社会现象在实现其社会功能和个体功能的过程中,需要其系统内各子系统之间的相互作用与协调。家校合作就是实现其功能的手段之一,它使学校、家庭、社会各系统之间形成协同效应。[②] 协同理论告诉我们,系统能否发挥协同效应是由系统内部各子系统的协同作用决定的,如果系统内部各子系统之间相互协调配合,共同围绕目标齐心协力地运作,就能产生 1+1>2 的协同效应。家庭和学校就如同家校合作共同体中的两个子系统,能否产生预期的协同效应在于家校双方能否达到协调配合的状态,取决于能否获得共同行动的持久动力。

二、社会资本理论

　　20 世纪 80 年代,法国社会学家布迪厄首次提出社会资本的概念。他认为,社会资本是实际的或潜在的资源的集合体,这个集合体是和社会关系网络联系在一起的。他把资本按照形式划分为经济资本、文化资本和社会资本。社会资本和经济资本不同,它不是自然禀赋而是在后天人们的活动中产生的,属于无形资产。科尔曼则从学理上对社会资本进行了界定和分析,他把社会资本定义为个人拥有的社会结构资源,其内容包括社会团体、社会网络和网络摄取。社会中的个体只有通过社会团体的成员资格和社会网络的联系并在此基础上进行网络摄取,才能得到社会资本的回报。普特南在研究意大利南北政府绩效时引入了社会资本的概念,研究发现,社会资本提高了投资于物质资本和人力资本的收益,推动并提高了社会的效率,从而得出了社会资本的差异

---

　　① 何剑彤:《基于协同理论的专业学位研究生培养模式系统结构与机制研究》,博士学位论文,大连海事大学航运经济与管理学院,2015 年,第 27 页。
　　② 刘翠兰:《家校合作及其理论依据》,《现代中小学教育》2005 年第 10 期。

影响政府绩效的结论。他认为,社会资本指的是社会组织的特征,如信任、规范,它们能够通过推动协调的行动来提高社会的效率,能够提高物质资本和人力资本投资的收益。①

社会资本实际上是社会网络、社会信任、社会声望和社会参与的结合体。② 它是个人或组织在目的性行动中可以使用的社会关系资源,其嵌入某一社会关系网络之中,是社会资本的拥有者获取其他主体的合作、信任以及声誉的途径。社会资本的拥有者既可以是微观层面的个人、中观层面的社区或社会组织,也可以是宏观的国家。微观层面的社会资本,是处于网络结构中的个体能够获取和运用的稀缺资源。中观层面的社会资本,是某个区域或某一团体作为一个整体所拥有的可促进其发展的社会网络结构和社会文化因素,包括组织内社会资本和组织间的社会资本。组织内社会资本是支配特定区域或团体内包括信任、互惠等影响人们行动的整体准则,以及团体成员的相互关系;组织间的社会资本包括组织之间通过互动建立的以互惠和平等的规范为基础的责任和期望,以及与外部相关方存在的潜在收益的关系网络形态。宏观层面的社会资本是能够促进社会政治经济发展的非正式价值观与行为规范,是存在于社会组织中的能够促进人们协调一致以实现预定目标的规范和社会关系。③

社会资本理论具有极大的包容性和解释力,几乎所有问题都可以从社会资本理论中找到相契合的结合点,因此,社会资本理论也成为家校合作的一种解释范式。按社会资本的类型,家校合作属于中观层面的组织间的社会资本。科尔曼认为,学校与家长形成的对儿童成长有利的统一的价值规范与经常性的联系互动,这种社会关系网络就是一种"社会资本",促进学校教育发展,有

---

① 黄志斌:《绿色和谐管理理论:生态时代的管理哲学》,中国社会科学出版社 2004 年版,第129 页。

② 徐戈等:《社会资本、收入多样化与农户贫困脆弱性》,《中国人口·资源与环境》2019 年第 2 期。

③ 苗红娜:《社会资本研究:分类与测量》,《重庆大学学报(社会科学版)》2015 年第 6 期。

利于学生取得成功。他提倡学校加强发展家校协同,利用家庭的潜在资源增强学校教育的"社会资本",从而增强教育效果。① 社会资本可以有效提升子女的教育成就,其中社会资本的规模多与子女的教育机会相关,其作用的机制是透过人际关系网络影响子女在关键节点中的胜出概率;②而社会闭合则能够最大限度地通过家长参与和代际闭合影响子女的学习行为,提升子女的学业成绩。③ 因此,通过家校合作在家庭及学校内创造出来的社会资本,可以减轻家庭经济地位、社会环境对子女成长的不利影响,这种资本比拥有的物质及文化资本更重要。④

三、生态系统理论

生态系统理论属于发展心理学的理论,是由俄裔美国心理学家布朗芬布伦纳提出的个体发展模型。他认为,发展的个体嵌套于相互影响的环境系统之中,这些系统与发展的个体相互影响并相互作用,影响着个体的发展。环境系统包括家庭、学校、邻居、工作单位等日常生活场所以及这些场所之外的更大空间,布朗芬布伦纳将之称为小环境系统、中环境系统、外环境系统、大环境系统和时序系统。各个环境系统就像"一组嵌套结构,每个嵌套在下一个中,就像俄罗斯套娃一样",每个层面都对个体的发展产生重要影响。

小环境系统即微观系统,是儿童直接面对的与生活直接相关的环境,包括家庭、学校、邻居以及其他的照顾环境。这个环境的特点是互动性强,儿童与环境之间的关系是双向的,影响是相互的。例如,成人影响孩子的行为,但是

① [美]科尔曼:《社会理论的基础》,邓方译,社会科学文献出版社 1990 年版,第330、336 页。
② 赵延东、洪岩璧:《社会资本与教育获得——网络资源与社会闭合的视角》,《社会学研究》2012 年第 5 期。
③ 张雯闻、方征:《学校主导型家校合作与社会资本生产——基于 CEPS 的实证研究》,《教育学术月刊》2019 年第 2 期。
④ 吴重涵等:《家校合作:理论、经验与行动》,江西教育出版社 2013 年版,第 12 页。

孩子的生物和社会特征,如生理特性、人格特征和能力也影响成人的行为。因此,微观层次上所有关系的双向影响,说明了个体与系统内部结构之间的相互促进作用。中环境系统指几个小环境系统之间的关系,是儿童微观环境系统结构之间的联结,如孩子的老师和父母之间的联结,孩子学习的进步不仅取决于课堂活动,也取决于父母对孩子学习的关心和投入。外环境系统是成长中的儿童不在其中却对他们所处的直接环境产生影响的社会环境。外环境系统通过作用于微观系统的结构间接影响儿童的发展,如母亲所在单位上班时间的灵活性、母亲带工资的产假制度、孩子生病时父母能获准在家照顾孩子等。如果外环境系统不能发挥作用,会产生负面影响,比如,由于上述情形可能产生的家庭冲突对孩子心理健康的负面影响。大环境系统没有一个特定的框架,不是一个具体的环境,它由文化价值观、风俗习惯、法律规则构成。大环境系统能否满足儿童和成人的需要,关系到他们在内部环境水平上获得的支持。例如,较高的儿童养育补助标准,工作单位对就业父母的政策有较多优惠,孩子在小环境中就有良好的生活经验。时序系统也不是一个具体的环境,它指人所处环境的动态的、永远变化的特性。布朗芬布伦纳认为,环境并不是以一种固定方式影响个体的静态力量。相反,它是动力性的、不断变化的。如入学、参加工作、结婚、成为父母、离婚等,随着人的角色的增多或减少以及新生活的开始,其小环境的范围和内容就会发生变化。对生活中这种环境的转变,布朗芬布伦纳称为生态变迁,这往往成为发展的重要转折点。

根据生态系统理论的观点,个体处于从直接环境到间接环境的多个系统中,每一系统都与个体和其他系统产生交互作用,并影响着个体的发展(见图2-1)。① 家庭和学校都属于青少年发展中的小环境系统,作为青少年成长的直接环境,家庭和学校在青少年成长与发展过程中的作用不言而喻。家校合作是围绕学生发展而进行的小环境系统内部结构之间的相互作用,在这个层

---

① 孙颖等:《基于生态系统理论构建的融合教育专业支持系统探究——以北京市为例》,《中国特殊教育》2020 年第 7 期。

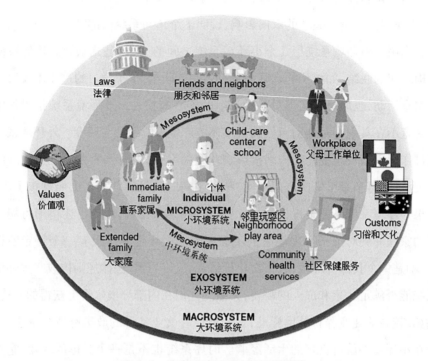

图 2-1　生态系统理论中的环境结构

面上,家校合作属于中环境系统的范畴。建立家庭与学校之间的关系,其实是提供了学生微观系统结构之间的联结,这种联结的作用在于打通了影响学生发展微观环境的结界,实现了学生发展的小环境和中环境的互动。布朗芬布伦纳认为,如果微系统之间有较强的积极的联系,个体的发展可能实现最优化。相反,微系统间的非积极的联系会产生消极的后果。因而,学生的发展过程不仅是学生与微观环境相互影响的过程,也是不同类别微观环境相互作用而对学生发展产生影响的过程,这一过程中所形成的中环境系统,就是我们所说的家校合作。

四、交叠影响域理论

交叠影响域理论由美国约翰斯·霍普金斯大学家长与社区项目的主持人

爱普斯坦在深入研究美国中小学与家庭、社区关系之后提出的。他认为,家庭、学校和社区是影响学生成长与发展的三个主体,学生的学习与发展受到三个主体之间交互叠加的影响。爱普斯坦指出,伙伴关系可以吸引、指导、激励学生自己取得成功。其暗含的一个重要假设是,如果学生感到有人关爱他们并鼓励他们努力学习,他们就会尽全力去学习,并坚持在学校里学习而不会辍学。家庭与学校的伙伴关系并不是保证学生一定会成功,而是在这样三方伙伴关系的模式下,可以促进学生在参与中取得自己的成功。爱普斯坦用外部模型和内部模型来分析家庭、学校、社区对学生发展的交叠影响作用。[①]

一是外部模型(见图2-2),在这个模型中,非交叠的区域显示家庭、学校与社区独立开展的影响学生经验、价值观和行为的活动,即三方对学生产生的独立影响作用;交叠区域显示家庭、学校与社区对学生经验、价值观和行为产生的共同影响。交叠影响作用的时间随着学生年龄(年级)增加,三者参与教

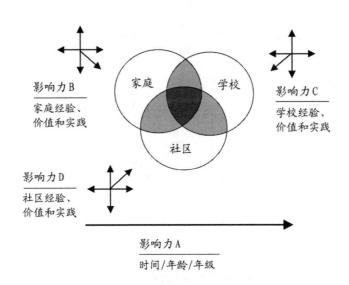

图2-2　交叠影响域的外部结构模型

---

① 张俊等:《面向实践的家校合作指导理论——交叠影响域理论综述》,《教育学术月刊》2019年第5期。

育的行为或活动会发生变化。因此,外部模型中的有些活动是家庭、学校和社区独立进行的,有些活动是三方共同合作完成的,三者之间发生的交叠影响可以带来某项活动的条件、场地、机会或不同的激励效果的形成,决定着某种活动的质量。

二是内部模型(见图2-3),主要解释家庭、学校与社区在何处和如何发生互动与影响,是外部模型所描述的交叠区域的内部机理。在内部模型中,学生是学校、家庭和社区相互作用的中心,当三方的共同经验和价值观在形成共识基础上开展一致行动时,则产生了内部的交互作用。这种交互作用包括两个层面:一是机构层面(如所有家庭、子女、教育者和整个社区),例如,学校邀请学生家长参加课堂观摩或家长会等,具有整体性的特征;二是个体层面(如某家长、子女、教师和社区伙伴),例如,某学生家长与教师交流学生的学习问题。爱普斯坦指出,家庭、学校与学生三种环境的相互关系怎么建立,学校起

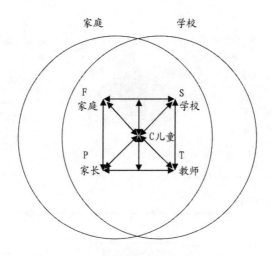

图2-3 交叠影响域的内部结构模型①

---

① 在交叠区,相互作用包括机构层面(如所有家庭、子女、教育者和整个社区)和个体层面(如某家长、子女、教师和社区伙伴)。本图只是完全模型的家庭、学校相交部分,在完全模型中,内部模型还包括社区和社区机构,也包括发生在非交叠区域的相互作用。

着主导的作用,因为只有学校是教育发挥影响力的制度化机构,更应关心其彼此之间的联系与合作,以发挥合成的影响力。[①]

交叠影响域理论作为家校合作的指导性理论,突出了学生在家庭、学校和社区交叠影响中的中心地位,定位了三者互动中学校的主导作用,预设了家庭与学校融合后的家庭般学校与学校般家庭的良好环境氛围,强调了外部环境的相互作用对于学生成长与发展的积极作用,为我们理解家校合作的内涵和机理提供了理论基础。与此同时,爱普斯坦在收集、整理和归纳各级各类家校合作活动的基础上,发展和构建了"当好家长、相互交流、志愿服务、在家学习、参与决策和与社区合作"六种家校合作的实践类型,成为指导家校合作实践的指南。大量研究结论指出,无论是在美国、欧洲、新加坡,还是中国香港、台湾或大陆,学校、家庭和社区之间的伙伴关系越密切,跨界行动越频繁,越能改进学校教育质量,提升父母家庭教育水平,更重要的是能够促进儿童的教育获得。[②]

第三节 西方国家家校合作的发展

从家庭和学校的关系来看,家校合作的发展经历了由家庭独立教育子女到向学校转移,再到学校教育专业化与家庭教育职能弱化,发展至家庭与学校教育联合的过程。可以说,在经历了家庭教育为主到学校教育占主导的"家校分离"之后,人们才真正认识到家校合作的重要价值。有学者将西方国家家校合作的发展分为五个时期:一是 20 世纪 60 年代前的萌芽时期。这个时期家校之间的联系不多,只是在意识上开始重视与学校的合作,协助学校完成各项工作,听从学校的安排,没有自己的发言权且合作的广度和深度有限。二

---

① 吴重涵等:《家校合作:理论、经验与行动》,江西教育出版社 2013 年版,第 14—16 页。
② 张俊等:《面向实践的家校合作指导理论——交叠影响域理论综述》,《教育学术月刊》2019 年第 5 期。

是 20 世纪六七十年代的初步发展时期。由于教育机会平等观念的生成,人们将教育机会平等的关注点集中在处境不利儿童的发展,因而促进了家庭与学校关系的发展。这一时期的家校合作机构虽多,但并未发挥加强家庭和学校合作的实际性作用,并没有真正调动家长的积极性与参与性。三是 20 世纪七八十年代的蓬勃发展时期。这一时期提出的多项政策推动了家校合作的发展,对家校合作的开展提出规定性、约束性的要求,形成了家庭积极支持学校、学校主动要求家庭参与的良好局面。四是 20 世纪 80 年代至 21 世纪初的体系化发展阶段。这一时期,学校及教育者普遍欢迎家长更多地参与到学校这一开放机构中来,家长逐渐成为学校决策层的重要组成部分。五是 21 世纪以来的成熟时期。这一时期的家校合作已得到人们的普遍认同,除了注重加强教师与家长的联系,更强调学校与社区内其他社会组织和机构的合作,也更加注重家长的全员参与并鼓励家长之间的交流合作,家校合作的范围和深度都走向另一个高度。[1]

相比于西方国家家校合作的发展历程,我国的家校合作目前只停留在萌芽发展阶段。20 世纪 50 年代起,教育工作者开始重视家校合作的问题,也做了大量工作争取学生家长的参与,但家长的角色仅是配合者,缺少主动性;20 世纪末,许多学校开始意识到家校合作的重要性,在实践中积极探索家庭、学校和社会之间的联合教育,也在努力构建以学校教育为主导、家庭教育为基础、社区教育为依托的合作模式。虽然尚不成熟,但在实践层面的具体化操作推动着家校合作的发展。近年来,随着学生家长受教育水平的提升和人们对教育质量的关注,依托家校合作以形成学生教育合力的呼声越来越大。在实践中,家校双方对合作的方式、内容、效果以及发展方向的认识仍处于混沌状态,看似如火如荼开展的家校合作活动,其价值与效果经常受到人们的质疑。当前,西方国家的家校合作已步入成熟时期,其发展的过程和经验有值得我们

---

① 吴重涵等:《家校合作:理论、经验与行动》,江西教育出版社 2013 年版,第 24—30 页。

学习之处,也有助于我们根据家校合作的实际情况建立本土的家校合作理论与实践模式。

一、美英政策规制指导下的家校合作

政策规制指导下的家校合作,主要是借助法律与政策对家校合作的相关内容做出规定,家校合作的经费来源、参与方式、活动内容、周期时间以及效果评价等都有相应的制度和要求。在政策的规制下,家校合作经历了由外力驱动逐步向组织化、制度化的演进过程,如美国和英国。

20世纪60年代开始,美国颁布多项法律对家长参与学校教育做出明确规定,并对家校合作的资金投入、教育培训、支持条件等内容提出了相应要求,这些举措为家长参与学校教育、促进家长和教师的合作提供了法律依据和保障。1964年,美国联邦政府通过《经济机会法案》,帮助因家庭经济困难而处于受教育机会不利的学龄前儿童就学,其中包括补偿教育、让家长参与制订子女的教育计划等。1965年,颁布《初等和中等教育法案》,以立法形式把追求教育机会均等确立为美国政府的一项重要使命。这一法案中涉及保障处境不利儿童教育质量的问题,关注包括贫困儿童、残疾儿童等处境不利儿童,规定向低收入家庭儿童所在的当地教育机构提供财政援助,体现了家长在地方教育机构和学校教育中的参与作用。1974年出台的《家庭教育权利和隐私权法案》规定,家长有参加与其子女教育有关的学校会议的权利,并有对学校做出的决策发表意见的权利。1981年出台的《开端计划法》规定,开端计划机构应制定有效的程序使家长能直接参与项目的决策并监督项目的实施,要向家长提供基本的儿童发展的培训,发展其与儿童交流的技能,从而帮助家长成为教育机构良好的合作伙伴。① 1994年,美国总统克林顿签署了国会通过的法案《2000年目标:美国教育法》,该法案提出了教育改革的总体目标,其中提出

---

① 王婧文:《美国教师与家长合作的经验及其启示》,《教学与管理》2019年第8期。

"每所学校都要鼓励家长参与学校教育,与家长建立良好合作关系"等内容。2001年,美国国会通过了《不让一个孩子落后法案》,要求学区必须在家长参与的情况下对所属学校家长参与政策和制度的实施效果进行评价。2015年,美国总统奥巴马在教师、学生、教育组织、政策专家等众多人士的关注下签署了《每个学生都成功法案》,该法案将家长参与的范畴扩大到所有家庭成员和社区,其条目"家长参与"更改为"家长和家庭参与",对"家长参与"所强调的范围扩大到所有家庭成员,而在"家长和家庭参与"的相关规定中也表露出更加全面和紧密参与的要求,社区和地方参与的成分也明显增加。①《每个学生都成功法案》对家长参与的制度化规定,推进了家庭、学校和社区之间的合作,并以联邦基金作为保障得到丰富和强化,推动了美国家校合作的发展。②

英国是较早通过教育立法认定家校关系的国家。1944年的《教育法案》就提及必须强调家长对教育的职责和义务,这可以看作家长参与家校教育的源头。20世纪50年代,英国社会对家庭"仅仅确保孩子上学"的普遍认识使得家校关系一度淡化。1967年公布的《普劳登报告》指出,家长在孩子学业方面应该承担与学校教育同样的角色,有关家校关系的问题重新回到人们的视野。英国政府颁布的《1988年教育改革法案》中规定,赋予家长自由择校的权利,学校的课程必须告知家长,家长是教育的消费者,教育必须依赖家长。该法案明确了学生及其家长的择校权利,通过法律手段确立了学生及其家长在教育中的地位和作用。至此,英国进入新型家校关系的探索阶段。21世纪以后,家长参与学校教育逐渐成为英国教育改革的重点。2009年,英国政府发布《你的孩子,你的学校,我们的未来,建立21世纪的学校制度》白皮书,要求家长与学校签订"家校协议",明确家长要承担的教育义务,让家长清楚地了

---

① 卫沈丽:《美国儿童养育的"学校化":对"家长参与"政策的工具理性的评析》,《外国中小学教育》2017年第5期。

② 吴重涵、张俊:《制度化家校合作的国际比较:政策、学校行动与研究支撑》,《中国教育学刊》2019年第11期。

解学校规章制度、家长责任以及孩子在学校的表现。按照协议,家长必须对子女的家庭作业、出勤到课、日常作息、饮食等问题加以监督。违反家校协议的家长将受到法律制裁,可能被罚款甚至判刑;如果家长发现学校没有履行协议,可以向地方教育当局投诉。2010 年,英国教育部出台了新的学校白皮书《教学的重要性》,强调学校要考虑家长的需求,并加大了家长对教育的选择权,对家长和家庭在教育中的角色赋予了战略地位。①

可以看出,美国和英国家校合作的发展主要得益于国家积极的政策干预。基本模式是通过国家或教育立法的形式确定家校合作的地位,提出"家长参与"或家校合作的要求,以各种规定性的内容如责任与义务、经费来源与分担等来指导家校合作开展。基于法律或政策来保障家长参与学校教育,其优势在于:一是为家长参与提供法律约束和保障,有助于推动家校合作的实践。家校合作实践中,需要学校为之付出努力和家庭的主动参与,缺少政策约束的家校合作难以达到预期的效果。相反,在政策的约束与规制下,家校双方首先会按相关规定的要求表现出合作行为,如在合作中不断获取收益,有益于提升家校双方合作的积极性并逐渐转换为自觉的行为。二是政策引导推动了家校合作的研究,有助于实践层面家校合作的科学规划。政策的形成需要科学的研究政策问题,具体的规则和规定也需要相应的研究结论予以支撑,否则难以作为纲领性的标准或要求指导家校合作的开展。因而,进入政策层面的内容不仅是研究的结果,也是家校合作研究的助推器,家校合作研究所取得的各项成果将推动家校合作实践的发展。从这个层面来说,政策规制是家校合作得以发展的有力保障。需要注意的是,以政策规制的约束力来推动家校合作发展仅仅是一种暂时的手段,其长远目标是实现家校双方在合作范畴内的主动与自觉,这个过程可能要经历较为漫长的时间。

---

① 赵耸婷、许明:《家长参与:英国学校教育改革的新亮点》,《外国教育研究》2014 年第 1 期。

二、澳大利亚家长参与传统下的家校合作

家长参与传统下的家校合作,主要是历史上特殊时期家庭对学校资金投入与建设之后所赋予的家长参与学校管理的权利。此种情况下的家长参与学校管理,家长一般拥有明确的权利,如知情权、参与权、影响权、价值观念获得支持与认可等具有实际意义的权利。同时,家长参与学校管理的权利会有相应的法律、制度作为保障。不同于美英法律规制指导下的家校合作,这种家校合作首先立足于家长参与学校管理的传统,而后是相关法律对家长参与的规定,如澳大利亚。

在澳大利亚,家长参与学校教育是他们的权利,在 19 世纪国家独立之初,政府因经费不足无法建立有效的公立学校系统,因此号召家长捐资建校,家长参与权自然延伸到学校。[1] 与此同时,澳大利亚也出台了一系列措施,推进家长参与学校教育。1973 年的《卡梅尔报告》提出,澳大利亚社会变得更庞大、更加多样化……在当时家长参与的现状下,还需要进一步扩大教育政策制定的基础,制造公众对学校和教育系统运作的舆论。随后,"联邦学校委员会"创建,立即投入资金发展新计划,其内容包括:教育决策权下放给学校,吸收更多的社会成员参与教育。1984 年,联邦学校委员会制定了《参与与公平计划》,该计划注重教师—学生—家长的互动发展,并资助许多学校建立了社会参与的典型,如邻居委员会、家长决策与管理培训计划。[2] 2008 年,澳大利亚教育部颁布的《墨尔本宣言:澳大利亚青年教育目标》中指出,父母对儿童成长及成才的影响是最为关键的,由家长培养的正确态度和价值观会对青少年积极参与学校教育起到推动作用,并促使青少年为当地及更为广泛的地区

---

① 吴重涵、张俊:《制度化家校合作的国际比较:政策、学校行动与研究支撑》,《中国教育学刊》2019 年第 11 期。

② 田文华、亓秀梅:《家长参与学校教育:英美等国的经验与启示》,《全球教育展望》2004 年第 8 期。

发展作出贡献。① 同年,澳大利亚颁布《家校合作框架》,指出家庭与学校之间应该建立良好的伙伴关系,明确了家校合作的目标和原则,阐述了有效家校合作的七个关键维度(沟通、连通在家学习和学校学习、构建社区与身份、认识到家庭的作用、协商决策、校外合作、家长参与),为学校提供了具体的实施策略。2012 年,澳大利亚颁布了《国家质量标准》,该标准包括七个领域,其中一个领域为"与家庭和社区的合作伙伴关系",它强调家校合作对儿童青少年全面发展的重要性,明确支持家庭积极参与学校教育,并对如何建立学校、家长、社区之间的合作伙伴关系做出了详细建议。② 澳大利亚的《2013 年教育法》中建立"家校、学校和社区合作局",修订了国家"家庭与学校伙伴关系框架",该框架在借鉴美国爱普斯坦提出的六种参与类型的基础上,由有效沟通、连接在家学习与学校学习、建立学习型社区和身份认同、重视家庭的作用、协商决策、校外合作、家长参与七个维度构成。③ 这一系列政策与举措反映出政府对家校合作的重视,为家校合作在实践层面的推进与实施奠定了基础。

　　家长在学校管理中发挥作用是澳大利亚中小学管理的一大特色,这与澳大利亚教育的历史有着密切关系。早期澳大利亚的学校是由家长们自发组织的,学校的产生是家长积极参与的结果。因此,在公立的每所学校中几乎都有家长和热心教育的公民自发组成的家长委员会,所有家长都可以参与进来,对学校管理发表意见。④ 基于家长参与传统下的家校合作,其优势在于:一是家长将参与学校的管理作为一项权利,有助于学校从根本上获得发展。家长参与学校管理是教育民主化的一种体现,包含家长在内的家长委员会、董事会等

① 韦姣:《澳大利亚〈家校合作框架〉述评》,《世界教育信息》2018 年第 22 期。
② 元英、刘文利:《澳大利亚家校合作评估及其启示》,《教学与管理》2019 年第 28 期。
③ 吴重涵、张俊:《制度化家校合作的国际比较:政策、学校行动与研究支撑》,《中国教育学刊》2019 年第 11 期。
④ 晓晓:《澳大利亚教育体制:职责分明,家长参与,现代多元》,《内蒙古教育》2012 年第 6 期。

团体参与学校管理,制定学校的理念、政策,对学校的日常事务和活动进行管理,在家庭和学校之间平等合作的基础上,可以促进学校教育质量的提升以及学生学业成就整体水平的提升。二是家长主动关心和支持教育,有助于促进教师、家长和学校之间相互理解和相互尊重。学生家长参与学校教育,表明学校已认可家长对于学校发展的重要价值,已有了公平看待每位成员的基本认识,意味着消除了家庭参与学校教育的理念上的障碍,这种意识和行为上的表现反映出家校双方的相互理解和相互尊重成为可能。家校双方的相互理解和相互尊重可以使家校合作的政策实施更加到位,最终将有助于促进家校合作的深入发展,实现家校合作的最终目标。

三、芬兰合作教育共识下的家校合作

合作共识下的家校合作,是家长参与学校教育并自觉形成家校合力成为一种共识文化。这种情形的家校合作是一种较为高级的发展状态,不同于政策规制和特殊历史时期家庭筹建学校后的家长参与学校教育,此种家校合作主要源于重视文化传统的内在基因。与此同时,与文化传统同向而行的政策文化也是这种状态家校合作得以发展的重要因素,相当于与重视教育文化的传统相适应,政策环境助推着教育文化传统的继承和发展,如芬兰即是这种情况。

根据萨尔伯格的观点,对子女的学校负有重要责任一直是芬兰家长的文化传统,家校合作已经实现文化意义上的高级制度化。① 芬兰的教育系统一直是全球教育界关注的焦点。重视教育的文化传统、坚守教育公平和全纳教育的导向、社会及教育界浓厚的合作互信氛围、卓越的教师队伍及强大的行业吸引力、有效而温和的质量保障与问责机制等,已成为人们对芬兰教育成就的

---

① 吴重涵、张俊:《制度化家校合作的国际比较:政策、学校行动与研究支撑》,《中国教育学刊》2019 年第 11 期。

主要归因。① 这些内容体现在相关的政策或教育改革中:一是 20 世纪 70 年代初实行的 9 年综合性基础教育的学校教育改革,让每名学生都能平等地接受相同的教育;二是 1974 年就建立了以大学为基础的教师培育体系;三是从 20 世纪 80 年代开始在特殊教育方面大量投入,较早开始实施融合与全纳教育。可以说,芬兰这些卓有成效的教育改革离不开重视教育的文化传统,这其中体现着教育的"共识文化"。在芬兰的教育体制下,儿童 7 岁入学,而且一年级新生只上半天课,暑假长达 10 周。儿童较晚入学可敦促家长负起更大的教育责任,塑造芬兰家长在家陪伴小孩读书写字或上公立图书馆找数据作研究的文化。② 这种文化共识的形成或许源于特殊历史时期的影响。在两次世界大战的环境下,举国上下不得不重新团结起来,无论何种党派、族群都必须放下内部冲突,团结一致共御外敌。芬兰人抱有非常强烈和坚定的意念:"不能让任何人掉队"。这意味着,作为个体要对自己负责,而身处团队则必须团结一心。③ 基于此,芬兰的教育文化传统与教育政策也都蕴含着"合作"与"信任"的要义,同时,这种共识体现在家校合作之中。就如致力于持续推动芬兰学校教育教学质量提高的基础教育质量标准,其中心指标将家校合作作为内容之一。家校合作的评估指标根据实施主体分为自治市和学校。针对自治市的指标内容为:地方课程应明确家长与学校在家校合作中的目标、政策和内容;地方为学生家长发展建立包容性的环境。针对学校的指标内容为:家长和学生一起评估家校合作的设计和开发;促进家庭和学校、学校和班级、班级和学生三个层面的合作;在家校之间为学生的学习和成长建立一个双方支持并良性互动的环境;家校合作应考虑学校教职人员的工作量,并提供

---

① 张乐天:《欣赏教育创新的亮丽风景——读〈芬兰道路:世界可以从芬兰教育改革中学到什么〉》,《全球教育展望》2015 年第 5 期。

② 桂绍贞:《台湾基础教育质量保障管理策略之研究——以台北市为例》,博士学位论文,华东师范大学公共管理学院,2010 年,第 67 页。

③ 董辉:《寻找芬兰教育成功的基因:历史—文化视角的阐释——专访芬兰埃博学术大学教授迈克尔·乌尔恩斯》,《比较教育研究》2020 年第 7 期。

足够的资源和支持;发挥信息技术在家校合作中的作用。① 芬兰基于教育文化传统配合相应的政策,为家校合作关系的深入发展作出了巨大努力,也为家校合作进一步走向更加自然与自觉的状态提供了必要条件。

基于合作共识下的家校合作最大的优势在于,它有着家长参与学校教育的深厚文化传统,家校双方合作积极主动,易产生良好的合作效果。合作共识下的家校合作类似于家校合作发展的高级状态,主要表现为家校双方主动的合作意愿且已内化为各自的自觉行为。事实上,这种高度制度化家校合作的持续发展需要与之相适应的政策予以保障,即在政策层面能够为家校双方的合作提供动力和支持。在这个层面上,合作共识下的家校合作至少含有两方面的优势,一是家校双方的高合作意愿,二是维持家校双方高合作意愿的政策环境。另外,芬兰教育的成功经验告诉我们,在学生发展中起重要作用的因素还包括家长参与学校教育的能力。家长参与学校教育能力的高低是能否发挥家校合作功能的关键因素,合作共识下的家校合作体现了家长参与学校教育的意愿程度,而家长参与学校教育的能力培养可能还需要政策层面的精细设计。

西方国家不同模式的家校合作为分析我国家校合作的现状提供了参考。当前,我国对家校合作的有关研究还停留在对工作经验的简单总结上,停留在政策诠释上,停留在对国外经验的零散介绍上,停留在家长教育、家庭教育以及德育功能等单项研究上,尚不能对政策和实践中存在的问题进行有效的指导。② 从不同视角研究家校合作的理论与实践问题,对于丰富家校合作的现有成果大有裨益。其中,类型研究可以从不同角度较为清晰地展现事物的特征,而对事物不同类型特征的分析能够总结其发展的目标,更重要的是,可以

---

① 田腾飞:《芬兰基础教育的质量标准及其评估机制探析》,《比较教育研究》2013 年第 4 期。

② 吴重涵:《从国际视野重新审视家校合作——〈学校、家庭和社区合作伙伴:行动手册〉中文版序》,《教育学术月刊》2013 年第 1 期。

进一步发现现实中事物发展现状与目标的差距,为改进和推进事物的发展提供依据。因而,从家校合作的类型研究中总结和探索其发展的理想状态,并在实地调研的基础上分析现实中家校合作类型的现状,一定程度上可以为推进家校合作向更高水平的状态发展提供相关的资料。

第三章　家校合作的类型与现状

协同理论、社会资本理论、交叠影响域理论、社会互赖理论等,推动了我国对家校合作价值与功能的认识,一些学者依据相关理论探讨了家校合作的类型。比如,基于社会互赖理论将家校合作区分为两个基本层次:积极互赖的家校合作和非积极互赖的家校合作;依据互赖谁、如何互赖以及互赖什么三个基本问题,将家校合作分为三个基本维度,即家校主客体关系、家校合作方式与家校合作内容。[①] 基于交叠影响域理论,将爱普斯坦家校合作的 6 种实践类型(志愿服务、与社区合作、参与决策、相互交流、当好家长、在家学习),根据家长参与程度从低到高进行排列,呈现家长和教师在各类型行动的参与度。[②] 也有学者从其他视角对家校合作进行分类,比如,采用潜在剖面分析方法,从家长的视角将家校关系分为"亲密型""附属型""疏离型"三个类型。[③] 从制度化程度,将家校合作分为制度化低(特异、前制度化)、中(标准化、半制度

---

① 李清臣、岳定权:《家校合作基本结构的建构与应用》,《中国教育学刊》2018 年第 12 期。
② 张俊等:《家长和教师参与家校合作的跨界行为研究——基于交叠影响域理论的经验模型》,《教育发展研究》2018 年第 2 期。
③ 黄菲菲等:《家校关系类型对小学生学业成绩的影响:基于潜在剖面分析》,《教育研究与实验》2018 年第 2 期。

化)、高(完全制度化)三个状态。① 以家校合作共育内涵为视角,将家校合作实践分为家庭教育指导、学校生活参与、家校互动沟通、社区融合协作。②

分类是认识和研究客观事物的重要逻辑思维方法,能够较为深入地分析客观事物的共同点和差异性。区分家校合作的类型,意在从不同角度描述家校合作的特点,展现不同类型家校合作的运行状态,透析各种类型家校合作的优势与不足,可以使实践层面家校合作的发展方向更加明确清晰。现有的对家校合作类型的划分大致有三种:一是基于合作的互赖关系,区分了积极与非积极、亲与疏的家校合作;二是基于合作的形式,区分了不同主体(如家庭、学校、社区)参与的合作;三是基于合作的深度,区分了家校合作的制度化低、中、高三种状态。家校合作的目标是促进学生的教育获得,这一目标的达成首先取决于家校双方的共同行动,即家校双方的合作行为。没有家校双方的合作行为,也就谈不上合作双方的亲与疏关系、合作的形式以及合作的制度化程度,因此,对家校合作进行深度认知与考察,家校双方合作行为的研究是基础。家校合作行为是内在因素和外在因素相互作用的结果,内在因素主要指家校双方的合作意愿和所具备的合作能力,外在因素指客观存在的社会环境和自然环境。根据勒温的观点,内在因素是根本,其对行为具有直接的支配作用,基于此,这里主要从影响家校合作双方行为的内在因素来区分家校合作的类型。

第一节　家校合作的类型划分

依据心理学对影响行为内在因素的研究,将家校合作意愿界定为家庭和

---

① 吴重涵等:《教育跨界行动的制度化特征——对家校合作的经验分析》,《教育研究》2017 年第 11 期。

② 朱永新:《家校合作激活教育磁场——新教育实验"家校合作共育"的理论与实践》,《教育研究》2017 年第 11 期。

学校在共同目标支配下表现出来的合作态度及合作实践中的主动性;将家校合作能力界定为家庭和学校所具备的开展家校合作的条件。家校合作意愿和能力之所以重要,是因为这是家校合作预期目标达成的必要基础。首先,共同行动以形成共识为基础,没有共识就不可能存在有机性的共同行动。[①] 也就是说,如果家校双方缺少合作的意愿,也就谈不上真正意义上的合作,即使表现出某种形式的合作行为,也是表层的、机械的合作。同理,家校任何一方不具备合作的能力,家校合作都将难以达到预期的效果,可以说,家校合作的形式、内容、过程和结果等受制于家校合作双方的意愿和能力。其次,家校合作意愿和能力相比较,家校合作意愿是基础,家校合作能力直接影响活动的效率,其中,又以家庭合作能力最为关键。其原因在于,学校合作能力的提升可以通过制度安排或学校自行探索与经验借鉴等方式得以实现,而家庭合作能力受家庭背景、家庭教养方式等因素的影响,这些因素相对固化且稳定。布迪厄、科尔曼等学者提出的资本概念,一定程度上能够反映家庭的合作能力,如家庭人力资本、文化资本、社会资本等方面的差异会引起家庭合作能力的强弱变化。依据该理论,会因家庭教育投资、家庭文化资源和文化氛围以及家长的教育参与等方面的差异,表现出家庭合作能力上的差别。基于上述考虑,研究从影响家校合作行为的两个内在因素,即家校合作意愿和能力,以单维和多维的视角区分家校合作的不同类型,分析不同类型家校合作的可能状态,借此寻求其中最佳的家校合作类型,并以此为基础分析现有家校合作的主要类型。

一、基于家庭和学校合作意愿的家校合作分类

根据家庭和学校合作意愿的一致性程度,可将家校合作分为四种类型。

一是家庭和学校合作意愿双高。这种类型中,家庭和学校的合作意愿高度一致,行为积极主动,双方配合度高。此种情形下,家庭和学校建立了良好

---

① 张康之:《论风险社会中的人及其行动方式》,《内蒙古社会科学》2020 年第 4 期。

的合作伙伴关系。主要表现为：学校积极构建有效的家校合作方式，邀请学生家长参与学校有关政策和制度的协商，或主动寻求学生家长参与孩子教育；学生家长则积极配合学校的各类活动，参与到学校发展与子女教育的相关事务中。这时的家校双方可视为整体组织系统内互动和谐的两个子系统，依据哈肯的协同理论，复杂系统中子系统相互作用会产生整体效应，对于千差万别的自然系统或社会系统而言，均存在协同作用，而这种协同作用是系统有序结构形成的内驱力。换句话说，家校合作意愿的协同度越高，协同作用所产生的整体效应也越好，长期有序的协同作用所产生的积极效应则会进一步成为双方合作深化的内在动力。在排除其他因素干扰的前提下（如合作能力不足），此种情形可以为学生发展提供良好的互通互动环境，为家校合作的常态化和进一步的制度化提供重要基础。

二是家庭和学校合作意愿双低。这种类型中，家庭和学校缺乏共同合作的意愿，双方消极被动，配合度低。主要表现为：家庭和学校双方的合作处于被动局面，或仅满足于一般形式上的合作，如一学期一次的家长会、相关事宜的下达与接收等，双方无实质性的合作。究其原因，更多源于家庭和学校双方缺少建立合作伙伴关系的意识，或对家校合作价值与功能的认同度偏低，双方可能更倾向于认同"各司其职"。这种现象虽不与学生的教育成功或失败直接相关，但作为世界性的教育改革趋势，此种类型的家校合作不是现代教育所倡导的"合育"，在教育过程中，也仅仅发挥了单方的教育功能，缺少双方教育优势的有机互补。

三是家庭合作意愿高，学校合作意愿低。这种类型中，家庭积极主动寻求与学校合作，而学校的合作意愿消极被动。主要表现为：学校注重学生在校期间的教育而忽视了家庭教育的功能，未采取有效行为加强与学生家庭的合作，家庭的主动合作缺少必要的途径和沟通机制。其根源在于，学校未发挥家校合作的主导作用，对家校合作的重要性认识上存在偏差。从家校合作双方参与者的价值、职能来看，不同立场下的学校和家庭都具有主体性的特征，即学校是学校教育的主体,家庭是家庭教育的主体,这里分别将之描述为"核心主体"和"重要主体"。所谓核心主体是指在家校合作过程中起主导并发挥组织作用的主体,即学校;重要主体是指在家校合作过程中起配合并发挥参与作用的主体,即家庭。从这个层面来看,家校合作就是核心主体主导并组织、重要主体配合并参与的指向学生能力培养的动态实践过程,这一过程中核心主体和重要主体两者缺一不可。换言之,在家庭期望与学校合作但学校的合作意愿不强的情形中,家校合作缺少了必要的组织者,此种类型也属于无实质性的家校合作,需要教育主管部门通过宣传或建立制度来提升学校开展家校合作的意识,促进学校开展家校合作活动。需要指出的是,家庭的主动合作意愿若达到一定程度,极有可能催生学校的合作行为。学校是教育发挥影响力的制度化机构,其职能的"基因"与期望的"效应"将给予学校无形的压力,在家庭期望家校合作的情况下,学校也会顺势丰富家校合作的内容,建立家校合作制度,提升家校合作的主动性。

四是家庭合作意愿低,学校合作意愿高。这种类型中,家庭合作的积极性较弱,学校开展合作活动积极主动。主要表现为:学校将家庭视作学生教育的合作伙伴,积极向家庭提供学生在校表现、分享教育资源,期望家庭主动参与学校开展的家校合作活动,而家庭对学校工作的配合度与合作活动的参与度较为欠缺。现实中,部分学生家长认为教育是学校的事,将孩子教育的责任归于学校,对学校定期召开的家长会、家访以及成立家长委员会等家校合作活动参与度低或消极应对。有研究认为,家长存在观念层面的误区,口头上认可家校合作,实际行动却不参与,没有真正认识到家校合作的重要性。[1] 这时的家校合作有了核心主体(组织者),但缺少了重要主体(参与者),双方教育功能的发挥仍是独立的,教育合力也无从谈起。究其原因,在于家长没有真正认识到家庭教育以及家校合作的重要性,或者是由于学校开展的家校活动不被学

---

① 高港、宋凤敏:《家庭教育与学校教育合作途径的探究》,《当代教育实践与教学研究》2018年第5期。

生家长所认同。在这种情形下,关键是要考虑如何确保家庭参与家校合作,支持学校、家长之间合作伙伴关系的发展,若仅依靠学生家长的自觉自愿可能达不到预期效果,需要借助配套政策予以保障,如美国颁布的《每个学生都成功法案》,明确了"家长参与"的实践方向、内容,实行问责制约束家校双方的行为。事实上,这种方式主要通过政策的约束力将家校双方绑定为利益共同体,作为家校合作的核心主体和重要主体,双方也会权衡各自的利益得失而关注自身的行为。

二、基于家庭和学校合作能力的家校合作分类

根据家校双方合作能力的匹配程度,可将家校合作分为以下四种类型。

一是家庭和学校合作能力双高。这种类型中,学校具有开展家校合作的能力,家庭具有协同学校教育的能力。主要表现为:学校有较为完备的家校合作制度、设施、经费、培训课程与师资等支持家校合作有效运行的条件,而学生家长也具有一定的文化素质、资源等配合学校相关工作与活动的能力。赛特斯认为,家庭教育,如与孩子一起阅读、对看电视予以监管、提供激励经验等,可以通过参与学校活动而被积极塑造。换言之,学校的合作能力不仅包括具有主导、组织家校合作的能力,更重要的是具有支持家庭文化改变和提高家长能力的力量。这种情形下,家庭和学校之间的合作能力较为协调,即使出现家庭教育能力不足的问题,也可以通过学校针对学生家长的类似于"补充学习"的支持项目,来帮助学生家长学习家庭教育的知识和技巧。

二是家庭和学校合作能力双低。这种类型中,家庭不具备协同学校教育的能力,学校缺少开展家校合作的能力。主要表现为:学生家长的文化素质、社交资源等条件难以达到家校合作的需求,学校也缺少开展家校合作的设施、空间与制度。此种情形下,两者不具备开展家校合作的条件,即使实施家校合作,也会因双方能力不足而流于形式。这种情形的出现,主要是由于学生家长缺少配合学校教育的元素,如时间、资金、文化资源以及社交网络等。与此同

时,学校尚未建立有效的家校合作制度,对家校合作的内容、形式、目标等预期不足,或是缺少必要的空间、经费支持家校活动的开展。现实中,外来务工人员子弟学校、乡村学校可能存在这样的问题,它们绝大多数师资较为匮乏、学校设施陈旧、班级规模较大、技术支持较少,提高家校合作的有效性难度较大,但这部分学校恰恰是最需要开展家校合作的学校。针对这种状况,唯有以提升学校的合作能力为先,对家校合作制度的建立、家校合作活动的策划等予以指导并提供支持,在此基础上,再考虑如何把学生家长的力量引向学校教育。与其他类型的家校合作相比,这一情形要付出更多的精力,给予更多的投入,这对于消除家庭文化缺陷以及不利处境对学生发展的消极影响,现实意义更大。

三是家庭合作能力高,学校合作能力低。这种类型中,家庭具有协同学校教育的能力,但学校开展家校合作的能力不足。主要表现为:学生家长素质较高,采用有助于孩子成功的教养方式,在学习、行为以及价值观等方面为子女做出榜样,积极参与子女的学习过程并予以有效指导,而学校未采取有效的家校合作方式利用家庭教育资源,或对家庭的教育资源利用率不高。这种类型的家校合作,合作双方能力不匹配,即使学校开展家校合作活动,也会由于学生家庭对学校合作能力的低水平评价而表现出表面性的配合,合作系统的整体性功能仍难以发挥。事实上,该情形已经具有开展家校合作的良好基础,学校不再需要花费较多精力考虑如何提升学生家长的教育能力,只需要建立有效的家校合作制度和适宜的家校合作方式。此种情形下,学生家长可能对学校开展的家校合作形式(特别是家长参与方式)及其有效性的期望较高。因此,这种情形下学校合作能力的提高,重点是高质量家校合作制度的建立,要考虑家校合作制度所涉及的家长参与方式能否获得学生家长认同,如学校与学生家长共同制定家校合作制度、学生家长参与的具体项目等。

四是家庭合作能力低,学校合作能力高。这种类型中,家庭不具有协同学校教育的能力,而学校具备开展家校合作的能力。主要表现为:学生家长文化层次不高,欠缺针对孩子的实际发展状况选择合适教育方式的知识和方法,而学校则建有较为完备的家校合作制度,对学生家长的参与方式及目标等有清晰的认识,设计有可操作的家校合作项目或活动。这种情形的出现,主要是学生家长的文化背景与学校的文化特征不协调,对家校合作的意义与功能理解上存在偏差。比如,外出打工的学生家长常会以在外工作赚钱作为不参加家校活动或较少陪伴孩子的理由。这种情形下,学校所承担的教育功能不仅体现在学生的成功与发展方面,还可能需要为家长提供培训、信息和支持来提升学生家长的合作参与能力,实现学校教育文化与学生家庭文化间的接轨与融合。事实上,这种情形对学校提出了更高的要求,就目前的状况来看,可能已经超出学校教育的应有职能。首先,学校是否有时间、师资、经费、设施来承担这一任务,这需要出台相关政策予以要求和保障;其次,如何保障家长参与学校对其的教育支持与服务,因为学校无权利要求家长必须配合其所开展的教育支持与服务。即使学校承担了为学生家长提供教育、咨询等服务的职责,也只能依靠学生家长的自觉自愿而无法要求学生家长必须参与。因此,在学生家长被动或不愿意参与的情况下,可能需要通过政策的力量赋予学校乃至学区对学生家长教育支持的权力并予以一定的经费支持(赋权与赋能),同时需要对家长的参与予以规定和要求。

从单维视角来分析不同类型家校合作的优缺点。首先,从家庭和学校双方的合作意愿来看,家校合作意愿双高是最为理想的类型。其优点在于,家庭和学校主动的合作意识建立了双方沟通协作的桥梁。计划行为理论认为,个体的行为取决于其行动的意愿,如果家校双方在合作的具体项目中寻求共同行动时,肯定需要建立在合作意愿的基础之上。在某种意义上,合作意愿推动着合作行为,是家校形成合作共同体的原生动力和持久发展的催化剂。相比较而言,其他三种情形都不利于家校合作的有效开展。其缺点在于,单方或双方在家校合作意愿上的不足,反映了至少有一方对家校合作价值与功能的低水平认同或不认同,除非双方转变观念或外力作用,否则,这三种情形的家校合作均容易流于表层。其次,从家庭和学校双方的合作能力来看,家校合作能力双高是最为理想的类型。其优点在于,家庭和学校较高的合作能力可以实现双方深层意识上的有效对接,避免了由于观念、文化等方面的不协调而出现低效或无效的合作。相比较而言,其他三种情形的缺点在于,家校单方或双方在合作能力上的不足,将弱化家校合作本应有的整体效应,特别是对于家庭合作能力较低,或由于学生家长外出打工、隔代教育等出现的家庭合作"失能"等现象,学校方面或高或低的合作能力缺少与之相匹配的行动主体对象,也就谈不上真正意义上的家校合作。

三、基于家庭与学校合作意愿和能力的综合分类

家校合作涉及双方意愿和能力叠加的问题,仅从单一层面分析家校合作的类型不足以展现其全貌,家校合作也不可能完全吻合上述单维视角中的某一类型。因此,综合考虑家校合作双方的意愿与能力,可将家校合作大致分为以下五种主要类型。

第一,家校合作双方意愿和能力水平双高,即家庭和学校双方积极联合开展家校合作,且双方都具有较高的合作能力。此种情形下,家庭和学校已经建立了相互信任的伙伴合作关系,双方有共同利益和目标,职责分工明确,相互作用和协作的整体效应良好,是家校合作发展的高级状态。这种类型的特点是,不再需要外部力量推动家校合作的运行,学校已建有完备、有效的家校合作制度,家长作为家校合作参与者的身份淡化,参与学校教育成为学生家长的自发、自觉行为。其基本动因是,家校双方在共同合作中屡尝"成果",亦即在合作中提升了学校的整体利益,满足了学生家庭内部成员的个人利益。这种情形可能最先出现于城市地区教学质量相对较高的学校,这些学校具有家校合作的先天优势,比如较为超前的学校发展理念、高素质的师资、先进的教学设施,以及对子女抱有高期望的家长和文化素质相对较高的"家长群体"。此类学校最需要考虑的是如何建立符合国际趋势的现代家校合作制度,比如,在常规的家校合作活动基础上,考虑如何适度扩大家长参与学校政策、项目、计

划制订的范围,提供参加学生教育相关决策的适当机会等。做到这一点,需要学校给予学生家长足够的信任,虽有可能因"众口难调"而拖延学校政策或项目的实施,但也有可能获取更有价值的建议而加快实现政策或项目的预期目标。在国际上,适当扩大学生家长参与学校相关工作的深度和广度,已成为家校合作的主流方向。

第二,家校合作双方意愿和能力水平双中,即家庭和学校双方开展家校合作的行为和能力处于一般状态。此种情形下,双方也在积极构建伙伴合作的关系,但在合作的方式和内容方面欠缺深度,是家校合作发展的初级状态,这可能也是当前城市地区学校家校合作的主要类型。国内一项对爱普斯坦家校合作的6种实践类型的研究,根据家长的参与程度从低到高进行了排列,顺序为志愿服务(7.1%)、与社区合作(8.1%)、参与决策(10.0%)、相互交流(35.1%)、当好家长(37.8%)和在家学习(68.2%)。研究表明,家长对发生地在家庭的行为参与程度较高,家长倾向于在家发生、与自己孩子相关、过程由家长主导的活动或行为。① 这种类型的家校合作已有一定的基础,但其整体效应还未充分发挥。

第三,家校合作双方意愿和能力水平双低,即家庭和学校均缺乏合作能力,且合作的积极性均低。此种情形下,家庭和学校双方建立伙伴合作关系的意识淡薄,限于双方的现有能力不具备开展家校合作的条件,当然也会出现最基本的家校合作内容,如定期的家长会,但家校合作形式单一。这种类型的家校合作可能多出现于偏远贫困地区的学校,与经济贫困相比,学生所处的这种文化贫困处境对其发展的负面影响可能更深,家校合作可以为改变这种文化贫困现象给予支持,但也受制于文化贫困的环境而显得"力不从心"。客观上,这种文化贫困现象一定程度上可能会限制家校合作的开展,但学校主动寻求的合作活动和相关机构、组织(如学区、社区、公益性组织等)的支持极有可

① 张俊等:《家长和教师参与家校合作的跨界行为研究——基于交叠影响域理论的经验模型》,《教育发展研究》2018年第2期。

能改变当前的家校合作现状。因此,学校应主导并组织适合于学生家庭实际情况的家校合作形式,而针对学生家长的参与能力,可发挥学区、社区以及精准扶贫、教育扶贫工程等政策的作用,共同服务于学生家长参与能力的提升。例如,美国一些全国性活动组织培训家长参与学校教育的能力,这些组织的努力卓有成效。

第四,家庭合作意愿和能力水平低,学校合作意愿和能力水平高,即家庭缺乏协同学校教育的能力,且合作的积极性低,而学校具备合作的能力,且合作积极性较高。此种情形下,学校发挥了主导、组织家校合作的作用,但家庭被动或不愿意配合学校承担相应的教育责任,且在教育过程中表现出能力不足的现象。这可能也是学校最不愿意看到的一种情形,事实上,这种情形是家校合作发展的一种暂时状态,也可以理解为是在"家校合作双方意愿和能力水平双低"基础上的一种发展。作为家校合作系统的两个子系统,学校和家庭双方合作的意愿和能力的变化难以做到同步,比如,从美国"家长参与"政策的发展和演变历史中可以发现,各个时期的政策内容但凡涉及家长的参与能力,都规定了学校、社区对家长参与能力的支持与服务,换言之,学校合作能力的提升往往先于家庭的参与能力,而家庭参与能力的提升也将促进其参与合作的行为。因此,这时需要优先考虑建构学生家长合作能力的提升机制,发挥学校、社区等机构与组织支持家庭合作能力发展的作用。

第五,家庭合作意愿和能力水平高,学校合作意愿和能力水平低,即家庭具有较高的合作能力和合作积极性,而学校缺乏合作能力,合作积极性较低。此种情形下,家庭有能力也有意愿与学校建立伙伴合作关系,但学校的家校合作制度不完备且合作意愿不强烈。其根源在于,学校不一定缺乏合作能力,而是习惯于信奉学校教育的权威性,对学生家长的配合能力缺乏信任。当前的家校关系存在"学校中心主义",家庭在教育目的、教育内容等方面都是依附于学校的,家庭往往作为学校教育的附庸而存在。在考虑家校合作时,学校容易陷入自我中心主义,针对学生的教育则抱有足够的自信,也基于对学校教育权威性的维护,在合作行为上会表现出种种不适应,从而外显为合作能力上的不足。当然,观念的改变需要一定时间,在美国,家校双方经历了60年左右的博弈,学校才习惯于依赖家庭的支持。因此,在这种情形下,最需要转变的是学校自身的观念,学校对家校合作重要性的认知是合作能力提高的逻辑前提。

从多维视角分析不同类型家校合作的优缺点,家校合作双方意愿和能力水平双高,是家校合作最为理想的类型。其优点在于,此种情形具备了家校双方做出合作行为的内在条件,合作意愿强表明了家校双方已形成共识并具有较强的合作动机,包含了自觉性、主动性、能动性的内涵,支持家校合作行为的持续和稳定。合作能力强表明了家校双方具有教育资源互补的条件,包含了融通性、共同性、开放性的内涵,决定着家校合作行为的有效性。家校合作双方意愿和能力协调统一的状态,可以有效提升家校合作获得的预期收益。相比较而言,其他几种类型的家校合作缺乏引起合作行为的关键因素,很难将家校双方集结成共同行动的结构化系统,难以发挥合作的聚合作用并使之演进为家校合作行为的自觉状态。从世界上先发国家和地区的家校合作发展历程来看,家校合作是一个由外力推动向内在自觉演化的过程。外力推动主要来源于两种:一是来源于政策的规制约束,如美国现行的《初等和中等教育法案》将家庭、社区和地方参与纳入政府资助学校的评估指标,规定地方教育部门和学校只有在提交和执行所规定的家长参与计划、活动和程序后,才能获得联邦政府的"第一编"资金(所有资金中占比最大)。二是来源于先期的家长参与需求并逐步上升到文化传统意义层面的合作状态,如在澳大利亚,家长参与学校教育的传统,是由于早期家长捐助学校建设后要求参与其治理的自然延伸;芬兰家长参与学校教育的文化共识,是根深蒂固于家长观念中的合作教育文化。可以发现,家校合作的发展离不开外力的推动,政策规制或家长主动寻求参与是引发家校双方行为的重要驱动力。这里所探讨的影响家校合作行为的内在条件,家校合作意愿与能力的提升也是一个在外力推动下此起彼伏、互助互长的动态过程。多维视角区分的五种家校合作类型,也大致描绘了这一动态过程,即从"家校合作双方意愿和能力水平双低",发展到"家庭合作意愿和能力水平低,学校合作意愿和能力水平高"或"家庭合作意愿和能力水平高,学校合作意愿和能力水平低",再到家校合作双方意愿和能力水平"双中"和"双高"的状态。在这个动态过程中,由低级到高级阶段的跨越最需要政策的规制约束,因为政策实施是学校最无法回避的问题之一。

第二节 家校合作类型的调查工具

上述基于影响家校合作内在条件即家校双方合作意愿和能力的视角对家校合作的类型划分,为我们编制家校合作类型的调查工具提供了分析框架。

如图 3-1 所示,从单一维度和多重维度,理论上可以区分出 13 种家校合作的类型,但首先需要对家庭和学校双方的合作意愿和合作能力的水平进行判断,以此为基础可以区分出不同类型的家校合作。因此,本书从家庭合作意愿、学校合作意愿、家庭合作能力、学校合作能力四个维度建立家校合作类型区分的总体框架。

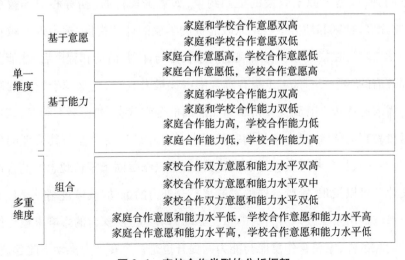

图 3-1 家校合作类型的分析框架

一、家校合作类型调查问卷的编制

问卷的编制共分为两个阶段。第一阶段是开放式问卷调查,采取便利抽样对江苏省盐城市 3 所学校的 66 名教师、6 名校长和 148 名学生家长进行调查,收集和了解家校双方对家校合作的评价和看法。开放式问卷的主题是"您如何评价当前开展的家校合作活动?""您觉得应该如何提升家校合作的效果?"从回收问卷来看,家校对上述两个问题的回答主要包括以下内容,见表 3-1。

表 3-1　开放式问卷的调查结果

类别	高频词句
家校合作活动开展情况的评价	活动形式多样;传统的那些活动形式;内容以学习为主;缺乏深度;家长参与较少,接受任务较多;学校怎么说就怎么做;老师负责任;效果一般;可以了解孩子的状况
对提升家校合作效果的看法	老师有时间;家长要主动配合;学校的管理理念要先进;家长素质高;有合作的规章制度;合作目标;家庭氛围;家长和教师的关系好;师德;有些家长有心无力;创新性的活动;家长要真正参与;家长主要是配合

从开放式调查的结果包括两方面:一是对家校合作开展情况的评价,谈及较多的是活动的形式、活动中的角色和活动的内容;二是对提升家校合作效果的看法,涉及较多的是家长的素质与能力、家长的主动性、教师的师德与时间、合作的深度以及规章制度。这些资料为我们进一步编制题项提供了有价值的参考。

第二阶段是问卷题项的编制。对开放式问卷调查获得的资料进行整理并编码,共形成与家校合作意愿及能力相关的有效条目 121 个。依据已确定的问卷结构将有效条目进行归类、合并,分别纳入家庭合作意愿、学校合作意愿、家庭合作能力、学校合作能力四个维度。问卷共包括 29 个题项,均为单项选

家校合作与学生核心素养发展

择题,采用 Likert 5 级评分法,每个题项设 5 个选项计分(1 表示"极不符合"、2 表示"不太符合"、3 表示"一般"、4 表示"比较符合"、5 表示"非常符合",行为越符合,选择的数字越大)。

为保证题项的科学性与准确性,邀请精通教育统计与测量和熟悉中小学学校教育的 5 名教师、6 名校长和 15 名小学教师对初拟的家校合作调查问卷的适切度进行评定。主要包括两个方面:一是测量题目与所测量的指标的适切度。按 0—5 级评定,0 为"完全没有命中测量目标",5 为"完全命中测量目标",1—4 表明界于这两者之间,数字越大表明命中目标的程度越高。二是测量题目表述合适程度。按 0—5 级评定,0 为"句子表述完全不符合测量指标",5 为"句子表述完全符合测量目标",1—4 表明界于这两者之间,数字越大表明句子表述符合测量目标的程度越高。具体包括家庭合作意愿(7 个题项)、学校合作意愿(7 个题项)、家庭合作能力(8 个题项)、学校合作能力(7 个题项)。

表 3-2　题项的适切度分析

项目	题目与所测量的指标的适切度			测量题目表述合适程度		
	样本数	平均数	标准差	样本数	平均数	标准差
家庭合作意愿	26	4.254	0.924	26	4.127	0.917
学校合作意愿	26	4.315	0.891	26	4.512	0.876
家庭合作能力	26	4.671	0.921	26	4.743	0.890
学校合作能力	26	4.341	0.809	26	4.531	0.834

如表 3-2 所示,家校合作类型的四个维度中,每个维度的题目与所测指标的适切度以及测量题目表述合适程度的平均数均大于 4,标准差均小于 1,表明题目与所测量的指标适切性比较高、表述合适程度高;评定标准离差性小,说明调查群体对这些题项所测量指标的认可度较高,且较为一致,同时,认为题项的表述符合程度也较高,且较为一致。

90

二、家校合作类型调查问卷的检测

（一）被试的选择

需要说明的是,本书涉及多个调查问卷,包括家校合作类型问卷、小学生学科素养(语文与数学)问卷、小学生学业素养问卷、小学生社会素养问卷、小学生核心素养影响因素问卷。因此,在发放问卷时采用配对样本选取的方式,即选取的学生与家长、教师对应,初始问卷的检测使用同一数据库。

考虑到家校合作类型的多样性,以及学生各类素养的差异,本书共调查了江苏省盐城市、山西省临汾市、四川省乐山市的 3361 名学生、3361 名学生家长以及 753 名教师,通过筛选,获得学生及家长的有效问卷各 2707 份,有效率为 80.5%;获得有效的教师问卷 632 份,有效率为 83.9%。被试具体情况为:城镇学校的学生家长 2254 名,占 83.3%,农村学校的学生家长 453 名,占16.7%;子女是男生的有 1399 名,占 51.7%,子女是女生的有 1308 名,占48.3%;子女是独生的有 1289 名,占 47.6%,非独生的有 1418 名,占 52.4%;学生家长认为学校教育质量好的有 1329 名,占 49.1%,认为较好的有 979 名,占 36.2%,认为一般的有 371 名,占 13.7%,认为相对较差的有 28 名,占1.0%;学生父亲本科学历以上 1749 人,占总人数的 35.3%,学生母亲本科学历以上 1831 人,占总人数的 32.3%;男性教师 210 名,占总人数的 33.2%,女性教师 422 名,占总人数的 66.8%。

正式调查与预调选取相同省市,共调查 4000 名学生和 4000 名学生家长,以及 1050 名教师,通过对问卷的初步筛选和各数据库有效信息的对照,获得学生和家长的有效问卷 3510 份,有效率为 87.8%,教师的有效问卷 964 份,有效率为 91.8%。被试具体情况为:城镇学校的学生家长为 2984 名,占 85.0%,农村学校的学生家长为 526 名,占 15.0%;子女是男生的有 1840 名,占52.4%,子女是女生的有 1670 名,占 47.6%;子女是独生的有 1517 名,占

43.2%,非独生的有 1993 名,占 56.8%;学生家长认为学校教育质量好的有 1632 名,占 46.5%,认为较好的有 1288 名,占 36.7%,认为一般的有 537 名, 占 15.3%,认为相对较差的有 53 名,占 1.5%;学生父亲本科学历以上 1225 人,占总人数的 34.9%,学生母亲本科学历以上 1158 人,占总人数的 33.0%; 男性教师 383 名,占总人数的 39.6%,女性教师 581 名,占总人数的 60.4%。

(二)项目分析

将问卷数据编码和录入 SPSS 26.0 进行各个题项的项目分析,取所有题项的总分,选取总分中的前 27% 与后 27% 作为高分组和低分组,进行每个题项的独立样本 t 检验,分析发现所有题项之间均有显著性差异。再进行相关性分析,将各个题项与总分之间的 t 值不显著以及皮尔逊相关系数低于 0.3 的题项删除,经分析,题项 16、27 不符合条件,其余题项进行探索性因素分析。

(三)探索性因素分析

项目分析后,进一步检验问卷的建构效度,进行探索性因素分析,找出问卷的潜在结构,减少题项数量。对问卷得分数据进行 KMO 和巴特利特检验,其中 KMO 值为 0.906,P<0.01,达到了进行因素分析的标准。对所有题项进行探索性因素分析,将不符合自划维度、成分矩阵中的系数为负值或者有两个及以上成分中的系数过于接近而不符合条件的题项删去。通过多次降维探索性因素分析,最终结果见表 3-3 和表 3-4。

表 3-3 显示了探索性因素分析的结果,特征值大于 1 的共同因素共有 4 个,其特征值分别为 5.288、3.025、2.209 和 2.131,解释变异量分别为 24.038%、13.750%、10.040% 和 9.688%,联合解释变异量为 57.515%。因素分析时,由于以少数的因素构念来解释所有观察变量的总变异量,加上行为及社会科学领域的测量不如自然科学领域精确,因而,提取后保留的因素联合解

释变异量若能达到 60% 以上,表示萃取后保留的因素相当理想。① 结果显示,所保留的四个因素联合解释量为 57.515%,较为接近非常理想的标准,因而,保留 4 个因素是较为适切的,问卷所提取的信息量符合标准。

表 3-3　总方差解释

成分	初始特征值方差百分比			提取载荷平方和方差百分比			旋转载荷平方和方差百分比		
	总计	百分比	累积百分比	总计	百分比	累积百分比	总计	百分比	累积百分比
1	7.534	34.243	34.243	7.534	34.243	34.243	5.288	24.038	24.038
2	2.153	9.786	44.029	2.153	9.786	44.029	3.025	13.750	37.788
3	1.695	7.704	51.733	1.695	7.704	51.733	2.209	10.040	47.827
4	1.272	5.782	57.515	1.272	5.782	57.515	2.131	9.688	57.515
5	0.932	4.237	61.752						
6	0.807	3.667	65.419						
7	0.802	3.645	69.064						
8	0.754	3.428	72.492						
9	0.716	3.254	75.746						
10	0.638	2.899	78.645						
11	0.563	2.559	81.204						
12	0.521	2.369	83.574						
13	0.508	2.311	85.884						
14	0.470	2.134	88.018						
15	0.456	2.072	90.091						
16	0.415	1.886	91.976						
17	0.397	1.803	93.779						
18	0.374	1.702	95.481						
19	0.344	1.565	97.046						
20	0.312	1.419	98.464						
21	0.184	1.837	99.301						
22	0.154	1.699	100.000						

提取方法:主成分分析法。

─────────────

　　① 吴明隆:《问卷统计分析实务——SPSS 操作与应用》,重庆大学出版社 2010 年版,第232 页。

表 3-4　探索性因素分析旋转后的成分矩阵

	成分			
	1	2	3	4
您认为学校关于家校合作的活动开展得很全面。	0.802			
您对"家校共育"的总体现状非常满意。	0.749			
学校经常会举办讲座并邀请家长参加。	0.734			
老师经常主动向您汇报孩子的在校情况。	0.701			
任课老师对您孩子的情况比较了解。	0.696			
您认为由老师建立的家长群对孩子的教育作用很大。	0.656			
通过和孩子一起参与学校组织的亲子活动,您认为您和孩子的亲子关系得到了改善。	0.614			
学校会在一些活动安排上听取家长的意见。	0.596			
您认为"让家长走进校园"这一模式非常好。	0.596			
您会向学校提议一些有利于孩子的活动。	0.577			
您对孩子的任课老师很熟悉。	0.532			
您认为家庭和学校的沟通非常有必要。		0.791		
您愿意与老师交流孩子的行为习惯和道德礼仪的问题。		0.748		
您会积极关注学校发布的关于学生的政策。		0.731		
您经常关注孩子完成作业的情况。		0.515		
您与老师沟通交流都是为了提高孩子的学习。		0.509		
您认为学校利用家长这个资源的频率非常高。			0.898	
在家长群里您偶尔查看消息,只回复必要的消息。			0.895	
您觉得家长和老师的沟通交流方面还有某些问题需要解决。			0.571	
您认为学校较好地组织与开展了亲子活动。				0.896
您认为学校能保障家校信息之间的沟通。				0.877
您对学校开展家校活动的态度是:有开展就参加,无开展就算了。				0.605

注:据上表分析结果,本问卷的 4 个维度较为稳定,最终形成家校合作类型调查问卷共 22 个题项。

（四）信度检验与验证性因素分析

1. 信度检验

信度检验和验证性因素分析使用正式调查的数据库,从家庭合作意愿、学校合作意愿、家庭合作能力、学校合作能力4个维度进行可靠性分析。由表3-5可知,各维度之间的相关系数在0.305—0.644,且在0.01水平上达到显著相关,各维度与总分之间的相关系数在0.650—0.848,在0.01水平上显著相关,说明该问卷具有良好的结构效度。总量表的克隆巴赫Alpha系数为0.898,大于0.7,表明本问卷的信度较为理想,问卷具有良好的信度。

表3-5　家校合作测量问卷的信度分析

	家庭合作意愿	学校合作意愿	家庭合作能力	学校合作能力	总分
家庭合作意愿	1				
学校合作意愿	0.644**	1			
家庭合作能力	0.521**	0.490**	1		
学校合作能力	0.454**	0.427**	0.305**	1	
总分	0.786**	0.848**	0.650**	0.661**	1

注: * 表示 P<0.05, ** 表示 P<0.01, *** 表示 P<0.001,余不再注。

2. 验证性因素分析

使用AMOS 17.0分别对初步确定的问卷进行验证性因素分析。对指标进行验证性因素分析,因为样本量越大卡方值往往会越大,因此,大样本量回归分析时,通常以其他指标来决定数据是否与模型拟合。经检验,模型的适配度指数如下:NFI值为0.978,RFI值为0.968,IFI值为0.984,TLI值为0.976,GFI值为0.984(这些取值在0—1,临界值为0.9,越接近1表示拟合良好),RMSEA值为0.032(当其小于或等于0.05,模型拟合好),说明问卷拟合效果较好,各指标达到标准。家校合作类型验证性因素分析模型及标准化路径系数如图 3-2 所示。

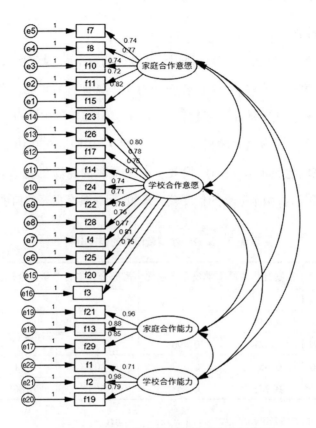

图 3-2　家校合作类型验证性因素分析模型

第三节　家校合作类型的现状与发展

基于家校合作类型划分的理论框架编制调查工具,是将家校合作类型这一抽象概念转化为可操作性的变量,是通过陈述家校合作的行为结果进行的家校合作类型的判定。以家校合作类型问卷判断家校合作类型的实际状况,有可能因分数的分布而出现某种类型未出现或出现更为细化的家校合作类型。比如,在理论层面基于家校双方合作意愿不同步出现家庭合作意愿高而学校合作意愿低,或是家庭合作意愿低而学校合作意愿高的情形,但在实践层面,可能因分数的高、中、低出现家庭合作意愿中而学校合作意愿低,或是家庭合作意愿中而学校合作意愿高等类型。因此,对现实中家校合作类型的划分将考虑家校双方合作意愿和合作能力的高、中、低三种状态,更为精细地反映家校合作类型的真实状况,从而作为进一步规划家校合作发展的方向。

一、家校合作类型的总体状况

对现实中的家校合作类型的判断,主要从单维视角即家校双方的合作意愿和合作能力进行分析。其原因在于:一是单维视角下分别区分家校双方合作意愿和合作能力的高、中、低三种状态,将各组合出 9 种家校合作的类型,共计 18 种,已足以判断出当前家校合作的主要类型;二是关于家庭与学校合作意愿和能力的综合分类,是基于单维视角下分类组合的结果,若现实中分别从家校双方合作意愿和合作能力的角度出发提升其现有合作水平,也必将形成"双高"的发展状态。因此,这里主要呈现单维视角下家校双方合作意愿和合作能力的现实情况,并在此基础上分析提升家校双方合作意愿和合作能力的一些设想。

(一)合作意愿视角下的家校合作

从合作意愿的视角对问卷结果进行评分和分类,区分标准为:家庭、学校合作意愿的平均分在 3 分及以下为合作意愿低,3—4 分为合作意愿中,4 分以上为合作意愿高,由此形成了 9 种家校合作的类型。分布情况见表 3-6。

由表 3-6 可以看出,家校合作类型中,以"家庭合作意愿高,学校合作意愿中"和"家庭和学校合作意愿双高"的家校合作类型所占比例最高,分别为 32.8%和 32.3%,两种类型占总样本的 65.1%。同时,"家庭和学校合作意愿双中"所占比例为 15.0%。总体来看,家庭和学校双方开展家校合作的意愿水平相对较高。家庭或学校单方合作意愿相对偏低的,如"家庭合作意愿中,学校合作意愿低"占6.4%,"家庭和学校合作意愿双低"占5.8%,"家庭合作意愿高,学校合作意愿低"占4.2%,"家庭合作意愿低,学校合作意愿中"占2.0%,"家庭合作意愿低,学校合作意愿高"占0.1%。家庭或学校单方合作意愿低的类型占总样本的18.5%。

表3-6 合作意愿视角下的家校合作类型分布情况

	频率	百分比	累积百分比
家庭和学校合作意愿双高	1134	32.3	32.3
家庭合作意愿高,学校合作意愿中	1150	32.8	65.1
家庭合作意愿高,学校合作意愿低	148	4.2	69.3
家庭合作意愿中,学校合作意愿高	48	1.4	70.7
家庭和学校合作意愿双中	526	15.0	85.7
家庭合作意愿中,学校合作意愿低	224	6.4	92.1
家庭合作意愿低,学校合作意愿高	2	0.1	92.2
家庭合作意愿低,学校合作意愿中	72	2.0	94.2
家庭和学校合作意愿双低	206	5.8	100.0

如前文所述,"家庭和学校合作意愿双高"是最为理想的类型,经调查,这种类型的家校合作占32.3%,而"家庭合作意愿高,学校合作意愿中"占32.8%,两种类型占有相当的比例,一定程度上说明抽样地区家校双方的合作意愿已达到较高水平,这将为家校合作的开展提供良好的认知基础。家校合作行为的产生取决于家校双方的合作意愿,较高水平的合作意愿将提升家校双方共同行动的内驱力,也反映出家庭或学校单方或双方对家校合作较高水平的认同。

在调研期间,我们通过访谈了解学生家长、校长及教师对家校合作的认识,通过整理发现,家校双方的观点主要集中于家校合作对学生发展的作用和家校合作的形式两方面。被访的教师们普遍认为,家长和学校形成合力可以提升学生培养的效果。如教师提及,"大部分家长还是比较配合老师们工作的","家长关心孩子的学习状况,孩子的学习习惯通常也比较好,小学生关键是学习习惯的养成","家长在孩子学习过程中的作用不亚于学校,是学校教育的补充","家校合作为家长了解学校教育提供平台","家长参与学生的教育可以形成合力","家庭在学生发展过程中扮演重要的角色,特别是在低年级阶段,良好的家庭教育将使学生受益一生",等等(来源于教师访谈)。与此同时,学生家长的观点也较为一致,如有家长认为,"作为家长,我特别愿意和老师沟通,可以了解孩子在校期间的真实状况","家长会是很好的了解孩子学习状况的机会","我很愿意参加学校组织的各类活动,但是平时机会不多","我通常极力配合老师的教学,我知道老师也是为了孩子们好","我孩子的任课老师很负责任,我们家长也会积极配合老师的活动",等等(来源于学生家长访谈)。可以看出,教师和学生家长对家校合作的意义普遍有着较为客观的认知,反映出家长积极配合教师的意愿较高。也有个别学生家长认为,"老师们经常在家校群里发布临时性的通知,家长往往来不及准备,搞得很被动,也很难配合教师完成任务","我们做父母的学历不是很高,有些任课教师提出的家校活动要求超出了我们的能力范围,感觉给孩子拖后腿了",等等(来源于学生家长访谈),这也从侧面反映出个别学生家长对当前家校合作活动形式和活动内容的不认可。可见,提升学生家长或是教师的合作意愿,需要家长和教师在认知层面形成合作的共识,这一目标的实现,除借助理论与政策的宣讲使其对家校合作形成正确的认知外,丰富家校合作活动的形式、提升家校合作活动的效能也是家校合作实践中需要关注的内容。

(二)合作能力视角下的家校合作

从家校双方合作能力视角对问卷结果进行分类,区分标准为:家庭和学校合作能力的平均分在 3 分以下为合作能力低,3—4 分为合作能力中,4 分以上为合作能力高,由此也形成了 9 种家校合作类型,分布情况见表 3-7。

由表 3-7 可知,家校合作类型中,"家庭和学校合作能力双低"所占比例最高,为 43.3%,"家庭合作能力中,学校合作能力低"的类型次之,占 20.6%,"家庭合作能力低,学校合作能力中"的类型占 13.8%;而家校合作的理想类型即"家庭和学校合作能力双高"仅占总样本的 0.5%,其余较高水平的类型,如"家庭合作能力高,学校合作能力中"和"家庭合作能力中,学校合作能力高"共占 3.8%,处于中等发展水平的"家庭和学校合作能力双中"的类型占 11.9%。可以看出,抽样学校的家校合作能力仍有较大的提升空间,至少从家长层面来说,家校双方的合作能力水平相比于其合作意愿要低得多。

表 3-7　合作能力视角下的家校合作类型分布情况

	频率	百分比	累积百分比
家庭和学校合作能力双高	17	0.5	0.5
家庭合作能力高,学校合作能力中	86	2.5	2.9
家庭合作能力高,学校合作能力低	172	4.9	7.8
家庭合作能力中,学校合作能力高	46	1.3	9.1
家庭和学校合作能力双中	418	11.9	21.1
家庭合作能力中,学校合作能力低	722	20.6	41.6
家庭合作能力低,学校合作能力高	42	1.2	42.8
家庭合作能力低,学校合作能力中	486	13.8	56.7
家庭和学校合作能力双低	1521	43.3	100.0

相关研究在分析家校合作能力偏低问题时主要涉及以下方面:学校方面,一是家校合作规章制度的制定与落实不到位,二是家校合作方式传统且使用效果不佳,三是家校合作的内容过于窄化而主要聚焦于学生的成绩。[1] 家长层面,一是家长将教育责任推给学校和教师,二是还未完全掌握现代化的合作

---

① 徐玲娇:《小学家校合作现状与优化策略研究——以扬州市××小学为例》,硕士学位论文,扬州大学教育科学学院,2018 年,第 26—27 页。

手段如"QQ""双微""直播平台"等形式的交流方式①,三是家庭事务影响家长参与高层次活动②。在对校长和教师的访谈过程中,被访对象也反映了上述现象。如有校长认为:"学校的日常管理和教学工作较为繁忙,很难抽出时间和精力去搞家校合作活动,因为活动本身要投入很多精力。""如果要开展一些家校活动,需要精心筹划,人员、场地、时间协调等,如果一学期搞那么三四次,可能就需要专人去做了。""现在的家校合作形式多样,但能不能发挥合作的效果,还需要家长真正地参与进来,这一点是比较大的困难,很多家长会觉得浪费时间。"(来源于校长访谈)校长访谈中主要提及与家校合作能力相关的两个问题:一是学校开展家校合作活动的客观条件,主要是时间和精力不足;二是家长的参与,主要是家长的参与行为不到位,缺少配合。教师则主要谈及家长层面的问题,如有教师谈道:"学生家长的差别比较大,有些家长配合度很高,对孩子的学习状况很关心,有些家长干脆什么都不问,不同的配合度产生的效果肯定不同。""总的来说,学历水平高的家长对孩子的教育比较到位,也很配合学校、老师们的工作。""一些家长还是不理解家庭在孩子学习过程中的作用,总认为请家长协助完成一些事情就是学校推卸责任,是给家长增加负担,其实这也是让家长了解孩子学习状况的一种方式。"(来源于教师访谈)其他教师访谈中反映的问题也基本集中在这些方面,大多涉及的是学生家长对合作行为的不理解,以及学生家长中出现的配合度分化的现象。事实上,从访谈中就可以发现家校双方合作能力上都存在不足的问题,主要表现在:一是学校在家校合作活动的组织中存在"多一事不如少一事"的现象。学校由于时间、场地、师资等方面的考虑,开展家校合作的形式单一、频率偏少,开展家校合作需要相应的教师进行专门组织,如家长会、家长委员会等形式的

---

① 徐菁:《小学家校合作的问题和改进策略的研究》,硕士学位论文,华东理工大学师范学院,2019 年,第 21—22 页。

② 柏峥嵘:《家长参与学校管理的现状、问题及对策研究——以上海市青浦区 Q 小学为例》,硕士学位论文,华东政法大学政治学与公共管理学院,2018 年,第 40 页。

家校活动,更需要精心的组织和安排,学校认为在组织与策划方面力不从心,这其实是反映了学校开展家校合作能力不足的问题。二是家长对教师所开展的合作行为不认可,恰恰是家长合作能力不足的表现。学校和教师认为,部分学生家长的配合度不高,不理解教师要求家长配合学校教育背后的意义,反映出部分学生家长虽然愿意开展家校合作,但对学校或教师的家校活动形式有一定异议,这其中涉及学校或教师采取的家校合作形式的适宜性,以及家长与学校或教师对家校合作活动内容理解上的差异,因而出现了学生家长与学校、教师在合作过程中相互不认同的现象。

二、家校合作困境的根源与发展路径

家校合作在降低教育风险和提高教育效果等方面的功能和价值已被大量研究所证实,家校合作之所以能够产生这样的作用,其原因如下:避免了家庭教育与学校教育的分离而造成教育力量的分散;统整并有效使用了家庭与学校各自所拥有的资本,使教育资源最大化从而作用于学生发展所取得的成果;回归教育的本真状态,实现了教育生态系统内部的良性互动状态,为学生发展提供了"绿色"发展的生态环境。其本质是家校合作共同体内部成员通力合作并付诸"共同行动"从而产生整体利益最大化的效应。现实中,由于不同区域的学校、同一区域学校的类型与学校管理开放度等方面的差异,学校之间所具备的家校合作的内在条件亦有不同,家校合作类型也会有所差异。当前我国家校合作中存在的问题,根源在于家校双方在教育功能认识上的固化、对教育标准判断上的异化以及合作能力上的分化,从而使得家校双方在合作过程中出现"中心"与"依附"的关系,未形成自愿联合的文化共识以及共同行动的基础。

(一)家校合作困境的根源

1.家庭教育和学校教育功能认识上的固化

家庭教育、学校教育是教育系统中相互联系又各自独立的两个重要组成部分。家庭是私人领域,学校是公共机构,这就决定了家庭教育和学校教育各自所承载的功能有明确的界限。家庭教育的功能在于使子女学会做人、学会适应社会,侧重于子女的思想品德、行为规范、自理能力以及社会适应能力等内容;学校教育的功能在于培养学生对科学文化的兴趣和学习的能力,侧重于通过系统的、科学设计的各科课程对学生进行社会科学和自然科学方面的知识的传授。① 现实的状况是,学校教育的功能被不断放大、拓宽和延伸,其固有功能即"育人功能"被过度解读,比如,学校还承担着社会分层和教育资源交换的功能、培育理性和素养的精神家园以及在心理健康教育、营养就餐服务等方面的功能。②

学校教育功能的深化与延伸覆盖了家庭教育的部分功能,放大了学校教育功能的外延,缩小了家庭教育责任的范畴,学校教育和家庭教育功能的界限模糊化。家校双方接受了各自教育功能的变化,从外在因素来看是由于现实的需求。一是学校难以逃避社会期望对学校教育赋予的附加功能。社会期望代表着广大人民群众的一种诉求,学校教育固有功能之外的其他功能被"绑定"于学校,成为学校教育需要承担的责任。二是学生家庭本有的部分教育功能被剥离,这种剥离会减轻家庭的负担和责任,显然赢得学生家庭的欢迎并欣然接受这一"事实"。从内在根源来看,是由于学校教育中心化观念的固化。自学校教育制度确立后,学校就逐渐成为整个教育体系的"核心",学校教育被等同于教育,家庭教育的功能不断弱化,学校教育的权威性和家庭教育的依附性异常明显。再加上学校教育对学生智育的重视与社会对学生的评价保持"同步",学校教育这一功能的不可替代性又强化了其中心地位。然而,家校双方对各自位序层级的认知对家校合作的实施形成了阻力,主要表现在:一是家庭对学校的依附心理不断增强,认为家庭只负责"养"的责任,而将

---

① 黄河清:《家庭教育与学校教育的比较研究》,《华东师范大学学报(教育科学版)》2002年第2期。

② 马健生、邹维:《论学校及其功能》,《清华大学教育研究》2019年第4期。

"教"的责任推卸给学校。① 如果家庭认为学校所开展的某种合作其本身应该是学校的事情，那么家庭就很可能不认同这是合作，而会将之判断为学校对教育责任的转嫁或推卸责任。事实上，我们也经常看到各大论坛、朋友圈对学校和教师的"无理"指责，侧面反映出家庭把自己作为"局外人"而将子女教育"甩锅"于学校的依附心理。二是学校的自我中心化思维明显增强并习惯于自身在"育人"方面的权威，相对于学生家庭，也在学生发展的其他方面同样表现出"惯有"的权威性和优越感。在这种情况下，家校双方对教育功能认识上的固化也使得双方定位了各自在家校合作中的角色，形成了所谓的"主体"与"客体"、"中心"与"附属"的位序。这时的家校合作也失去了双方各自的"独立性"，学校被赋予了家校合作组织者和推动者的角色，家庭变成家校合作辅助者和配合者的角色，看似形成了责任明确、分工到位的内部组织系统，实然却背离了家校合作去中心化的本质属性。

2.家庭和学校对教育目标判断上的异化

学校教育的根本目标就是促成个体完整成人，成人不仅是个体性事件，而且是事关公共生活的公共性事件。② 学校教育首先具有公共性，是为了培养人或者说是为社会培养现代社会所需要的合格乃至优秀的公民。其次是个体性，即尊重学生的个体差异并在此基础上为其提供相应的有差别服务以满足其"个性化"的发展。学校教育的根本目的就是培养健全的公民，让个体以独立的人格、良好的社会公德和踏实的社会服务能力进入社会中，"幸福的度日，合理的做人"③。现实中，家庭和学校基于不同的立场，在教育目标的解读上有一定的差异。部分家庭和学校存在对学校教育目标窄化的问题，如学生家长层面仅注重教育的个性化目标，认为学校教育是以学业成绩提升为主的

① 邹强：《中国当代家庭教育变迁研究》，天津大学出版社2011年版，第221页。
② 刘铁芳、曹婧：《公共生活的开启与学校教育目标的提升》，《教育研究与实验》2012年第6期。
③ 《鲁迅全集》第1卷，人民文学出版社1981年版，第135页。

"精英教育",目的是使子女在各种选拔性、竞争性考试中独占鳌头;学校层面,学校教育的公共性目标受社会舆论和多数家庭观念的影响,个别学校将之矮化为学生考试的训练和应试能力的培养。这种现象并不影响我们认识家校双方各自所持有的对教育目标基本判断的本质差别,即家长立场下的选拔性目标和学校立场下的标准化目标。事实上,家庭和学校对教育目标的不同立场与判断是彼此对立的。前者体现家庭意志,关注个体成功,至于何谓成功也取决于家庭的判断,大多数表现为学业上的成就和选拔性、竞争性考试中的成功;后者体现国家意志,关注整体成功,何谓成功决定于党的教育方针和各级各类学校具体的培养目标,最终表现为合格乃至优秀公民的培养。

家庭和学校对教育目标判断上的异化反映了双方教育观念层面的差异,这种差异极易降低家校双方进行合作的意愿水平。家校合作内容是广义的,如学生信息(学生在家庭或学校中的生活表现、学校表现)、问题建议(在教育观念、方式、内容、管理与评价等方面的讨论、交流)和民主决策(参与学校管理)。[1] 由于对家校合作内容关注度的差异,家庭对学校不同主题的活动经常表现出有差异的参与意愿。通常,对与家庭所确定的教育目标相一致的家校合作内容表现出高意愿、高积极性,相反则表现为形式上的参与或不参与。家庭对于家校合作内容的筛选有两种结果:一是牵引了家校合作的内容向学业相关的主题靠拢,因为这样可以最大限度地提高家庭在学生培养过程中的参与度,但会在很大程度上缩小家校合作的范围,背离了家校合作的本意,使之变得功利化。二是使得家校合作难以取得有效的成果,间接削减了学校的主动性。现实中,家校合作的很多内容确实是围绕学生多方面能力进行的,如动手能力、独立能力、道德教育、劳动教育等,但多数情况因为学生家庭的不重视或敷衍而草草了事。家庭对学生学业相关之外的其他合作内容的冷漠,极大

---

① 李清臣、岳定权:《家校合作基本结构的建构与应用》,《中国教育学刊》2018 年第 12 期。

地降低了学校进行家校合作的积极性。家校合作是在家校双方共同意愿与共同协商基础上所开展的自觉行动,家校双方在教育目标基本判断上的差异决定了其对家校合作价值的认识,进而影响着家校双方的合作意愿水平。事实上,这个深层次的根源不仅影响着家校合作的实施和效果,也是家庭和学校各种矛盾产生的重要原因。

3.家庭和学校在合作能力上的分化

家校合作能力是指家庭和学校所具备的开展家校合作的条件。家庭和学校在合作能力上的分化,主要表现在家庭合作能力低于学校合作能力的现象,引起合作过程中家校双方行动不协调、步调不一致的问题。根据生态系统理论,家庭和学校都属于学生发展中的微观环境系统,建立家庭与学校之间的关系,其实是提供了学生微观系统结构之间的联结,这种联结的作用在于打通影响学生发展微观环境的结界,不仅需要家校双方较为一致的价值观念与高合作意愿,更重要的是家校双方要有相应的合作能力,家校任何一方缺少合作能力,实践层面的家校合作将难以"同步"去实现彼此之间的有效互动。学校合作能力通常以完备的家校合作制度(如适宜的家校合作方式和内容)、设施(如场地、设备)、经费、培训课程与师资等支持家校合作有效运行的条件作为判断依据,在丰富的家校合作理论的指导和传统的家校合作实践经验的作用下,学校的合作能力具有一定的基础,即便出现个别学校合作能力相对偏低的问题,也可以通过自我探索与外界支持获得提升。但家庭合作能力受家庭经济资本、文化资本等因素的影响,呈现相对稳定且固化的特征,家庭之间的经济资本与文化资本的差异所产生的家庭合作能力的内部分化,在整体上影响了家庭与学校共同行动的一致性程度。可以说,家庭经济资本与文化资本的差异引起的家庭合作能力的参差不齐,是家庭合作能力相对低于学校合作能力的重要原因。

家庭经济资本投入满足现阶段学生发展的需求,与当前社会、经济、文化、教育发展所需家庭提供的同步的育儿策略(受文化资本影响)相一致,可以认为是家庭合作能力高。因而,家庭之间合作能力的差异可以从两方面来看:一是家庭对子女教育的经济投入存在差异。随着人均收入提高以及义务教育的普及,各收入阶层的家庭已经表现出在经济能力允许的范围内为子女选择更高质量学校教育的倾向,但随着家庭之间收入差距的拉大,来自不同家庭的学生在校内和校外获得的教育资源开始分化。[①] 家庭经济资本差异所造成的学生发展基础和潜在性的高低,反映出家庭之间支持子女发展所需相应经济投入方面的差异,特别是贫困家庭表现出相对较低的经济投入能力。二是家庭之间的文化资本表现出差异。布迪厄认为,文化资本在引导、促进甚至阻碍学生成长方面发挥重要作用,大量研究也证明了家庭文化资本对学生教育获得的正向影响作用。不同阶层家庭的文化资本存在差异,这种差异影响其对教育的价值判断、对子女的教育期望以及家庭教养方式等,从而影响学生的学业成就。就如文化再生产理论所作的论断,处于上层阶级中的学生家庭能够获得更多的文化资源,所以其子女在求学过程中更易获得成就。[②] 总体来看,家庭经济资本和文化资本的差异都将带来其子女教育获得的差别,反映了部分学生家庭不能满足现阶段学生发展所需经济与文化资本投入的客观现实。相对于更有提升和发展空间的学校合作能力,家庭整体合作能力的提升则需要"真正共同体"成员之间资源的"互惠"与"互享",从而减少甚至消除家庭资本短缺对学生发展造成的负面影响。

(二)家校合作的定位

学校在分析其家校合作内在条件时,可能要注意以下几点:一是判断当前的家校合作状态属于哪种类型。本书建立的家校合作类型分析框架有助于判

[①]　魏易、薛海平:《我国基础教育阶段家庭校外培训的消费行为研究——基于 2017 中国教育财政家庭调查的分析》,《教育学报》2019 年第 6 期。

[②]　赵红霞、崔亭亭:《家庭文化资本对初中生学业成就的影响研究》,《教育研究与实验》2020 年第 3 期。

断现实中家校合作的类型,学校层面在判断家校合作的类型时,也可以借助这一框架来分析家校双方合作意愿和合作能力的现实状况,以此形成对家校合作类型的基本判断。当然,这种判断具有一定的复杂性和不确定性,但我们必须根据家校合作的现实状态去整体分析家校合作的内在条件,尤其是学生家庭的合作意愿和能力,以此探索构建组织家校合作活动系统的可能性。二是明确学校可以在哪些方面寻求突破。家校合作是以学校为组织者开展的家校双向互动、相互影响的过程,它需要充分考虑影响家校合作行为的各种可能性,找到合适的方式调动一切可利用资源的积极性,以协调家校合作各个环节行动者的行动。同时,出于对现有外在环境的考虑,在家校合作政策规制约束力不强的情况下,则需要学校通过自觉管理去协调家校合作的内在条件。三是明确家校合作的发展要达到哪种状态。家校双方的高合作意愿和高合作能力是高质量家校合作的基础,这种"双高"的状态可以为家校合作的发展与定位提供目标。本质上,无论当前的家校合作属于哪种类型,要引发或稳定家校双方的合作行为,都需要关注家校双方的合作意愿和合作能力。在共同承担相应任务的合作行动中,高合作意愿是行动的内驱力,高合作能力是行动的力量,两者结合所发挥的是不断优化家校合作行为的作用。因此,在家校合作的现行状态的基础上去实现其向更高层次的跨越,家校合作意愿和能力的提升是关键。

某种意义上,家校合作是合作共同体概念框架下的一种表现形式。合作共同体将实现对主体差异的普遍承认和包容,其构建与发展是在包容差异的同时寻求合作的动力,在合作普遍化的意义上,它既不允许任何封闭自我的倾向出现,也不排斥任何可以被纳入合作行动之中的因素。① 在这个层面上,家校合作各类型中家校双方内在条件的差异不是合作的阻力,而是家校合作共同体建立与发展的必要条件,因为差异中所包含的和能够产生出来的经验和

① 张康之、张乾友:《共同体的进化》,中国社会科学出版社 2012 年版,第 32 页。

知识,都因所承担的任务的需要来决定它能否成为有价值的资源,一些经验、知识等社会资源对于此一行动体系是没有价值的,却可能成为另一行动体系必需的资源。① 因而,在家校合作共同体的构建与发展过程中,需要正确看待家校双方合作意愿和能力的差异性,同时,需要关注如何去提升家校双方的合作意愿和合作能力,使其当前水平的差异进一步转化为共同行动的有价值的资源。

(三)家校合作的发展

当前,人们正处在前所未有的开放化、多元化的环境中,与学生发展密切相关的信息资讯、学习方式、评价观念等发生了巨大变化。比如,相对于以往单一的学习方式和注重学生学业成绩评价的学校教育,正朝着多元的学习模式和注重德智体美劳全面发展的学生综合素质评价的方向发展。类似的这些变化正在重塑家校双方的观念和行为,这为形成并稳定家校合作共同体奠定了思想基础。但是,家校双方对教育功能认识、教育目标判断和合作能力上的差异仍是影响家校合作有效开展的因素。家校合作的本质属性决定了家校双方要在认知层面逐渐消除"中心"与"附属"的位序观念和家庭与学校教育"原子化"的状态,以更开阔的视野理解家校合作对"人的发展"与"自我实现"的战略性意义,逐步形成稳定的互助、互惠、共享的家校合作文化,实现教育资本的互补与嫁接。

1.尝试打破家校之间教育理念分化的壁垒

观念是行动的先导,家校合作首先要消除家校双方教育理念难以统一、目标与责任分离的问题,确立合则两利、分则两伤的基本认识。家校双方对各自教育功能的认识和对教育目标判断的分离化现象主要源于思维限制,主要表现在:一是站在"我"的立场看待各自的职责并定位其在学生培养过程中的角

① 张康之:《模式化行动与合作行动中的知识类型及其比较》,《西北师大学报(社会科学版)》2019年第4期。

色。这种简单还原论的思维把教育拆解为孤立的细小部分，家庭和学校被分离为两个独立的"单位"，家校双方则习惯于从这一固定的视角"理所当然"地定位自身的角色，走入并长期困于二元思维的牢笼。二是正确的认知观念被"目的主义"的"主流"思维所支配。家校中不乏对教育功能整体性和教育目标一致性的正确认知者，他们深知家庭和学校教育功能"合与分"的互动关系，也认同家庭和学校教育目标的重心偏向和学生综合素质全面发展的重要性，但在实际行动过程中受"主流"思维的影响而表现出与"大众"同一的行为，将行为的目标集中于有现实价值和眼前利益的活动，如关注"智育"、注重成绩、追求升学等。这类群体表现出观念与行动相冲突、思想与行为不一致的特征，实质上还是未形成对教育理念的稳定的、深度的认知。上述两种情形造成了家校双方的教育理念难以统一、在教育实践中分向而行的问题。因此，要回归教育的整体性，取消家庭教育和学校教育的分割界限，需要实现双方在认知层面的根本性变化，这是形成与发展真正的家校合作共同体的思想基础。

在认知层面打破家校之间教育理念分化的壁垒决定于人的意识的觉醒状态，而人的意识觉醒具有现实的可能性和必然性。人的全面发展是经济社会发展的根本目的，与生产力发展同向同行，人的意识觉醒状态也随之得到提升。首先，随着生产效率的提升，人们的劳动时间大幅缩减，可支配时间的增多意味着人必然从"桎梏"的束缚中解脱出来，在完成必需的和外在既定劳动之后有了发展自身的时间条件。其次，人们的物质财富与生活资料积累到一定程度后，精神世界的发展将成为人们生活的必需，当人们享受生产力发展带来的物质生活满足了自我的生存需求后，精神层面人的自由发展与自我实现的需要将成为人们的普遍追求。生产力的高度发展不仅改变着人们的生产与生活状态，也改造着人们的主观世界，促动着人的意识的觉醒，这就为人们深入理解教育本质以及形成正确教育观念提供了基础。换句话说，家校双方的现有意识觉醒状态具有理解现代教育理念以及有关教育功能、目标和家校合作等方面知识的基础，但缺少的是有关这些方面的"真"知识。

由于家庭获取正确教育理念与思想等知识的途径有限,更多源于自身的经验性体验与认识以及社会舆论的片面解读,这需要外界尤其是学校给予一定的智力支持。因而,学校需要摒弃其在学生教育过程中的傲慢与偏见,以信任、共享的姿态发挥其教育思想"资源地"的优势。一是学校首先要理解学生家长经验性的教育观念,以及不同层次学生家长教育观念的差异,基于不同经验所获得的教育价值理解都有其历史与社会基础,都应该得到尊重。① 二是借助家校之间和家庭之间教育观念的差异,通过系统化、系列性的宣传活动引导学生家长形成正确的教育观念。如通过家长大讲堂、家长会、公众号等向教师和家长传播正确的教育观念和最新的教育思想,为家长教育素养的提升提供资源。虽说这种操作也会表现出学校教育功能的拓展以及活动过程中"主"与"客"的地位问题,存在暂时性的与家校合作去中心化属性相悖的现象。但是,在家校合作的发展过程中需要"资源优势方"对合作者的思想引导,这恰恰是利用了共同体成员的内部差异并将之转化为共同行动的动力,不仅有助于家校双方形成对教育理念的正确认知,逐渐减轻或消除家校双方各自的中心化问题,更是推动家校合作向更高形态发展的可行之路。

2.逐渐确立家校之间主动合作的战略性目标

不同历史时期共同体的形成,与人们生存和生活资源的获取及占有方式紧密相关。如原始社会以血缘关系为基础建立了共同获取并占有资源的共同体形式;工业社会以利益关系为基础建立了组织化、制度化、系统化的物与物交换规则下形成的共同体形式。在后工业化社会的今天,共同体正朝着以互惠与共享为目标的真正共同体形态发展。家校合作共同体的发展也是一样,如果家校双方从功利角度追求各自利益而进行所谓的合作,最终仍将难以逃脱"短视"的牢笼,从而不适应当前社会经济发展所需要的人的发展方向。客观来说,工业化社会背景下形成的以利益交换为目标的思维逻辑和行动思想

---

① 李清臣、岳定权:《家校合作基本结构的建构与应用》,《中国教育学刊》2018年第12期。

的影响力仍然巨大,深刻影响着各个领域人与人的交往活动,家校合作中部分学生家长也会经常出现"功利性"与"工具主义"的思维。支配家庭采取"有价值"行为的基本动因,是能否为其子女获取更多的生存与生活资源的机会。即使在生产力高度发达的今天,生存与生活资源仍是稀缺资源,对这些资源的需求和占有是人们行动的最根本目标。在现实的家校合作中,家庭难以抛开"利益"的考量而去做关乎学业之外的其他"有价值"的行动,因为在家长的观念中,学业成绩的高低是学生可持续发展且决定其未来成就的重要因素。在生存与生活资源未达到极大丰富的情况下,人们对物质方面的追求成为一种普遍认知与自觉行为,这就决定了学生家庭习惯性地在各种利害关系中作出权衡,事先计算利益得失后尽可能地谋而后动。因此,家庭中"功利性"思维的消退需要从解决资源问题入手。

解决资源问题的基本思路有二:一是创造出足够多的资源,这些资源足以满足人们的需求,家庭不再为子女是否能够获取基本或更多的生存与生活资源而担忧,充足资源保障下的"利益为先"的观念也将逐渐消失。达到这种状态需要一定的时间,是人类社会生产发展到一定阶段出现的物质资源极大丰富的结果。需要说明的是,我们无法衡量人们对资源需求的程度,但生产力的发展与人的意识觉醒状态相辅相成,生产力发展到一定程度时,个别对资源的"多占"行为也会随之消除。二是摒弃狭隘的利益观,从社会或群体的整体利益出发展开合作,以实现整体利益的最大化。借用"新社会契约论"的观点,工业社会的原子化的"个体的人"之间是竞争关系,要在社会契约的基础上构建"群体合作"的框架,把"原子化个人"转化成"人群"这样一种个人的集合形态,使"自然状态"中如狼似虎的个人转化成"原初状态"中有着制造"代表"之天性的人群。① 因而,以更能体现整体利益的战略性目标去号召和鼓励人们的合作,可能是现阶段摒弃"利益为先"观念的最合适于当今时代的先进

---

① 张康之:《合作的社会及其治理》,人民出版社 2014 年版,第 85—87 页。

思维。在今天这样一个竞争的社会中,通过弘扬这种共同合作的理念去促进合作是一条具有现实意义的途径。

因而,现实中的家校合作需要找到两者之间更具长远性且与当前先进思维相一致的战略性目标,即学生的全面发展。2018年9月10日,中共中央总书记习近平在全国教育大会上首次提出"培养德智体美劳全面发展的社会主义建设者和接班人",为新时代教育应"培养什么人"指明了方向,也为家校之间开展合作明确了战略性的目标。毫无疑问,当今社会是开放、多元的社会,对人才的评价逐步转向综合素质的考量,以"成绩"定"成就"的窄化思维已不适应当前注重综合素质发展的人才评价观,部分学校和家庭如果仍以狭隘的视野去计算各种利益得失与利害关系进而做出短视的"功利性"行为,其结果将失去更多的利益与资源。道理很简单,因为在合作的社会中需要的是整体观、大局观,这种观念的转变是个体得以在这个时代立足的根本。因此,家校双方首先应转变"唯分数"的评价观念,从更长远的视角展开合作,为学生发展提供更多的教育资源。在这种情形下,合作将为学生带来更大范围与领域中物与资源的机会,也能够在复杂多变的社会环境中维持并发展物与资源的获取状态。其次,学校在行动中可逐渐引导家庭教育向更广泛的意义的学生发展方向转变。2020年10月,中共中央、国务院印发了《深化新时代教育评价改革总体方案》,提出要改革学生评价、促进德智体美劳全面发展的具体要求,不仅有助于学校扭转不科学的教育评价导向,更深层次地将逐渐消除学生家庭的"唯分数"观念。因而,学校在具体行动中可以有针对性地传播这一理念,明确教育评价改革的任务,引导家庭理解学生全面发展的教育评价改革的必然性和现实意义,使得持有不同教育评价观与不同利益观的家庭获得群体性的认知,从而逐渐消除"利益化"观念赖以存在的思想基础。

3.努力探寻家校彼此互助以促成互惠文化的途径

事实上,除借助政策规制引导家校合作发展的模式外,合作教育共识之下的家校合作更能体现合作文化的内涵。如芬兰的教育文化传统与教育政策也都蕴含着"合作"与"信任"的要义,这种共识也体现在家校合作之中,表现为家校双方主动的合作意愿且已内化为各自的自觉行为。考虑到我国家校合作所处的发展阶段和家庭合作能力相对偏低的现实状况,可能更适合走政策规制引导家校合作向组织化、制度化并逐步形成合作文化之路。

20世纪90年代以来,我国多项政策、法规中出现家校合作的相关规定和要求,传统的家校合作有条不紊地进行,比如,家长会、家访、家长接待日、致家长的一封信,以及信息时代影响下产生的新形式如家校通、和教育等。实质上,这些家校合作的形式仍将家庭视作学校教育的附庸,没有打破传统"家校关系"观念中双方地位与角色的变化,这种现象与国际上家校合作的主要趋势存在差异,但当前的运行方式表现出了学校在主导与组织家校之间深度合作能力上的不足。这种情况的出现,与我国当前相应法律、法规规定的泛化和地方教育行政部门缺少具体举措和监督有着密切关系。

我国教育的发展通常是在相关法律、政策的指导下进行的,因此,我们需要借助法律与政策对家校合作的相关内容作出规定,对家校合作的经费来源、参与方式、活动内容、周期时间以及效果评价等提出相应要求。基本的模式是通过国家或教育立法的形式确定家校合作的地位,提出"家长参与"或家校合作的规范性要求,如责任与义务、经费来源与分担等来指导与支持家校合作的开展。基于法律或政策来保障家长参与学校教育,其优势在于:一是为家长参与提供依据和保障,有助于推动家校合作的实践。家校合作实践需要学校为之付出努力和家庭的主动参与,缺少政策规范的家校合作难以达到预期的效果。相反,在政策的指导和资源支持下,家校双方首先会按相关规定的要求表现出合作行为,如在合作中不断受益,有助于提升家校双方合作的积极性并逐渐转换为自觉的行为。二是政策引导将推动家校合作的相关研究,有助于实践层面家校合作的科学规划。政策的形成需要科学研究政策问题,具体的规则和规定也需要相应的研究结论予以支撑,否则难以作为纲领性的标准或要求指导家校合作的开展。因而,进入政策层面的内容不仅是研究的结果,也是家校合作研究的助推器,家校合作研究所取得的各项成果将推动家校合作实践的发展。从这个层面来说,政策是家校合作得以发展的有力保障。需要说明的是,以政策的约束力来推动家校合作的发展仅仅是一种暂时的手段,其长远目标是实现家校双方在合作范畴内的主动与自觉,这个过程可能要经历较长的时间。

第四章　核心素养与小学生的核心素养

　　学生的核心素养是学生应具备的基本素质和关键能力,以满足终身发展和社会进步的需要。培养学生的核心素养已成为我国基础教育课程改革不断追求的重要目标,也是教育领域理论与实践研究者共同探索的方向。2016 年9 月,北京师范大学发布中国学生发展核心素养的研究成果,提出中国学生发展核心素养的基本框架,主要从文化基础、自主发展、社会参与三个方面进行界定。2018 年 2 月,北京师范大学中国教育创新研究院和时任美国 21 世纪学习联盟(Partnership for 21st Century Learning,简称"P21")首席执行官大卫·罗斯,在"美国高中生学术十项全能中国赛"期间联合发布"21 世纪核心素养的 5C 模型",即文化理解与传承素养、审辩思维、创新素养、沟通素养、合作素养,包括文化理解、文化认同、文化践行、质疑批判、分析论证、综合生成、反思评估等 16 个素养要素。① 这些积极的探索和研究所形成的成果为我们深入理解核心素养、提出各学段学生的核心素养提供了重要的参考。各个学段的学生受身心发展特点的影响,其核心素养的各个方面会表现出不同的特征,同一类别的素养在不同学段也有不同的要求。因而,在现有的核心素养框

---

　　① 魏锐等:《"21 世纪核心素养 5C 模型"研究设计》,《华东师范大学学报(教育科学版)》2020 年第 2 期。

架下探索各学段学生核心素养的具体表现具有一定的必要性和价值。

教育心理学研究表明,小学阶段是小学生身心发展的关键期,也是小学生核心素养养成的特殊时期。这个阶段的学生活泼好动、好奇心强烈、求知欲旺盛、兴趣爱好广泛,思维和智力也在快速发展,虽然小学阶段学生的自我意识、自我规划、自主管理以及人际交往和社会参与能力亟待提高,但小学阶段却是学生各方面能力发展的关键时期。基于核心素养的培养可以帮助小学生树立正确的世界观、人生观和价值观,为我国社会主义精神文明建设打下良好基础,对培养合格的社会主义公民具有深远意义。① 在有关学生核心素养的框架下思考小学生核心素养的构成,有助于了解小学生核心素养的基本状况,利于有针对性地设计并开展小学生核心素养的培养。

第一节 核心素养的内涵与框架

教育要"培养什么人,培养人的哪些方面,如何培养人"是世界各国各组织思考的永恒话题。核心素养的提出反映了新发展阶段对于学生发展的新目标和新定位,社会、学校、家庭以及学生自身都将重新审视"核心素养"对于个体发展的重要意义,它不仅关系到个人的成长发展也关系到社会的发展,体现了个体核心素养提升对国家、民族竞争力不断增强的重要价值。

一、核心素养的内涵

《汉书·李寻传》中提及:"马不伏历,不可以趋道;士不素养,不可以重国。"意思是说,马匹没有得到足够的营养,是没有力气在路上奔驰的;人没有足够的能力,是没办法使国家强盛的。陆游的《上殿札子》说:"气不素养,临事惶遽。"意思是说,人从平时就要养成好的习惯、好的素养,避免一遇到事情

---

① 郑羽迪、徐福利:《小学生核心素养的相关问题的研究》,《职业技术》2018 年第 8 期。

就不知所措,惶恐不安而遗憾终身。刘祁在《归潜志》卷七中提出,"士气不可不素养",意指素养对于一个民族的重要性。可以看出,"素养"即修习涵养,是基于理论和实践而获得的一种道德修养。经济合作与发展组织(OECD)将"素养"界定为:"素养是在特定情境中成功应对复杂需要的能力,它需要调动知识、认知和技能以及情感、态度、价值观和动机等社会心理资源"。[1] 可见,素养首先是指涵养或能力,是一种适应社会生存、应对复杂情境时个体应具备的基本能力;其次,素养是一种习得能力,是可以通过外在支持力量实现能力内化的能力。

核心素养的概念最早来源于西方,英文是"Key Competencies",即关键能力。联合国教科文组织提出的核心能力是在"学会求知、学会做事、学会共同生活、学会发展、学会改变"五大支柱的基础上指向了终身学习。21 世纪初,欧盟提出年轻人应该具备在知识社会中自我实现、融入社会以及顺利就业所需要的素养,其中包括知识、技能与情感态度的综合,并以此作为终身学习的基础。2002 年,美国关注受教育者未来职业发展和生活的需要,认为核心素养是学生必须掌握的知识和技能等,使得学生终将成为一个未来社会的合格公民。"核心素养"在许多国家实际上具有相同的概念,有些国家称为"关键能力"。它涵盖了广泛的主题,涉及了每个人适应社会生活中各种挑战的能力。[2] 英格兰、苏格兰、德国和澳大利亚都围绕"关键能力"或"关键技能"对核心素养进行界定,这种能力或者技能是一般的、广泛的、变化的和可迁移的。法国从构建终身学习基础的角度,提出核心素养不仅与知识、技能有关,和社交能力更是密不可分。

在国际提出的"核心素养"的背景下,我国教育部于 2014 年颁布《关于全

---

① 师曼等:《21 世纪核心素养的框架及要素研究》,《华东师范大学学报(教育科学版)》2016 年第 3 期。

② 陶小娟、汪晓赞:《中国 3~6 岁幼儿运动游戏课程目标体系的理论框架构建:基于三大"核心素养"的价值取向》,《武汉体育学院学报》2017 年第 12 期。

面深化课程改革落实立德树人根本任务的意见》，首次使用"核心素养"一词，这不仅代表中国将"核心素养"推向了教育实践，也是践行党的十八大提出的"坚持教育为社会主义现代化建设服务、为人民服务，把立德树人作为教育的根本任务，培养德智体美全面发展的社会主义建设者和接班人"的教育目的。2018 年 9 月，教育部又发布《中国学生发展核心素养》，对核心素养的总体框架和基本内涵进行了详细说明。对于核心素养内涵的界定，大部分是基于对人的终身教育和未来社会发展需要的视角提出的，认为核心素养是个人处于社会中所必须具备的关键的能力和品格等。张华通过再认识核心素养的内涵，尝试界定核心素养，也称"21 世纪素养"，是人为了适应信息时代和知识社会的一种高水平的能力和人类解决复杂问题、适应不可预测情况的能力。[1]经过长期研究，林崇德教授领导的专家团队得出的结论是，学生的核心素养是指学生应具备的基本素质和关键能力，以满足终身发展和社会进步的需要。[2]褚宏启将核心素养定义为：核心素养即"21 世纪关键素养"，是指为了满足 21世纪社会的新需求，人们所必需的关键素养。所选取的素养一方面应该体现时代特征，另一方面应具有"关键"之特征。[3] 在对核心素养概念界定的基础上，褚宏启进一步解读核心素养，认为它是"关键的""必要的""重要的"的素养，是居于核心地位的关键少数素养。核心素养不是面面俱到的全面素养或者综合素养，其数目绝非多多益善，而是越少越好。[4] 与此同时，有学者在理解核心素养时提出"层次说"。"层次说"认为总体上可以从三个层次来把握核心素养：首先是表现为最基础的"双基指向"，即把基础知识和基本技能放在中心位置；其次重要的是"问题解决指向"，在这个过程中应注意在解决问

---

① 张华:《论核心素养的内涵》,《全球教育展望》2016 年第 4 期。

② 核心素养研究课题组:《中国学生发展核心素养》,《中国教育学刊》2016 年第 10 期。

③ 褚宏启:《核心素养的概念与本质》,《华东师范大学学报(教育科学版)》2016 年第 1期。

④ 褚宏启:《核心素养的国际视野与中国立场——21 世纪中国的国民素质提升与教育目标转型》,《教育研究》2016 年第 11 期。

题过程中获得基本方法;最高层是"科学(广义)思维指向"。

综合来看,正如我国学者崔允漷用一个比喻来形容的,现在的"素养"就像一本《红楼梦》,不同的人读出的是不同的《红楼梦》,正如莎士比亚所言,一千个人眼中有一千个哈姆雷特,显然,无论文学领域的国界如何,都符合读者的心理需求。① 各个国家和地区对于"核心素养"概念的界定或者内涵的理解在表达方式上虽然存在一定差异,但总体寓意是一致的,即蕴含人的全面发展、终身学习的理念,在不同程度上体现着不同国家或者社会的要求和特色,但基础的知识技能目标在各国的教育目标中显得尤为重要,并逐渐发展为"掌握核心内容,培养态度,并应用综合实践推理"或者"知识,能力,态度和情感"三者融合统一。② 它既包括学生为了适应时代需要、解决复杂问题以及适应变幻多端的国际环境所需要的知识,也是能力以及情感态度价值观的一种体现。这样的要求适应于全体学生,体现了完整性、互动性、和谐性,反映了区域经济下社会发展的要求,指向培养全面发展的人,适应了新时代的挑战。

二、国内关于核心素养的框架

我国当前处于核心素养研究的初级阶段。基础教育的课程改革自 2001年就开始施行,知识与技能、过程与方法、情感态度与价值观的三维目标全面体现在各学科课程标准、教学与评价等方面。同时,2014 年新一轮课程改革将"落实立德树人"作为课程改革的根本任务。因而,在核心素养概念提出后所建立的核心素养框架中,这些内容也以不同的形式、表述得以体现。目前,具有一定影响力且受到普遍认可的核心素养框架有两种:一是教育部提出的核心素养总框架。2016 年,中国学生发展核心素养作为必备品格和关键能力被正式提出,即这种素养是学生应具备的、能够适应终身发展和社会进步需要

---

① 崔允漷:《追问"核心素养"》,《全球教育展望》2016 年第 5 期。
② 左璜:《基础教育课程改革的国际趋势:走向核心素养为本》,《课程·教材·教法》2016年第 2 期。

的能力。以培养"全面发展的人"为核心,分为文化基础、自主发展、社会参与3个方面,综合表现为人文底蕴、科学精神、学会学习、健康生活、责任担当、实践创新6大素养,其中每个核心素养又包括3个基本要点,共18个基本要点(见图4-1)。① 二是21世纪核心素养5C模型。2018年,北京师范大学中国教育创新研究院与美国21世纪学习联盟(以下简称"P21")开展合作,在P21提出的21世纪核心素养4C模型(审辩思维、创新、沟通、合作)的基础上,新增文化理解与传承素养,构成5C模型,从不同角度刻画了21世纪人才必备的核心素养。其中,文化理解与传承素养是核心,对所有行为都具有导向作用;审辩思维素养与创新素养侧重于认知维度,审辩思维强调理性、有条理、符合逻辑,创新素养强调突破边界、打破常规;沟通素养与合作素养侧重于非认知

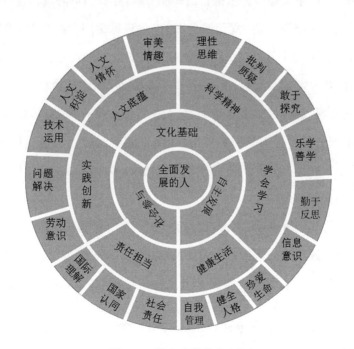

图4-1 核心素养的含义框架

---

① 姜言霞等:《中小学生发展核心素养现状调查研究》,《山东师范大学学报(人文社会科学版)》2017年第6期。

维度,沟通强调尊重、理解、共情,合作强调在实现共同目标的前提下做必要的坚持与妥协。①

目前,有关学生发展核心素养的研究还在进行中,例如,"中国学生发展核心素养"项目团队将中国学生发展的核心素养分为 9 大素养、23 个基本点和 70 个重点表现。② 李艺、钟柏昌先从学科核心素养开始讨论,首先,理解基础知识、掌握基本技能成为学生培养的必须要求之一,教育界也持续关注双基教学在学生成长中所起的作用,它们既是基础又是关键,所以被置于最底层,即"'双基'层";其次,积累相关知识后,学生在现实社会生活中、在解决问题中经过反复训练和个人的尝试、思考,获得解决问题的基本方法,这种方法不是固定而统一的,主要是个人依据自己的能力具体问题具体分析,这就是处于中间的"问题解决层";最后,置于最上面的"学科思维层"是在学科系统学习中,作为本质上的世界观和方法论的理解与改变世界的特定主题。③ 褚宏启认为,不可随意界定核心素养,他通过对"核心素养"概念的梳理,从其起源到其进一步的发展,后将核心素养界定为:人在社会中生存发展,总是需要一些或某些所应该具备的个人品质和能力,为将来能够适应社会生活奠定基础。简言之,核心素养即"21 世纪关键素养"。④ 他从多方面、多维度对其进行剖析,把握核心素养的内在。

与此同时,我国香港特别行政区教育局于 2001 年基于"学会学习"的理念,详细解释了课程结构包括三个相互关联的部分,即学习领域、共同的能力、态度和价值观。9 个常见功能贯穿 8 大主要学习领域,个人和社会价值观以

---

① 魏锐等:《"21 世纪核心素养 5C 模型"研究设计》,《华东师范大学学报(教育科学版)》2020 年第 2 期。
② 师曼等:《21 世纪核心素养的框架及要素研究》,《华东师范大学学报(教育科学版)》2016 年第 3 期。
③ 李艺、钟柏昌:《谈"核心素养"》,《教育研究》2015 年第 9 期。
④ 褚宏启:《核心素养的概念与本质》,《华东师范大学学报(教育科学版)》2016 年第 1 期。

及态度都嵌入所有学习领域中,亮点就是课程结构中单独被提及的态度和价值观。态度包括批判思维、乐于参与等18项内容。价值则被分为两类——核心价值和辅助价值,它们主要从个人和社会两个角度提出了不一样的要求。个人在追求真理和美中形成个人层面的核心价值,共11项;而整个社会所极力提倡的自由、平等等12项就是社会层面的核心价值;核心价值是人类和社会一致强调的某些价值,是一种基础广泛的价值观。价值无关好坏,辅助价值也很重要,它们有助于维持核心价值的顺利展开和发展。我国台湾地区对于核心素养的理解和大陆相近,辛涛、姜宇等在分析核心素养的历史演变进程中总结了我国台湾地区对核心素养的定义。他们指出,核心素养是指成功应对未知情境中的要求和挑战,成功完成生活任务,以及在社会文化背景下获得理想结果所需的成就。核心素养是个人处于社会中所必须具备的关键素养,不但是个人生活所需之必要的品质,也是现代社会公民的必备条件,更是社会发展所不可或缺的人力资本之重要素养。[1] 个人核心素养的养成是其适应社会发展所必需的关键。

我国的核心素养"热",在很大程度上受到了国外相关研究的影响。刘国飞等认为,在我国对于核心素养的研究中,这种素养不仅关注学生的知识和技能的获得,更注重学生个人内心情感的变化、态度与价值观的形成和发展。[2]通过梳理我国的相关研究发现,在理解核心素养内涵特征和试图构建核心素养框架体系过程中,我国不仅关注个人基础知识的累积和基本技能的掌握,同时突出了核心素养培养的社会定位,也就是说,核心素养是个人在社交生活中必须具备的关键能力。

三、国外关于核心素养的框架

由于信息共享、全球化的背景,各国对于学生核心素养的培养,如对基础

---

[1]　辛涛等:《论学生发展核心素养的内涵特征及框架定位》,《中国教育学刊》2016年第6期。
[2]　刘国飞等:《核心素养研究述评》,《教育导刊》2016年第3期。

知识、能力发展等的要求存在一定互通性；但是，由于国情不同，特别是各国发展面临的关键问题不同，核心素养的界定在内容和程度上各有差异。

（一）联合国教科文组织的学习领域框架

随着"全民教育"运动的发展，2012 年，联合国教科文组织在积极征询各方对于核心素养研究的意见和建议后，最终确定核心素养框架体系的七大学习领域。

联合国教科文组织将核心素养的学习领域框架分为三大层次、七大方面。其中根据学生学习的阶段，可以分为三个层次：幼儿教育、小学教育和中学教育；同时从左至右依次分为七大方面，首先人必须拥有健康的身体，其次还包括社会情感、文化和艺术、文字沟通、学习方式与认知、数字数学和科学技术。这七大方面从教育起点开始呈放射状展开，说明这七大学习领域贯穿学生的学习、教育始终，并且共同构建核心素养的学习领域框架。

联合国教科文组织从幼儿教育阶段就开始培养学生的核心素养，足见学生核心素养的培养是需要，而且有必要从学生小的学习生活开始着手，伴随着教育教学步步深入。

（二）经济合作与发展组织（OECD）的三大类核心素养

OECD 从 1997 年开始研究 21 世纪核心素养的框架，其主要目的是应对世界技术发展、社会多样化、区域化以及全球化的多重挑战，以实现教育发展以及终身学习。其报告《素养的界定与遴选》于 2003 年形成最终版，并于 2005 年公布于其官网。OECD 倡导实现个人的成功生活和健全社会的发展，所选择的核心素养以此为基础，对其进行定义并确定具体内容，目的是帮助正在成长的年轻人应对社会生活中各种未知、复杂的挑战，实现终身学习的奋斗目标。经多方研讨和论证，确定与选择了三大类核心素养：第一大类是互动地使用工具,工具本身是静态的、无生命的,人在流动使用工具的过程中掌握使用工具的方法和能力,如能够互动地使用语言交流或者其他技术等;与异质群体互动构成第二大类;最后一大类是自主行动。该框架进而将每个核心素养分解成三种能力,再将每个能力以列举的方式呈现特定的、具体的行为和技能。三类核心素养的内在逻辑是人与工具、人与社会、人与自我之间的关系(见表4-1)。

表4-1　OECD(2005)核心素养框架①

素养分类	关键素养
互动地使用工具	1. 互动地使用语言、符号与文本
	2. 互动地使用知识与信息
	3. 互动地使用技术
与异质群体互动	1. 与他人建立良好关系
	2. 团队合作
	3. 管理与解决冲突
自主行动	1. 在复杂的大环境中行动
	2. 形成并执行个人计划或生活规划
	3. 保护或维护权利、利益、限制与需求

这三大类核心素养分别从载体、社会和个人三个方面进行解释,虽是三个不同的侧重点,但彼此之间是相互关联的,它们共同构成核心素养的框架结构。这些核心素养是每个人在实际生活中所需要的,并且在许多领域中都是可使用的、实用的。此后,经济合作与发展组织开始有选择性地继续研究核心素养随时代发展的现状,强调学生在21世纪新的教育系统中的成长和发展,应帮助学生培养与社会进步相适应的技能和素养。

---

① 张华:《论核心素养的内涵》,《全球教育展望》2016年第4期。

（三）欧盟的核心素养框架

受联合国教科文组织、经济合作与发展组织提出素养理念的影响,欧盟核心素养参考框架的目标对象同样也是年轻人。这些年轻人在接受教育的过程中,个人足以具备一定水平的知识和能力,这样他们在成长过程中就能够灵活应对成人生活中未知的挑战。2006 年 12 月,欧洲议会和欧盟理事会通过了提案《为了终身学习的核心素养:欧洲参考框架》,标志着欧盟核心素养框架的最终确立。议案提出包括使用母语交流、数学素养、社会和公民素养、主动意识与创业精神等八大核心素养(见图 4-2)。

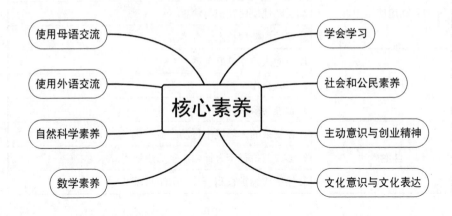

图 4-2 欧盟确立的核心素养框架

该核心素养框架也可以从个人、社会的角度来理解。个人不仅要熟练使用母语进行沟通,而且要掌握一定的外语沟通技巧;同时作为社会公民,掌握基本的数学和科技素养、数字信息素养是基础,要在此基础上学会学习。这显然是从具体功能的角度界定核心素养,并且每一素养又从知识、技能与态度三个维度进行详细描述。在建议案中,核心素养被定义为:每个人都在知识社会中发展、适应并胜任,以整合工作所需的知识、技能和态度。① 该框架还指出,基本的语言、符号、数学、信息能力是终身学习的基础,学生学会学习才能在各种未知的情境中灵活变通、积极应对。裴新宁、刘新阳二人探索了欧盟"核心素养"建构的历程和结果,以期对我国基础教育改革的推进有所助益。欧盟核心素养框架以终身学习理念为指导思想,旨在从个人角度获得成功,从社会角度发展进步,同时为各级各类教育建立具体细化的素养体系,起到了"领头羊"作用。② 从框架的名称、目标的制定和框架的内容可以看出,"学会学习"是欧盟在基础教育阶段每门课程中需要着力培养的素养,反映了这个框架的主题——"为终身学习服务"。

(四)美国"P21框架"

美国的教育目的主要是服从于未来职业发展的需要。关于这一点,美国自1990年起就做出了以下探索。美国劳工部1990年成立了职场基本技能达成秘书委员会,设立这样的专门委员会主要为的是探寻和确立青年人在职场中取得成功所需要的技能。1991年,该委员会发表了《职场对学校教育的要求》,提出美国职场应该具备五大基本技能指标。2002年美国创建了美国21世纪学习联盟,同时开展21世纪核心技能研究项目并且制定了框架体系。21世纪技能框架体系的建立引起了全世界的关注,并产生了深远影响。

美国P21框架的核心技能,与之配套的课程以及支持系统之间的相互关系见图4-3。它是整体系统型,核心素养影响着教育的各个环节,融入整个教育系统中。这样的体系包含三个部分。如图4-3所示,学生学习结果的内容

① The European Parliament and the Council of the European Union, "Recommendation of the European Parliament and of the Council of 18 December 2006 on Key Competences for Lifelong Learning", *Official Journal of the European Union*,2009,NO. 8,pp. 43-51.

② 裴新宁、刘新阳:《为21世纪重建教育——欧盟"核心素养"框架的确立》,《全球教育展望》2013年第12期。

是图中外环展现的结果,即核心素养,可以分为"学习与创新技能"(创造力与创新、批判思维与问题解决、交流沟通与合作)、"信息、媒体和技术技能"(信息素养、媒体素养、ICT 素养),"生活与职业技能"(灵活性与适应性、主动性与自我导向、社会与跨文化素养、效率与责任、领导与负责)三个方面。这三个方面主要目的在于描述,指明学生在未来工作与生活中必须获得的技能、知识和专业智能,是内容知识、具体技能、专业智能与素养的融合。无论是哪项核心素养,关于它的落实都应学习核心素养的核心科目以及 21 世纪主题,即圆环的内环。图中底座部分分为四个部分,即 21 世纪核心素养的标准与评价、课程与教学、专业能力培养与学习环境。①

图 4-3 美国 P21 的 21 世纪技能框架体系

美国 P21 框架是以不同颜色相间呈现的环状彩虹形状,其中核心素养置于外环,可以概括为社会、个人和工具三大方面,这类似于经济合作与发展组织所提出的内涵结构。个人借助现代信息、媒体与技术技能等,学会学习,有

---

① 王晓杰:《数学文化教学对小学生数学抽象素养的影响研究》,硕士学位论文,西南大学教育学部,2017 年,第 26—27 页。

一定的创新创造能力,最终达成社会生活、工作必备的技能。这三个方面是内容知识、具体技能、未来态度的融合统一;需要注意的是,每项核心素养的养成都要紧跟时代的步伐,依赖相对口的支持系统,这也就是该框架的内环部分和底座部分所要强调的。值得一提的是,这个框架还有两个重要特点:一是在素质教育的思想下学习过程和结果的结合,二是重视支持系统在21世纪学习框架中的作用。这也很充分地体现了现代教育课程改革逐渐淡化甄别与选拔,越来越重视过程与结果的结合以及重视教育资源的开发和利用,特别是在教学支持系统的运用上。

（五）日本的"21世纪型能力"

日本以"教育立国"著称,其核心素养研究体现在旨在提高能力的教育改革中,人们能够在当代生存下去所必需的能力,被称为21世纪型能力。核心素养体系结构是用三个圆来表达三种能力的关系,即基础能力是基础、思维能力是提高、实践能力是运用,三者步步深入。同时,这三个圆是有重叠部分的,这意味着,无论何种教育都不会是孤立存在的,都必须强调21世纪型能力的培养。其中,"基础能力"包括掌握基本的语言技能、数量关系技能和信息技能,这是基础而又必备的关键;"思维能力"则是在掌握基础知识和能力基础上的自我进一步提高,这时个体的抽象逻辑思维和辩证逻辑思维已经帮助其培养了解决和发现问题、创造力、逻辑思维以及元认知的能力;掌握了基础能力和思维能力,个体的"实践能力"就有发展的可能,个体的自律、社会参与力、建立人际关系的能力以及可持续发展的责任有助于个体更好地适应社会的发展。

（六）新加坡的"21世纪核心素养"

1998年,新加坡教育部分析比较了20世纪和21世纪所需劳动力的特征,颁布了新加坡学生的"21世纪核心素养"及其学生学习成果框架图。该框架由内而外由三部分组成,即核心价值观、社交和情感智力以及新的 21 世纪技能。学会关怀、责任心等组成框架图的核心,这是素养框架中的核心要义,决定了培养哪些社会和情感智力能力,进而决定需要培养学生哪些新 21 世纪技能,从而最终实现新加坡政府提出的理想的教育成果,这表明 21 世纪核心素养与学生学习成果紧密相连,学生学习成果的好坏将直接决定学生核心素养的掌握程度。

(七)法国的七类核心素养

法国政府于 2006 年颁布了《知识和能力的共同基础》,提出七类核心素养,作为新世纪基础教育义务阶段的目标。这七类核心素养和欧盟"为终身学习服务"主题框架中的八大类素养虽然在表述上有所不同,但在本质上是相似的,同样是对语言、人文、数学以及媒介的要求,如掌握母语、科学人文文化等。① 法国作为欧盟的主要成员国,对于欧盟所提出的有关核心素养的观点非常认同,是对欧盟核心素养和终身学习计划的推进。在之前的基础上,2015 年新的"共同基础"从终身学习的角度进一步规划了义务教育的培养目标。新"共同基础"划分了五大领域:第一大领域为"用于个人思考和互动交流的语言";第二大领域为"作为中介和载体的学习方法与工具";第三大领域为"个体和公民教育";第四大领域为"自然和技术的相关体系";第五大领域为"表征世界和人类活动"。由此可见,新"共同基础"的五个主要领域并不是指某种能力或文化本身,而是从更综合、更全面的角度展示人类理解世界的能力、思考与交流的能力、学习的能力以及作为公民的能力等,由此进一步强调个体整体素养的发展。

从以上分析可以看出,世界上不同国家、地区、国际组织均根据各自的需求和传统,厘定全球信息化时代核心素养的内涵和框架。国外有关核心素养

---

① [法]夏尔·提于斯、林静:《法国中小学生核心素养要求及评价——夏尔·提于斯与林静的对话》,《华东师范大学学报(教育科学版)》2018 年第 1 期。

的内涵与框架更注重公民的民主、生活的品质,核心素养不局限在个人的角度,而注重以整体全面发展的角度融入全社会之中。

表4-2　国外关于核心素养的内涵

国外	核心素养内涵
联合国教科文组织	身体健康、社会情感、文化和艺术、文字沟通、学习方式与认知、数字数学和科学技术
经济合作与发展组织(OECD)	互动地使用工具(如语言、技术)、与异质群体互动、自主行动
欧盟	个人、社会
美国	社会、个人、工具
日本	基础能力、思维能力、实践能力
新加坡	核心价值观、社交和情感智力、新21世纪技能
法国	用于个人思考和互动交流的语言、作为中介和载体的学习方法与工具、个体和公民教育、自然和技术的相关体系、表征世界和人类活动

　　通过对国内外核心素养概念与框架的分析,我们可以从三个维度解读核心素养的内涵:思想基础、具体内容和表现方式。思想基础方面,关注"人的全面和谐发展",包括基础知识和基本能力,学生综合能力的培养和发展,成为能够适应社会的综合型人才;具体内容方面,包括知识、技能、情感态度等,将核心素养具体化,但不是单独的某一方面,各方面彼此之间联系紧密,都是学生获得知识、习得能力、发展情感后厚积薄发的相互融合的结晶;表现方式方面,学生核心素养最终以知识、技能和社会三方面整合的方式呈现,以学生的生存发展、态度和人文底蕴为培养侧重点,高度整合和实用。总之,核心素养是个人适应社会需求、获得全面发展、提高生存能力的基本条件和素质。在此需要注意的是,核心素养研究的目的和内容是促进个体成功生活和社会和谐发展,具体到不同国家和地区、不同地域则又有不同,如何根据本国、本地区

特点和特色确定核心素养内容结构,需要具体情况具体分析。①

第二节　小学生核心素养的构成

中国学生发展核心素养从宏观层面建构和描述了学生具有的"关键能力",小学阶段是人生中最重要的奠基时期也是思想启蒙的时期,在这个阶段,学生正处在对世界整体认识构建的关键期,其身心发展特点与教育规律具有独特性。因此,教育者需要根据小学生的年龄特点和发展规律实施有针对性的教育,促使其全面发展。在这一过程中,小学生核心素养的培养和提高成为学校教育和家庭教育的主要内容,从侧面凸显了构建小学生核心素养理论框架的必要性和重要性。有研究认为,课程改革的实施和深入,有赖于学生核心素养的培育,传统的教育教学观念亟待转变,融合学生核心素养,兼收并蓄,营造民主和谐自由的教学氛围,某种程度上,学生核心素养的提出是教育课程体制改革的指南针。②

根据我国已提出的学生发展核心素养的内涵和框架,结合国外有关核心素养内涵的共同点,针对基础教育阶段各学段的课程标准和小学生教育的特殊需求,本书认为,小学生核心素养指处于基础阶段学习的学生之知识、技能及支撑其学业发展的动力因素和社会素养的培养,由此逐步提高学生能力,为将来能够适应社会生活奠定基础。小学生核心素养包括知识素养、技能素养、学业素养和社会素养四个方面,这四个方面也构成了我们所要研究的小学生核心素养的理论框架。

---

① 刘义民:《国外核心素养研究及启示》,《天津师范大学学报(基础教育版)》2016 年第 2 期。
② 朱丽红、刘雪婷:《小学生核心素养的培养及对策研究》,《内江科技》2018 年第 5 期。

一、小学生核心素养的构成要素

教育的本质是有目的地培养人的活动,促进人的个性全面和谐发展,在素质教育和新课程改革的推动下,单纯的教师教、学生学已经满足不了新时代对学生发展的要求,学生不再是机械的、无条件的知识接受者,而是在反思实践、以教师为主导学生为主体的参与中成为有自我修养和智慧的"人",学生不仅是受教育者,也是学习的主体。这样的人,从某种程度上也可称为是有"核心素养"的人,所以构建核心素养框架必须具有时代性与前瞻性。

我国一项基于世界各个国家、地区和组织的 29 个素养框架的研究,汇总了两个维度的核心素养:领域素养和通用素养。领域素养包括基础领域素养和新兴领域素养;通用素养包括高阶认知、个人成长和社会性发展(见表 4-3)。这为我们构建小学生核心素养的理论框架提供了启示。

表 4-3　全球核心素养框架中关注的核心素养①

维度		核心素养
领域素养	基础领域素养	语言素养、数学素养、科技素养、人文与社会素养、艺术素养、运动与健康素养
	新兴领域素养	信息素养、环境素养、财商素养
通用素养	高阶认知	批判性思维、创造性与问题解决、学会学习与终身学习
	个人成长	自我认识与自我调控、人生规划与幸福生活
	社会性发展	沟通与合作、领导力、跨文化与国际理解、公民责任与社会参与

教育以推进学生全面发展为根本目的。小学生由于其心智尚不成熟,身心正处于发展的特殊时期,他们对于世界、事情的看法和态度更多地依赖教育

---

① 魏锐等:《"21 世纪核心素养 5C 模型"研究设计》,《华东师范大学学报(教育科学版)》2020 年第 2 期。

者的"灌输",所获得的认识主要是来自间接经验的积累。小学生间接经验的
获得主要从学校教育的文化知识习得,他们可以独立、有意识地通过书写文
字、利用符号来了解文化,甚至创造文化。这揭示了全面发展的一大内涵,即
小学生的"文化性"。作为处于不断发展过程中的受教育者和学习者,小学生
具有巨大的发展潜能,而且他们的身心发展是有规律的,这一科学论断从侧面
体现了全面发展的另一内涵,即小学生发展的特殊性。支持学生文化习得、知
识与技能学习以维持其发展的持久力,内在动力是其必然属性,特别是对于小
学生而言,是否具有支持其学业成就的内在动力至关重要,我们这里将之称为
"动力性",即支持学生学业获得的动力因素。当然,人不是孤立存在的,个人
的发展的终极目的是为了更好地融入群体社会中。从现实意义来说,人是一
切社会关系的总和,掌握基本的学科知识、发展一系列的技能或能力的最终目
的,是适应日益发展的社会,成为一名合格的"社会人"。这揭示了全面发展
的又一内涵,即小学生的社会取向,即"社会性"。因此,基于"全面和谐发展"
的内涵与本质,为了小学生的健康成长,小学生发展核心素养理论框架的建构
必然包含文化性、发展性、动力性、社会性这四个方面,这也同时吻合了现代教
育发展的学生观。

1. 文化性

文化性主要涉及文化知识学习方面的素养,强调学生以学习间接经验为
主,这些间接经验内含人类优秀而又丰富的智慧、文化等。小学生文化知识的
习得在日常学科学习中获得,小学阶段进行学科的分类和整合即是希望学科
知识能够促进小学生完整发展,数学、语文、外语、科学以及品德等学科构成了
一个动态的操作系统。① 小学生的发展处于基础教育阶段的开端,作为学生,
其首要任务就是学习,小学生通过教师传道授业解惑,接受一系列相关文化基
础知识,这就是小学生所必须具备的核心素养之基础的"知识素养"。

---

① 庚振英:《小学学科整合课程研究》,《课程教育研究》2017 年第 12 期。

2.发展性

发展性主要涉及在接受相关知识后自我提高方面的素养,人的教育与内涵有着千丝万缕的联系,良好的教育促进个体良好的发展,而基础教育的核心不只是培养学生成为单纯的有知识、有技能、懂方法的人,而是使其成为有修养、有智慧的人。[①] 这主要包含身体(生理)、精神(心理)、智能等方面的素养,旨在获得一系列相关技能或能力,这就是小学生所必须具备的核心素养之提高发展的"技能素养"。

3.动力性

动力性主要是支持学生学业成就、教育获得的动力因素。我们在描述与分析学生的学业成就时,通常以学业成绩作为参照标准,而学业成绩仅是学生学习结果的体现,学生在学习过程中的非智力因素,如学习需要、学习兴趣、学习动机、学习情感等,对学生的学业成就、教育获得起重要的支撑作用。如果从学生适应终身发展与社会发展需求的必备品格和关键能力的角度去看待这些非智力因素,这也是一种素养,是体现在学生学习过程中对其学习成绩起持久支持作用的内在素养,即学业素养。学业素养是一个整体性的概念,是涵盖了学习认知(学习动机、学习态度)、学习情感(学习兴趣、学业情绪)和学习行为等因素的综合能力。从其外延来说,它不仅是学生学业成绩的动力系统,也是如"自主发展、社会参与""在社会异质群体中互动、自主行动"等与学业成绩并列的其他能力发展的动力系统。可以说,它是现有有关核心素养理论框架中理应关注的一种"关键能力"。

4.社会性

社会性主要涉及社会交往、人际相处、适应等方面的素养。对于小学生来说,教育者是其成长道路上的陪伴者、引路人,小学生在和同伴相处,和父母、老师的沟通交流中需要处理好各种社会关系,这就需要小学生具备相应的社

[①]　张圣涵等:《浅谈小学生的核心素养培养与运动技能学习》,《中国校外研究》2018年第33期。

会素养。学生在学习知识的过程中,将所学文化知识运用到现实生活中去,在掌握一系列学科知识、各种技能的同时去领悟知识和技能所蕴含的社会价值,学生的关键能力与必备品格即学生的核心素养才能得以生成。① 在此意义上,这是在掌握相关知识、具备有关技能基础上自我发展、合作交往和社会参与方面的升华,是小学生所必须具备的核心素养之升华的"社会素养"。

"全面发展"的教育目标要求所有学生以全面、自由、和谐、充分的方式发展这四类素养。因而,学生的文化知识基础、技能熟练程度、学业发展动力支持和社会特征虽各有差异,但彼此关联,相辅相成、相互影响,是一个有机的整体,如表4-4所示。

表4-4 小学生核心素养的构成要素

构成要素	一级	二级
知识素养	基础知识	语文知识、数学知识、外语知识、科学知识、体育知识、信息技术知识、艺术知识、品德知识
	专门知识	法治知识、安全教育知识、心理健康知识
技能素养	心智技能	专门的(如阅读、运算等)、一般的(如观察、分析问题等)
	动作技能	常规的(如走、跑、跳等)、特殊的(如游泳、舞蹈、体操等)
学业素养	学习认知	学习动机、学习态度
	学习情感	学习兴趣、学业情绪
	学习行为	学习表现
社会素养	自主发展	自我意识、自主规划、自主管理、自主学习
	合作交往	合作学习、人际交往
	社会参与	校园活动参与、社会活动参与

小学生核心素养构成要素的框架,是在对当前有关学生核心素养的内涵进行汇总、阐释、解构的基础上,结合小学教育阶段学生发展目标和小学生身

---

① 李松林:《学科核心素养的发展机制与培育路径》,《课程·教材·教法》2018 年第 3 期。

心发展特点而提出的更具针对性的核心素养框架。其本质与全球核心素养框架中关注的核心素养是一致的,主要表现在:一是关注的领域相同。学生素养的发展具有全面性,不仅涉及与知识习得相关的基本素养,还涉及人际沟通、人生规划、社会参与等与当前社会适应相关的通用型素养,小学生核心素养框架中涉及的知识素养、技能素养、学业素养和社会素养,主要围绕小学生生活与学习的关键能力进行架构,体现了全球核心素养框架中关注的核心素养,贴近小学阶段学生素养发展的重要领域。二是素养结构具有整体性。核心素养体现的是学生适应社会应具备的关键能力,在当前的社会发展阶段,以人的全面发展为目标的人才培养体系具有鲜明的时代性,包括知识的习得、迁移、转化,问题解决能力与批判思维的形成与发展,以及与人的社会性相关的自我规划、自我认识、交流沟通等能力的发展。因而,小学生核心素养的框架需要考虑"全人"发展所应具备的各种能力,从整体层面架构"全面发展"的小学生的素养结构。三是注重小学阶段学生发展的重要领域。与中学、大学阶段学生核心素养的具体内容不同,小学阶段学生的核心素养具有基础性、奠基性、发展性的特点,其重要领域是在各学科知识习得基础上的对知识的理解、应用与迁移,在学业素养养成基础上的学习持久动力的保持,以及初步的人际沟通、自我认识与自我规划等社会性相关能力的发展。总体上,小学生核心素养框架涉及的具体内容,在注重学生素养整体性的同时,兼顾小学生核心素养发展的独特性,主要围绕学习与生活两大范畴,具体体现为知识素养、技能素养、学业素养(支持学习持久性的动力因素)以及社会素养,四个方面的核心素养各有偏向,聚焦于学生发展的具体领域。

二、小学生核心素养理论框架解读

(一)知识素养

知识素养,顾名思义,是以知识为主。小学生在学校里学习一系列知识,这些知识有的是国家课程所规定的小学教育阶段学生发展所必须具备的知识;有的是各个地区或者学校根据当地学生发展的需要所另外提供给学生了解或者掌握的知识。因此,这些知识根据类型可以分为两类,即基础知识和专门知识。

一是基础知识素养,指横向整合、融会贯通的学科知识。基础知识更多的是通过学习相关学科的知识习得并不断得到发展提高,所以基础知识体现为小学生所接触的基本学科课程知识,具体表现形式为语文知识素养、数学知识素养、外语知识素养、科学知识素养、体育知识素养、信息技术知识素养、艺术知识素养和品德知识素养;各学科的课程设置和教育教学都要为学生核心素养的发展提供服务,要结合各门学科的具体内容,帮助学生形成发展所必需的关键能力和必要特征。①

然而,知识素养不是通过外语或数学等单一学科课程获得的,每门学科都有自身的学科素养,如数学学科素养就是指学生在数学学科内所需要具备的专业素质与能力。各学科对于学生素质发展有不同的要求,知识素养就是在综合这些要求的基础上体现不同学科教学的共同价值,具有高度的通用性和集成度。从学科分类的角度构建核心素养框架,非常强调学科素养在核心素养领域的重要性。② 需要强调的是,这些学科要求的整合并不意味着与学科本身的特色相冲突,而是对学科素养的补充。核心素养是一个大的宏观角度,其中的学科素养是核心素养养成的切实可行的途径和基础;反过来,核心素养的养成将加强学科素养的培养。同时,结合小学生身心发展特点,发挥各学科优势,才能体现知识素养的价值。正如有研究指出的,核心素养并不指向某一特定学科,是学生在各学科具体实际教学过程中获得的发展自我、适应社会的

---

① 程晓堂、赵思奇:《英语学科核心素养的实质内涵》,《课程·教材·教法》2016 年第 5 期。

② 孙思雨:《国内关于核心素养研究的文献综述》,《基础教育研究》2016 年第 17 期。

一种综合素养、共性素养,并且具有一定的学科整合性。①

二是专门知识素养,包括法治知识素养、安全教育知识素养、心理健康知识素养等相关知识。学校根据学生发展的需求可以通过讲座、课外活动等途径传授这些知识,最终潜移默化地深入小学生的内心,真正达到教育的目的。相对于学科知识而言,专门知识的来源具有广泛性,不仅源自相应素质教育课程,如法制教育、健康教育、生命教育等,还包括主题活动、班队活动、讲座、社会实践等途径传输的知识。专门知识具有领域性的特征,在小学教育阶段,这些知识虽未纳入学业评价的相关考核之中,但其对小学生社会性的形成与发展起着重要的支持作用。

(二)技能素养

技能素养是学生在掌握基本知识、具备一定知识素养的基础上所必须形成的能力或技能。按技能本身性质和特点的不同以及结合学生的身心发展,技能素养可分为心智技能和动作技能两大类。心智技能主要是借助内部符号语言系统在大脑中进行的一种认知性活动,动作技能表现在外部行动和对事物的直接行动中。②

心智技能分为一般心智技能和专门心智技能。一般心智技能包括计算技能,理解与运用,分析与解决问题的技能。有学者在对国外核心素养体系构建的探究中提出,素养就是"分析与解决问题"能力,是否掌握技能或者能力需要在实际问题应用中得以体现,仅有知识的获得是远远不够的,知识的积累是为了技能的发展,成功地解决问题,才能说明知识被真正掌握了,也才能说明

---

① 常珊珊、李家清:《课程改革深化背景下的核心素养体系构建》,《课程·教材·教法》2015 年第 9 期。

② 洪波:《从技能分类谈高职数学教学改革》,《西安航空技术高等专科学校学报》2000 年第 3 期。

对知识的学习不是为了学习知识本身,而是为了面向具体问题实践应用。[①]专门心智技能在小学生身上可以表现为阅读技能、运算技能、写作技能,这些都是在具体的学习科目中所需要掌握的技能。动作技能分为常规动作技能和特殊动作技能,常规动作技能是所有小学生或大部分小学生所必须具备的基本素质,如走、跑、跳等,这是小学生进行其他一切活动的保障;特殊动作技能并不要求所有小学生都必须掌握,可以根据个人的兴趣或是其他因素自行选择,像游泳、体操、舞蹈等都属于特殊的动作技能。

(三)学业素养

学业素养是支持学生维持持久学习动力的内驱力,如兴趣、动机、情感等,它对学生的知识与技能的学习起着重要的支撑作用,当前提出的学生核心素养框架中,这种动力因素并未得到必要的关注,是被隐藏于各种具体素养尤其是与知识、技能相关的素养之中的。已有研究证实,小学生的学习兴趣对学业成绩有直接影响。[②]另外,积极情感可以预测学生的学业成就,高唤醒和低唤醒积极情绪都与学业成绩呈正相关。[③]目前,有关这一"关键能力"的影响因素主要从家庭、学校等方面展开研究。如有研究表明,亲子关系对学习动机有显著正向影响作用,不同的父母教养方式会投射父母对待学习的态度,对学生学习动机水平有着重要的影响作用。[④]学校提供的心理环境对其情绪适应具

---

① 胡乐乐:《国外核心素养体系构建探究》,《新疆师范大学学报(哲学社会科学版)》2017年第6期。

② 何声清、綦春霞:《师生关系和数学学习兴趣对数学学业成绩的影响——自我效能感及数学焦虑的链式中介作用》,《教育科学研究》2018年第12期。

③ 张玉静:《青少年积极情感体验的发展及其影响因素》,《首都师范大学学报(社会科学版)》2020年第4期。

④ 侯金芹、陈桂娟:《亲子依恋与师生关系对中学生掌握目标定向学习动机影响的追踪研究》,《中国特殊教育》2017年第4期;陈艺瑕:《农村中小学生学习动机与父母教养方式、亲子关系的研究》,硕士学位论文,湖南师范大学教育科学学院,2012年,第49页。

有重要影响作用。①

学业素养作为整体性概念,包括学习认知、学习情感和学习行为,具体表现为学习动机、学习态度、学习兴趣、学业情绪以及学习表现。学业素养越高,表明学生的学习认知清晰,学习情感积极,学习行为表现好;反之,学生的学习认知模糊,学习情感消极,学习行为问题较多。学业素养具有以下特点:一是内隐性。它不直接承担学生知识习得与应用的过程,不参与对内外信息的接受、加工和处理等任务,但是,在整个学习过程中起着动力作用,缺少学业素养的学生个体更易表现出学习的消极状态,因此,它与智力因素的培养同等重要。二是调节性。学业素养虽不直接影响学生个体的认知过程,但会影响学生个体的整个认知过程,发挥定向、维持与调节的作用。从心理学上讲,感情、意志、兴趣等是智力发展的内在因素,学生个体学业素养的提升,将有助于其智力因素的充分发展。三是结构性。学业素养包含学习认知、学习情感和学习行为三要素,三要素之间具有层级关系,学习认知影响学习情感、学习情感外化为学习行为,当学习行为表现良好而导致学业成就提升,又将深化学生个体的学习认知,进而产生更为积极的学习情感,外化为更优的学习行为,总体呈现螺旋式上升的结构。

(四)社会素养

学生学习是为了将来适应不断发展的社会,最终需要成为一名合格甚至优秀的"社会人"。学生在掌握了基本知识素养,具备了基本技能素养的基础上,需要具备一定的社会适应能力,即社会素养。社会素养从个人、他人和团体的角度考虑,可以划分为自主发展、合作交往和社会参与三大层次,这同样是一个系统连贯的发展过程。这里需要强调的是,小学生的身心尚不成熟,他

---

① 周翠敏等:《学校心理环境对小学 4~6 年级学生学业表现的作用及条件》,《心理学报》2016 年第 2 期。

们的发展需要其他教育者的协同和帮助,即使是学生的自主发展同样离不开教师和父母等的教育。教育者在培养学生的过程中,要能够关注学生个人的特点,给予学生自我发展的机会,支持学生逐步用个人的自我教育代替外在形式的教育,能够在成长道路上获得自信、展现自我,实现终生自主发展。①

教育实践表明,学生社会素养的养成是一个持续发展、终身学习的过程,具有一定的连贯性。小学生正在形成或初步达成了对自己的认识或是认知,其自主发展可以从自我意识、自主规划、自主管理和自主学习四个方面展开。要把青少年培养成为"全面和谐发展的人、社会进步的积极参与者",需要通过学生的自主规划、自主管理、学会学习等方面进行培养。② 与此同时,小学生在学习生活中离不开其他同学和老师及家长的协助,他们之间的合作和交往有利于小学生形成团体意识,最终在社会参与的过程中可以做到游刃有余。学会与人接触、交往是教育实践的基础,和谐的相处使得本没有交集的双方产生了情感上的联系,潜在的教育活动变得真切、现实、有意义,此过程是提升学生素质、发展学生核心素养、完成社会化过程的最佳时机。③ 小学生的合作交往主要集中于合作学习和人际交往,这是基于小学生学习和日常生活交往两方面的考虑。其中,小学生人际交往的接触对象主要是父母、老师和同伴,因此,人际交往可以以亲子交往、师生交往和同伴交往为基础。小学生的社会参与主要集中于校园内部和社会活动两方面,可以分为校园活动参与和社会活动参与两大类。总体来说,学生的自主发展、合作交往和社会参与是一个整体协调推进、共同发展前进的过程。

综上所述,小学生核心素养的四个方面架构形成了一个完整系统,它们彼此之间密切联系、相互影响。从宏观角度来看,其结构包括两大子系统,一是

---

① 赵南:《儿童品质结构与层次新论及其对教育的启示——基于儿童终生自主发展的需要》,《学前教育研究》2015 年第 12 期。
② 何长涛:《自主发展智慧育人:提升学科核心素养》,《中国校外研究》2017 年第 8 期。
③ 史克学:《小学生人际交往研究述评》,《太原师范专科学校学报》2001 年第 1 期。

能力系统,二是动力系统。能力系统主要是小学生通过教育获得的具体能力,包括知识素养、技能素养与社会素养;动力系统主要是支持学生教育获得保持持久的内在动力,即学业素养。事实上,学业素养并非狭义概念,它更多地体现为支持与其教育获得相关的"全方位"能力的形成与发展。传统观念中对学生学业成就的概念属狭义的理解,广义上的学业应包括学业成就(一般理解为学习成绩)以及学校教育过程中的其他能力,如社会适应能力、自我学习与管理能力等方面能力的全面发展。因而,学业素养这一动力系统支撑的不仅仅是学生的学业,也发挥着对社会素养提升的调节作用。从中观层面来看,动力系统内部之间存在层级关系,技能素养以知识素养为基础,这是小学生在掌握基本的知识、具备一定的知识素养的基础上所必须形成的能力或技能。学生在掌握基础的知识素养、具备基本的技能素养后,需要继续提升,自我提高,发展社会素养。社会素养是学生发展的灵魂,也是发展知识素养、技能素养的落脚点,三者共同产生意义和价值。

当前国际竞争的实质是以经济发展和科技实力为基础的综合国力的较量,归根结底就是人才的较量,即教育力量的竞争。人才的竞争,最重要的是从小抓起,所以小学生的全面素质教育就显得尤为重要。随着素质教育与新课程改革的不断推进,小学生核心素养成为实践中小学生培养必不可缺的基本素养。小学生核心素养理论框架的建构旨在立德树人,培育学生自主发展之力,培育与提升学生核心素养。推进素质教育需要对学生发展的核心素养体系进行全面系统的凝练和描述,小学生核心素养理论框架的构建为小学生当下以及未来的发展提供了方向,同时对理论框架体系的建构和解读能够满足素质教育改革发展的需要,使得素质教育发展具有可操作的基础与空间。

第五章　小学生的学科素养

20 世纪 80 年代起,素质教育被当作教育的核心问题引起学者们的广泛研究。教育界大力呼唤从"应试教育"趋向"素质教育",从而提高青少年的整体素质,提升我国的教育质量。新时代,素质教育被赋予了新的内涵,"核心素养"概念的提出,体现了素质教育的关键内核。"核心素养"是跨学科素养,其知识素养与技能素养以学科教学为主要培育方式。基于语文和数学学科在小学阶段的主导作用,本书将重点从语文、数学的测验中研究小学生的知识素养和技能素养。主要依据有以下两个方面。

一是时代的要求。党的十九大报告强调建设教育强国是中华民族伟大复兴的基础工程,要求全面贯彻党的教育方针,落实立德树人根本任务,发展素质教育,推进教育公平,培养德智体美全面发展的社会主义建设者和接班人。① 要培养全面发展的社会主义建设者和接班人,基础学科的学习起奠基作用。在 2001 年颁布的《全日制义务教育语文课程标准(实验稿)》中,"语文素养"第一次明确出现并成为学生语文学习总体水平的代名词,受到人们越来越多的关注。语文学科作为众多学科中的重点学科,与生活息息相关,语文知识关系到日常语言沟通、社会交往、文化交流等,语文技能的理解与应用、阅

---

① 雷云、建设:《"教育强国"实现伟大复兴——十九大报告中的教育宣言与未来图景》,《四川师范大学学报(社会科学版)》2018 年第 1 期。

读和写作,都与情感抒发、精神交流、提升涵养等密不可分。① 这决定了学校教育要赋予语文以特殊的地位。小学阶段,注重学生语文核心素养的发展,将为学生综合素养的提升以及以后的成长奠定坚实的基础;而小学数学对于小学生具有不可或缺的作用,作为重要学科之一,在培养学生的理性思维上发挥巨大作用,小学数学教育的终极目标是发展小学生的思维、培养小学生具备作为一个现代公民最基础的数学核心素养。②

二是学科的要求。《义务教育语文课程标准》(2011 年版)指出,语文学科具有工具性与人文性相统一的特征。工具性主要表现为语文是重要的交际工具,是我们传递信息的媒介。语文学科的教学就是培养学生对语文知识的学习和在现实生活中的灵活运用能力,从而养成学生的语文综合素养。人文性表现为:内容的人文特征,融入学生个体生活与学习的精神世界。语文学科的教学,会通过语言文字影响人们的情感、态度和价值观,这些积极的影响是语文知识与技能的独特魅力,从而潜移默化地形成学生良好的综合素养。语文学科是其他学科学习的基础,又不断推动着其他学科的学习。只有认识文字,才能理解句子的意思,继而才能运用数学公式解决数学问题、利用物理概念和化学知识解决生活问题……语文从来不是一个固定领域,它会随着生活的发展而演变,随着社会的进步而更新。语文学科的本质要求教育将语文置于非常重要的位置,随着素质教育改革的不断深入,于教育、于学生这都是一种必要的趋势。《义务教育数学课程标准》(2011 年版)指出,"数学素养是现代社会每一个公民应该具备的基本素养",义务教育的数学教学就是让每位学生获得在社会上生存和发展所必需的数学知识和数学技能;体会数学知识之间、数学与其他学科之间、数学与生活之间的联系,能够运用数学知识和数

---

① 程丽丽:《小学生语文核素养评价研究》,硕士学位论文,东北师范大学教育学部,2015年,第1—2页。

② 周淑红:《小学数学核心素养培养研究》,硕士学位论文,哈尔滨师范大学教育科学学院,2017年,第1页。

学思维去思考问题、解决生活中的问题;感受数学的魅力,培养学习数学的兴趣,增强学好数学的信心,养成良好的学习习惯和科学态度。由此可见,数学核心素养也就是义务教育阶段数学课程总目标所强调的学生终身学习所需要的品格和能力,并非仅仅是知识的传授,更多的是技能和素养。

第一节　小学生学科素养的内涵与研究

学科素养就是核心素养的学科化,是学生通过学习某一门学科所获得的反映此学科特点的必备品格和关键能力。基于不同的学科会形成多种学科素养,如语文学科素养、数学学科素养、科学学科素养等。相对于其他学段,小学教育阶段的学生以基础知识与技能学习为主,其学科素养更多地体现在语文和数学学科素养两方面。

一、学科素养的内涵

结合素质教育的内涵,从宏观角度来看,学科素养具体是指"学生所学的不同学科所对应的'四基''四能'以及基本的思维形式和方法"。从学生的学习心理与教师实际教学的角度出发,可以看出学科素养指的是学习者在整个教学过程中逐渐培养并表现出来的相对稳定的心理素质;而从学科本身的发展出发,可总结出学科素养是指学生能够通过教师教学获得的相应专业知识、专业能力以及综合素质,其中包括学科基础知识、学科思维方法、学科素质等。[①] 由此,小学生的学科素养是指小学教育阶段学生通过教师教学所获得的相应学科和特定领域的专业(专门)知识和技能并内化为相对稳定的综合能力。

---

① 王光明:《基于学科素养的课程改革路向探究》,《教学与管理》2019 年第 9 期。

（一）语文学科素养

《义务教育语文课程标准》（2011 年版）对于语文学科素养是这样定义的：语文课程应培育学生热爱语文的思想情感，引导学生丰富语言的积累、培养语感、发展思维，使他们具有适应实际需要的识字写字能力、阅读能力、写作能力、口语交际能力。语文课程应重视提高学生的品德修养和审美情趣，使他们逐步形成良好的个性和健全的人格，促进德、智、体、美的和谐发展。[①]

当前，语文学科的发展越来越固态化，呈现一种"填鸭式"的教学模式，以教师教为主，学生被灌输知识，这样就导致学生学习的主动性、积极性低迷，教学效果也十分不理想。如今被越来越广泛提及的"语文学科素养"这一概念就是要打破当下这个学习迷局，扭转大家的观念。语文学科的目的应该是培养学生的阅读习惯，让其感受语言文字的魅力，再尝试着自己写作，锻炼学生的写作能力。语文学科素养是一个综合性的概念，内涵丰富，但并不能把关于语文的一切都归入语文素养。即使在语文素养的范围之内也要有所偏重，明确一定的核心和基本方面。语文学科素养的核心是语文知识和语文能力。有学者认为，在语文素养中，知识和能力是基础，是核心；[②]语文素养是语文知识、语文能力、一般智力、社会文化常识以及感情意志与个性五个方面的有机复合体，其中语文知识和语文能力居于主干地位。[③] 因此，语文学科素养是一种以语文学习能力为基础的综合素养，主要包括语文知识、语文能力、语文积累、语文学习方法、语文思维、人文素养等核心要素，是应新课标要求并体现新时期语文教学价值的重要组成部分。总体层面，语文学科素养可以归为两大类：一是语文知识素养。语文知识是小学生语文素养的基本要素，在小学生的学习和发展特别是语文素养的形成和发展中处于基础地位。小学生语文知识

---

① 《义务教育语文课程标准》，北京师范大学出版社 2012 年版，第 12 页。

② 刘贞福：《谈"语文素养"》，《语文建设》2003 年第 4 期。

③ 周庆元：《语文教育旨在提高语文素养》，《湖南师大社会科学学报》1993 年第 6 期。

素养是小学生对语文知识的掌握。二是语文技能素养。语文能力是侧重于听说读写的语文基本能力,在小学生语文素养中处于核心地位。小学生语文技能素养是小学生对语文知识的进一步理解与运用,即具有现代生活中所必需的识字写字、口语交际、阅读和写作的能力。①

(二)数学学科素养

数学学科素养就是指学生在数学学科内所需要具备的专业素质与能力。国外有学者认为,数学素养应该包括五个方面的能力:概念性的理解、过程的流畅性、策略性的能力、合理的推理意识和拥有积极的倾向。② 21 世纪以来,数学学科素养在国家课程标准中也有很大的体现,专家学者们也从多方面、多维度对数学学科素养进行剖析。数学素养的概念是通过"学生能力国际评价项目"(Program for International Student Assessment,PISA)测验形成的,影响相当普遍。在 PISA 数学测试中数学素养被定义为个体能够形成、运用和解释数学的一种能力,包括数学推理能力,运用数学概念、程序、事实和工具来描述、解释、预测的能力。

我国有学者认为,数学核心素养就是个体在数学学习实践活动中所形成的、在各种社会生活情境中积极运用数学知识和数学思维分析、解决各种数学问题,发挥数学应用价值,实现自身与社会持续发展的最基本、最具生长性的相关数学素养。③ 主要包括两个方面:一是数学知识素养。数学知识素养是数学核心素养的一个基础要素,指小学生数学基础知识的掌握水平。二是数学技能素养。数学技能素养就是解决数学问题的能力,也就是在掌握数学知识的基础上,能够对日常生活中各种信息进行采集、整理、辨析以及处理与运

① 李霄文:《小学生高年级语文核心素养培养策略研究》,硕士学位论文,渤海大学教育与体育学院,2017 年,第 13—14 页。

② Kilpatrick J,"Understanding mathematical literacy:the contribution of research",*Educational Studies in Mathematics*,2001,No. 2,Vol. 47,pp. 101-116.

③ 汤序华:《小学数学核心素养要素分析与界定反思》,《课程教育研究》2018 年第 32 期。

用的基础能力,同时能够用数学方法对他们进行初步的考查区分与建构,最终获得最基础性也是最重要的解决数学问题的能力,[1]其作用在于帮助个体理解数学在社会生活中的作用,并且作出判断和决策,使其成为一个有建设性、参与性和反思性能力的公民。小学数学学科素养,是指小学生能够利用相应的数学知识分析和解决问题,从不同的角度处理和解决问题,有效完善问题本身存在的缺陷。[2] 基于小学生身心发展的特殊性,本书认为,小学生数学学科素养主要是指学生数学知识和技能素养的培养,提高学生数学能力,为将来能够适应社会生活奠定基础。其中,小学生的数学知识素养主要包括数学知识,数学技能素养包括计算技能、理解与运用、分析与解决问题三个部分。

二、学科素养的研究

学科素养是整体性概念,集中于学科知识与技能两方面,各学科的知识与技能通常被纳入学科教育内容之中。依据前文提出的小学生核心素养的构成,小学生的语文知识、数学知识、外语知识、科学知识以及专门(如阅读、运算等)和一般(如观察、分析问题等)的技能,理应归于相应的语文学科素养、数学学科素养、外语学科素养等具体的学科素养之中。考虑到小学生各个学科的多样性和基础性,本书重点从语文学科素养、数学学科素养两方面梳理研究现状。

(一)语文学科素养的研究

1997 年 12 月,经济合作与发展组织启动了"核心素养"的项目研究,超过一半的国际组织或经济体提出 21 世纪核心素养研究。[3] 在各国、经济与社会

---

① 陈六一、刘晓萍:《指向核心素养的小学数学命题探究——基于 PISA 数学测试的启示》,《教育与教学研究》2017 年第 8 期。

② 薛爱丽:《小学数学核心素养的内涵与价值分析》,《中国校外教育》2018 年第 29 期。

③ Jia Q.," Primary exploration of the developmental teach evaluation in chinese basic education",*Asian Social Science*,2010,No. 5,Vol. 6,pp. 115-119.

组织的概念框架中虽未直接提出语文学科素养,但有关内容中均涉及语文学科素养的相关内容。如欧盟的核心素养由使用母语沟通、使用外语沟通、自然科学素养、数字素养、学会学习、社会与公民素养、主动意识与创业精神、文化意识与文化表达这 8 项构成,对于每项素养,分别从知识、技能和态度三个维度上对其进行具体描述。① 20 世纪 80 年代以来,澳大利亚推出了有史以来最大规模的课程改革。2008 年发布的《墨尔本宣言》为澳大利亚未来教育的发展提供了战略愿景和总体方向,总结了公民所必须具备的包括读写、计算、信息和通用技术、批判性和创造性思维、道德行为、个人和社会能力及跨文化理解在内的七项通用能力和三大跨学科主题。2002 年,美国制定了《"21 世纪素养"框架》,并于 2007 年再次更新。美国"21 世纪素养"框架涵盖了三项技能领域,分别是学习与创新技能,信息、媒体与技术技能以及生活与职业技能。② 2007 年,新西兰教育部发布了一个放弃价值相对主义的课程草案,特别强调价值观教育的重要性,提出必须将基础价值观教育融入学校各门课程的教学中。

国内关于语文素养的研究,主要围绕语文学科素养的差异、提升的具体办法和举措展开,凸显出我国对学生语文学科素养培养的关注。

第一,关于学生语文学科素养差异的研究。一是性别差异。有研究认为,男生与女生语文核心素养发展水平差距较大,女生高于男生。男、女生在基础知识素养、阅读能力素养上差异不显著,但在合作交往能力与写作能力素养上,女生核心素养的水平明显高于男生。主要原因在于男、小学生在身心发展特点和语文学习习惯上存在差异。此外,女生一般比男生对语文学习更感兴趣。小学语文核心素养发展存在两极分化现象。通过研究发现,男、女小学

---

① Liu C.,"Three Types of Reading Class in Primary Chinese Teaching", *Studies in Literature and Language*,2016,No.4,Vol.12,pp.69-77.

② Ye L.& Cheng L.,"Fill the Classroom with Life:Deepening the Reform of Chinese Primary and Secondary Classroom Teaching", *Journal of Curriculum Studies*,2017,No.3,Vol.50,pp.115-119.

生基础知识与阅读能力素养上的测试分数有显著差异,合作交往能力与写作能力素养上的成绩差距比较大。另外,男生在习作核心素养不同维度上都不如女生,男生比女生薄弱。在语言运用能力素养上,女生占有优势;从思维发展与提升角度上看,男生与女生存在差异。① 二是地区差异。有研究指出,农村学生在习作核心素养不同层面上都不如城市学生。农村学生与城市学生的差异,集中表现在习作核心素养语言组织能力上。在语言组织与运用素养上,农村学生与城市学生相比,差距较大;在思维能力素养、审美鉴赏素养维度上,农村学生也处于明显劣势。②

第二,关于语文学科素养提升的举措。如有研究认为,传统的语文课堂过于死板,缺乏生机与活力,培养学生的语文学科素养,一是要多元化的积累,让学生走进生活、拥抱生活、热爱生活;二是要夯实语文基本功,如果语文基本功不过关,谈何赏析文学,基本语法一定要扎实;三是要锻炼学生的口语交际能力;四是要学以致用,让学生将所学真正运用起来,发展其实践能力。③ 在实际教学中,学生语文学科素养的养成可建立"四有"目标。一为有目标,小学语文学科素养培养的前提是教师必须有明确的目标,这样才能掌握好方向,听、说、读、写每个环节都紧紧扣住目标展开,实际教学效果也将十分显著;二为有序,这里说的有序,也就是层次分明,先抓住文本分析,但不能仅仅局限于文本,在掌握好文本之后,更要跳出文本,让学生从课内到课外有连贯的知识学习;三为有趣,课堂的形式、内容千万不可单一枯燥,失去文学的独有韵味,应该将听、说、读、写这四个环节设计得生动有趣,激发学生的学习兴趣;四为有效果,让学生作为评价的主体,通过学生的实际反应与学习成果来度量方法的实施是否有效。有学者对如何在实际语文教学情境下培养学生的语文学科

---

① 李广等:《小学生语文核心素养调查研究:问题分析与改进建议——以吉林省 C 市五年级小学生为调查对象》,《东北师范大学报:哲学社会科学版》2016 年第 2 期。

② 郭家海:《小学中年级习作核心素养现状调查与改进建议》,《语文教学通讯录》2017 年第 10 期。

③ 陈景红:《从"根"入手,培养语文学科素养》,《黑河教育》2017 年第 10 期。

素养提出了四点建议:首先教师要创设情境,以此来激发学生的学习兴趣。从小学生这个年龄特点来看,枯燥单一的知识点无法激发起他们的学习兴趣,教师依据文本的特点有针对性地创设合适情境,能让学生的情绪迅速高涨,积极投入学习之中。其次教师要把导读这一环节做扎实,小学生自学能力还不够成熟,需要教师来"扶一把",带着他们学习一段,然后再"放手"。再次是要着重训练学生的思维能力,学生只会默写、背书是远远不够的,语文课堂应该要训练学生研读文本的能力,剖析人物情感,掌握故事脉络。最后是要将所学应用要社会生活中,并在应用过程中不断加以改进和创新。针对学生学科素养的提升,有研究提出教师自我发展的策略,即自我反思。反思之一是在课堂上有没有关注每个学生,教师在实际教学中不能只关注自己的教案,必须把学生这个不确定的因素考虑其中,学生的学习状态有好有差,切记不可只关注学习能力较强的学生而忽略一些暂时赶不上的学生,要确保课堂中的每个学生都能跟上节奏,不让其掉队。反思之二是是否确保了充足的课堂训练时间,教师要抱着这种想法上课,课堂能解决的练习绝不拖到课外,这样才是真的轻负高效。反思之三是每节课是否对所学内容进行检测,高效的课堂,随堂检测是必不可少的,即使是简单的默写,也能对本节课的学情有大致的了解。①

(二)数学学科素养的研究

数学教育作为一项基础教育,是学生与社会现实沟通的一座桥梁。随着社会的不断进步与发展,数学学科素养的内涵也变得更加丰富。国外关于数学素养的研究,从最初研究数学素养的内涵,到关注数学素养的测评,再到关注数学素养的形成过程,最后呈现一种综合研究的趋势。国外数学素养的研究思路清楚,研究对象明确,并且具有一定的学理基础。在对影响因素的研究方面呈现这样的特点:研究对象较为广泛,在不同类型学生之间开展比较;选

---

① 刘文华:《扎扎实实地上课　培养学生核心素养》,《中国农村教育》2017 年第 11 期。

取不同学科与数学素养进行比较研究,从而找出对数学素养产生影响的因素;研究心理因素和社会因素对学生数学素养产生的影响。国外学者对数学素养的评价研究也日益趋于成熟。以 PISA、TIMSS 等大型测试为载体,对数学素养的测评体系也较完善。总体来看,国外对数学素养的评价研究,已基本建立自己的数学素养评价框架、指标体系、测试题等,为进一步开展数学素养的相关研究提供了较好的依据。[1]

"数学素养"一词在我国出现较早,但当时并没有引起广泛关注,也少有文献对数学素养的内涵进行专门探讨。20 世纪 80 年代,随着素质教育的提出,关于数学素养的探讨开始紧紧围绕素质教育展开。到 20 世纪 90 年代,陆续有学者就数学素养本身的含义进行探究和分析,此后,数学素养的表达呈现多元化阐述的趋势。[2] 2011 年版的《义务教育数学课程标准》明确指出,数学素养是现代社会每个公民应该具备的基本素养。《义务教育数学课程标准》(2011 年版)也对数学学科素养提出了明确的要求。2016 年,数学教育者意识到数学核心素养的重要地位,逐步探索数学核心素养的内涵,并就各自对数学核心素养的理解展开了热烈探讨。

国内数学素养的研究与时代发展息息相关。国内教育发展经历了改革开放、教学大纲的颁布、新课程改革等过程,数学素养的研究随着时代而变化。在 1992 年 12 月的全国数学教育高级研讨会上定义了"数学素质"包括数学意识、问题解决、逻辑推理和信息交流四个部分。1995 年 5 月在青岛举行的第三次全国数学教育高级研讨会,主题为"数学素质的含义、实践与评价"。[3] 1993 年,我国中文期刊首次刊载关于数学素养研究的文章,蔡上鹤从初中数学教材角度提出"面向全体学生,提高数学素养"。[4] 在这之后,有关数学素养

---

[1]　陈蓓:《国外数学素养研究及其启示》,《外国中小学教育》2016 年第 4 期。

[2]　黄友初:《我国数学素养研究分析》,《课程·教材·教法》2015 年第 8 期。

[3]　桂德怀:《中学生代数素养的内涵与评价研究》,博士学位论文,华东师范大学教育科学学院,2012 年,第 29 页。

[4]　蔡上鹤:《面向全体学生提高数学素养》,《人民教育》1993 年第 1 期。

的研究陆续展开。近年来,关于数学素养的研究越来越多,呈现百花争艳的态势。我国的数学素养研究随着时代变化不断发展,更多关注了学生综合能力的培养与发展。研究类型主要集中在以下几个方面:一是不同分类依据下的数学素养构成要素探究。这类研究侧重于分析数学素养的构成要素,并以其分类依据对数学素养进行研究。二是学生数学素养现状调查研究。这类研究大多通过问卷调查,了解学生数学素养的现状,并探究其可能产生的原因。三是学生数学素养培养的途径与方法。主要在于发现学生数学素养中存在的问题,并从教师教学入手,给出提升学生数学素养的具体建议。四是数学素养的综合研究。这类研究一般涉及数学素养的起源、构成要素、培养路径、现状分析等方面。关于数学学科素养的研究,本书从数学素养的表达、内涵、差异等方面进行了梳理。

第一,数学素养的表达。世界各国用来表示数学素养的用词很多,由于各国语法系统的差异,数学素养这一名词的表示方法也有所不同。比较常见的数学素养表达方式有 Numeracy、Mathematial Literacy、Mathematical Proficiency、Qunitative Literacy、Mathematical Proficiency 等。英国克劳瑟 1959 年在英国发表题为《15—18 岁青少年的教育》的报告中最早提出数学素养,克劳瑟认为,数学素养是人们对常规科学研究方法的掌握,拥有数学素养是现代人理性思考和辩证地看待事情、解决问题的前提。其中,有效的科学研究方法包括观察、假设、实验、论证等。该定义把数学素养的主体确定为 15—18 岁的青少年,其重点局限于科学的研究方法,表明当时的数学素养并未从科学领域独立出来,为之后数学素养内涵的研究提供了广阔的空间。[1]

第二,数学素养的内涵。国外关于数学素养内涵的研究比较多,在研究数学素养内涵时,学者们不仅关注数学素养的名词解释,还注重数学素养的相关数学操作性定义。1974 年美国的撒迦利亚教授把数学素养定义为公民用来

---

[1] 陈红瑛:《数学素养的内涵比较分析及其培养现状研究》,硕士学位论文,陕西师范大学教育科学学院,2017 年,第 19—20 页。

处理身边的事情和大胆进行推理论证的能力。这是西方学者第一次把数学素养定义为一种能力，并将公民作为数学素养的研究对象。接着，又有学者从大型学术报告逐渐转向基础数学课程改革对数学素养进行研究，数学素养的关注点从社会公众开始转向数学课堂。美国国家数学教师协会（NCTM）明确提出了数学素养的核心是学生，在1989年所提出的数学素养模型中，其数学素养包括问题解决、推理与论证、交流能力，相应的学科内容包括数字与运算、模式、函数与代数、集合与空间定向、测量、数据分析。1998年NCTM在原有数学素养内涵的基础上，对数学素养又有了新的认识，认为数学素养涉及自信心、沟通方式、数学推理等方方面面的内容。① 21世纪以来，国外数学素养的内涵更加多元化。美国教育委员会施特恩认为，数学的自信、文化欣赏、解释数据、逻辑思考、决策、数学化、数感、实践技能、必备的知识以及符号感都属于数学核心素养的内容。美国国家研究委员会（NRC）则把数学素养视为描述成功数学学习的关键用词和所有学生须达到的学习目标，数学素养由概念理解、过程流畅、策略能力、合适推理和价值倾向5个相互交织、互为依存的要素构成。② 总体来看，国外数学素养的内涵从关注社会到关注课堂，越发注重数学素养内涵的多元化。

第三，学生数学素养的差异。一是不同水平的学生在数学素养上存在差异。有研究表明，中等水平段的学生在阐释、表达方面的素养较好；高水平段的学生在表达方面的素养最好，同时学生在运用能力方面表现突出。不同水平学生所擅长的知识领域不同，低水平段的学生在概率与统计、几何与图形这两个内容领域的素养较好，在变化与关系、数量领域的素养相对差一些。相对于较低一级水平的学生而言，高水平段学生在数量、图形变换关系上占有优势。不同水平段学生的数学素养结构不一样，擅长的领域也存在差异。在教

---

① Mathematics N, "Curriculum and Evaluation Standards for School Mathematics", *Mathetics Education*, 2013, No. 26, pp. 23-40.

② 孙宏安：《学科素养的研究与建构》，《大连教育学院学报》2016年第3期。

师教学上,对于低水平段学生可注重其数量关系、图形与几何的学习,可以更有效地帮助他们提升相关素养。对于中水平段学生,教师可以关注其数量变化与关系的学习,从而培养学生思维,提升其数学学科素养。① 二是不同年级学生的数学素养有差异。如有研究发现,小学生数学学科素养存在显著的年级差异。其中,四年级和六年级数学核心素养显著高于五年级学生;②随着年级上升,小学生数学学习素养不断下降。③ 三是城乡学生数学学科素养的差异方面,不同的研究有不同的结果。研究分析发现,城市学生和农村学生的数学学习兴趣素养差异较小,④而一项通过自编量表调查城市和农村学生数学学习兴趣素养的研究发现,城市学生数学学习兴趣素养显著高于农村学生。⑤ 四是男、女学生的数学学科素养有一定的差异,但男、女学生数学学科素养谁高谁低,以目前的研究结果来看,结论并不统一。有研究对小学三至六年级学生调查发现,女生数学学科素养与男生存在差异,并且显著高于男生;⑥四年级小学男女生数学学科素养差异较小,但六年级男生数学学科素养明显高于女生;⑦小学男生数学基础知识获得能力高于女生。⑧ 有研究认为,男生数学基础知识素养要比女生差,但在知识的进一步深化方面,男生高于女生。⑨ 在数学能力素养方面,有研究认为,男生数学能力比较分散,女生比

① 杨燕、周东明:《小学四年级学生数学素养测评研究》,《教育研究与实验》2018年第6期。
② 王雄雄、张军:《西北农村地区小学生的数学学习态度调查》,《教育测量与评价》2012年第6期。
③ 蔡敏:《小学生数学学习情感评价的研究》,《教育科学》第2010年第1期。
④ 常卫国、谢娟:《影响高一学生数学学习兴趣的调查》,《现代教育科学》第2010年第10期。
⑤ 刘丽琼:《4—6年级学生语数学科兴趣量表的初步编制》,硕士学位论文,湖南师范大学教育科学学院,2007年,第37页。
⑥ 王新:《小学生学科学习兴趣的调查》,《当代教育科学》2013年第18期。
⑦ 李琼:《小学生数学学习观:机构与特点研究》,《心理发展与教育》2006年第1期。
⑧ 裴昌根、宋美臻:《小学生数学学习兴趣发展的"现状""问题"及"对策"》,《数学教育学报》2017年第3期。
⑨ 曾超益:《中小学数学教育与性别差异调查初报及思考》,《韩山师范学院报》2003年第3期。

较集中,但差异不显著。另外随着年龄的增长,数学基本知识和基本能力素养方面男生与女生的差异逐渐显现出来。同时,空间能力素养随着年龄的增高而增高。[1]

通过梳理语文和数学学科素养的相关文献发现:首先,在理论研究层面,国外研究的理论基础比较成熟,并且逐渐向纵深方向发展,很多学者不只是局限于教育学层面,还从心理学角度对数学素养进行剖析。其次,在内容研究层面,无论是对影响因素的研究还是对学科素养评价的研究,国外都做得很完善。再次,在研究方法层面,国内的学科素养研究更偏向于文献研究法,国外相关研究的方法更多采用问卷调查、测量、实验、访谈,研究方法多样,过程也较严谨。最后,在研究视角层面,国外关于学科素养的研究大多选择从学生本身出发,而对教师教学的研究不多。这也为我们的研究提供了思路:首先,不管任何学科的素养,都需要基于理论研究建构具有针对性的理论框架,在此基础上进行的学科素养的研究才具有现实意义。其次,文献研究是学科素养研究的重要方法,但适当的量化研究以及多元研究方法的结合可能更具科学性。最后,学科素养具体体现在学生知识与技能的习得过程之中,以学生的学科素养作为切入点,通过具体学科知识与技能的测试,一定程度上可以反映学生学科素养的发展状态。基于上述考虑,本研究依据小学生语文和数学学科素养的框架,在测验工具编制的基础上,分析小学生语文和数学学科素养的基本状况。

第二节　小学生学科素养的测验工具

本书通过文献研究、访谈、专家效度检测等形式,编制小学生语文与数学学科素养及专门知识的测验工具,主要包括基础知识、专门知识、心智技能三

---

[1]　肖崇好:《小学生数学能力性别差异测验研究》,《怀化学院报》1990 年第 3 期。

个一级维度,以及语文知识、数学知识、法治知识、安全教育知识、心理知识、理解与运用、阅读技能、写作技能、计算技能、分析与解决问题十个二级维度。同时,为了编制测验题目,参考了课程标准、教科书和教学辅导材料、网络试卷资源等,并请小学一线语文和数学优秀教师进行审定,多次修改后形成初测使用的六份测验试卷。每套试卷分为两部分,第一部分为学科知识测验题,即三个年级(4—6年级)的语文测验和数学测验。第二部分是共同部分,即专门知识试卷。考虑到语文和数学学科素养测验试卷的题量和时间,采取单独调查的方式进行,选取江苏省盐城市两所小学的四、五、六年级学生进行预调。共发放语文试卷609份,有效试卷591份;数学试卷659份,有效试卷650份;专门知识试卷545份,有效试卷535份。无效试卷皆是由于存在大面积未写、答题与检测知识无关、全部答一个答案的情况等。在对结果进行整理分析的基础上,修改完善后形成正式测验。

一、小学生语文学科素养的测试

(一)语文学科素养测试试卷结构的确定

1.评价维度的制定

(1)评价维度制定的依据

理论依据:布鲁姆教育目标分类理论。布鲁姆教育目标分类理论是一种教育分类理论,教育目标可以分为三大领域:认知领域、情感领域和动作技能领域。布鲁姆教育目标分类理论的三个领域由低到高逐步发展,各个领域内部也从低到高分成不同的类别和层次,反映个体在学习的过程中各个领域的发展水平,其中认知领域尤为能够在试卷上反映相应的维度(见表5-1)。

人的认知能力是一个逐步提升的过程,就像是从出生的婴儿慢慢长大成人的过程,先从简单的基础知识开始,慢慢复杂,从具体思维向抽象思维转化。小学生正处于从简单到复杂、从具体向抽象过渡的阶段。他们对于语文知识的掌握与运用,从认识领域来说,经历从简单知识向复杂知识的过渡,从简单思维向复杂思维的过渡,经历上述六个阶段才能逐渐内化为所谓的语文知识素养。教育部针对小学生的发展水平和实际需求,将不同程度的知识分类,分别对小学生提出了不同程度的要求。对于基础知识要求达到知道、领会和运用,在口语交际、阅读、写作等方面要能够分析、综合和评价。因此,在试卷的编制过程中,需要根据小学生认知水平的特点对测验项目进行设计。

表 5-1　认知领域各维度

知道	是指认识并记忆。这一层次所涉及的是具体知识或抽象知识的辨认,用一种非常接近学生当初遇到的某种观念或现象时的形式,回想起这种观念或现象。提示:回忆、记忆、识别、列表、定义、陈述
领会	是指对事物的领会,但不要求深刻的领会,而是初步的,可能是肤浅的。其包括"转化"、解释、推断等。提示:说明、识别、描述、解释、区别、重述、归纳、比较
应用	是指对所学习的概念、法则、原理的运用。它要求在没有说明问题解决模式的情况下,学会正确地把抽象概念运用于适当的情况。这里所说的应用是初步的直接应用,而不是通过分析全面、综合地运用知识。提示:应用、论证、操作、实践、分类、举例说明、解决
分析	是指把材料分解成它的组成要素部分,从而使各概念之间的相互关系更加明确,材料的组织结构更为清晰,详细阐明基础理论和基本原理。提示:分析、检查、实验、组织、对比、比较、辨别、区别
综合	是以分析为基础,全面加工已分解的各要素,并再次把它们按要求重新地组合成整体,以便综合地创造性地解决问题。它涉及具有特色的表达,制订合理的计划和可实施的步骤,根据基本材料推出某种规律等活动。它强调特性与首创性,是高层次的要求。提示:组成、建立、设计、开发、计划、支持、系统化
评价	这是认知领域里教育目标的最高层次。这个层次的要求不是凭借直观的感受或观察的现象作出评判,而是理性、深刻地对事物本质的价值作出有说服力的判断,它综合内在与外在的资料、信息,作出符合客观事实的推断。提示:评价、估计、评论、鉴定、辩明、辩护、证明、预测、预言、支持

政策依据:《义务教育语文课程标准》(2011 年版)。《义务教育语文课程标准》(2011 年版)指出,语言文字是人类最重要的交际工具和信息载体,是人类文化的重要组成部分。语言文字的运用,包括生活、工作和学习中的听、说、

读、写活动以及文字活动,存在于人类社会的各个领域。培养学生对语言文字的运用能力是义务教育的核心任务,这就要求小学生不仅要熟练掌握语文学科知识,具有较强的语文知识基础,还要具有较强的将语文知识转换为技能并运用到学习生活实践中的能力。因此,小学生语文知识素养和技能素养的测验试卷编制需关注小学生的知识水平和能力水平。

实践依据:江苏省小学语文学业质量监测。有学者提出了中小学生学业质量测试语文学科的主要内容,具体见表5-2。①

表5-2　中小学生学业质量测试语文学科的主要内容

内容		能力
积累与运用		读准字音,认清字形,理解词义,记忆和理解常见古诗文
阅读	获取信息	提取信息,整体感知,形成解释,解决问题
	获取文学体验	
	完成任务	
写作		选择材料,组织材料,语言表达,书写及标点

该框架包括语文内容和语文能力两个维度,和本书研究的两个领域(知识素养和技能素养)基本一致。表5-2显示,语文知识的内容包括积累与运用、阅读、写作三个方面,还有重要的语文技能如提取信息、整体感知、语言表达等,这对于我们试卷编制的维度具有参考价值,从而可以了解学生语文核心素养的达标状况。

(2)评价维度的初步形成

采用文本分析法和访谈法,建构小学生语文知识和技能素养的评价维度。一是通过文本分析法,对小学语文测试试卷的构成进行分解。分析发现,小学阶段要求小学生学习的知识领域主要包括:基础与积累(字、词、句、古诗文)、

―――――――――

① 李亮、周彦:《江苏省小学语文学业质量分析报告》,《江苏教育研究》2012年第6期。

阅读与综合(文学类问题和实用类文体)、口语交际和习作。评价标准一般分为内容指标和能力指标两个方面。二是通过访谈法,对小学生语文知识、技能测验的维度和题型进行研究。通过对小学 4 名语文教师进行个别访谈,询问小学语文试卷选择的题型和维度,访谈结果表明:语文测验试卷的一般题型包括看拼音写词语、字词或者词义(多以选择题的形式)、句子(句式、修辞、病句、复合句型等)、口语交际(采访、留言条、请假条等)、阅读(连句成文、课内阅读和课外阅读)、写作(想象文和纪实文);一般维度包括基础知识、口语交际、理解与运用、阅读和写作。

基于此,本书的语文知识和技能的测验主要包括基础知识、口语交际、理解与运用、阅读、写作这几大领域。语文基础知识部分主要涉及字词(音、形、义)、课文内容的知识内容。口语交际在中高年级主要有留言条、请假条、采访、标语等。理解与运用部分包括句子、口语交际。阅读部分包括连句成文、课外阅读和不同文体阅读。写作部分包括想象文和纪实文。结合相关评价研究的成果和试卷调查的利弊以及现实因素,初步建构了小学生语文知识素养和技能素养的内容和技能维度,见表5-3。

表 5-3 小学生语文知识素养和技能素养的内容和技能维度

知识维度	基础知识	字词	音、形、义
		课文内容	字词、文意、古诗文
技能维度	口语交际	留言条、请假条、采访、标语	听说表达
	理解与运用	句子	句式、复句类型、常见修辞、修改病句
	阅读	连句成文	排序
		课外阅读	小学生优秀必读书目
		不同文体阅读	文字类、小说类
	写作	想象文、纪实文	想象文

（3）专家评定和最终维度的确定

为了保证测验试卷维度的权威性和科学性，邀请了某市 Y 小学 4 位优秀教师对试卷进行评定审查。A 教师认为："基础知识是语文教学的基础，也是小学生语文学习的基础，主要是考查小学生的知识水平；口语交际、理解与运用、阅读和写作是小学生语文教学的关键和核心，考查学生的语文能力，有语言能力、表达能力、思维能力、想象能力等。"B 教师建议："最好加一篇课内阅读，现在的语文教学特别注重阅读，试卷中往往出现课内阅读和课外阅读两篇，从课内到课外的过渡性有助于学生对阅读的理解和提高。口语交际单列出来有点违和，其实口语交际也是一种先学会相关的交流方式再加以运用的语言表达方式，所以可以放在理解与运用的维度里。"当前小学生语文试卷阅读由课内阅读和课外阅读组成，但是由于此次测验不同于考试，于是在综合考虑之后，编制的语文测试试卷阅读部分只包括一篇课外阅读，如此既能够检验出小学生的阅读能力，又保证测试试卷维度的完整性。

按照 4 位教师的意见，将口语交际列入"理解与运用"维度，最终形成小学生语文知识素养和技能素养评价维度，见表 5-4。

表 5-4　小学生语文知识素养和技能素养评价维度

知识维度	基础知识	字词	音、形、义
		课文内容	字词、文意、古诗文
技能维度	理解与运用	句子	句式、复句类型、常见修辞、修改病句
		口语交际	留言条、请假条、采访、标语
	阅读	连句成文	排序
		课外阅读	小学生优秀必读书目
	写作	不同文体阅读	文字类、小说类
		想象文、纪实文	想象文

知识维度方面:基础知识,是指小学生在小学阶段必须掌握的语文基础知识,包括字词和课文内容。字词,主要包括汉字的音、形、义的知识。古诗文,主要是对课内古诗文以及一些优秀名篇名句的掌握和运用。课文内容,主要是对课文内容的掌握,主要包括对课文人物的形象概括、课文内容的填空、课文大意的理解、古诗文的掌握和运用。①

技能维度方面:理解与运用,是指小学生在学习基础知识的基础上,能够对由字词组织起来的句子进行转换运用,主要包括句子和口语交际。句子,主要包括句式、复句类型、常见修辞和修改病句等方面的知识。口语交际,主要包括留言条、请假条、采访、标语等形式的口头语言和书面语言的表达。阅读,是指小学生从语言文字中提取信息、发展思维并且获得审美体验和情感共鸣的过程,主要包括连句成文、课外阅读和不同文体阅读。连句成文,主要是指小学生根据语言逻辑将错乱的句子排列成正确的顺序,形成一段通顺流畅的文学段落,主要表现为排序。课外阅读,主要是指小学生课外必读书目,这是根据课程标准对不同年级指定的书目,同时兼顾一定的地域性。不同文体阅读,主要是文字类、小说类文体的阅读。习作,是指小学生运用书面语言进行表达和交流,从而认识世界、抒发自我的过程,包括想象文和纪实文。想象文,主要是指围绕主题进行想象,靠小学生的想象组织文字,从而形成独具特色的文章。纪实文,主要是从现实生活出发,围绕主题选择生活中发生的事情进行写作,具有真实性。

2. 试卷结构的确定

(1)评价维度比例的初步形成:样卷参考法

本书参考了相关文献和小学语文试卷的分值标准,综合得出以下分值:在满分100分的情况下,基础理解与运用(40—50分),包括字词、句子、按课文内容填空、口语交际;阅读理解与运用(15—25分),包括课内阅读(课文片段

---

① 杨思涵:《小学生语文核心素养调查研究》,硕士学位论文,东北师范大学教育科学学院,2018年,第12—13页。

或摘取的文章）、课外阅读;快乐作文(25—30 分)。

（2）试卷各维度的权重:专业评定法

为确保试卷各权重的科学性,由 4 名小学优秀教师对权重进行审定。根据专家评定,最终确定小学生语文知识素养和技能素养试卷各维度权重,见表 5-5。

表 5-5　小学生语文知识素养和技能素养试卷各维度权重

知识素养 32%	基础知识 32%	字词 19%	音、形、义
		课文内容 13%	字词、文意、古诗文
技能素养 68%	理解与运用 14%	句子 9%	句式、复句类型、常见修辞、修改病句
		口语交际 5%	留言条、采访、标语
	阅读 30%	连句成文 2%	排序
		课外阅读 8%	小学生优秀必读书目
		不同文体阅读 20%	文字类、小说类
	写作 24%	想象文、纪实文 24%	想象文

（3）试卷结构的初步确定

根据试卷维度和各个维度所占权重,结合《义务教育语文课程标准》(2011 年版),形成小学生语文知识素养和技能素养试卷的结构(由于四、五、六年级三份试卷结构在第三大题分布上存在细微差异,因而该领域作单独说明),见表 5-6。

试卷结构主要包括两部分:一是学生的基本信息,包括学校、班级和姓名;二是小学生语文知识和技能素养测试题,包括基础知识、理解与运用、阅读和写作。每套试卷的总分为 85 分,四、五、六三个年级皆是,题型包括主观题和客观题,主观题居多。

表5-6　小学生语文知识素养和技能素养试卷结构

	试卷维度及权重	题型维度及权重	题目分布	分值	题数
知识素养32%	基础知识32%	字词19%	①卷面分(2分) ②第一大题和第二大题第1小题:字音(10分) ③第二大题第2题:字形、字义(2分) ④第二大题第3小题:字义(2分)	16分	4
		课文内容13%	第四大题第1、2、3、4题:字词、文意、古诗文(11分)	11分	4
技能素养68%	理解与运用14%	句子9%	四、六年级第三大题第1、2、3题和五年级第三大题第1、2、3、4题:句式、复句类型、常见修辞、修改病句(8分)	8分	3—4
		口语交际5%	四、六年级第三大题第4题:留言条、标语(4分) 五年级第三大题第5题:采访(4分)	4分	1
	阅读30%	连句成文2%	第二大题第4题:排序(2分)	2分	1
		课外阅读8%	第四大题第5、6、7、8题:小学生优秀必读书目(7分)	7分	4
		不同文体阅读20%	第五大题(17分)	17分	5—6
	写作24%	想象文、纪实文24%	第六大题:纪实文(20分)	20分	1

(二)语文学科素养试题的检测与修订

1.试题的难度和区分度分析

根据初调的结果,小学生的测试总分呈正态分布,具有一定的梯度,由此表明,本试卷的测试结果在一定程度上可以真实有效地说明小学生语文知识素养和技能素养的发展状况。但是,通过计算三个年级语文试卷的每道题目的难度和区分度可以发现,每个年级的测试试卷中仍有个别题目存在问题。

（1）试题的难度分析

难度是指完成测试题目的困难程度,是正确答案的比例或者百分比。难度越大,表示试题越简单;难度越小,表示试题越难。一般来说,难度在0.3—0.7范围内为难度适中,在0.7—0.9范围内为难度较易,在0.1—0.3范围内为难度较难。一般试题的难度控制在0.2—0.8均可。

表5-7 四、五、六年级语文试卷各题难度与区分度

	四年级		五年级		六年级	
	难度	区分度	难度	区分度	难度	区分度
一	0.863	0.324	0.897	0.275	0.886	0.282
二、1	0.67	1	0.627	1	0.622	1
二、2	0.797	0.755	0.234	0.87	0.446	1
二、3	0.198	0.736	0.383	1	0.088	0.327
二、4	0.477	1	0.801	0.741	0.155	0.577
三、1	0.947	0.198	0.789	0.787	0.933	0.25
三、2	0.627	1	0.995	0.019	0.992	0.029
三、3	0.563	0.517	0.915	0.318	0.649	0.438
三、4	0.822	0.519	0.878	0.454	0.861	0.365
三、5			0.862	0.398		
四、1234	0.628	0.632	0.61	0.626	0.879	0.311
四、5678	0.521	0.671	0.614	0.542	0.725	0.593
五	0.773	0.359	0.768	0.423	0.622	0.385
六	0.602	0.624	0.763	0.459	0.807	0.426
平均	0.653		0.724		0.667	

表5-7显示,四年级语文试卷每道题目的难度分别在0.198—0.947,整套试卷所有试题的难度呈正态分布,特别难和特别容易的试题占14.1%,中等难度的试题占85.9%,所有试题的平均难度是0.653。五年级语文试卷每道题目的难度分别在0.234—0.995,整套试卷全部试题的难度分布呈正态分

布,特别难和特别容易的试题占 16.5%,中等难度的试题占 84.5%,全部试题的平均难度是 0.724。六年级语文试卷每道题目的难度分别在 0.033—0.992,整套试卷全部试题的难度分布呈正态分布,特别难和特别容易的试题占 9.4%,中等难度的试题占 90.6%,所有试题的平均难度是 0.667。

（2）试题的区分度分析

区分度是区分应试者能力水平高低的指标,试题的区分度高,可以拉开不同水平应试者分数的差距,使高水平者得高分,低水平者得低分,而区分度低则反映不出不同应试者的水平差异。区分度的取值范围在-1.00 到+1.00,区分度越高,试题越有效。一般来说,当区分度在 0.4 以上时,试题的区分度很好;当区分度在 0.30—0.39 时,试题的区分度良好;当区分度在 0.20—0.29 时,试题的区分度尚可,仍需修改;当区分度在 0.20 以下时,试题的区分度差,必须仔细斟酌试题是否有修改的必要。

由初测结果可知,四年级语文试卷的句子的第 1 题的区分度为 0.198,其余题目皆为 0.324—1;五年级语文试卷的句子的第 2 题的区分度为 0.019,其余题目皆为 0.275—1;六年级语文试卷的句子的第 2 题的区分度为 0.029,其余题目皆为 0.250—1。

2.试题的修订

根据以上难度和区分度,对相应问题题目进行了进一步思考。

四年级语文试卷句子第 1 题,区分度为 0.198,本题的考点是关联词的理解与运用。由于 0.198 与区分度要求的 0.2 相差并不大,且关联词对于小学生词句前后关系的理解具有非常大的作用,对于三年级语文知识来说属于基础且重要的知识点。综合考虑之下,决定保留本题。

五年级语文试卷句子的第 2 题的区分度为 0.019,本题是句子里最为常见且基础的写句子,此处考点为拟人句的应用,属于修辞范畴的理解与运用。由于本书研究试卷的现实因素的限制,一部分小学生对于上一年级的课文内容的记忆并不非常清晰,导致本年级语文试卷"按课文内容填空"部分分值较普通水平较低,小学生把本题的分值加上去能够更好地平衡总分。于是综合考虑之下,决定保留本题。

六年级语文试卷字词的第 3 题的难度为 0.088,本题是选择题常见的对正确字义的选择,此处考点是对字义的理解,属于字词的理解与运用。出题时就设置了一个混淆选项,结果错误的选项中大多数都选择了混淆项,说明本题的价值相当,达到了出题目的,综合考虑保留本题。句子的第 2 题的区分度为 0.029,本题是将疑问句改为陈述句,虽然是比较基础的题目,但是一张试卷要求较易的题目占 50%,基础较差的学生需要这样的题目来达到及格。综合考虑后,决定保留本题。

对于以上存在问题的题目,经进一步考虑后重新确定了试卷,以增加测试的可行性,形成了最终版的三个年级的语文测试试卷,对四、五、六三个年级的小学生的语文知识素养与技能素养进行测试和评价。

二、小学生数学学科素养的测试

(一)数学学科素养测试试卷结构的确定

1. 评价维度的制定

(1)评价维度制定的依据

理论依据:布鲁姆教育目标分类理论。该理论认为,小学生的认知发展水平具有阶段性和顺序性,从具体逻辑思维向抽象逻辑转变,从简单认知到深入掌握应用。小学数学的核心问题是小学生学习过程的优化,学习的过程也是心理不断成熟的过程,知识素养的发展必然伴随着技能素养的发展。

政策依据:《义务教育数学课程标准》(2011 年版)。《义务教育数学课程标准》(2011 年版)指出,作为促进学生全面发展教育的重要组成部分,数学教育既要使学生掌握现代生活和学习所需要的数学知识与技能,更要发挥数学在培养人的思维能力和创新能力方面的不可替代的作用。课程标准明确了数学知识与技能的重要性,并相应地对不同学段提出了不同的课程目标,从知识与技能、数学思考、解决问题、情感与态度四个领域作了进一步阐述。基础知识和基本技能的培养是我国数学教育的传统。因此,在评价小学生数学知识素养和技能素养发展的研究中,小学生数学学科知识的学习水平和能力水平是研究的重点。课程标准对各学段的数学知识和能力作出具体要求,将丰富的数学核心素养具体化,这些目标要求分成四大领域:知识技能、数学思考、问题解决、情感态度。这些既是必要的数学知识,又是评价数学核心素养的重要指标。

实践依据:《江苏省小学数学学业质量分析报告》。① 2006 年 10 月、2008 年 10 月、2010 年 10 月,江苏省教育厅与教育部基础教育课程教材发展中心"建立中小学生学业质量分析、反馈与指导系统",三年级数学是测试的科目之一。研究报告指出,小学数学三年级的测试,不仅考查了学生在基础知识、基本技能方面所达到的水平,而且考查了时代发展所要求的搜集处理信息、自主获取知识、分析与解决问题等核心素养。测试的三个内容维度是内容领域、能力维度和水平层次。考查的内容与能力见表5-8。

表 5-8 《江苏省小学数学学业质量分析报告》考查的内容与能力

内容	数与代数(55%)	数的认识、数的运算、常见的量、探索规律
	空间与图形(32%—34%)	图形的认识、图形与变化、图形与位置、测量
	统计与概率(12%—14%)	数据统计活动初步、不确定现象
能力	知识技能	了解基本数学事实及使用基本技能
	理解概念	对数学对象及其联系的理解
	运用规则	利用已掌握的数学对象解决常规问题
	解决问题	分析、选择或创造方法解决非常规问题

---

① 宋雪梅:《贵州省小学数学学业成就测试的问题与对策》,《贵州教育》2018 年第 7 期。

从表 5-8 可以看出,该框架包括数学内容和数学能力两个维度,和本书提出的知识素养和技能素养有异曲同工之处。从表 5-8 来看,包括了基本的数学知识如数与代数、空间与图形、统计与概率,以及重要的数学技能如知识技能、理解概念、运用规则、解决问题,这些对于本研究试卷编制维度的确定具有很大的参考价值。

结合上述理论及研究可知,数学知识是小学生在数学学习过程中必须掌握并能够运用的知识。对这些知识是否真正掌握以及是否真正具备对应的运用能力是判断小学生数学核心素养的基础和依据。

(2)评价维度的初步形成

本研究采用文本分析法和访谈法,建构了小学生数学知识素养和技能素养的评价维度。一是通过文本分析法,对小学生数学试卷的构成进行分解。分析发现小学阶段要求小学生学习的知识领域主要包括:基本的数学基础知识(数与代数,空间与图形、统计与概率)、理解与运用、问题解决。评价指标分为内容指标与能力指标两个方面。二是通过访谈法,对小学生数学知识、技能测验的维度和题型进行研究。通过对小学 4 名数学教师进行个别访谈,访谈结果表明:数学测验试卷的一般题型包括填空题(基础知识和少量提高题)、判断题(定义、模糊概念的考查等)、选择题(定义、计算题等)、计算题(口算、竖式计算、综合计算)、操作题(图形、找规律等)、应用题(解决数学问题)。一般维度包括基础知识、理解与运用、计算、操作和解决问题。

由此可得出结论,小学生数学知识与技能的测验主要包括基础知识、理解与运用、计算、操作和解决问题这几大领域。数学基础知识主要涉及对数学知识的掌握、少量思考提高题。理解与运用包括判断题和选择题,主要包括对定义的理解,运用概念对问题作出分析并解决简单数学问题。计算部分主要包括口算、竖式计算和综合运算。操作部分主要包括考查动手操作能力的作图,以及考查创造思维的找规律。解决问题部分主要是运用数学知识分析、选择或创造方法解决生活中的数学问题。结合相关评价研究的成果和试卷调查的利弊以及现实因素,初步建构了小学生数学知识素养和技能素养的内容和技能维度,见表5-9。

表5-9 小学生数学知识素养和技能素养的内容和技能维度

知识素养	基础知识	基本数学概念知识
技能素养	理解与运用	对定义及其联系的理解,运用概念对问题作出分析、解决简单数学问题
	计算	口算、竖式计算、综合运算
	操作	作图、找规律
	解决问题	分析、选择或创造方法解决数学问题

(3)专家评定和最终维度的确定

为了保证测验试卷维度的科学性,邀请某市 Y 小学 4 位优秀教师对试卷进行评定。C 老师提出建议:"找规律主要训练学生的数学思维,激发学生数学思考,所以放在操作里有些不太合适,其实操作也是一种理解和运用,并且分析问题和解决问题放在一起会比较好。"根据该教师的建议,将"操作"列入"理解与运用"维度,并将"解决问题"改为"分析与解决问题",最终形成小学生数学知识素养和技能素养的评价维度,见表5-10。

表5-10 小学生数学知识素养和技能素养的评价维度

知识素养	基础知识	基本数学概念知识、对定义及其联系的理解与辨析
技能素养	计算	口算、竖式计算、综合运算
	理解与运用	作图、找规律
	分析与解决问题	分析、选择或创造方法解决数学问题

(4)评价维度的界定

知识维度方面:基础知识,是指小学生在小学阶段必须掌握的数学基础知识,主要包括数与代数、空间与图形、统计与概率等基本数学概念知识,还包括基本的对定义及其联系的理解与辨析。

技能维度方面:计算,也就是运算能力,是指能够根据法则和运算律正确进行运算的能力。主要包括口算、竖式计算和综合运算。理解与运用,是指小学生在掌握基础数学知识的基础上,运用原理解决问题。主要包括按要求作图、找规律。分析与解决问题,是指运用数学知识,分析、选择或创造方法解决实际数学问题的能力。主要包括运用数学知识解决生活中的数学问题。

2. 试卷结构的确定

(1)评价维度比例的初步形成:样卷参考法

本书参考了相关文献和小学数学试卷的分值标准,综合得出以下分值:在满分100分的情况下,基础题分值约占70%,应用题分值约占25%,卷面分值约占5%,基础题中计算占28%,操作占10%。

(2)试卷各维度的权重:专业评定法

为确保测验试卷各权重的科学性,由4名小学优秀教师对权重进行审定。根据专家评定,最终确定小学生数学知识素养和技能素养试卷各维度权重,见表5-11。

表5-11　小学生数学知识素养和技能素养试卷各维度权重

知识素养 33%	基础知识33%（卷面分2%）	基本数学概念知识、对定义及其联系的理解与辨析
技能素养 67%	计算24%	口算、竖式计算、综合运算
	理解与运用11%	作图、找规律
	分析与解决问题32%	分析、选择或创造方法解决数学问题

(3)试卷结构的形成

根据试卷维度和各个维度所占权重,结合《义务教育数学课程标准》,形成小学生数学知识素养和技能素养试卷的结构（由于四、五、六年级三份试卷结构在第一大题分布上存在细微差异，因而该领域分开说明），见表5-12。

表5-12 小学生数学知识素养和技能素养试卷的结构

素养	试卷维度及权重	题型维度及权重	题目分布	分值	题数
知识素养32%	基础知识32%	填空题21%	第一大题：1—7题	四年级：17 分；五、六年级：18分	7
		选择题5%	第二大题：1—4题	4 分	4
		判断题6%	第三大题1—5题	5 分	5
技能素养68%	计算24%	口算7%	第四大题：第 1 题	6 分	6
		竖式计算10%	第四大题：第 2 题	8 分	3
		综合运算7%	第四大题：第 3 题	6 分	3
	理解与运用12%	作图、找规律12%	第五大题	10 分	2
	分析与解决问题32%	解决实际问题32%	第一大题：四年级第8、9题，五、六年级第8题；第二大题：第5题；第六大题	四年级：31 分五、六年级：28分	四年级：8五、六年级：7

本试卷结构主要包括两部分：一是学生的基本信息，包括学校、班级和姓名；二是小学生数学知识素养和技能素养测试题，包括基础知识、计算、理解与运用、分析与解决问题。每套试卷的总分为85 分，四、五、六三个年级皆是，题型包括填空题、选择题、判断题、操作题和应用题。

（二）数学学科素养试题的检测和修订

1. 试题的难度和区分度分析

（1）试题的难度分析

由表 5-13 结果可知，四年级数学试卷每道题目的难度分别在 0.335—

0.986,整套试卷所有试题的难度呈正态分布,特别难和特别容易的试题占11.8%,中等难度的试题占88.2%,所有试题的平均难度是0.756。五年级数学试卷每道题目的难度分别在0.302—0.986,整套试卷全部试题的难度分布呈正态分布,特别难和特别容易的试题占12.9%,中等难度的试题占87.1%,全部试题的平均难度是0.779。六年级数学试卷每道题目的难度分别在0.368—0.975,整套试卷全部试题的难度呈正态分布,特别难和特别容易的试题占16.5%,中等难度的试题占83.5%,所有试题的平均难度是0.792。

(2)试题的区分度分析

四年级数学试卷的填空题的第5题的区分度为0.121,选择题第1题的区分度为0.155,判断题第2题的区分度为0.086,判断题第3题的区分度为0.052,判断题第4题的区分度为0.19,计算题的区分度为0.159,其余题目皆为0.201—1;五年级数学试卷的填空题第3题的区分度为0.186,选择题第1题的区分度为0.051,选择题第2题的区分度为0.17,选择题第3题的区分度为0.136,其余题目皆为0.208—1;六年级数学试卷的填空题第3题的区分度为0.153,填空题第4的区分度为0.093,选择题第4题的区分度为0.186,判断题第2题的区分度为0.17,判断题第5题的区分度为0.153,其余题目皆为0.258—1。具体数据见表5-13。

表5-13　四、五、六年级数学试卷试题的难度与区分度

	四年级		五年级		六年级	
	难度	区分度	难度	区分度	难度	区分度
一、1	0.944	0.207	0.741	0.754	0.846	0.571
一、2	0.84	0.543	0.872	0.492	0.858	0.525
一、3	0.49	0.805	0.876	0.186	0.959	0.153
一、4	0.912	0.345	0.711	0.932	0.975	0.093
一、5	0.967	0.121	0.897	0.407	0.657	0.839
一、6	0.826	0.427	0.841	0.377	0.891	0.308

续表

	四年级		五年级		六年级	
	难度	区分度	难度	区分度	难度	区分度
一、7	0.553	1	0.807	0.72	0.771	0.864
一、8	0.847	0.569	0.451	1	0.651	1
一、9	0.472	1				
二、1	0.958	0.155	0.989	0.051	0.908	0.339
二、2	0.335	1	0.959	0.17	0.904	0.356
二、3	0.74	0.963	0.963	0.136	0.743	0.949
二、4	0.512	1	0.917	0.305	0.95	0.186
二、5	0.609	1	0.862	0.525	0.885	0.424
三、1	0.86	0.517	0.385	1	0.807	0.712
三、2	0.977	0.086	0.908	0.339	0.954	0.17
三、3	0.986	0.052	0.867	0.492	0.372	1
三、4	0.949	0.19	0.743	0.95	0.752	0.915
三、5	0.795	0.759	0.752	0.915	0.959	0.153
四	0.948	0.159	0.914	0.208	0.879	0.301
五、1	0.688	0.586	0.646	0.975	0.368	0.915
五、2	0.59	0.759	0.643	0.667	0.93	0.258
六、1	0.811	0.7	0.92	0.288	0.737	0.937
六、2	0.888	0.414	0.63	1	0.634	1
六、3	0.779	0.821	0.692	1	0.707	1
六、4	0.768	0.817	0.972	0.275	0.814	0.47
六、5	0.381	0.879	0.302	0.989	0.693	1
平均	0.756		0.779		0.792	

2. 试题的修订

根据计算所得每道题目的难度与区分度,结合小学生教学实际与研究目的,对数学试卷的试题进行了相应修改。

四年级填空题第5题、选择题第1题、判断题第2题、判断题第3题、判断题第4题,此5题的区分度均在0.2以下,且难度较低。这五题皆是基础性题目,分别是填空题、选择题、判断题的前几题,是绝大多数同学都可以得分的题目,且该 5 题都是三年级数学必须掌握的基础概念知识,小学生理应都会,这也是课程标准的要求,综合考虑下此 5 题保留。除此之外,计算题的区分度为 0.159,计算检验的是小学生的计算能力,由于四年级小学生的思维正从具体思维向抽象逻辑思维转换,所以计算不能难度太大,且 0.159 相较于 0.2 而言相差并不大,综合考虑后保留。反观选择题第 2 题的难度为 0.335,这对于小学生而言属于较难题目,而判断题第 5 题的难度为 0.795,再考虑两题的位置,一般一种题型的最后两题均属于较难的思考题,于是将这两题改变形式并调换了位置,最终为:选择题第 2 题为"两个周长都是 4 厘米的正方形可以拼成一个周长是(   )厘米的长方形。A.4 B.6 C.8";判断题第 5 题为"边长是 4 厘米的正方形,它的周长和面积相等(   )"。

五年级数学试卷的填空题第 3 题、选择题第 1 题、选择题第 2 题、选择题第 3 题的区分度均在 0.2 以下,和四年级相同的原因,综合考虑后决定保留这些题目。反观填空题第 8 题,54.9%的同学一旦填错就扣 3 分,这个题目是这样的:"用 0、1、2、4、6 这五个数字组成一个两位数和一个三位数,要使乘积最大,应是(   )和(   ),这个乘积是(   )。"前面两个空决定了第三个空的答案,所以一般是要么全对,要么全错,对于 85 分分值而言有些不必要。综合考虑后决定将本题改成一个填空,只算乘积的答案能够同时知道这两个数是什么,一举两得。通过研究小学四年级试卷发现,比较题一般为 6 个,于是再加两道比较题,新题为"2.4 升○24000 毫升""9999999991○亿",此处考点是对单位和亿的认识。再看判断题第 1 题和第 5 题,难度分别是 0.385 和 0.752,通常一种题型的最后一题是较难题,从研究的严谨性出发,决定将两题的顺序调换。

六年级数学试卷的填空题第 3 题、填空题第 4 题、选择题第 4 题、判断题第 2 题、判断题第 5 题的区分度均在 0.2 以下,和四年级相同的原因,综合考虑后决定保留这些题目。再看填空题第 8 题和判断题第 5 题,它们的难度分别为 0.651 和 0.885,作为相应题型的最后一题,难度是不够的,于是决定将这两题换成以下题目:填空题第 8 题"搭□需要 4 根火柴棍,搭□□需要 7 根火柴棍,搭□□□需要 10 根火柴棍,像这样搭 n 个正方形需要( )根火柴棒";选择题第 5 题"用一张长方形纸剪同样的三角形(如图 5-1),最多可以剪( )个这样的三角形。A. 6 B. 12 C. 13"。前者的考点是找规律,这是小学数学中数学思考的重要教学;后者是分割图形,并伴有计算,是综合性的题型,对于小学生数学思维的训练有不可或缺的作用。

图 5-1　六年级数学试卷选择题第 5 题

对于以上存在问题的题目,进一步考虑后重新调整了试卷,以增加测试的可行性,形成最终版的小学数学试卷,对四、五、六三个年级小学生的数学知识素养和技能素养进行测试和评价。

第三节　小学生学科素养的现状分析

本节主要从小学生语文学科素养和数学学科素养的角度,围绕学科知识素养和技能素养两大主题,分析小学生语文、数学学科素养的基本状况和差异,以期了解小学生学科素养中关键内容的现状,分析数据来源于正式调查的数据。

一、小学生语文学科素养的现状

(一)小学生语文学科素养的总体状况

小学生语文学科素养的总分是 85 分,由表 5-14 可知,抽样对象的平均得

分是 56.97 分,总体来看,学生的语文学科素养整体处于中等水平。最高得分
是 78 分,最低得分是 30 分,极大值与极小值之间差距明显,小学生的语文学
科素养存在着一定差异。

表 5-14　小学生语文学科素养的总体状况

	均值	方差	极大值	极小值
语文学科素养	56.97	178.76	78.00	30.00

根据 90% 以上为优秀、80%—90% 为良好、60%—80% 为中等、60% 以下为
不及格这一常规评价方法,各等级的划分如下:76.5—85 分是优秀,68—76.5
分是良好,51—68 分是中等,低于 51 分是差。由表 5-15 可知,等级为优秀的
学生占 19.9%,等级为良好的学生占 29.7%,等级为中等的学生占 32.9%,等
级为差的学生占 17.5%。

表 5-15　小学生语文学科素养等级划分

	频率	有效百分比	累积百分比
优秀	698	19.9	19.9
良好	1042	29.7	49.6
中等	1155	32.9	82.5
差	615	17.5	100.0

通过等级划分可以看出,小学生的语文学科素养呈橄榄形,两头尖,中间
宽。大多数小学生语文学科素养较好,中等程度的学生占多数,也有少部分语
文学科素养较高的学生,但值得注意的是,仍存在一定比例语文学科素养较差
的学生,这一点需要引起重视。

依据小学生语文学科素养的构成要素,从语文知识、理解与应用、阅读技
能和写作技能四个方面,来分析小学生语文学科素养的基本情况。

1. 小学生的语文知识

由表5-16可知,四年级语文知识的理论值是25分,抽样学生的平均分是18.16分;五年级语文知识的理论值是25分,抽样学生的平均分是16.31分;六年级语文知识的理论值是25分,抽样学生的平均分是17.55分。总体来看,三个年级学生的语文知识素养整体较高。

表5-16　小学生的语文知识

	理论值	均值	标准差
四年级	25	18.16	4.44
五年级	25	16.31	5.11
六年级	25	17.55	3.67
总体		17.34	4.49

2. 小学生的理解与应用能力

由表5-17可知,四、五、六年级学生的理解与应用能力理论值都是12分,四年级学生的平均分是10.55分,五年级学生的平均分为9.20分,六年级学生的平均分为9.93分。三个年级学生的理解与应用能力整体水平较高,其中,四年级学生的理解与应用能力水平最高,五年级学生水平相对较低。

表5-17　小学生的理解与应用能力

	理论值	均值	标准差
四年级	12	10.55	1.68
五年级	12	9.20	2.85
六年级	12	9.93	2.05
总体		9.89	2.30

3. 小学生的阅读技能

由表5-18可知,四、五、六年级学生的阅读技能理论值都是26分,四年级学生的平均分是 19.51 分,五年级学生的平均分是 16.42 分,六年级学生的平均分是 16.73 分,四年级学生的阅读技能最好。

表 5-18　不同年级学生的阅读技能

	理论值	均值	标准差
四年级	26	19.51	4.14
五年级	26	16.42	7.03
六年级	26	16.73	4.91
总体		17.53	5.65

4. 小学生的写作技能

由表 5-19 可知,四、五、六年级学生的写作技能理论值都是 20 分,四年级学生的写作技能平均得分是 11.49 分,五年级学生的写作技能平均得分是 11.41 分,六年级学生的平均得分是 13.62 分。其中,六年级学生的写作技能水平最高。

表 5-19　不同年级学生的写作技能

	理论值	均值	标准差
四年级	20	11.49	3.95
五年级	20	11.41	5.10
六年级	20	13.62	4.63
总体		12.21	4.70

本书将小学生语文学科素养分为语文知识、理解与应用、阅读技能和写作技能四个维度,四个维度较为全面地概括了小学语文阶段的学习内容,并且这四者呈现层层递进的关系。基础知识掌握完备后需要运用,理解与应用主要考查学生能否熟练应用知识。阅读将陪伴学生一生,在小学阶段,主要培养学生流利地朗读文本、概括文本大意、提取文本关键信息、理清文本脉络、体会人

物情感等各方面能力。① 写作是一个老生常谈的话题,也是许多学生最难提高的一个方面,小学阶段最重要的是培养学生的观察能力、表达能力,培养学生主动细致地观察生活,走进生活,可以对"所看"有真情实感的反馈。

从调查的数据可以看出,四年级学生各方面素养都表现得较好,但随着年级的增长、所学内容的加深,学生的素养水平出现了有所下降的趋势,五年级学生的整体情况较为不理想。一位五年级老师在访谈中说道:"五年级是一个分水岭,进入高年级之后,很多知识点加深,很多学生一时没有进入状态,很多四年级成绩还不错的学生,一升入五年级,成绩一落千丈。"上述数据也反映了这一点,在步入高年级之后,需要对个别学生就学习态度、学习心理等方面做好及时的沟通与疏导。

(二)小学生语文学科素养的差异比较

为进一步了解小学生语文学科素养的差异,本研究从城乡、不同类型学校以及不同类型学生等方面进行了比较。

1.城乡小学生语文学科素养的比较

由表5-20可知,城乡学校小学生的语文学科素养存在显著性差异($p<0.05$),农村学校小学生的语文学科素养高于城镇学校小学生的语文学科素养。

表5-20　城乡小学生语文学科素养的比较

	均值	标准差	t	P
城镇学校	55.29	14.60	-5.358	0.000
农村学校	58.96	11.44		

---

① 曹敏:《聚焦小学语文核心素养的课堂实践》,《中国校外教育》2018年第33期。

其原因在于,随着农村地区软硬件条件的不断改善,城乡教育资源进一步均衡化,城镇和农村学校的差异逐渐缩小。特别是近几年,随着国家政策的支持和江苏省实施的乡村定向师范生培养,一定程度上整体提升了农村学校的师资力量。另外,在调查过程中发现,农村学校大多采用小班化教学,班额较小,在对小学生的关注度和指导方面要优于数量激增的城镇学校,这些原因的共同作用使得农村学生在学科素养测试中表现更优。

进一步分析城乡不同年级小学生语文学科素养的差异。结果发现,城乡学校四年级小学生的语文知识、理解与应用、阅读技能、写作技能不存在显著性差异(p>0.05),结果见表5-21至表5-23。

由表5-22可知,城乡学校五年级小学生的语文知识和阅读技能不存在显著性差异(p>0.05),城乡学校五年级小学生的理解与应用和写作技能存在显著性差异(p<0.05)。

由表5-23可知,城乡学校六年级小学生的语文知识不存在显著性差异(p>0.05),城乡学校六年级小学生的理解与应用、阅读技能和写作技能存在显著性差异(p<0.05)。

表5-21　城乡四年级小学生语文学科素养的比较

		均值	标准差	t	P
语文知识	城镇学校	17.84	4.84	-1.596	0.111
	农村学校	18.48	3.98		
理解与应用	城镇学校	10.64	1.59	1.180	0.239
	农村学校	10.46	1.76		
阅读技能	城镇学校	19.19	4.61	-1.677	0.094
	农村学校	19.82	3.58		
写作技能	城镇学校	11.76	3.79	1.469	0.142
	农村学校	11.23	4.09		

表5-22 城乡五年级小学生语文学科素养比较

		均值	标准差	t	P
语文知识	城镇学校	16.25	5.30	-0.287	0.774
	农村学校	16.39	4.84		
理解与应用	城镇学校	8.75	3.10	-4.30	0.000
	农村学校	9.85	2.30		
阅读技能	城镇学校	16.57	7.19	0.557	0.578
	农村学校	16.21	6.81		
写作技能	城镇学校	10.13	5.50	-6.952	0.000
	农村学校	13.23	3.80		

表5-23 城乡六年级小学生语文学科素养比较

		均值	标准差	t	P
语文知识	城镇学校	17.59	3.79	0.309	0.758
	农村学校	17.49	3.54		
理解与应用	城镇学校	9.69	2.23	-2.971	0.003
	农村学校	10.22	1.77		
阅读技能	城镇学校	15.94	4.72	-4.074	0.000
	农村学校	17.66	4.98		
写作技能	城镇学校	12.17	5.06	-8.227	0.000
	农村学校	15.31	3.38		

从上述数据结果发现,城乡不同年级学生在语文知识维度不存在显著性差异,差异主要体现在理解与应用、阅读技能、写作技能这三个方面,尤其是五、六年级学生,农村学校学生的分数明显高于城镇学校学生。首先,这样的结果打破了我们常规的认知,人们通常认为城镇学校学生接受教育时的环境、资源、师资、条件等优于农村学校学生,其学业水平理应高于农村学校学生。但是,这种普遍的认知并未考虑到农村学校教学质量提升及小班化教学的优势,而这种优势极大可能对农村学生学科知识与技能培养方面产生积极的作

用。其次，城乡学生高年级学生语文学科素养的差异也反映出学生之间的分层现象。访谈中有教师说道："很多学生平时默学背书任务完成得都很好，但是只要一到考试和写作文时就犯了难。"其实，这在高年级是很常见的现象，因为低年级的学习内容分层不明显，所以也就不太看得出，步入高年级，随着知识点加深，死记硬背的东西只要花时间都能很好地掌握，但是很多需要深层次思考的问题不是那么简单就能掌握的。因此，我们需要注意对五、六年级学生进行学习方法的指导，如果学生的观念还得不到转变，依旧只花时间在死记硬背上面，对于语文知识的理解和运用的局限将制约学生语文学科素养的发展。

2.不同类型学校学生语文学科素养的比较

依据教育行政部门和学生家长对抽样学校教学质量的评价，将学校区分为教学质量高、中等和一般三个水平，分析不同类型学校小学生语文学科素养的差异（见表5-24）。

表5-24　不同类型学校小学生语文学科素养的比较

	均值	标准差	F	P
教学质量高①	62.00	10.56		
教学质量中等②	53.25	13.01	64.835**	0.000
教学质量一般③	55.13	14.64		
事后检验			①>③>②	

由表5-24可知，不同类型学校小学生语文学科素养存在显著性差异（p<0.05）。语文试卷的总分是85分，教学质量高的学校平均分是62分。经事后检验可知，教学质量高的学校小学生语文学科素养水平最高。

就各年级而言，不同类型学校四年级学生语文学科素养存在显著性差异（p<0.05）。教学质量高的学校四年级学生语文学科素养的平均分是63.99分，经事后检验可知，教学质量高的学校四年级学生语文学科素养最好（见表5-25）。

表 5-25　不同类型学校四年级学生语文学科素养的比较

	均值	标准差	F	P
教学质量高①	63.99	8.37		
教学质量中等②	54.86	10.69		
教学质量一般③	60.02	10.09	31.521	0.000
	事后检验		①>③>②	

由表 5-26 可知,不同类型学校五年级学生语文学科素养存在显著性差异($p<0.05$)。教学质量高的学校五年级学生语文学科素养平均分是 59.90 分,经事后检验可知,教学质量越高的学校,学生语文学科素养越好。

表 5-26　不同类型学校五年级学生语文学科素养的比较

	均值	标准差	F	P
教学质量高①	59.90	12.15		
教学质量中等②	51.54	15.06		
教学质量一般③	48.30	20.17	23.110	0.000
	事后检验		①>②>③	

由表 5-27 可知,不同类型学校六年级学生语文学科素养存在显著性差异($p<0.05$)。教学质量高的学校平均分是 62.22 分,经过事后检验可知,教学质量高的学校六年级学生语文学科素养情况最好。

表 5-27　不同类型学校六年级学生语文学科素养的比较

	均值	标准差	F	P
教学质量高①	62.22	11.18		
教学质量中等②	53.73	12.61		
教学质量一般③	56.14	9.90	27.880	0.000
	事后检验		①>③>②	

从表 5-25 到表 5-27 可以看出,教学质量越高的学校,其学生的语文学科素养水平越好。原因在于学校之间教育资源的配置存在差异,如教师、教学资源、生源等方面。首先,不同类型学校存在优势资源积聚的现象,办学基础越好,资源越集中,形成良性发展态势。特别是一些政府打造的新建学校,在学校硬件设施建设、师资引进、生源基础等方面优于其他学校,与这些学校相比较,一些学校发展难以突破如学校场地限制、教师年龄结构不合理、新教师引进难度大、教师老龄化引起的教学改革困难等瓶颈,一定程度上对学生的培养产生影响。在访谈中有教师说道:"学校的发展还是在于生源,虽然现在按划片招生,但即使一个教育集团的学校之间的教学质量也是有差别的,家长倾向于在更高质量学校的周边买学区房,特别是政府极力打造的新学校,老学校的生源质量下滑明显。""家长的意愿其实很明了,哪个学校教学质量好,家长们就奔着这些学校去,随之一些好的资源也会流入这些学校,那教学质量一般的学校也就很难发展,学生的培养也会受到影响。"同样,教学质量相对较高的学校会为教师的发展提供更好的平台。"我们学校每周都有教育集团评课活动,还有语文组每周三的区教育研讨讲座,每周都有来自各地的特级教师、名师前来上示范课,通过这样一次又一次的活动,我真的收获颇丰,很多东西可以直接运用到我的教学中去。"其次,家长对学校教学质量的评价增加了积聚效应,家长资源成为教学质量相对较高的学校走向更"优"的催化剂。资本理论认为,资本有向中心地带流动的趋势,亦即资源越优,越会吸引周边资源向其靠拢。教学质量相对较高的学校,通常被认为具有优势的教育资源,拥有一定资本的家庭也会向这些学校积聚。这些家庭通常具有较优越的资本或社会经济地位,这为学生的培养提供了优质的家庭资源,成为学生进一步成长与发展的重要支撑力量。就如有老师说道:"我们学校在农村地区,很多学生的父母都外出打工,只有爷爷奶奶在家,家长不重视孩子的学习,学生自然就学习不认真,老师的教学也很困难。"

3. 不同类型小学生语文学科素养的比较

（1）不同性别小学生语文学科素养的比较

由表5－28可知,不同性别小学生语文学科素养存在显著性差异（p<0.05）。女生的语文学科素养要高于男生的学科素养。

表5-28　不同性别小学生语文学科素养的比较

	均值	标准差	t	P
男	54.32	4.36	-7.842	0.000
女	59.63	11.73		

男女生之间语文学科素养存在显著差异的原因在于,7—12岁年龄段的女生的发育要早于男生,男生调皮贪玩,女生对学习的认真程度和对学习重要性的认识要好于男生。特别是对于语文学科,小学阶段通常注重知识点的识记、课文与古诗词背诵等,女生的形象思维占主导,对语言比较敏感,对文字的理解也比较深入,因此,一般情况下女生的语文成绩会比男生好,而男生的逻辑思维比较强,小学阶段的男生通常对逻辑思维较强的学科具有一定的优势。

（2）班干部与非班干部小学生语文学科素养的比较

由表5－29可知,班干部与非班干部小学生语文学科素养存在显著性差异（p<0.05）。担任班干部的学生的语文学科素养高于未担任班干部的学生。

表5-29　班干部与非班干部小学生语文学科素养的比较

	均值	标准差	t	P
班干部	60.90	11.31	7.747	0.000
非班干部	55.23	13.84		

是否担任班干部与学生的语文学科素养之间存在显著差异,原因在于,小学阶段在班级里做班干部的通常为品学兼优的学生,这些学生一般对自己的学习有着明确的规划,在学习态度、学业成绩、同伴关系等方面表现相对较好。就如某学校班主任在访谈中说的:"我们的班干部都是大家公认的优秀学生,他们字迹工整,作业的优秀率高,平时考试也大多名列前茅,知道如何学习,有着良好的学习习惯。"

总体来看,通过对抽样小学生语文学科素养的测验发现,小学生语文学科素养整体处于中等水平。通过比较可以看出,四年级小学学生的语文学科素养水平最高;农村学校学生的语文学科素养优于城镇学校学生的语文学科素养;教学质量越高的学校其学生的语文学科素养相对较好;男女生相比,女生语文学科素养表现更好;担任班干部学生的语文学科素养优于未担任班干部的学生。

二、小学生数学学科素养的现状

(一)小学生数学学科素养的总体状况

小学生数学学科素养的评价值为 85 分,参与调查的学生数学平均分为 67.94 分,整体来看,学生的数学学科素养处于中等偏上的水平。从最大值和最小值来看,得分最高的是 85 分,最低的为 30 分,有一定的差异(见表 5-30)。

表 5-30　小学生数学学科素养的总体状况

	均值	方差	极大值	极小值
数学学科素养	67.94	158.27	85.00	30.00

依据常规评价方法(90%以上为优秀,80%—90%为良好,60%—80%为中等,60%以下为不及格),将各等级作以下划分:76.5—85 分为优秀;68—76.5

分为良好;51—68 分为中等;低于 51 分为差。从表 5-31 可见,小学生数学学科素养水平达到优秀的学生占总人数的 27.7%,达到良好的学生占总人数的32.3%,达到中等水平的占总人数的 30.4%,数学学科素养水平较差的同学占总人数的 9.6%。

表 5-31　小学生数学学科素养等级划分

	频率	有效百分比	累积百分比
优秀	972	27.7	27.7
良好	1134	32.3	60.0
中等	1067	30.4	90.4
差	337	9.6	100.0

大多数小学生的数学学科素养较好,素养较低的学生所占比例较低。需要注意的是,仍然有少数学生的数学学科素养水平偏低。不同年级、不同学校、不同类型学生的发展存在差异性,这些差异直接造成学生数学学科素养水平的不同。但是,这部分学生依然具有很大的提升空间。低年级的学生随着年级的升高,其综合运用能力得到提升;学校教学质量的提升、学生自主学习能力的提高都有助于提升学生的数学学科素养水平。

依据小学生数学学科素养的构成,从数学知识、计算技能、理解与运用、分析与解决问题四个方面来分析小学生数学学科素养的基本情况。

1. 小学生的数学知识

表 5-32 的结果显示,四年级学生数学知识理论值 24 分,平均分 19.18分;五年级学生数学知识理论值 27 分,平均分 20.49 分;六年级学生数学知识理论值 27 分,平均分 22.95 分。通过数据发现,不同年级学生的数学知识素养都处于较高水平,与此同时,随着年级的升高,学生的数学知识掌握程度呈现上升趋势。

表 5-32　小学生的数学知识

	理论值	均值	标准差
四年级	24	19.18	3.00
五年级	27	20.49	3.85
六年级	27	22.95	3.46
总体		20.93	3.80

2. 小学生的计算技能

四、五、六年级学生计算技能的理论值都为 20 分。表 5-33 数据显示,四年级学生的计算技能平均分为 19.02 分,五年级学生计算技能平均分为 17.74 分,六年级学生计算技能平均分为 18.64 分。总体来看,三个年级学生的计算技能水平较高。

表 5-33　小学生计算技能

	理论值	均值	标准差
四年级	20	19.02	1.88
五年级	20	17.74	3.02
六年级	20	18.64	2.54
总体		18.47	2.58

3. 小学生的理解与运用能力

表 5-34 结果显示,四、五、六年级学生理解与运用能力的理论值均为 10 分,四年级学生理解与运用平均分 8.19 分,五年级学生理解与运用平均分 6.44 分,六年级学生理解与运用平均分 7.45 分。总体来看,三个年级学生的理解与运用能力较好。其中,四年级学生理解与运用能力最好,五年级学生的理解与运用能力偏低。

表 5-34　小学生的理解与运用能力

	理论值	均值	标准差
四年级	10	8.19	1.68
五年级	10	6.44	2.79
六年级	10	7.45	2.46
总体		7.36	2.46

4. 小学生的分析与解决问题能力

表 5-35 数据显示,四年级学生分析与解决问题能力的理论值为 31 分,五、六年级学生分析与解决问题能力的理论值为 28 分。四年级学生分析与解决问题能力平均分为 23.16 分,五年级学生分析与解决问题能力平均分为 18.27 分,六年级学生分析与解决问题能力平均分为 22.16 分。综合三个年级来看,五年级学生分析与解决问题能力较弱。

表 5-35　小学生分析与解决问题能力

	理论值	均值	标准差
四年级	31	23.16	6.07
五年级	28	18.27	6.76
六年级	28	22.16	6.60
总体		21.22	6.81

小学阶段的数学学习是一个循序渐进的过程,数学知识的学习难度逐渐增加,学生的理解能力也在提升。数学知识的学习也是一个不断积累的过程,良好的数学基础决定了学生拥有高水平的数学知识素养。因此,随着年级的升高,学生数学知识学习深化,学生的数学知识素养水平在提高。在数学知识的深化过程中,还可以进一步培养学生的理解能力以及分析与解决问题的能力。但是,小学生的身心发展处在关键期,不同年级学生的计算技能、理解与

运用、分析与解决问题素养存在差异。四年级学生正处于从低年级向高年级的过渡时期,这一时期的儿童大脑发育也处在内部结构和功能完善的关键期,是培养学生学习能力、意志能力以及学习习惯的关键阶段,教师和家长抓住这一关键期培养学生数学学科素养,能有效提高学生的数学学科素养水平。步入高年级,对学生的逻辑思维能力的要求也相应提高,由于每个学生的数学基础存在差异,就会导致学生的数学素养水平参差不齐。某学校五年级数学教师在访谈中说道:"和低年级相比,进入高年级后,有些学生学习明显吃力,跟不上班级进度,学生之间的数学素养水平也开始拉开差距。"计算技能、理解与运用、分析与解决问题的素养对学生的逻辑思维要求较高。因此,年级越高,学生的计算技能、理解与运用、分析与解决问题素养反而呈下降趋势。

综合以上数据,四年级学生的数学知识、计算技能、理解与运用、分析与解决问题能力都处于较佳的状态。可以初步认为,四年级可以作为数学学科素养的重要培养阶段。教师在课堂教学上可以针对不同年龄段的学生采取不同的方法,有机融合前后知识,激发学生学习兴趣,培养学生终身学习能力,提高学生数学素养。从家长角度出发,可以给学生提供良好的学习环境,创造优质资源,给予更多关心,促进学生的数学素养发展。对学生自身来说,好的学习态度、优良的学习习惯、对数学知识的渴求都有助于提升数学学科素养水平。

(二)小学生数学学科素养的差异比较

为进一步了解小学生数学学科素养的差异,本研究比较了城乡学生、不同学校学生、不同群体学生的数学学科素养差异。将不同学校按照教学质量的高低分成三类进行比较,将学生分为不同性别、是否担任班干部这两类。

1.城乡小学生数学学科素养的比较

表5-36结果显示,城乡学校小学生数学学科素养存在显著性差异($p<0.05$),城镇学校小学生的数学学科素养高于农村学校小学生。

表 5-36　城乡小学生数学学科素养比较

	均值	标准差	t	P
城镇学校	68.97	12.29	-2.873	0.004
农村学校	67.14	12.29		

　　进一步分析城乡小学生数学学科素养的差异,对数学知识、计算技能、理解与运用、分析与解决问题四个方面作了深入比较。表 5-37 结果显示,城乡四年级小学生的数学知识、计算技能、理解与运用、分析与解决问题不存在显著性差异($p > 0.05$)。

表 5-37　城乡四年级小学生数学学科素养比较

		均值	标准差	t	P
数学知识	城镇学校	19.36	3.05	1.353	0.182
	农村学校	18.99	2.95		
计算技能	城镇学校	19.09	2.01	0.802	0.431
	农村学校	18.95	1.75		
理解与运用	城镇学校	8.33	1.79	1.824	0.072
	农村学校	8.05	1.56		
分析与解决问题	城镇学校	23.74	6.23	1.505	0.143
	农村学校	22.57	5.90		

　　表 5-38 结果显示,城乡五年级学生的数学知识和分析与解决问题有显著差异($p < 0.05$),而计算技能和理解与运用无显著差异($p > 0.05$)。

　　表 5-39 结果表明,城乡六年级学生的数学知识和理解与运用存在显著差异($p < 0.05$),而计算技能和分析与解决问题不存在显著差异($p > 0.05$)。

表 5-38　城乡五年级小学生数学学科素养比较

		均值	标准差	t	P
数学知识	城镇学校	20.95	3.87	-2.235	0.031
	农村学校	20.17	3.78		
计算技能	城镇学校	17.88	2.96	-0.822	0.411
	农村学校	17.65	3.07		
理解与运用	城镇学校	6.69	2.88	-1.643	0.104
	农村学校	6.27	2.71		
分析与解决问题	城镇学校	18.99	6.83	-1.994	0.043
	农村学校	17.76	6.67		

表 5-39　城乡六年级小学生数学学科素养比较

		均值	标准差	t	P
数学知识	城镇学校	22.58	3.37	-3.912	0.000
	农村学校	23.41	3.46		
计算技能	城镇学校	18.70	2.47	-0.461	0.643
	农村学校	18.59	2.60		
理解与运用	城镇学校	7.95	2.17	-4.362	0.000
	农村学校	7.03	2.61		
分析与解决问题	城镇学校	21.77	6.76	-1.944	0.052
	农村学校	22.65	6.42		

　　相比较于四年级学生,五、六年级学生的数学知识都表现出了差异。城镇学校小学生的数学知识要好于农村学生,其原因在于,数学知识的学习是一个连续的过程,随着年级的升高,数学知识的难度也在增大,对学生的要求也越严格,一些学生步入高年级后,难以适应紧张的学习生活,对知识的学习有所懈怠。某学校五年级数学教师在访谈中说道:"进入高年级,知识学习难度加

深,一些孩子课堂上的知识消化不了,平时又不愿意花时间,就造成数学知识的学习越来越落后。"

同时,城乡五年级学生在分析与解决问题方面也表现出显著差异,其原因在于,11 岁左右是学生逻辑思维发展的一个关键期,抓住这个时期,学生的空间想象能力、动手实践能力等都可以得到发展,但是一些学生错过关键期,逻辑思维的发展速度会变得缓慢,分析与解决问题能力较低。正如某学校五年级数学教师在访谈中说道:"五年级是学生思维发展的关键阶段,在这个年级,一些学生的成绩会有很大提高,自主性增强,解决问题能力提高,但是有一些学生错过了这个时期的发展,在数学活动课上就能明显感受到学生之间的差异,一些孩子积极发言,动手操作,解决问题;还有一些孩子一节课可能都不会举手,在小组合作中也不积极。"

和五年级学生相比,城乡六年级学生分析与解决问题素养不存在差异,但是理解与运用能力却出现了显著性差异,其原因在于,小学生缺乏生活经验,数学语言表达能力较低,思维拓展不开,在数学学习的过程中积累了许多不能理解的问题。① 六年级是小学的最后一个阶段,这一阶段学生暴露出的问题也最多。一些学生遇到问题不及时解决,长期积累造成了数学学习上的困难。访谈中某学校六年级数学教师说道:"现在的孩子应该多接触生活,才能更了解数学。很多孩子觉得数学学习就是做数学题,他们感受不到数学学习的乐趣,甚至讨厌数学,这在六年级的数学课堂上很容易看出来。比如单位填写的题目,学生就是不理解单位的实际意义才会做错。"

2. 不同教学质量学校小学生数学学科素养的比较

表 5-40 结果表明,不同教学质量的学校,学生的数学学科素养之间存在显著性差异($p<0.05$)。数学试卷的评价值是 85 分,学校教学质量高的学生平均分为 71.52 分。经过事后检验可知,教学质量高的学校学生数学学科素养水平最高。

---

① 吴国运:《小学生数学理解能力提高的实践对策》,《科学咨询(教育科研)》2017 年第 11 期。

表 5-40　不同教学质量学校小学生数学学科素养的比较

	均值	标准差	F	P
教学质量高①	71.52	10.84		
教学质量中等②	66.37	13.84	35.347	0.000
教学质量一般③	65.80	11.52		
事后检验			①>②>③	

进一步比较不同教学质量学校各年级小学生数学学科素养的差异,表5-41结果显示,不同教学质量学校四年级学生数学学科素养存在显著性差异(p<0.05)。教学质量高的学校四年级学生的平均分为71.68分,经过事后检验可知,教学质量高的学校四年级学生数学学科素养最好。

表 5-41　不同教学质量学校四年级学生数学学科素养的比较

	均值	标准差	F	P
教学质量高①	71.68	8.54		
教学质量中等②	68.58	12.15	4.882	0.011
教学质量一般③	68.61	9.38		
事后检验			①>③>②	

表5-42结果显示,三种类型学校五年级学生的数学学科素养存在显著性差异(p<0.05)。经过事后检验可知,教学质量高的学校五年级学生的数学学科素养最好。

表 5-42　不同教学质量学校五年级学生数学学科素养的比较

	均值	标准差	F	P
教学质量高①	66.90	11.64		
教学质量中等②	62.43	14.72	15.172	0.000
教学质量一般③	59.23	11.67		
事后检验			①>②>③	

表 5-43 结果显示,三种类型学校六年级学生的数学学科素养存在显著性差异($p<0.05$)。教学质量高的学校六年级学生的平均分为 75.22 分,经过事后检验可知,教学质量高的学校六年级学生数学学科素养水平最高。

表 5-43　不同教学质量学校六年级学生数学学科素养的比较

	均值	标准差	F	P
教学质量高①	75.22	10.23		
教学质量中等②	68.48	13.50	20.566	0.000
教学质量一般③	68.74	11.16		
事后检验			①>③>②	

上述数据表明,教学质量越高的学校,学生的数学学科素养水平越高。其原因在于,教学质量高的学校一般具有充足的教学资源,优秀的教师团队,学生生源较好,这些因素为小学生数学学科素养提升提供了保障。一所学校的发展离不开教学质量,学校的教育工作围绕教学质量展开。[①] 学校教学质量受到多方面因素的影响,既有学生主观因素,又有教师因素。教学质量越好的学校学生生源也越好,小学阶段学生良好的学习习惯、扎实的数学基础保证了学生具备高水平的数学学科素养。访谈中某教学质量一般的学校老师说道:"优质的生源是提高教学质量的关键,但是我们学校的学生大多来自周边乡村,留守儿童居多,学生整体数学素养不高,我们的教学也很吃力。"同时,教学质量越好的学校,教师资源也越好,教师的教学理念、教育手段、教学方法影响学生数学学科素养的培养。某教学质量高的学校教师在访谈中说道:"我们学校每周会定期举办数学沙龙,一些优秀的教师聚在一起讨论数学课堂教学。每次参加这样的活动,我都受益匪浅,对我的数学课堂教学也有很大帮助。"

---

① 李优治:《基于核心素养,提高教学质量——有效提升初中教学质量的实践与思考》,《贵州教育》2018 年第 9 期。

3.不同群体小学生数学学科素养的比较

（1）不同性别小学生数学学科素养的比较

表5-44结果显示，不同性别小学生的数学学科素养没有显著性差异（p>0.05）。数学试卷理论值85分，男女学生的数学学科素养都处于较高水平。

表5-44　不同性别小学生数学学科素养的比较

	均值	标准差	t	P
男	67.48	12.70	-1.573	0.121
女	68.48	11.91		

不同性别小学生的数学学科素养没有显著性差异，其原因在于，随着时代的进步，教育上的性别刻板印象在逐渐消失。在强调两性平等和谐发展的进程中，男女学生都能得到公平的教育。在教育过程中，教师结合男女学生发展的特点，扬长避短，促进学生数学学科素养的培养。某学校数学教师在访谈中说道："男女生的数学学习各有其特点，也都有各自擅长的地方。作为老师，更应该抛弃性别的偏见。时代在发展，现在家长的素质也在提高，无论男孩女孩，家长对孩子的教育都很重视。"

（2）班干部与非班干部小学生数学学科素养的比较

表5-45结果表明，是否担任班干部的学生数学学科素养之间存在显著性差异（p<0.05）。担任班干部的学生数学学科素养水平高于未担任班干部的学生。

表5-45　班干部与非班干部小学生数学学科素养的比较

	均值	标准差	t	P
班干部	71.68	9.99	7.946	0.000
非班干部	66.33	12.89		

　　是否担任班干部与学生的数学学科素养之间存在显著性差异,对班干部来说,自己的学业成绩是自我提升的关键,在班级里开展学生活动也能起到影响。在学校里,得到老师的认可是每个小学生的希望,担任班干部的学生,获得更多展现自我的机会,自信心和心理素质都得到提升。[①]　所以,担任班干部的学生数学学科素养高于未担任班干部的学生。某学校数学教师在访谈中说道:"担任班干部的同学都是班级里非常优秀的同学,这类学生学习很有自觉性,对自己要求也高,是其他同学学习的榜样。"

　　总体来看,通过对小学生数学学科素养的测验发现,小学生数学学科素养整体处于中等偏上的水平。比较发现,四年级学生的数学学科素养水平最佳;城镇学生的数学学科素养优于农村学生;教学质量越高的学校,学生的数学学科素养水平越高;担任班干部的学生数学学科素养水平高于未担任班干部的学生。

---

　　①　曾杰华、刘良华:《担任班干部与学生学业成绩的相关性的调查》,《当代教育与文化》2011 年第 4 期。

第六章　小学生的学业素养

　　梳理前文可以发现,已建构的学生核心素养框架有三方面的共同特点,一是关注了学生发展的关键要素。除学科核心素养框架聚焦知识、技能以及应用能力外,面向整体学生的各核心素养框架基本都包括基础知识、领域技能、个人成长、社会性发展,仅在具体表述、内涵与外延上有所不同。二是指向各关键要素发展的结果。在各类核心素养框架中,具体素养的描述体现了学生在该领域需要达成的目标,抑或是期望学生无限接近的目标,表达具有明确的结果指向性,也预示着围绕既定目标开展相应培养工作的需要。三是关注了与新时代、新挑战相适应的关键能力。如创新创业素养、信息、媒体与技术技能、实践创新、21 世纪新技能等,体现了信息化、知识化时代对学生发展提出的新要求,以及学生成长与社会发展需求的一致性。事实上,核心素养框架是"时代考量"与"培养什么人"耦合并达成共识且完成自证的结果。关于核心素养构成的基本理论问题在世界范围内并没有达成共识,因而继续探索的脚步一刻也不应该停歇。[1] 就如有学者所提出的,核心素养是否是一个人素养的全部,是否是教育目标的全部? 答案是否定的。[2] 核心素养是学生应具备

---

　　① 傅维利:《论核心素养的认识误区与关键素养体系的中国化构建》,《高等教育研究》2020 年第 8 期。

　　② 褚宏启:《只讲"核心素养"是不够的》,《中小学管理》2016 年第 9 期。

的适应终身发展和社会发展需求的必备品格和关键能力,[1]在具体的情形下,对核心素养所描述的一系列必备的、关键的素养内容可以也有必要进一步探索与凝练。

分析现有核心素养框架的基本谱系,结果导向的痕迹比较明显,核心素养之"核"应聚焦于学生的学业,支撑学生学业目标达成之不可或缺的因素即为个体的行为能力。因而,有必要凝练对接结果导向的、关注过程或动力因素的素养结构,厘清过程与结果、动力与目标之间的关系,从而形成由过程到结果、以动力因素支撑关键素养目标有效达成的纵向链条。基于这样的考虑,本书提出具有过程特征且聚焦于动力因素的素养概念——学业素养,将之放在必备的、关键的素养内容之中。

第一节　学业素养概念的提出与解读

之所以提出学业素养的概念,依据的主要原则如下:第一,核心素养概念体系本身包括过程与动力因素的内容。OECD 启动的"素养的界定与遴选:理论和概念基础"项目专家们定义的核心素养为:能够满足高度复杂性需要的能力,应包含认知性、动机性、伦理性、社会性因素和行为成分。[2]我国有学者认为,核心素养之"核心"应该是处于学习这个逻辑起点之内,其中学习的能力(简称"学力"),可作为核心素养的核心。从系统要素结构的角度看,学力可以分解为若干要素,如动力系统、行为系统、调控系统和环境支持系统等,它能够把核心素养的"核"——学力与核心素养教育的实践链接起来。[3]第二,部分核心素养框架中已出现一些过程与动力因素的内容。如中国学生发展核

---

① 张华:《论核心素养的内涵》,《全球教育展望》2016 年第 4 期。

② Rychen D.S.,et al,*Defining and Selecting Key Competencies*,Göttingen,Germany:Hogrefe & Huber,2001,*pp*.9-12.

③ 唐智松等:《"核心素养"概念的混沌与厘定》,《课程·教材·教法》2018 年第 8 期。

心素养中的"学会学习"、联合国教科文组织核心素养框架中的"学习方式与认知"、欧盟"2018框架"中的"个人、社会和学会学习素养"、日本核心素养框架中"实践能力"的具体指标"个体的自律"、法国新"共同基础"五大领域中的"作为中介和载体的学习方法与工具"等。这些指标主要包含两方面元素：一是学习方式或方法，二是学习认知或自律；前者体现学习策略，后者体现学习认知。可以看出，一些核心素养框架注重关键要素结果之余，对于过程性的学习动力因素也给予了一定关注。第三，学业素养直接支撑学生学习这一教育宗旨，理应是核心素养中的"关键"内容。核心素养之"核心"到底为何？从理论上讲，学生的学习是全部教育研究的终极指向。从实践上讲，所有教育实践活动都是围绕学生的学习而展开的。从属、种概念之间的逻辑关系上讲，作为种概念的核心素养及其教育应该包含于作为属概念的教育之中，因而，学生的学习是核心素养真正的"核"，围绕学生学习的过程和动力因素，从理论与实践层面都需要将之纳入核心素养框架之中，并凝练出与核心素养框架内容在层次上贴合且与学生学习直接相关的素养概念。第四，现有核心素养框架中缺少支撑学生学习的动力因素。中国学生发展核心素养中的"文化基础"、OECD核心素养框架中的"互动地使用语言、符号与文本"、欧盟核心素养框架中的"母语交流、数字素养"、美国P21框架中的"学习与创新技能"等，均强调基础知识与技能的重要性。作为支撑基础知识与技能学习的动力因素，尚未凝练具体的素养概念予以表达，虽有核心素养框架涉及动力因素的内容，但在表述上没有聚焦学生学习，在内涵上没有说明动力因素的内在结构，在概念层次上与其他素养不相对等。因此，本书试图在核心素养框架的基本谱系中，从概念辨析的角度，对学业素养的概念进行解读并描述学业素养的属性与特征，以对接并丰富核心素养的框架体系。

一、学业素养的概念

在《辞海》中"学业"有两方面含义：一是指学问，如《晋书·张华传》说

"华学业优博,辞藻温丽";二是指学习的课业,如学业成绩、荒废学业。① 可见,学业有广义与狭义之分,广义上的学业指知识、学识,是个体认识客观事物的系统知识,不仅包括学校教育过程中的课程知识,还涉及与个体成长和发展相关的生活知识、社会知识等;狭义上的学业主要指学校教育过程中学生需要掌握的学科知识以及在学习过程中需要完成的课业任务。人们经常提及的学业主要是指狭义层面的学业,且特指学科知识与技能的学习。而"素养"是指经常修习涵养,也指平日的修养,如艺术素养、文学素养。② 有学者认为,素养是知识、技能、态度的超越和统整,是一整套可以被观察、教授、习得和测量的行为。或者说,素养是完成某一情境工作任务所必需的一系列行为模式,这些行为与绩效表现密切相关。③ 素养不仅是代表着个体的"涵养",更是在知识、技能、态度支撑下的行为能力或者实践素养,不是纸上谈兵的知识记诵和试卷填答。只掌握知识,不一定有行为能力;只有态度,也不一定有行为能力。所以,素养是高于和超越单一的知识、技能或态度的。④

"学业素养"是学业与素养的合成,依据学业与素养的概念,广义的学业素养是个体完成系统知识与技能学习的一系列行为能力;而狭义的学业素养是指学生完成学校规定的学科知识技能学习以及课业任务的行为能力。与学业成就或学业成绩的概念不同,学业素养体现的不是学习的结果,而是支持学生获得良好学习结果的实践素养,即支持学生学习持久性的动力系统。因而,狭义层面的学业素养涵盖了与学业直接相关的因素,是学习认知(学习动机、学习态度)、学习情感(学习兴趣、学业情绪)和学习表现的综合性的行为能

---

① 夏征农、陈至立主编:《辞海彩图本 A—G(第 6 版)》,上海辞书出版社 2009 年版,第4011 页。

② 夏征农、陈至立主编:《辞海彩图本 A—G(第 6 版)》,上海辞书出版社 2009 年版,第3327 页。

③ 褚宏启:《核心素养的国际视野与中国立场——21 世纪中国的国民素质提升与教育目标转型》,《教育研究》2016 年第 11 期。

④ 褚宏启:《核心素养是"行为能力"而非纸上功夫》,《中小学管理》2016 年第 11 期。

力。学业素养与非智力因素的概念不同。非智力因素是相对智力因素而言，它是指与智力因素活动关系密切并共同影响活动效率的动机、兴趣、情感、意志、性格等心理因素。[①] 学业素养是专门针对学业成就达成的行为能力，虽然其构成的个别要素属非智力因素范畴，但它在方向上指向学业，在焦点上聚焦学业。相比较而言，非智力因素的外延范围广，涉及一切智力活动；学业素养的外延集中于学校教育阶段的学习活动。同时，两者在概念归属上也有不同，前者属心理学概念，后者属教育学概念。对于学业素养概念的把握，需要明确以下几点。

第一，学业素养虽然属于个体的内在特质，但外化为个体行动的实践能力。因而，学业素养水平高的学生，对学习的认知正确、对学习的情感积极、学习的行为主动。这一点，可以从学业素养各构成要素与学生学业成绩和学习行为等方面的实证研究结论中获得依据。学生对学习的认知、情感与态度等内在感受会通过外显的行为表现出来，因而，我们在判断学生学业素养水平高低时也可以通过具体的行为进行考察。

第二，学业素养不是换汤不换药的概念替换，而是在完善核心素养框架内容的纵向贯通以及对接核心素养之"核"的要求下提出的概念。核心素养强调知识、技能、社会适应、创新能力等关键能力，其中，知识与技能学习是核心之"核"，学业素养作为一种内在品质和实践能力，支持学生知识学习、技能习得等能力的发展，其重要价值与作用不亚于核心素养框架所提出的各项关键能力。

第三，学业素养是聚焦于"学业"的动力因素，不是非智力因素的全部内容，也不是各个非智力因素的"大杂烩"。从词义上看，学业素养必须是针对"学业"或为了能够达成学业目标而必备的动力因素，这些动力因素都是与"学业"密切且直接相关的内容，其构成的部分内容属于非智力因素，但又是

---

① 沈德立：《非智力因素的理论与实践》，教育科学出版社 1997 年版，第 4—13 页。

非智力因素清单中的"关键"变量,广义层面是支持个体系统知识学习内在动力因素的"聚焦板",狭义层面是支撑学生课业任务完成的动力因素的"聚焦板"。

第四,学业素养是终身学习框架中的重要内容。终身学习是社会每个成员为适应社会发展和实现个体发展的需要,贯穿于人的一生的持续的学习过程。终身学习需要我们树立终身学习的理念,对学习有着正确的认知,且要学会学习,更重要的是培养学生养成主动、不断探索、自我更新、学以致用和优化知识的良好习惯。① 当前一些国家、地区和国际组织关于核心素养指标的选取特别强调学生的创新能力、沟通与交往能力、自我规划能力等,这些能力适应于 21 世纪每个人终身发展的需要。从这个层面看,学业素养对于支持个体终身发展所需要的"关键能力"具有现实意义,只有具备一定水平的学业素养,学生才能形成稳定的学习习惯以支持其长久甚至终身的发展。

第五,学业素养的养成不是一日之功,是长期培养的结果。学业素养中最基础的是对学习的正确认知,之后才会对学习产生积极的情感,从而外化为主动的学习行为,这就决定了学生学业素养培养的基本路径,这需要家校双方的长期合作,相对于学业成绩或学业成就,家校双方首先应该正确认识学业素养的重要价值。

二、学业素养的属性

学业素养的属性到底是什么? 这需要结合学业素养的结构内容以及概念予以分析。从学业素养结构内容看,涉及个体的内在学习心理以及外显学习行为,使其兼具了内在性与外显性的根本属性。从概念角度看,学业素养是个体完成系统知识学习技能或学校规定的学科知识技能学习以及课业任务的一系列行为能力。按照这个表述,学业素养的属性至少包括两个方面:一是功能

---

① 瞿天凤:《中国终身学习文化的传承和发扬——基于文化自信的视角》,《河北大学成人教育学院学报》2018 年第 2 期。

上,它是完成知识技能学习与任务的行为能力,这里的行为能力起支持和调节的作用,以支撑学生达到学习目标;二是内容上,它指向系统知识技能、学科知识技能和课业任务。广度层面,涉及个人成长与发展的系统知识与技能,包括个人成长与发展的所有必备能力;深度层面,涉及个人成长与发展的全过程,不仅包括学校教育,还包括非学校教育,乃至于贯通于个体的终身学习。因而,我们可以从根本属性、功能属性、现实属性三个层面来解读学业素养的属性。

(一)根本属性:学业素养兼具内在性与外显性

学业素养的内在性是指隐藏于学生个体内部而难以被人们所洞察的隐性属性。从心理学角度看,学业素养是潜藏于个体行为之后的内在心理,即"意识"。意识是人对环境及自我的认知能力以及认知的清晰程度。具体到学业素养,它是对学习本身的价值、目标、态度等方面的认知,具有独立性、自主性的特点。首先,学业素养独立存在于个体之中,表现为具备不受外界约束与控制的自我管理和自我决定的能力,不同个体具有一定的差异性。一直以来,我们都关注学生个体的差异,从外在表现来看,这种差异主要表现在学业成就方面,在分析其个体原因时,除考虑智力因素外,更多地从影响学生学习的非智力因素进行分析,这其实关注的是个体学习"意识"的差异。如学习动机、学习态度、学习情感等,它们具有同一性的逻辑,即学习动机越强、态度越好、情感越积极,就会产生良好的学习结果,学业成就或表现也就越好。这些因素同属于个体意识层面的内容,具有内在性,"内在性"呈现的是个体应对学习过程中困境的驾驭能力。无论是学校教育还是家庭教育,我们都希望培养学生独立的意识,又希望在此基础上能够使学生树立正确的学习认知,其目的是能够通过独立的思考使学生形成正确认知,从而提高学习的自主性。其次,高水平学业素养的生成更强调个体的自主性,包括主动接受并学习正确认知的观念、主动选择并执行正确的学习方法、主动纠正自己的学习态度、达成预期的学习目标等。为提高学生的这种主动性,我们通过各种途径和办法传递正确的学习观念,或动之以情或言传身教,或激励或训斥,甚至提出更为具有"操作性"的"点子"等。但是,我们似乎永远进入不了"培养对象"的内心,这恰恰体现了学生"意识"的自主性特点。"独立—自主"具有内在的统一性,学业素养是"独立—自主"的统一体,这个统一体潜藏于学生个体之中,其发展的结果也遵循着自身的逻辑,我们所能做的是通过个体生活外在性因素的影响来促动学生自主意识的生成。在这一逻辑思维下,学业素养内在性的介入可能有两种可能:一是通过学生个体的"顿悟",这是在学习过程中产生的自我需要,更多地依靠学生个体的意识发展;二是通过伦理关系的"压迫",直至学生个体达成我们期望的目标,理想的结果是生成学生个体的正确认知,但不排除表面应付且无外力"压迫"时出现反弹的可能性。

学业素养的外显性是指学生个体把对学习的自主认知与内在感受转化成外在动作。通常对个体行为原因的解释更倾向于其内在特质,它是预测个体行为的重要因素。学业素养作为解释学生个体行为的重要变量,对学生个体学习行为的影响可能存在两条途径:一是直接塑造学生的学习行为,是学生对学习的自我感知外化为其自身的学习行为,如学生对学习的重要性有正确的认知,则更可能表现出爱学习、喜欢读书、成绩好等学习行为,相反则表现出懒惰、字迹潦草、上课走神、成绩落后等现象。二是学生取得良好学业成就后的"喜悦感"间接影响其自身对学习的认知,从而产生学习的内在动力进而对学习行为构成影响,即在学习过程中,学生个体获得了好的成绩或受到老师、家长的表扬而产生的成就感,这种感受引起学生个体对学习的内在认知、情感等方面的变化,进而对其后续学习行为产生积极影响的情形。学业素养外显于外在学习行为的特征,也是我们判断学生学业素养水平的重要依据,关注学生学习行为的表现在一定程度上可以了解学生内在学习心理的状态和变化过程。首先,学生的学习行为受学习认知、情感等因素的影响,因而,学生所表现出的学习行为极大程度地反映着其内在的学习心理状态,学生学习过程中的各种学习行为,基本都可以成为研判学生学业素养发展水平可观察、可测量的内容。其次,学生学习行为的变化也可以反映其学业素养的变化过程。学生学业素养的形成与发展不是一成不变的,作为非智力因素框架下的整体性概念,学业素养同样受到学生个体以及外在环境变化的影响,如学生自身的抗压能力、意志力、自我效能、心理成熟等,外在的如家庭结构变化、亲子关系、教师教学、学校文化等,在不同的环境、条件以及内外因共同作用下,学生的学业素养水平可能呈现波动的状态,而这种波动的变化可以通过学生学习行为的变化获得反馈,这就为教师、家长了解学生学习心理的转变提供了依据。

总体来说,学业素养兼具内在性与外在性的本质特征,虽然学业素养隐藏于个体内在,但会以外显的行为表现出来。需要指出的是,内在性决定外显性,但外显性不一定反映内在性。就如一些研究所关注的,学生学习的外显行为是决定于其本身对学习的需要,还是决定于其对外在压力的投射行为,两者具有质的差别。前者是真正的学习,是出于个体发展需要产生的学习行为;而后者是被迫的学习,是基于父母、学校的压力或升学的需求等因素引起学生的学习行为,学生自身并未对学习产生正确的认知观念与端正的态度。从这个层面来说,学业素养内在性具有明显的内隐性,以外显行为判断学业素养内在属性时,需要依据学生个体的平时表现进行综合判断。

(二)功能属性:学业素养的支持性与调节性

支持性与调节性是内隐变量共同的属性特征,心理学研究中,通常将个体层面的个性、心理资本、态度等,外界层面的家庭结构、亲子关系、学校组织文化、学校软环境等作为调节变量。学业素养的支持性与调节性主要指学生学习过程中基于个体的内驱力保障其完成学业任务或获得学习收益的能力,主要表现在两个方面:一方面,发挥学生个体潜在的自我支持功能,使学生能够保持持久稳定的学习动力并转化为积极的学习行为;另一方面,改变自身学习心理的"失衡"状态,对学习过程中学习困境畏难心理的调节作用,使其以更有效、更积极的方式应对困难,从而继续保持积极的学习心理。

　　学业素养的首要功能是支持学生学习行为的持久性。中共中央、国务院《关于深化教育教学改革　全面提高义务教育质量的意见》中明确指出:"要突出学生主体地位,注重保护学生好奇心、想象力、求知欲,激发学习兴趣,提高学习能力。"在有关学校教育效果的研究中,学者们都强调学生学习主动性的重要作用。学习是一个长期且需要学生付出巨大努力的过程,外在的刺激、激励或"压迫"可以产生一定的效果,但这种效果更多的是发挥短期效应,从学习的终身性和真正意义学习的角度来看,外在的因素不足以实现学生真正的发展,唯有发自学生自身的学习需求,才能产生积极的学习行为并最终实现学生的自我发展。因而,学生学习的内驱力是支持其有效与持久学习的重要变量,这里所说的内驱力即为学业素养的基本内容。首先,正确的学习认知可以促进学生学习的主动性。认知学习理论认为,学习过程是一个主动的认知过程,学习的本质在于主动地构建认知结构。它强调学习者的认知结构、知识结构和学习者的独立思考在学习中的能动作用,重视学习者的内在动机(人的主观能动性)、学习者的经验知识与思维发展,激发学习者的内在学习潜力。[①] 学生在学习过程中的主动建构主要包括两个方面:一是知识习得过程中原有知识与新知识的建构,即面对新概念、新命题时学生以自己原有的知识经验为基础构建自己的理解;二是知识习得过程中学生的主体思维与实际情境中学习结果的建构,即学生的主观能动性受学习结果的影响,产生主体思维的正性或负性变化的情形。学习过程需要学生的内在动机,其作用不仅在于主动建构与理解新知识、新概念与新命题,实现有意义学习的目标,更重要的是在不同结果的学习中,使其以正确的认知看待学习的结果,保持学习的主动性与积极性。其次,积极的学习情感可以维持学生学习的持续动力。这里的学习情感不是指课程目标中的"情感态度与价值观",而是学生在学习过程中

---

① 吴莉、尹铁超:《认知学习理论视野中的英语专业课程信息化改革研究》,《黑龙江高教研究》2006 年第 9 期。

对学习本身的情绪体验,是学生自身具备的"原生"能力,它最初不一定来源于学校教育的结果,但与学校教育具有较大的关联。学习情感体现的是学生对学习的内在情感体验,就如我们对某件事物的喜好一样,喜欢则愿意做,不喜欢则不愿意做或被动做,两种不同的情感所引发的结果具有质的差别。学习情感在学生学习过程中起着重要的支持作用,这种作用的发挥不仅体现在学校教育过程中,还体现在学生个体的终身学习之中。

除支持功能外,学业素养具有对学生学习状态调节的能力。学生在学习过程中的心理变化具有以下特征:一是受影响性高。主要指学生的学习心理易受外界影响,如同伴、家庭、教师以及学校学习文化等。大量研究结果表明了同伴交往、家庭结构、教师教学以及学校文化建设与学生学习动机、学习态度以及学业成绩的相关关系。尤其是在小学教育阶段,同伴关系、师生关系、家庭变故等,对学生的学习心理具有显著影响作用。二是稳定性相对较差。主要指学生在学习过程中学习动力的持久性问题,当遇到学习困境或特殊事件时,学生的学习心理会表现出不稳定的现象。相比于成年人的学习,学生阶段的学习具有一定的目标性,无论是个体需求产生的学习目标或是外界干预产生的学习目标,在多次未达成目标的情形下,学生易表现出消极的学习心理,以短期目标衡量学习价值是学生的常态心理,但这却恰恰反映了学生学习心理的不稳定性问题。因而,稳定、积极的学习心理的形成需要学生具有一定水平的学业素养,通过发挥学业素养的调节功能,可以使学生正确看待并积极应对学习过程中的困境和外界因素的干扰,从而保持学习的内在动力。事实上,正确的学习认知与积极的学习情感是学生获得学业成就以及预期收益的基础,学生的认知与情感能否保持原有的状态和水平,需要以学习相关的收益作为保障,缺少学习收益的内在认知和情感会表现出"消退"的现象。通常来说,学生对学习的正确认知与情感会提高其学习的投入程度,而学习的投入程度与学业成就呈正相关关系,良好学习表现获得的收益可以增强学生对学习的认知和情感。因而,学生学业素养的培养最为基础,它在支持学生学习主动性的同时,可以使学生获得学习收益,而学习收益可以成为缓解学生学习困难时产生的学习心理问题的重要"理由"。

(三)现实属性:学业素养影响的贯通性与全程性

培养学生的学业素养,其现实意义在于使个体具有持之以恒的内在学习动力,以稳定其"一如既往"的积极学习状态和正确应对学习困境避免产生消极学习心理,从空间层面跨度到学生多范畴内容的学习,从时间层面跨度到终身,即学业素养影响的贯通性与全程性。

学业素养影响的贯通性是指其影响范围不仅限于学业相关内容如学科知识与技能的学习,还包括与学生发展相关的内容如社会素养、信息素养、创新能力等方面。核心素养是当前我国学生发展的基本目标,[①]学业素养对学生核心素养的发展过程起调节和动力的作用。从中国学生核心素养的构成来看,学生至少需要在三个方面获得收益:一是学科知识与技能,涉及学校教育过程中所学习的各门学科的知识与技能,以及各学科具体课程所要求达成的各类目标,其目的是使学生具备一定的科学知识与技能,能够为学生的进一步发展提供基础,并为其进一步成为经济社会发展的"贡献者"提供必要的知识基础。二是作为公民所应该具备的知识与能力,涉及与适应社会相关的各种知识,如法律知识、道德规范、心理健康、人际交往等基础知识,以及与之相关的基本能力,如道德判断能力、社会适应能力、抗压能力、人际沟通能力等,这些知识与技能习得的基本目标是为了使学生能够"为人",能够以"合格公民"的角色在社会生活中处理并应对各方面的问题。三是自主发展能力,涉及学生个人发展所必须具备的如学会学习、勤于反思、健康生活等内容,事实上,这里的学生自主发展的能力与学业素养所表达的内涵具有同一性。某种程度上,学业素养基本结构中所涉及的内容(如学习认知、情感)体现着学生自主

---

① 范涌峰:《重大疫情的课程价值及其实现路径——核心素养的视角》,《教育与教学研究》2020 年第 3 期。

发展的能力,只不过是在不同概念体系下的两种表述而已,其实质是学生发展的动力系统。学生在学习过程中需要达成的上述三方面收益中,学生自主发展能力(学业素养)对其他两方面起着支撑作用,换句话说,学生的学业素养也将从学业成就、公民素养等方面促进学生核心素养的发展。因而,学业素养的影响作用贯通了学生学科知识与技能习得以及社会素养发展这两大范畴。现有研究的关注点更多地集中于非智力因素或各个独立的内在因素(如动机、态度、情感、价值观等)与学生学业成就或学习成绩的关系,忽略了学生社会素养发展过程中个体内在动力的支持作用。从学生全面发展的视角看,学生学业成就(或成绩)与社会素养的发展都需要稳定的、高水平的学业素养作为支撑,而学业素养对学生核心素养发展的两大主要范畴的支持与调节作用,体现了学业素养贯通性的现实属性。

学业素养影响的全程性是指其对个体发展影响的时间跨度包括"人的发展"的整个历程。从20世纪60年代至今,围绕终身学习思潮大致形成了以下两派有代表性的观点:一是人道主义取向的终身学习观,二是"社会—政治—经济"三位一体取向的终身学习观。前者是在尊重个人权益、人性尊严的基础上,关注人的价值和生存状况与幸福,把个人才能最大限度地发展作为目标。后者认为终身学习就是贯穿终身进行的,包括各种与知识、技能、能力有关的活动,在时间上是从早期的幼儿园到退休后。其目标是基于个体的需要与要求,为每个人提供平等的机会,使人人在生活中获得学习品质,以建立一个融合的社会。① 从"人的发展"角度来看,学习的终身性体现了马克思主义关于"人的全面"发展的根本要义,体现了人在经济社会发展中发挥其"社会属性"的根本需要,在双重"身份"的"统一体"中,个体学习的终身理念具有现实意义,是让人们具备"核心素养"的重要手段,不仅可以提高个体的技能与能力,成为合格公民,此外,个体技能与能力的提升促进着经济的增长与社会

---

① 谷贤林:《终身学习思潮的理论基础与价值取向》,《比较教育研究》2018年第12期。

的发展。从这个层面来说,支持个体学习的全程性就具有了重要的实践价值和现实依据。丹麦的克努兹教授基于学习的基本过程提出了学习的三个维度:内容、动机和互动。其中,动机维度涉及动力、情感和意志,回答的是"是什么推动了学习"这一问题;①而如何提升学习者学习"动机"的稳定性与持久性,则成为学习能否达成预期目标或实现"终身学习"的关键。因此,最终的落脚点仍回归到学习素养的培养问题,它是学生在学校教育阶段的"全面发展"乃至进入社会后"可持续发展"的重要动力来源。

三、学业素养的特征

学业素养是核心素养框架中具体素养的构成内容之一,其概念本身具有独立性,也异于其他素养及相关概念的表述。有关学业素养特征的描述是基于学业素养概念所涉范畴的进一步延伸,之所以对其特征进行描述,一是进一步深入理解学业素养概念之必需,二是为后续有关学业素养的研究文献梳理、分析框架制定以及影响因素之研究提供参考。

(一)学业素养构成的关联性

学业素养是由学习认知(学习动机、学习态度)、学习情感(学习兴趣、学业情绪)和学习表现构成的综合性的行为能力。心理学中,通常把人的心理结构分为认知、情感和行为。认知是个体对某种事物或对象的认识和看法;情感是个体对某种事物是否满足其需求而产生的态度体验;行为是个体所表现出的外显动作。三者之间具有一定的关联性,它们互相影响、互相制约。学业素养属于个体的内在心理动力系统,由学习认知、学习情感和学习行为三个系统组成,三个系统之间如同人的心理结构,彼此之间相互联系、互为因果。第一,学习认知决定并改变学习情感。正确的学习认知会使学生产生积极的学

---

① 郭华、王小素:《基于全视角学习理论的终身学习建构研究》,《中国成人教育》2017年第15期。

习情感,反之则产生消极的学习情感,与此同时,当学生的学习认知发生变化时,也会直接产生学生学习情感的变化,两者呈现正相关关系。第二,学习情感影响学习认知。当学生在学习过程中产生较长时间的正向或负向情感体验时,易引起学习认知的波动和变化,对学习正向的情感体验会更加稳定其原有的正确学习认知,或改变原有对学习的不正确认知;对学习负向的情感体验则会削弱其原有正确学习认知的稳定性,或加深原有的不正确认知。第三,学习认知、学习情感影响学生的学习行为表现。学习认知与情感对学生的学习行为表现产生重要作用,它可以激励学生去做与学习认知目标一致、情感所认同的事情,也可以产生消极的学习行为,不同的学习认知与学习情感将带来学生不同的学习行为表现。第四,学习行为表现反作用于学生的学习认知与情感。学生的学习行为表现通常体现在学习过程中的积极行为如良好的师生互动,这些表现都将获得相应的反馈,正向方面如同伴的认可、教师的表扬以及家长的奖励等,反向方面如同伴的疏离、教师的训斥以及家长的批评等。学生学习表现所获得的这些反馈都将对其认知和情感产生作用,积极的反馈将进一步稳定其正向的学习认知与情感,调整乃至改变原有负向的学习认知与情感,反之亦然。总体来说,学业素养内在结构的关联性决定了其培养的整体性,学生学业素养各内在构成的协调,对其学业素养的整体提升具有重要意义。

(二)学业素养表现的内隐性

学业素养表现是指学业素养的外部行为呈现方式,学业素养表现的内隐性主要指学业素养外部行为表现的"隐藏性",即通过外部表现行为难以判断学业素养的真实水平。学生的学业素养具有内隐性,虽然可以通过学生学习的外在表现判断学生的学业素养水平,但有时会出现"假象",看似体现高水平学业素养的外在行为,可能是学生暂时性的"伪装"。我们经常可以看到埋头苦学、认真听课、学习态度良好的学生却取得不尽如人意的结果,一种可能是学不得法,另一种可能是"走神"或"假装"学习,这事实上是个别学生为了不被批评而表现出的学习"虚假"行为,其内心并未形成正确的学习认知,或未对学习产生积极的情感。出现学业素养表现表层化现象的原因有二:一是学生的"迎合"心理。通常情况下,积极、正向的行为表现会受到教师、家长的认可或奖励,如回答问题积极、团结同伴、尊敬师长等,即使这些行为是"装"出来的,行为本身引起的带有奖励性的结果会增强个体做出"迎合"行为的积极性。因而,学业素养外在表现隐藏着两种心理——真实的心理反应与满足评价者需要的"迎合"心理,前者所表现出的行为与学生的内在心理具有一致性,后者则出现外在学习行为与内在学习心理不统一的情形,行为带有一定的伪装性,不能真实反映学生的学业素养水平。二是学生对家长或教师"隐性"或"显性"规范要求的"畏惧"心理。一定程度上,学生的学习是在家长与教师的设计与规划框架中进行的,课堂学习的规范、考试的成绩目标、知识掌握的程度等,这些要求事实上明确规定了学生在学习时要做到的一些事情,类似于良好学习状态具备的标准,如课堂注意听讲、考试成绩名列前茅、对知识点熟悉掌握等。就如体育竞赛项目中的规定动作,没有达成就不能得"高分"或者不能"得分"。学生的学习与之相似,在"约定俗成"的要求中表现好,则获得"高分",违反规定的行为则获得"低分","低分"通常与"惩罚"相伴。因而,为避免家长或教师的批评与"否定",学生也会在学习过程中表现出暂时性的"良好"行为。学生若因"迎合"或"畏惧"心理而做出一些所谓的"标准"行为,恰恰是未形成良好学业素养的表现。学生学业素养表现的表层化是日常学习过程中家庭与教师所关注的重要内容,从小培养学生正确的学习观是首要任务,它可以影响学生对学习的认知、情感以及后续学习的整个过程。

(三)学业素养养成途径的双重性

学业素养是家庭教育与学校教育共同关注的内容,家庭和学校是学生学业素养养成的主要场所。首先,家庭是学生学业素养初步形成的重要环境。家庭教育是每个人受教育的起点与成长的基础,地位特殊、作用重大,其所产生的影响最直接、最深刻,也最为久远。① 部分家长教育观念落后,在教育目标上,功利性思想严重;在教育内容上,重智育而轻德育、体育、美育、劳动教育;在教育方式上,家长更多的是采用讲道理、训斥、打骂、溺爱或是放任等方式,而没有根据孩子的特点选择合适的教育方式。② 学生学业素养的初步养成主要依靠家长的观念传导、言传身教与潜移默化等,以较为隐性的"文化传递"的方式对学生的学习认知、学习情感等内在心理产生影响。文化再生产理论提出个体早期社会化的观点,认为受教育者在未进入学校教育系统之前,由家庭与父母带给子女影响,这种影响会以惯习的形式内化进个体精神图式之中,成为影响其一生的存在。子女依托早期社会化这个隐蔽但重要的途径传承家庭文化资本,养成个体的仪态、语言能力及生活方式等惯习。③ 家庭与父母的文化资本的差异成为学生学业素养差异的重要影响来源。一是家庭的文化资本的差异,主要指家庭中父母直接教养与隔代教养对学生学业素养养成所产生的影响。二是父母的文化资本差异,主要是学生父母文化资本差异对学生学业素养产生的不同影响。文化资本是与文化活动有关的如价值观、信念等观念层面的内容展现,这些内容对学生学业素养的养成具有重要的影响作用,如学生的学习动机、学习态度、学习观等,最初都是在家庭与父母潜移默化的影响中形成与发展的,学生进入学校教育阶段后,学生之间的学业素养具有明显的差异。其次,学校是学生学业素养内化的重要场所。学生学业素养的内化是一个长期的过程,同时需要外界的干预与支持。学校教育的首要功能是教书育人,这一过程既是知识传送的过程,也是学生良好学习习惯与态

---

① 叶祖庚:《科学的家庭教育观:破解家庭教育现实问题的出路》,《闽南师范大学学报(哲学社会科学版)》2020 年第 3 期。
② 张丰娟:《家庭教育的问题及策略探究》,《亚太教育》2019 年第 12 期。
③ 黄俊、董小玉:《布尔迪厄文化再生产理论的教育社会学解读》,《高教探索》2017 第 12 期。

度养成的过程。学生的学业素养具有可塑性,虽然其初步形态受制于家庭与父母的文化资本,但在学业素养的发展与内化过程中,学校教育尤其是教师对学生学业素养的引导将发挥积极作用。其作用主要表现在两方面:一是纠正学生不正确的学习认知,逐步培养良好的学习认知,树立积极的学习情感;二是不断深化学生的学习认知,引导那些已有初步正确学习认知、积极主动学习的学生坚定自己的理想信念,使其成为学习的内化心理与行为。学业素养的养成并非一朝一夕之事,但应及早培养,特别是学龄儿童初步的学习认知,这是学业素养各内在构成要素发展的基础。因此,学业素养的养成需要家庭和学校形成合力,通过家校之间的协同合作,最大限度地弥补部分学生家庭与父母文化资本相对较低而对其子女学业素养产生的影响,发挥学校教育的优势,不断内化学生良好的学业素养,使之成为学习的惯习心理与行为。

　　总之,在核心素养框架的探索与建构过程中,需要厘清"核"的精确定位问题。基于"核心素养"与教育本质的吻合、与教育实践的衔接,以及被学生家长认同的考虑,核心素养的"核"可能需要更多地聚焦于学生的学习。在现有框架中突出个体知识与技能学习重要性的基础上,作为一种行为能力与动力系统的学业素养,也需要被关注并作为核心素养框架中的重要内容予以体现。本书在解读学业素养这一概念时,是将之置于核心素养框架体系构成内容进行阐释的,在概念的内涵与外延解释上也注意与相近概念的区分。因此,在理解学业素养概念时,需要站在核心素养的概念与话语体系中去思考,如此,可以避免相近概念的交叉而产生的使用混沌问题。

第二节　学业素养的研究与分析

　　根据本书对学业素养概念的界定以及学业素养属性与特征的分析,对学业素养研究现状的梳理,主要围绕学业素养结构中的学习认知、学习情感和学习表现三个维度,具体分为学习动机、学习态度、学习兴趣、学业情绪和学习表现五个方面。

一、学业素养内涵的研究

目前,学术界尚未提出学业素养的概念,主要从影响学生学习的动力因素展开研究。从认知层面,以学习动机和学习态度的研究居多。学习动机是指激励并维持学生朝向某一目标的学习行为的动力倾向,[1]它是激发个体进行学习活动、维持已引起的学习活动,并使个体的学习活动朝向一定学习目标的一种内部启动机制。学习动机一旦形成,就会自始至终贯穿于某一学习活动的全过程,因此,它是影响学生学业成就的重要因素。学习动机从动力源来划分,可以分为内部动机和外部动机。内部动机是由个体内在需要引起的动机,主要特征为对活动本身的注意和兴趣;外部动机是由外部诱因所引起的动机,主要特征为关注外在的奖励。关于外在动机与内在动机的关系,有研究通过文献综述发现,外部动机对内部动机所产生的影响是有条件的,如非必然的外在奖励(活动结果达到一定的水平才能得到的奖励)较之于那些必然伴随的奖励(只要活动就能获得的奖励)对内在动机更少地造成损害效果,更多地产生促进作用;未预料到的奖励较预料到的奖励对内在动机产生更大的积极效果等。[2] 学习态度主要是基于社会心理学的视角提出的,比如,有学者认为学习态度是学习者对学习活动的基本看法及其在学习活动中的言行表现;是学生对学习及其学习情境表现出来的一种比较稳定的心理倾向,是学习者对学习持有的积极、肯定或者消极、否定的反映倾向。[3] 也有学者把学习态度看作

---

① 陈琦、刘儒德:《当代教育心理学》,北京师范大学出版社 2017 年版,166 页。

② 张剑、郭德俊:《内部动机与外部动机的关系》,《心理科学进展》2003 年第 5 期。

③ 夏雪、魏星:《学校因素对中学生学习态度的影响——基于上海地区 PISA 测试的数据分析》,《教育科学研究》2020 年第 10 期。

学习品质(包含态度、习惯和学习风格)的一部分,①纳入学习品质的整体概念之中。有关学习动机与学习态度的关系,现有文献通常将两者作为两个分离的概念进行研究。有的将学习动机和学习态度作为自变量,探讨它们对学生学习成绩的影响;②有的将之作为因变量,研究某类教学对学生学习动机和学习态度的影响。③ 也有研究探讨学习动机对学习态度的影响,认为学习动机与学习态度有显著相关关系,学习动机水平高,学习态度就积极。尤其是内生性的学习动机与学习态度之间有正相关关系。④ 从学习动机与学习态度的概念来看,前者是个体内在的动力倾向,后者是个体的看法及心理倾向,两者都含有个体认知层面的内容。

从情感层面分析,主要涉及学生的学习兴趣和学业情绪。学者们对学习兴趣的理解较为一致,认为学习是在个体的主观状态与环境特征相互作用下而产生的心理状态,是推动与维系持续从事某项活动的动力保障;⑤是个人对学习活动的一种积极认识倾向和情绪状态,它包括直接兴趣和间接兴趣。⑥直接兴趣是由事物或行动本身引起的,它激发人的学习积极性和创造性劳动态度,有助于掌握各种知识和技能。间接兴趣是由事物或行动的目的和任务引起的,需要教师做好学生的思想工作,从而引导他们积极主动地学习。学业情绪是指在教学或学习过程中,与学生学业活动相关的各种情绪体验,包括在

---

① Claessens A., Duncan G.J., & Engel M., "Kindergarten Skills and Fifth Grade Achievement: Evidence from the ECLS-K", *Economics of Education Review*, 2008, Vol. 28, No. 4, pp. 415-427.

② 包文婷等:《农村小学生学习动机、学习态度及其学习质量的实证研究》,《当代教育论坛(管理研究)》2011年第11期。

③ 毕雪晶、崔玉霞:《探究式教学对护理专业学生学习态度与学习动机的影响》,《当代教育论坛(管理研究)》2014年第23期。

④ 李雪峰:《免费师范生学习动机与学习态度的研究——与非免费师范生的比较》,硕士学位论文,华中师范大学教育科学学院,2009年,第41页。

⑤ 柴娇:《近20年国内外体育学习兴趣研究综述》,《体育学刊》2014年第6期。

⑥ 顾明远主编:《教育大辞典(增订合编本)》(下),上海教育出版社1998年版,第1820页。

课堂学习活动中、完成作业过程中以及考试期间的情绪体验。[1] 在学习活动过程中,学业情绪作为与学生学业相关的情绪体验,不仅会出现在学生的各种学习情境中,而且会对学生的学习行为和学习结果乃至学生的身心健康产生积极或消极的影响。因而,学业环境中学生的学业情绪调节尤为重要。情绪调节是指处于一定情境中的个体为了实现一定的情绪调节目标而对自身情绪体验和情绪表达。学业情绪调节的表达包括表达抑制(有意识地抑制自己的情绪表达行为)和表达宣泄(有意识地宣泄自己的情绪表达行为)两种,让个体意识到情绪表达策略对其学习和健康心理发展的重要性,并学会以适应性的方式调节情绪是非常重要的。[2]

从行为层面分析,学习行为是指学生在学习过程中所表现出来与学习有关的行为,包括课业学习行为、课堂学习行为、自主学习行为等方面的行为。学习行为主要通过学生的学习表现呈现。对于学习表现的理解有三种:一是将学习表现看作一种结果,等同于学习成绩,由于便于量化,大部分研究采用这种方式对学习表现进行判定。二是将学习表现看作一种过程性行为。有学者提出假性学习表现概念,主要表现为假性的课堂倾听、课堂执行及课堂合作等活动。[3] 换句话说,可以将学习表现定义为课堂倾听、课堂执行及课堂合作等。三是将学习表现看作一种综合性行为。如有研究关注数学课堂环境与学生学习表现,将学习表现分为学生的数学测验成绩、数学学习态度、数学观念、数学学习取向和问题解决能力。[4] 利用课堂的形成性评价表现、学生每日课

---

① 董妍、俞国良:《青少年学业情绪问卷的编制及应用》,《心理学报》2007 年第 5 期。

② 刘影、桑标:《中学生学业情绪表达策略及其与学业情绪的关系》,《心理科学》2020 年第 3 期。

③ 丁萍萍、李如密:《课堂上的假性学习:表现、原因及对策》,《上海教育科研》2019 年第 6 期。

④ 丁锐、马云鹏:《课堂环境与学生学习表现的因果关系研究》,《全球教育展望》2011 年第 10 期。

堂的参与表现、每周的周考表现和学习成绩综合评价学生的学习表现。① 可见，关于学习行为表现的内涵仍无较为统一的意见，因而，需要结合研究的目的以及研究可行性角度给予判断。若从测量便利性的角度来说，以学习成绩作为学习行为表现的一种结果便于测量；若从过程性角度看待学生的学习行为表现，则偏重于学生学习过程中的具体表现，以课堂表现为主。

二、学业素养培养作用的研究

大量研究证实了内在动力系统如学习动机、学习态度、学习兴趣、学业情绪等对学生学习成绩、学习投入以及心理发展等方面的作用。

第一，学习动机影响学生的学习成绩、学习迁移以及学生多方面能力的发展。已有研究包括：学习动机对高中生化学学习成绩有正向的预测作用。② 学习动机程度对高中英转俄学生俄语学业成绩具有显著的预测作用。③ 高中生英语学习动机、学习效能感对学习成绩有直接影响，其中英语学习动机可以预测34.7%的学习成绩。④ 新疆维吾尔自治区高中生的二语自我动机与他们的英语学习成绩具有显著的正向关系，其中，二语学习经验与英语学习成绩关系最为显著，理想二语自我次之，而应该二语自我与英语学习成绩无显著的相关性。⑤ 高中生学习动机与学习成绩呈正相关关系，即学习动机越强，学习成

① 陈奕桦等：《电子白板竞赛游戏课堂评价环境下小学生数学学习表现的变化》，《现代教育技术》2019年第4期。
② 李开国、张文华：《高中生化学学习动机、学习效能感与学习成绩的关系调查研究》，《化学教育（中英文）》2019第21期。
③ 宋颖、苏君阳：《高中英转俄学生俄语学习动机与学业成绩相关性研究——基于C中学的调查分析》，《中国俄语教学》2019年第4期。
④ 钟俊璇：《高中生英语学习动机、学习效能感与学习成绩的相关性研究》，硕士学位论文，闽南师范大学外国语学院，2020年，第5页。
⑤ 陈旭娇：《高中生二语自我动机与其英语学习成绩关系的研究——以伊宁市第一中学为例》，硕士学位论文，伊犁师范大学外国语学院，2020年，第22页。

绩越高。① 学习动机与初中生的学业成绩之间存在显著相关,具体而言,表面型学习动机与学业成绩呈显著的负相关,深层型和成就型学习动机与学业成绩呈显著的正相关。② 农村初中生英语学习动机和学习投入与学习成绩两两呈现正相关,有较高的英语学习动机的学生,英语学习投入也会增加,同时会有较高的学习成绩;而高职学生的学习动机与学习成绩之间没有显著关系。上述研究表明,学习动机与学生的学习成绩具有较强的正相关关系,学习动机直接影响初高中学生的学习成绩。也有研究发现,学习动机对学习成绩的影响通过中介因素起作用,如学习投入在学习动机对学业成就的影响中起到部分中介作用,③动机调控在动机和学生努力程度之间的中介效应显著。④ 哈萨克族初中生英语学习动机、学习策略在不同程度上影响学业成绩,同时学习动机还通过影响学习策略间接影响学业成绩;影响维吾尔族学生通用语成绩的是处在学习动机和学业成绩之间的学习参与,学习参与过程是影响维吾尔族学生通用语成绩的关键环节。与此同时,学习动机对学生的学习迁移产生影响。有研究显示,学习动机在未来取向与学业成绩之间具有部分中介作用,在线学习动机中认知兴趣、职业发展、摆脱常规、外界影响和社会服务均可以显著正向影响学习迁移。在学习动机与学生能力发展方面,两者有一定的关联。例如,自我效能感与内生动机呈显著正相关,与外生动机无关;学习动机和自主性之间总体存在正相关,不同类型动机与自主性的相关性不同;二语动

---

① 高树丽:《高中生数学学习动机与学习成绩的关系的调查研究——以天津市静海区 M 高中为例》,硕士学位论文,天津师范大学教育学部,2020 年,第 4 页。

② 许洪悦:《家庭教养方式和学习动机对初中生学业成绩的影响》,硕士学位论文,吉林大学哲学社会学院,2020 年,第 27 页。

③ 孙松等:《学习投入在新疆某高校医学生学习动机与学业成就之间的中介作用》,《改革与开放》2020 年第 Z3 期。

④ 惠良虹等:《英语学习动机对努力程度的影响:动机调控的中介效应——以河北三所重点高中为例》,《内蒙古师范大学学报(教育科学版)》2018 年第 10 期。

机自我系统中,理想二语自我和二语学习经历都对自主学习能力有预测作用;①中学生学习动机及其各维度可以正向预测中学生时间管理倾向及其各维度等。②

第二,学习态度对学生学习成绩具有直接的正向预测作用,或作为中介因素作用于学生的学习成绩。主要表现为,学生学习态度越好,越有助于学习成绩的提升。有研究表明,学习态度具有相当丰富的积极作用,不仅仅是综合性评估结果——学习成绩,同时还包括对学习行为的调整与学习耐挫性的提升。③ 有研究针对具体的研究对象来分析学习态度对学习成绩的影响,例如,小学生的学习态度会影响到学习成绩;高中生的数学成绩与父母教育程度、智力因素、学习态度和性别等因素有关系,其中父母教育程度、智力因素、学习态度对高中学生数学成绩有预测作用,可以解释数学成绩 45.4% 的变异量;流动儿童的学习态度可以正向预测其学业成绩;④警校学生学习态度与两次的期末成绩呈现显著正相关;卫生高职学生的成就目标、学习态度与学习成绩之间存在显著的正相关关系。除学习成绩外,学习态度对增强学习投入和缓解学习拖延有一定的作用,有研究表明:学习态度与学习投入呈正相关,学习态度可以正向预测学习投入;学习态度负向预测学业拖延,正向预测积极低唤醒,负向预测消极高唤醒和消极低唤醒。⑤ 与此同时,学习态度作为中介变量,对学生的心理健康及学习过程产生作用,例如:生活压力、学习态度对农村中学生心理健康有显著预测作用,农村中学生的学习态度对生活压力和心理

---

① 史田花:《日语专业本科生二语动机自我系统与自主学习能力的相关性研究》,硕士学位论文,山西财经大学外国语学院,2019 年,第 15 页。

② 邓潺:《中学生学习动机与时间管理倾向的关系:学业自我的中介作用》,硕士学位论文,四川师范大学教师教育与心理学院,2018 年,第 14 页。

③ 曾光曙:《学生物理学习态度和学习成绩之间的关系》,《中国高新区》2018 第 1 期。

④ 安秋玲等:《流动儿童的学校生活与学业成绩的关系:学习态度和学习目标的中介作用》,《中国特殊教育》2018 年第 6 期。

⑤ 商秀英、曲可佳:《高年级小学生学习态度与学业拖延的关系——学业情绪的中介作用》,《中小学心理健康教育》2019 年第 17 期。

健康具有显著的中介作用;①高中生的学习态度在班级环境对学习成绩的影响中起完全中介作用;学习态度在客观课业负担与主观课业负担之间发挥调节作用,转变学生的学习态度是促进减负的有效途径之一。

第三,学习兴趣对学生的学习成绩、心理健康等方面产生影响。激发学生学习兴趣的最终目的就在于:在激发起的情境兴趣中,找寻那些与学生个体特征相适应的情境兴趣,在维持此种情境兴趣的过程中,促使其在学习活动中自发地显现出对某一或某些主题或学科的主题兴趣,并在更多相类似的学习活动中最终转变成为个体兴趣。② 换言之,学生学习兴趣的激发是在增强主体的自我卷入度,使之成为个体内部稳定的特征,进而使兴趣成为坚定而持久的学习动力。学习兴趣属于兴趣的一种,这能够很好地调动学生的学习积极性,是影响学习成绩的关键因素。因而,学习兴趣对学生的学习结果产生直接或间接影响,如有研究显示:初一学生的数学学业成绩和数学学习兴趣呈正相关;数学学习兴趣对数学学业成绩的直接影响因学生能力水平而异;非正式科学学习能够通过科学兴趣、自我效能对科学成绩产生积极影响;初中生数学学业情绪在学习兴趣与学习成绩之间的关系中起部分中介作用;学习兴趣、学习策略对汉语成绩的影响存在性别差异,女生的成绩能够更多地被学习兴趣所解释,而且除元认知策略外,情感策略也会在女生群体中发挥中介作用;学习兴趣作为学习的内在动因,它一方面直接影响学习策略的运用,另一方面通过学习自我效能感间接地影响学习策略,最终再由学习策略影响学习成绩。③可以发现,学习兴趣虽与学生的学习成绩相关,但更多情况下是通过学业情绪、学生能力和自我效能等中介因素起作用。与此同时,学习兴趣对学生的心

① 王银:《农村中学生心理健康、生活压力与学习态度的相关研究》,硕士学位论文,贵州师范大学心理学院,2019 年,第 11 页。

② 涂阳军:《论学习兴趣的养成:对西方近二十年来学习兴趣研究的反思》,《江苏高教》2013 年第 1 期。

③ 杨海波等:《学习兴趣、自我效能感、学习策略与成绩的关系——基于 Kolb 学习风格的初中数学学习研究》,《教育科学研究》2015 年第 10 期。

理健康产生影响,研究显示:中学生的体育学习兴趣和心理健康存在性别、城乡和民族等方面差异,而且二者存在显著的相关性;[1]学习兴趣中的自主探究性学习与心理健康的相关系数最高,自主探究性学习对心理健康总分的解释量为32%,体育学习的积极兴趣和运动参与也是影响高中生心理健康的因素。[2] 也有研究将学习兴趣对学生心理健康的影响指向厌学,认为学生对学校的学习生活失去兴趣,从而产生厌倦或冷漠情绪;[3]学生是学习的主体,只要激发了学生的兴趣,学生的厌学情绪就不攻自破了。

第四,学业情绪对学生的学习成绩、学习投入、自信心、学习坚持性、自我效能感等产生影响。研究显示,积极的学业情绪有助于促进中学生身心健康发展和提高学习成绩,消极的学业情绪会对中学生的学习和生活产生不利影响;[4]中学生积极学业情绪与学业成绩呈显著的正相关,消极学业情绪与学业成绩呈显著负相关,学业情绪对学业成绩有显著的预测作用;理科生和文科生英语学业情绪和成绩具有显著相关性,积极学业情绪与成绩呈正相关,而消极学业情绪与成绩呈负相关;高中生在生物学科上的学业情绪四个维度可以联合解释生物学业成绩的 18.5%。[5] 同时,学业情绪与学生相关的学习能力有关,比如学习投入。有研究显示,积极学业情绪和消极学业情绪分别对学习投入具有显著正向预测作用和显著负向预测作用,积极学业情绪、消极学业情绪分别在感知学校氛围和学习投入之间起到了部分中介作用;自我决定动机在课堂学业情绪对学习投入的影响中起到部分中介作用,中学生线上课堂中学

---

① 马强、董文梅:《乌鲁木齐市中学生体育学习兴趣现状及其与心理健康的关系研究》,《民族教育研究》2016 年第 2 期。

② 刘杰:《高中生体育学习兴趣与心理健康关系研究》,《教学与管理》2011 年第 15 期。

③ 刘波:《激发学习兴趣改变厌学心态》,《中小学心理健康教育》2011 年第 6 期。

④ 张素杰:《中学生学业情绪的影响因素及调节策略》,《中小学心理健康教育》2020 年第 27 期。

⑤ 杨花:《高中生生物学业情绪、自我效能感与学业成绩的相关研究》,硕士学位论文,上海师范大学生命科学学院,2020 年,第 17 页。

业情绪与学习适应性之间相关关系显著;①流动儿童学业情绪对学习投入的影响显著,研究提示要重视调控流动儿童的学业情绪。② 比如自信心与心理健康,积极学业情绪与自信心总分存在高度正相关,消极学业情绪与自信心总分存在高度负相关;高中生学业情绪与学习策略、心理健康之间存在正相关关系,高中生学业情绪在学习策略和心理健康之间起部分中介作用;学业情绪中的消极低唤醒维度和积极情绪总分对中学生学业倦怠有显著的预测作用。③比如学习坚持性与学习拖延,研究表明,和谐激情正向预测学习坚持性,强迫激情负向预测学习坚持性,学业情绪在激情与学习坚持性的关系中起部分中介作用;积极学业情绪能够正向预测学习自控力,消极学业情绪能够负向预测学习自控力;初中生的学业自我效能感在学业情绪与学习自控力之间存在部分中介作用。留守儿童希望感、学业情绪与学业拖延呈显著的相关关系,留守儿童学业情绪在希望感和学业拖延的关系中起部分中介作用。

总体来看,学生的学业素养各构成内容主要影响学生的学习成绩以及与学习相关的能力,如学习坚持性、学习效能、学习投入、学生的心理健康等,而学习表现则更多地作为一种结果出现在因变量之中。这些研究为理解学业素养的作用提供了实证依据,我们也可以从文献梳理中做出初步判断,学业素养影响学业成绩以及与学生学习直接相关的学习能力。因而,无论将学习行为看作一种结果或是过程,抑或是一种综合性的判断,从学生的学习产出来看,对学业素养的关注和重视学生学业素养的提升,将是家庭、教师以及学校教育内容的重心,也是多方展开合作的现实出发点。

① 王晓萍:《中学生在线学习中学习适应性、学业情绪对学习投入的影响——自我决定动机的中介作用》,硕士学位论文,天津师范大学教育学部,2020 年,第 22 页。
② 刘在花:《流动儿童学业情绪对学习投入影响的研究》,《中国特殊教育》2020 年第 2 期。
③ 邱慧燕、胡佳慧:《中学生成就目标定向、学业情绪与学业倦怠的相关研究》,《教育教学论坛》2018 年第 35 期。

三、学业素养影响因素的研究

学业素养作为影响学生学习成绩、学习投入以及学习相关能力等方面的重要因素,其本身受到如学生个体的认知、自我效能、自我期望等内部特征和家庭教养方式、教师教学、校园环境等外部因素的影响。

第一,学生学习动机的影响因素。环境因素如教师、学校、工作、社会等,心理因素如学习自信度、学习情感体验感、自我概念、自我效能感、归因方式等影响学生的学习动机。现有研究主要围绕教师、亲子与同伴关系、师生关系以及学生自身等方面的因素分析其对学生学习动机的影响。首先,教师影响学生的学习动机。如有研究表明,教师在教育活动中起主导作用,而学生又是受教育的主体且具有向师性的特点,教师正确的教育教学态度能够对学生的学习动机产生积极的促进作用。教师期望与小学生的学习动机有着密切的联系,对小学生的学习动机发挥着潜在的影响。教师亲切多模态话语对学习动机有积极的影响,教师应根据教学的实际情况,调用合适言语或非言语亲切行为来激发学生的学习动机。教师教学方面,与传统的面对面学习模式相比,混合式学习模式显著提高了学生的学习成绩和动机水平;课程设置、教师教学、教学资源的不同,对学生学习动机的诱发程度也不同,导致学生对第二语言学习的态度不同;学生感知的教师支持中的能力支持、自主支持和关系支持均对学生内在学习动机有直接正向影响,且关系支持的影响系数最高。[①] 其次,亲子关系、同伴关系对学生的学习动机产生影响。亲子依恋与师生关系对中学生掌握目标定向学习动机产生影响,而亲子关系对中学生掌握目标定向学习动机的影响大于师生关系的影响。[②] 与此同时,学习共同体的主要和次要心

---

① 于倩等:《教师支持对学生学习动机及学业成就的影响机制研究》,《天津大学学报(社会科学版)》2017年第6期。

② 侯金芹、陈桂娟:《亲子依恋与师生关系对中学生掌握目标定向学习动机影响的追踪研究》,《中国特殊教育》2017年第4期。

理动机因素,对学生"经济学"学习的心理动机具有显著的、程度不一的作用,应突出学习共同体的主要心理动机因素,并优化次要心理动机因素。同伴互评活动有助于学生学习动机的提升,同伴互评的匿名性和学生性别对学习动机有复合影响,实名环境更能激发男生的内部动机,匿名环境更能激发女生的内部动机;①二语写作同伴反馈有助于提升学生学习动机强度和语言自信,转变学生文化认同,为后续的语言学习做好情感和心理上的准备。需要注意的是,学习动机作为学生个体的内在特征,也可以通过训练得以提升其水平,如有研究显示,素质拓展前后,实验组的学生在学习动机的挑战性、热衷性、依赖他人评价、关注人际关系四个维度上有明显的差异,表明素质拓展对当今大学生学习动机起促进作用。相对于外在环境因素,学生的个人因素影响其学习动机水平。如认知内驱力、效能期望、自我提高内驱力以及目标期望与学生学习动机强度显著相关;职业生涯规划认知既可以直接影响高中生学习动机,也可以通过一般自我效能感的中介作用于高中生的学习动机等。

第二,学生学习态度的影响因素。学生的家庭环境、课堂环境与班级管理,以及学生个体因素如自我效能感、自我认知、归属感等影响学生的学习态度。首先,家庭环境影响学生的学习态度。如有研究表明,家庭教育方式不同,学生的学习态度也截然不同,家庭教育方式对小学生学习态度的影响是巨大的。有研究得出不同的结论,认为家庭教养方式与大学生的学习态度、动机呈显著正相关,父母职业与大学生学习态度、动机不存在显著相关;而家庭背景中的家庭经济条件、父母文化程度、是否独生子女、家庭居住地与大学生的学习态度、动机呈显著负相关。处于经济、地域双重不利且正在适应新环境的民族地区高校大学生学习态度端正,动机强烈。其次,课堂环境与班级管理影响学生的学习态度。课堂环境与学习态度在一定程度上存在正相关关系,其中,"学生责任"和"课堂参与"对学生的学习态度影响较大,班级差异和性别

---

① 韩庆年等:《移动学习环境下同伴互评对大学生学习动机的影响效应研究》,《中国远程教育》2018年第11期。

差异对英语课堂环境和学习态度均存在不同程度的影响。这说明,学生对英语课堂环境的感知情况越好,他们对待学习的态度就越积极。同时,在控制教师所教年级的影响下,班主任教师班级管理效能的高低对学生学习态度、学习方法和学习技术的班级差异具有显著的预测作用,班主任教师班级管理效能感高的班级,学生学习态度越积极。[①] 此外,教师的教学模式也对学生学习态度产生影响,如有研究表明,"双螺旋"教学模式(提倡自主学习、小组合作教学模式)在转变学习态度方面有着重要作用。[②] 另有研究表明,参加课外补习也对学生学习态度呈现积极影响。再次,学生个体因素影响自身的学习态度。如初中生的自我认知度比较低,而在学习态度上存在一定的"高认知"和"低行动"的差异。因此,初中生应该不断肯定自我、反省自己、完善自我、树立自信心,从而提高对自我的认知度,改善学习态度。小学生一般自我效能感、学习自我效能感存在显著的年级差异,女生学习自我效能感显著高于男生,小学生自我效能感能够显著解释或预测其学习态度。[③] 学生学业自我效能感对学习态度存在显著的正影响效应。学业自我效能感越高,对学业的满意度越高,学习行为越主动积极,对学习目的和意义的认识越明确,对学生的学习态度具有显著的预测作用。学生的学习风格也是影响其学习态度的因素,抽象的概念化学习风格特征会影响学生的移动学习态度,主动体验的学习风格特征会影响学生的移动平台访问次数和进图书馆的次数,从而对学生的期末成绩产生间接影响。最后,学生的归属感与社会关系网络影响其学习态度。结果表明,师生关系、学校归属感等学校层面的情感因素更能促进积极的学习态度,学校资源对中学生学习态度发挥作用有限,学校硬件资源对学生学习态度没

①　刘红云等:《班主任教师班级管理效能感对学生学习态度及其与学业效能间关系的影响》,《心理发展与教育》2005 年第 2 期。

②　杨虎平等:《"双螺旋"教学模式对学生学习态度的影响与分析》,《山西师范大学学报(自然科学版)》2011 年第 2 期。

③　刘在花、单志艳:《小学生自我效能感的现状及其与学习态度的关系》,《济南大学学报(社会科学版)》2011 年第 5 期。

有明显影响;①学生对 STEM 老师的喜好显著正向影响其 STEM 学习态度。②社会关系网络对学生的学习态度具有影响作用,其中信任关系网络对学生积极学习态度的形成具有显著正向作用,而情感关系网络在部分情况下会起负向作用。

第三,学生学习兴趣的影响因素。现有文献主要从教师课堂教学和学生个体特征两方面研究学生的学习兴趣。有研究认为,课堂教学是直接驱动因素,教学的目标、方法、氛围以及师生关系均会影响学生学习兴趣表现,产生主动求知和被迫学习等不同学习行为。③ 教师因素主要作用于"个体"层面学生学习兴趣的增长,但对"班级"整体学习兴趣的提高作用却"有限";学生因素却不仅作用于学生个体,更能促进班级群体学生兴趣的提高。④ 具体的教学模式也与学生的学习兴趣相关,如移动环境下基于 APT 教学模型(融合评价、教学法、技术为一体的基于评价的教学模型)的课堂教学能够有效提高学生学习成绩和学习兴趣。⑤ 从学生角度看,学生个体特征层面中的入学方式和职业认知层面中的职业所属行业前景、职业薪资待遇以及职业发展机会空间对其学习兴趣有显著影响,学生个体特征层面中的性别、兼职经历、家庭所在地、志愿填报以及学生的性格倾向对其学习兴趣没有显著影响。相对于整体层面学生学习兴趣的影响研究,学者们更加偏向于具体课程学习兴趣的研究。结果表明,学生数学自我信念、学生数学学习信念、学生数学信念、教师数学信

① 夏雪、魏星:《学校因素对中学生学习态度的影响——基于上海地区 PISA 测试的数据分析》,《教育科学研究》2020 年第 10 期。

② 张燕军等:《性别、年级、最喜欢的老师影响学生 STEM 学习态度研究——基于浙江省六所中学的调查》,《开放教育研究》2020 年第 6 期。

③ 张二莎:《初中生语文学习兴趣影响因素及机制研究——基于扎根理论的视角》,《新课程研究》2020 年第 27 期。

④ 李淼云等:《"因班施教":课堂人际知觉对学生学习兴趣影响的多水平分析》,《教育探究》2019 年第 5 期。

⑤ 张屹等:《基于 APT 教学模型的移动学习对学生学习兴趣与成绩的影响研究——以小学数学"扇形统计图"为例》,《中国电化教育》2016 年第 1 期。

念、教师数学教学信念对学生数学学习兴趣均具有较好的预测性,项目学习可以有效提高学生的数学学习兴趣。① 思想认识、课堂参与度、学习难度、学业成就、学习信心、师生关系是影响农村小学生英语学习兴趣的主要因素;②采用符合双语教学的导学案教学策略能够有效加强双语学生学习主动性,培养学生学习兴趣;③自主学习理论下英语的视听说模式是强调以学生为教学主体,通过采用视听说三位一体技术的一种教学模式,该模式可以有效激发学生学习英语的兴趣,并大幅提升学生的学习效果;内容教学法能够激发学生学习英语的动机,培养学生学习英语的兴趣,一定程度上降低学生的学习焦虑,能使学生的综合语言技能得到进一步提高。其他课程方面,"互联网+"生物学课堂的视听刺激体量更大、形式更多样,教学中因"时"、因"材"选择和构建合适的视听刺激形式,可激发并维持学生的学习兴趣。学生自身对地理课程的爱好程度、教师在地理教学方面采用的方式方法、外部环境的干扰均对学生地理学习兴趣的产生和维持有较大影响。教学内容的难易程度、老师的教学水平、实验教学水平、教师的教学心态、教师对学生的期望影响高中生物理学习的兴趣;但高中生的物理学习兴趣与气质类型无显著相关,研究未能证实存在具有物理学习兴趣偏向的气质类型。学校环境和家庭环境能够正向预测中小学生的体育学习兴趣,学校环境的预测能力好于家庭环境,社会环境未能预测体育学习兴趣;高中体育专项化教学提高了体育后进生的运动参与程度和对体育的关注度,实验前后对比具有显著性差异,但是对体育学习兴趣的其他维度方面影响不明显;在篮球教学中运用分层—合作教学模式,体现学生主体地位,小组成员相互学习、相互交流,有利于提高学生学习的积极兴趣,降低学生

① 郝连明等:《项目学习对学习兴趣和自我效能感的影响》,《教学与管理》2018 年第 24 期。

② 姚文峰:《农村小学生英语学习兴趣状况及影响因素调查》,《内蒙古师范大学学报(教育科学版)》2009 第 10 期。

③ 曾献春等:《导学案教学策略对新疆双语学生生物学习兴趣和学习态度的影响——以喀什地区第六中学为例》,《新疆师范大学学报(自然科学版)》2012 年第 2 期。

学习的消极兴趣,促进学生课外自主进行篮球活动与学习。

第四,学生学业情绪的影响因素。良好的学业情绪不仅有助于学生认知活动的开展和主动学习态度的培养,而且有助于建立良好的师生关系,促进学生身心健康发展。学业情绪与成就动机、归因、自我效能感有着密切的联系,①个体的自我认知、成就目标、认知能力等个体因素,以及班级、家庭、课堂等环境因素都会影响学业情绪。② 也有学者认为,内部因素如学业成就动机、学业自我概念、人格类型、归因方式,外部因素如校园氛围、家庭氛围、同辈群体和同伴关系、师生关系等影响初中生学业情绪的发展。具体表现在:学业自我效能感与学业情绪存在相关性,且学业自我效能感对学业情绪具有显著的预测作用;职业认同、自我效能感与积极学业情绪之间存在显著的正相关,与消极低唤醒存在显著的负相关,自我效能感在职业认同与积极学业情绪之间起部分中介作用;学业自我概念对积极学业情绪有正向预测作用,对消极学业情绪存在一定的负向预测作用。其中,学业成就价值对积极学业情绪具有正向预测作用,对消极高唤醒学业情绪具有负向预测作用,学业行为自控对积极低唤醒学业情绪有正向预测作用。与此同时,一些研究针对不同学生群体的内部因素进行了研究。如有研究显示,大学生平时时间管理通过自我价值界定直接影响学业情绪,合理的时间管理产生积极的学业情绪,不当的时间管理导致消极不良的学业情绪;学业情绪与专业承诺、学业自我效能各因子间呈现显著相关,专业承诺、学业自我效能对大学生学业情绪有着重要影响。师范生教师职业认同感与学业情绪各维度之间均存在显著正相关,职业认同感对学业情绪各维度有较强预测力。中职生学业情绪与其人格特征密切相关,表现为神经质(N)与消极学业情绪呈显著正相关,内外向(E)与积极学业情绪呈显著正相关,与消极学业情绪存在显著负相关。③ 女子高校学生坚韧人格与

---

① 俞国良、董妍:《学业情绪研究及其对学生发展的意义》,《教育研究》2005 年第 10 期。
② 徐先彩、龚少英:《学业情绪及其影响因素》,《心理科学进展》2009 年第 1 期。
③ 向祖强等:《中职生学业情绪与人格特征的关系研究》,《教育导刊》2017 年第 10 期。

学业情绪关系密切,对学业情绪有一定的预测作用,其中,挑战、控制对女子高校学生的积极高唤醒情绪和积极低唤醒情绪有正向预测作用,投入对消极高唤醒情绪有负性预测作用,挑战对消极低唤醒情绪有正向预测作用。也有针对某一特定课程学业情绪的研究,如数学价值、数学期望和数学自我概念均正向预测积极数学学业情绪,数学价值正向预测消极数学学业情绪,数学期望和数学自我概念负向预测消极数学学业情绪。① 外部因素方面,亲子关系、特定的训练等因素影响学生学业情绪。结果显示,亲子沟通与积极学业情绪呈显著正相关,与消极学业情绪呈显著负相关,留守学生与父亲的沟通状况能很好地预测其学业情绪。正念训练能显著提升学习困难学生积极高唤醒及积极低唤醒学业情绪,并显著降低了消极高唤醒及消极低唤醒学业情绪;②焦点解决取向团体心理辅导对改善初中生学业情绪具有有效性与可行性;归因训练干预下,学生的焦虑、气愤、放松、自豪、厌烦、失望和兴趣等学业情绪有显著改变,活动教学后,学生的焦虑、羞愧、厌烦、愉快和兴趣等学业情绪有显著改变。③

第五,学生学习表现的影响因素。现有研究主要从家庭和学校教育环境以及学生自身因素等方面分析学习表现的影响因素。首先,家庭环境及家长因素影响学生的学习表现。有研究显示,成长环境和父母对教养子女的参与度与学生的学习表现有关系;教育价值观不仅直接影响学业成就,而且经由学校社会资本和学习投入间接影响学业成就,家庭教育投入对学业成就影响较小。④ 影响处境不利儿童学习表现的因素主要包括:家庭的社会经济地位、家

---

① 徐速等:《高中生数学学业情绪及其相关因素的研究》,《心理研究》2013年第5期。

② 陈翠翠等:《正念训练对学习困难学生注意力及学业情绪的影响》,《基础教育》2019年第2期。

③ 马惠霞等:《不同教学方法激发与调节大学生学业情绪的教育实验》,《心理发展与教育》2010年第4期。

④ 杨宝琰:《城乡初中生学业表现差异的影响因素及作用机制——基于教育投入、学习投入和教育价值观的分析》,《教育科学研究》2017年第3期。

庭结构、学校类型、缺勤情况、性别、种族、地理位置和住宅类型等,其中,父母的社会经济地位是最重要的因素。① 教育期望差和父母教育投入影响流动儿童的学业表现,期望差越大,父母教育投入越多,流动儿童的学业表现越好;流动儿童学习投入在教育期望差、父母教育投入和自己的学业表现之间起到完全中介的作用。② 与此同时,父母长期外出对其子女的学习表现造成了一定负面影响,其中,母亲外出对儿童学习表现的负面影响更大。留守儿童的健康水平、亲子关系、家长对儿童的关注度与学习表现相关。健康水平低的儿童,学习表现也较差;亲子关系良好、家长对儿童学习的关注程度高的留守儿童的学习表现较好,但留守儿童的家庭经济水平对其学习表现影响较小,同时,相比于非留守儿童,留守儿童学习表现受学业辅导的影响更大。其次,学校教育环境及教师因素影响学生的学习表现。有研究显示,公立中学的校园自主管理并未对学生的学习表现有明显影响,但是民办中学的课程自主会负向影响学生的学习表现。校园霸凌行为的频率越高,对学生的学习表现负向影响越大。儿童青少年每次参加身体活动的持续时间为 60 分钟时,有利于改善儿童青少年的学习表现。③ 相对于学校环境,教师课堂也对学生学习表现产生影响,如造成课堂假性学习的教师因素,包括研究学生的能力不足、评价方式单一和教学方法不当等;④数学课堂环境的改变能够导致学生的数学学习态度、数学观、数学学习取向以及问题解决能力的积极变化。⑤ 学习者各种信念和课堂表现之间有一定相关度。其中,学习者对英语使用者、四项语言技能、老

---

① 张献华、杨文:《影响处境不利儿童学习表现的主要因素》,《学前教育研究》2013年第 3 期。

② 蔺秀云等:《流动儿童学业表现的影响因素——从教育期望、教育投入和学习投入角度分析》,《北京师范大学学报(社会科学版)》2009 年第 5 期。

③ 王积福等:《身体活动对儿童青少年学习表现影响的元分析》,《首都体育学院学报》2016 年第 6 期。

④ 丁萍萍、李如密:《课堂上的假性学习:表现、原因及对策》,《上海教育科研》2019年第 6 期。

⑤ 丁锐、马云鹏:《课堂环境与学生学习表现的因果关系研究——一个基于数学课堂的前实验研究》,《全球教育展望》2011 年第 10 期。

师的教、语言学习以及目标的信念与其四种课堂表现有频繁的相关度。[①] 可以看出,家校因素是影响学生学习表现的重要因素,在控制了学生性别、家庭社会经济地位、父母教养方式等因素后,家校合作能显著正向预测学生的学业表现。[②] 最后,学生自身因素影响其学习表现。结果显示,小学生的家庭作业行为水平和社会性交互行为水平都与学生的学业成就有显著正相关关系,同时,小学生的社会性交互行为可作为核心指标预测学生的学业成就。[③] 对数学学优生而言,学习自信心对数学成绩的影响最大,数学焦虑次之且为负向影响,师生关系和学习兴趣的影响相对较小;对数学后进生而言,师生关系和数学焦虑对数学成绩的影响相对较高,学习自信心的影响次之。[④]

总之,学生的学业素养是多因素共同影响的结果,从现有研究所关注的范畴来看,主要集中于学校的物质与文化环境、教师的教学水平与模式、家庭的社会经济地位与家庭结构、家长的素质与亲子关系,以及学生的自我效能、自信心和个体特征等。从影响因素的作用路径来看,上述因素对学业素养各构成有直接影响,也有间接影响或起中介作用的关系等。从影响因素的重要程度来看,虽然学生学业素养的各构成内容是多因素共同作用的结果,且通常接受外因通过内因起作用的论断,但相对于成长中的青少年儿童而言,家庭和学校的外力是影响其学业素养的重要因素,尤其是需要长期培养的学业素养,更离不开家庭和学校的协同作用。因而,有必要将学生学业素养的培养纳入家校合作的内容,通过家庭和学校的合力帮助学生形成良好的学业素养,进而使其成为学生获得学业成就乃至真正提升学生核心素养的内在支撑力量。

---

① 孙平:《学习者信念与课堂表现相关度的实证研究》,硕士学位论文,华中师范大学外国语学院,2011年,第22页。

② 张和平等:《家校合作对学业表现的影响——学习投入的中介作用》,《教育学术月刊》2020年第1期。

③ 付冠峰:《小学生课外学习行为对学业表现的影响研究》,硕士学位论文,华东师范大学教育技术信息技术学院,2016年,第15页。

④ 何声清、綦春霞:《数学学优生和后进生学习表现及其影响因素的差异研究——基于我国6个地区的大规模测试》,《教育科学研究》2018年第3期。

第三节　小学生学业素养的结构与现状

根据学业素养概念的界定,学业素养是由学习认知(学习动机、学习态度)、学习情感(学习兴趣、学业情绪)和学习表现构成的综合性的行为能力。从学业素养的属性及概念本身的适用性来说,小学生的学业素养结构也应包括认知、情感和行为三个维度,可以从学习认知(学习动机、学习态度)、学习情感(学习兴趣、学业情绪)和学习表现来综合研判小学生的学业素养水平。

为保证学业素养概念与结构的准确性和有效性,本研究邀请了6名小学教师、3名校长和3名熟悉心理测量并从事学生发展研究的高校教师,对学业素养概念的内涵及结构进行适切性评定。评定内容主要包括两方面:一是概念提出的科学性和内涵界定的准确性,二是学业素养结构的合适程度。评定采取5点计分法,分数越高,代表概念越科学、越准确,结构越合适。结果显示,概念提出的科学性和内涵界定的准确性方面,平均值分别为4.833和4.750,标准差均小于1,表明学业素养概念的科学性高,内涵界定准确程度高。学业素养结构的合适程度方面,三个维度的平均值分别为4.750、4.667和4.667,标准差均小于1,这说明学业素养结构的划分较为合适。可以看出,调查的初步结果与前期的假设一致性程度较高。因此,本书依据核心素养的概念和结构将之进一步操作化,转化为具有可观察、可测量的学业素养调查问卷,作为评定小学生学业素养水平的测量工具。

一、小学生学业素养的测量工具的制定

小学生学业素养初测问卷的检测数据来源于两方面:一是项目分析和探索性因素分析的数据,与家校合作类型调查问卷的被试家长相对应,共2707份;二是验证性因素分析和信度分析的数据,来源于正式调查。

（一）调查问卷题项的形成

通过开放式问卷调查收集小学生学业素养的相关素材,被试为 22 人,共 3 个开放式问题,分别为:"你认为老师眼中的'好学生'有哪些表现?""你学习的动力来自哪里? 为什么?""你在学习动力十足时会有什么样的内心和行为表现?"调查结束后,对开放式问卷调查获得的信息进行整理和分类,共形成与学业素养相关的有效条目 131 个。结合现有学习动机、学习态度、学习兴趣、学业情绪等调查工具,从中挑选部分项目,经过修改加工成为本问卷的项目。依据学业素养结构将开放式调查结果与相关调查工具的条目进行归类和合并,分别纳入学业认知、学业情感和学业表现三个测量维度。最后,结合专家意见,依据心理测量学项目编制的要求,共形成 17 个初始题项组成小学生学业素养调查问卷。题目选项呈递减式,数据回收后通过反向计分的方式进行计算,得分越高,学生的学业素养水平越高。

（二）项目分析

通过项目分析判断学业素养初始问卷各题项是否具有区分度、是否可被接受,一般使用临界比率值（CR 值）和同质性检验两种方法。临界比率值是将题项总分由高到低进行排序,前 27% 记为高分组,后 27% 记为低分组,对高分组和低分组的每个题项进行独立样本 t 检验,将未达到显著性的题项删除。同质性检验是计算每一题项与总分的相关系数,若相关系数小于 0.4,表明该题项与问卷的相关度不高,考虑删除。在进行高低分组比较以及对每个项目与总分的相关性进行分析之后,删除 t 值不显著和相关性低于 0.3 的题项,即删除 B13 题,其余题项有良好的区分度,适合进行探索性因素分析。

（三）探索性因素分析

首先,对问卷进行因子适合性检验,通过 KMO 和 Bartlett 球形检验,发现

Bartlett 球形检验值为 14570.00,p<0.001,说明各题项间可能存在共同因素;同时,KMO 值为 0.933,符合进行下一步因素分析的标准。对余下 16 个题项采用主成分分析,抽取特征值大于 1 和项目大于 3 的因子。表 6-1 结果显示,特征值大于 1 的因素有 3 个,可以解释总体方差的 44.34%。

表 6-1　小学生学业素养问卷负荷矩阵

成分	初始特征值			旋转平方和载入		
	合计	方差的 %	累积 %	合计	方差的 %	累积 %
1	5.104	30.025	30.025	5.104	30.025	30.025
2	1.286	7.567	37.592	1.286	7.567	37.592
3	1.147	6.746	44.338	1.147	6.746	44.338

使用最大方差法旋转因子并获取用于删除项目的因子之间的旋转分量矩阵。根据问卷的项目要求标准,题目的负荷值需大于 0.4,共同度大于 0.2,每个维度不得少于 3 题。表 6-2 结果显示,题项归属的维度明显和预设维度矛盾,删除 B12、B16 和 B17 题。

表 6-2　旋转后的成分矩阵

	成分		
	1	2	3
你有没有因为贪玩比如看电视或玩电子游戏而不写作业?	0.762		
每次做家庭作业你的状态是?	0.730		
你会怎样应对每一次考试?	0.669		
你会经常做课前预习和课后预习吗?	0.617		
你上课会做与学习无关的事情吗?	0.595		
下列哪种最符合你上课时的状态呢?	0.541		
你觉得你在班级里快乐吗?		0.660	
老师上的课你都喜欢听吗?		0.643	

续表

	成分		
	1	2	3
你怎样看待压力带来的影响?		0.643	
每次考试时,你的心情如何?		0.578	
你学习的主要目的是什么?			0.778
你上课会迟到或者早退吗?			0.760
你觉得学习是每个人都必须做的事情吗?			0.733

据表 6-2 的分析结果,本问卷的 3 个维度较为稳定,最终构成了《小学生学业素养问卷》,问卷共 13 个题项。其中,因素一包括 6 个项目,命名为"学习表现";因素二包括 4 个项目,命名为"学习情感";因素三包括 3 个项目,命名为"学习认知"。

(四)信度分析

信度分析采取正式问卷所收集的有效数据进行计算,经检测,克隆巴赫 α 系数为 0.836,问卷各个题目的克隆巴赫 Alpha 系数均在 0.8 以上,且删除题项后的克隆巴赫 Alpha 均小于总量表 0.836,表明本问卷的信度较为理想,问卷具备良好的信度,是相当可靠的。

(五)验证性因素分析

以探索性因素分析的结果为基础,构建小学生学业素养的模型,检验模型建构效度的适切性与真实性。运用 AMOS6.0 检验模型的拟合程度,结果显示,小学生学业素养的 3 个因素的因素负荷量介于 0.52 至 0.81 之间。潜在因素一"学习认知"的 3 个测量指标因素负荷量分别为 0.71、0.62 和 0.56;潜在因素二"学习情感"的 4 个测量指标因素负荷量分别为 0.78、0.66、0.81 和

0.59;潜在因素三"学习行为"的6个测量指标因素负荷量分别为0.69、0.56、0.52、0.72、0.54和0.63。因素负荷量值越大,表示指标变量能被构念解释的变异越大,表明模型的基本适配度良好,指标变量能有效反映其要测得的构念特质。该模型适配度指数方面,CFI = 0.982,TLI = 0.975,GFI = 0.990,RMSEA = 0.031,模型的各项指标优于模型拟合标准,因此,接受小学生学业素养的初始模型。

二、小学生学业素养的现状与差异

借助自编的《小学生学业素养问卷》,调查了解小学生学业素养的整体水平,分析不同类型小学生学业素养的差异,以期深入了解小学生学业素养的特征。

(一)小学生学业素养的总体水平

小学生学业素养问卷的理论总分为52。由表6-3可知,小学生学业素养总分的平均值为43.88,各题项的平均分为3.38,为中分组水平,小学生的总体学业素养处于中等水平。

表6-3　小学生学业素养的基本情况

	平均值	方差	标准差
学业素养	43.88	26.375	5.136

以小学生学业素养均值划分学生的学业素养水平,3分以下为低分组,3—3.5分为中分组,3.5—4分为高分组,结果见表6-4。其中,18.6%的被试学业素养为低分组,38.9%的被试学业素养为中分组,42.5%的被试学业素养为高分组。所调查小学生的学业素养总体良好,但仍有一定比例小学生的学业素养有待进一步提升。

表 6-4　小学生学业素养各分数段的基本情况

学业素养分组	频率	百分比
低分组	654	18.6
中分组	1365	38.9
高分组	1491	42.5

　　小学阶段是学业素养提升的奠基阶段,也是重要的养成阶段,是家庭教育和学校教育非常关注的重要内容。从学业素养各结构影响因素的文献梳理来看,家庭投入、家长自身素质、校园环境与文化氛围、教师管理与教学以及学生的自我效能感、自信心等,都是影响学业素养水平的重要因素。调查中出现的小学生学业素养水平的高低差别,与上述因素有着密切的关系。通过对家长、教师的一些访谈,我们也发现家长、教师等因素确实影响着学生学业素养的养成。一些注重家庭教育的家长谈道:"我们平时很注重对孩子的教育,特别是对学习的正确认识和学习态度方面,尽量不强加给孩子为了父母学、为了老师学的观念,更多的是让孩子自己定一个学习的长远目标,这样他在学习时不会应付了事。说实话,孩子现在才上小学,我们怕孩子在没有认识到学习重要性的时候就厌学,这是很可怕的一件事。""孩子的学习习惯非常重要,要从小培养,我们家平时主要是正确引导孩子的学习。因为我是老师,在平时也注意给孩子树立好的榜样,比如孩子学习时我看书备课,和孩子谈到学习时会列举班级里一些优秀学生的好的做法,也会谈到一些调皮、上课不认真学生的优点。总的来说要给孩子好的学习观念和例子,这样他才会爱上学习。"但同时,也有一些家长忽视了孩子学业素养的培养,有家长认为:"平时我们比较忙,是爷爷奶奶带着,学习的事情爷爷奶奶也管不了,孩子也不听老人的,至于学习习惯啥的,因为我们不懂,也忙,这些事情老师应该会说的。""学校老师抓得紧,像去年疫情期间的网课,学校的课程安排得满满的,老师在网上也告诉孩子什么时间做什么事,我们主要是督促孩子按老师的做法去做。平时的学习

我们也看不到,主要在学校学习,家里主要是叮嘱写作业,其他的管得不是太多。"可以看出,家长对其子女学习的重视程度有所差异,所关注的教育内容也不同。部分学生家长注意孩子学习认知、学习情感等方面的培养,通过自身的言传身教和"潜移默化"的影响帮助孩子树立正确的学习观、良好的学习习惯;但仍有少部分家长与学校及教师的沟通仅局限于孩子的学业成绩,而忽视了除成绩外孩子在校的人际交往、心理健康、学习习惯等方面。这些现象也从教师访谈中得到印证,有教师反映:"班级里有些家长说是对孩子很重视,但重视的是成绩,就像期末考试后,首先问的是多少分、考了第几名,作为老师确实感觉家长们有时关注的点不对,小学阶段的重点应该是良好学习习惯的养成,还有对学习的态度,家长们首先应该关心的是孩子在学校的表现,在课堂的表现,而不是成绩。""学生对学习的态度如何、是不是喜欢学习,这些内在的东西是学生发展的重要内容。学生的学习心态、学习习惯也可以反映出这个孩子本身的素质,这些受家庭、家长的影响比较大,我们当老师的也希望学生家长能够配合一起纠正孩子不正确的学习习惯,这方面在学校可以交给老师,但家里还是要依靠孩子的家长。""当了这么多年的老师,我也基本上有一种经验判断,素质高的家长的孩子,学习习惯一般都好,最起码在学习的态度上是认真的,这些是基础;而父母不管不问的孩子,大多数不怎么认真学习,这些是我们最头疼的事情。"从教师访谈中可以获取一些信息:一是教师肯定了学业素养的重要价值,尤其是学生学习的持久性和学生的长久发展,被教师看作能否取得良好学习结果的基础性因素。二是家长在对子女的培养过程中出现分化现象,即家长素质高,通常对学生的学习认知、学习情感等内容也给予较高的关注度,而过于注重子女学习成绩或较少关注其学习的家长,通常忽视了子女内在学习动力的问题。换句话说,家长的教育观直接影响其对子女学业素养培养重要性的认识程度。三是教师希望与家长形成合力,共同培养学生的学业素养。从访谈资料中可以发现,大多数教师非常乐意与学生家长合作,以提升并保持学生学习的内在动力,但现实的状况是,愿意合作的家长其自身素质相对较高,其子女的学业素养水平通常也较高,而合作意愿不高或没有意识到要合作的家长,关注孩子学习的重心是学习成绩,不注重学习认知、情感以及行为表现等过程性的内容,这恰恰是教师们所感到无奈的。因此,这也是造成学生学业素养水平高或低的重要原因。

(二)小学生学业素养水平的差异

从性别、是否独生子女、来源、是否班干部,以及就读学校教学质量、父母学历、成绩水平等方面,对小学生的学业素养进行比较。

1.不同类型小学生学业素养的差异

从小学生的性别、是否独生子女、来源以及是否班干部四方面,分析不同类型小学生学业素养的差异。结果见表6-5。

表6-5　不同类型小学生学业素养的差异

变量	个案数	均值	标准差	t	P
男	1840	43.63	5.30	-3.034	0.002
女	1670	44.15	4.93		
独生子女	1517	44.03	4.81	1.484	0.138
非独生子女	1993	43.77	5.36		
城镇学校	2984	43.77	5.03	-2.956	0.003
农村学校	526	44.49	5.64		
班干部	877	45.31	4.82	9.682	0.000
非班干部	2633	43.40	5.14		

第一,不同性别的小学生学业素养存在显著性差异,女生的学业素养水平高于男生。通常来说,小学至初中阶段,女生的学习成绩比男生优异,这是客观存在的普遍现象。造成这种差异的原因在于:一是男女生的向师性有所不同,特别是在小学阶段,女生的向师性比男生要强。因而,相对于男生,女生更

多以教师为中心,崇拜教师,对教师的要求、指导和话语较为顺从,总体上表现出良好的学习态度以及行为。二是男、女生学习的自觉程度。这主要是性别差异所致,一般来说,女生学习的自觉性比男生强,学习态度比男生更端正,男生经常要靠父母和教师施加压力才能维持学习活动。三是男、女生注意力的差异。女生注意力比男生集中,学习习惯比男生要好。再加上小学阶段女生相对于男生来说心理成熟较早,处理事情更加成熟稳定,因而小学阶段的女生的学业素养总体比男生好一些。

第二,独生子女与非独生子女的小学生学业素养无显著差异。早期很多研究表明独生子女各方面发展一般优于非独生子女,类似结论具有一定的时代性。由于家庭经济资源和精力的限制,孩子数量越少越利于提升孩子的教育质量,但有关独生子女与非独生子女发展存在差异的结论需考虑时代的适应性。随着经济增长和资源极大丰富,家庭资本以及教育资源相对较好,子女数量与培养质量的矛盾正在缓解,如国外研究表明,20 世纪 80 年代以前的研究大多可能会发现独生子女在认知等方面优于非独生子女,但 20 世纪初左右的研究,却发现独生子女与非独生子女并没有显著差异。造成两个时间段研究结论不一致的原因是随着经济的增长,家庭收入增加以及国家福利变好,即使孩子数量增多,儿童也能够得到较为充足的资源,从而拥有较好的发展。[①]这一结论有助于我们理解独生子女与非独生子女学业素养水平无差异的结果,其可能的原因有二:一是子女的数量仍未达到"无暇顾及"的程度。虽然生育政策放开,但非独生子女家庭通常为两个孩子,从当前家庭构成的主要模式来看,小学生的父母外加上一辈老人,在精力的投入方面能够满足两个孩子的教育需要。二是在家庭经济有一定积累的情况下父母对子女的重视程度显著提高。总体来看,我国当前学生家庭对子女教育的重视程度显著提升,这与孩子的数量不存在矛盾。通常来说,考虑养育多个子女的家庭会考虑自身的

---

① 彭一峰:《独生与非独生子女早期发展的比较研究》,硕士学位论文,陕西师范大学教育实验经济研究所,2018 年,第 12 页。

经济承受能力,因而,非独生子女家庭较少存在经济方面的问题。在排除经济因素后,学生学业素养的养成更多地依靠家长的重视程度和引导,在家长学历水平和素质明显提升的当今社会,独生子女与非独生子女的教育偏向或"无暇顾及"某一个子女的问题较少存在。

第三,城乡小学生的学业素养存在显著的差异,农村学校小学生的学业素养高于城镇学校小学生的学业素养。该结论与一项研究结果较为相似,该研究显示,乡村学生的学习态度较之于城市学生而言更为谦虚谨慎,乡村学生的课堂学习注意力以及主动克服学习困难的毅力要优于城市学生。2016 年,国务院出台《关于统筹推进县域内城乡义务教育一体化改革发展的若干意见》,提出了十项重大改革和发展举措,如努力办好乡村教育、推进学校标准化建设、统筹城乡师资配置、改革乡村教师待遇保障机制等,这些举措极大地提升了农村学校的办学条件、师资水平等,农村学校的教育质量得到显著提升,城乡学校教育的差距不断缩小。事实上,城乡学校教育的差距主要根源于教师,随着城乡义务教育一体化改革的不断推进,农村学校的师资在一定程度上得到补充,一些省份专门针对农村学校师资力量不足、学科结构失衡的问题,实施乡村定向师范生培养政策,如江苏省、安徽省等,为农村学校输送了大量的优秀师范生。可以说,在政策的驱动下,城乡教育质量差距问题的缓解仅仅是时间问题,与此同时,也为我们今后的研究提供启示,即需要打破城镇学生优于农村学生的"固定"思维。本书所得出的农村小学生学业素养优于城镇学校小学生的结论也是如此,究其原因,农村小学生所处的生活环境和父母平时的引导极大可能提升学生的学习动力,从而表现出较高的学业素养。一项个案研究结果表明,父母与子女形成的改变命运、实现向上流动的共同教育期望,是推动农村父母与子女发挥主体能动性、采取积极行动克服阶层限制的原生性动力;[1]父母教育期望对农村子代学习成绩的调节效应强于城市子代。

---

[1] 周梦:《一个农村多子女家庭的家庭教育个案研究》,硕士学位论文,西南大学教育学部,2019 年,第 22 页。

也就是说,农村家庭对子女的期望可以为其学习带来巨大的动力。

第四,班干部与非班干部的学生学业素养存在显著性差异,班干部的学业素养高于非班干部。总体来说,教师在选择班干部时往往倾向于选择成绩偏好、责任心强和对班级同学能起到榜样作用的学生,这类学生的学业素养水平往往偏高一些。同时,担任班干部可以培养学生的自信心和面对困难泰然处之的能力,让学生在面对各种学习压力的时候可以有条不紊。担任班干部还可以锻炼学生的组织能力和领导能力,也会提高学生的自我约束能力。班干部是同学们的标杆,学生感觉到了极大的荣誉,自然会严格要求自己,提升自己各方面的学业素养,起到带头作用。

2.不同教学质量学校学生学业素养的差异

客观上,学校的教学质量存在一定差异,不同教学质量的学校,其学生的学业素养可能也存在差异。本书通过被试家长的判断对学生就读学校教学质量进行区分,了解不同教学质量学校的小学生学业素养的差异,结果见表6-6。

表6-6　不同教学质量学校的小学生学业素养的比较

变量	个案数	均值	标准差	F	P
很好①	1632	45.40	4.53	98.107	0.000
比较好②	1288	43.13	4.75		
一般③	537	41.65	5.61		
相对偏差④	53	37.08	7.36		
事后检验	①>②、①>③、①>④ ②>③、②>④ ③>④				

结果显示,就读于不同教学质量学校的小学生学业素养存在极其显著的差异。经过事后检验可知,就读学校的教学质量好的小学生学业素养总体上高于学校教学质量相对偏差的小学生。其原因主要有两方面:一是学校教学

质量差异对学生学业素养产生了影响。前文有关学生学业素养影响因素中，学校因素是重要变量，如校园环境、学校文化等，而这些方面恰恰是学校教育质量高低的表现。良好的学习环境与氛围、教师有效的管理与教学等可以极大地提升学生学习的积极性，有助于学生树立正确的学习观念、养成良好的学习习惯，这为小学生养成良好的学业素养提供了外力支持。二是教学质量相对较高的学校容易积聚优质的生源。2014 年，教育部发布《关于进一步做好小学升入初中免试就近入学工作的实施意见》，要求义务教育阶段公办中小学规范招生入学行为。同年，教育部办公厅下发了相关通知，选择北京、上海等 19 个问题突出的直辖市、计划单列市及副省级城市分 3 年实施。2019 年，教育部办公厅发布《关于做好 2019 年普通中小学招生入学工作的通知》，全面落实义务教育免试就近入学规定。就近入学、"划片招生"对于遏制择校热、解决学生上学距离、安全等问题发挥了积极作用。有学者认为，就近入学可以避免优质生源扎堆的现象，但现实的状况是，由于区域内优质教育资源的差异，优质学校所在学区的房产仍是稀缺资源，有的家长花费重金购买"学区房"，千金一掷只为名校。学区房实际上是行政配置教育资源和市场配置教育资源的一种结合体，能够承担起高额"学区房"房价的群体通常具有一定的经济基础，经济基础与家庭社会经济地位紧密相关，换言之，优质学校所聚集的学生其家庭的社会经济地位、家长层次等相对较高，这些因素是影响学生基本素质与发展潜力的重要内容。可以说，在学生生源与学校或班级同群效应的影响下，优质学校即教学质量高的学校极易积聚优质的生源，因而，在学校教学质量存在差异的情形下，学生的学业素养所表现出的高低现象亦回归于学生素质本身。

3. 不同成绩水平学生学业素养的差异

表 6-7 结果显示，不同学习成绩的小学生，其学业素养存在显著性差异，事后检验可知，学生的学习成绩与学业素养水平成正比，成绩越好的小学生其学业素养水平越高。

表6-7 不同学习成绩的小学生学业素养的比较

变量	个案数	均值	标准差	F	P
前列①	349	46.03	4.53		
中上②	1092	45.01	4.41		
中等③	1405	43.73	4.92	92.157	0.000
中下④	451	42.05	5.12		
靠后⑤	213	39.40	6.69		
事后检验	①>②、①>③、①>④、①>⑤ ②>③、②>④、②>⑤ ③>④、③>⑤ ④>⑤				

上述结论的原因在于:一是学习成绩优异的学生一般伴有良好的学习品质。学习成绩作为一种结果,必然需要良好的学习习惯、积极的学习情感予以支撑。大量研究证实了非智力因素对学业成就起正向影响作用,如有研究显示:在成就动机的掌握目标上,五、六年级学业优秀高智商儿童的平均得分显著优于学业不良高智商儿童;在学业自我概念上,五、六年级学业优秀高智商儿童的平均得分显著高于学业不良高智商儿童,良好的非智力个性心理品质对儿童的心理健康和学业成绩有积极作用。[1] 二是学习成绩优异的学生所获得的学习动力更为强劲。学业素养与学业成就具有相互作用的关系,学业素养对学生的学业成就起到积极正向的作用,而学业成就的获得将进一步提升学生的学业素养。就如学习心理学研究成果所证明的,"学习效果=50%学习品质+40%努力程度+10%智商",在影响学习的三大因素中,天赋和努力固然重要,但学生的学习品质更为重要,拥有良好的学业素养对学生学习成绩带来的影响是举足轻重的,提升学生的学业素养是促进学业取得进步的关键。

---

① 程黎等:《10—12岁学业优秀与学业不良高智商儿童非智力因素的比较》,《教育研究与实验》2011年第6期。

第七章　小学生的社会素养

　　学生自主发展、合作交往、社会参与等社会素养的提升,是个体适应社会最基本的能力。学术界提出社会适应能力的概念,认为它是人为了在社会中更好地生存而进行心理、生理以及行为上的各种适应性改变,从而与社会达到和谐状态的一种执行适应能力,并积极呼吁加强不同学段学生社会适应能力的培养。有学者认为,青少年期的社会适应不仅关系个体在青少年期的健康发展,也对其在青年期以及成年期的适应具有深远影响。[1] 本质上,社会适应能力包含的亲社会行为、居家、生活自我管理、情绪监控、社会交往,[2]一般适应能力、人际适应、心理能量储备,[3]或人际和谐、学习自主、观点接纳、集体融入、生活独立、环境满意等,[4]与核心素养框架中有关社会素养的内容,如人际交往、社会参与、社会情感、互动运用语言交流、社会和公民素养等具有一致性。学生社会素养的培养,根本上是为了实现人的发展与社会发展的和谐统一。人的全面发展与社会全面进步的实现是人通过实践活动,自觉协调和解

---

　　① 邹泓等:《青少年社会适应的保护性与危险性因素的评估》,《心理发展与教育》2015 年第 1 期。
　　② 王永丽等:《儿童社会生活适应量表的编制与应用》,《心理发展与教育》2005 年第 1 期。
　　③ 柴江:《我国特殊家庭学生社会适应能力的研究进展》,《中国特殊教育》2014 年第 4 期。
　　④ 郭成等:《少年儿童社会适应问卷的初步修订及信效度检验》,《西南大学学报(社会科学版)》2018 年第 3 期。

决人与社会、人与自然发展之间的各种不和谐状态,逐渐走向和谐的过程,这是新时代人与社会协调发展促进经济高质量高效益发展的内在要求,是化解新时代社会主要矛盾的重要途径。[①] 社会素养是反映学生融入社会、适应社会的综合能力的表现,从个人发展角度而言,它是学生全面发展的重要内容,是走入社会所必须具备的基本能力;从社会发展角度而言,学生社会素养的提升有助于构建人与社会良好互动的桥梁。随着社会的不断发展,学生社会素养的培养更具有现实性和时代性,因而,中小学必须有意识地制定适应社会的人才培养目标、增加适应社会的教育教学内容、组织开展适应社会的实践教学、设计适应社会的主题教育活动、营造适应社会的育人环境、实施适应社会能力培养的评价,为学生未来发展奠定坚实的基础。[②] 现有核心素养框架中,基本都提及学生相关的社会素养内容或社会交往互动的技能,反映出学生社会素养培养的重要价值和现实意义。小学阶段是学生发展的奠基时期,及早重视并培养小学生的社会素养,有助于建立连贯的、持续的培养体系,与此同时,在学校教育期间的积极引导与养成,可能也是整体提升人们社会素养的最为有效的途径。

第一节　社会素养及测量工具的制定

中国学生发展核心素养以培养"全面发展的人"为中心,从哲学的角度看人的本质是一切社会关系的总和,即人具有社会性。顾明远认为,教育与社会素来关系紧密,课程教学不仅要培养学生终身学习的能力,而且要为学生打下走向社会的基础。[③] 社会素养作为学生个体适应终身发展和社会发展需求的

---

① 程永峰:《论新时代人与社会协调发展的科学内涵》,《内蒙古师范大学学报(哲学社会科学版)》2020年第4期。

② 戴斌荣:《大学生社会适应能力的培养必须从中小学抓起——以农村中小学为研究视角》,《天津师范大学学报(基础教育版)》2014年第1期。

③ 顾明远:《核心素养:课程改革的原动力》,《人民教育》2015年第13期。

关键能力之一,与学科素养、学业素养不同,它是专门针对学生适应社会生活而提出的内容。"社会"在《辞海》中的解释是:由人所形成的集合体;或由某一阶级或某些范围的人所形成的集合体,其组合分子具有一定关系,彼此合作以达到一定的目的。"素养"是指经常修习涵养,也指平日的修养,或行为能力。因而,社会素养是指在实际社会生活中,个体具备的能够使其成为一定范围人群集合体成员的行为能力或实践素养。这里的行为能力或实践素养是指能够被"集合体"所认同与接纳的自主发展、合作交往以及参与能力等。因此,能否被所谓的"集合体"所认同与接纳,就成为判定个体社会素养水平高低的基本标准。不同国家以及不同"集合体"的认同与接纳准则有一定差别,这一点可以从不同组织或国家的核心素养框架中有所体现。

联合国教科文组织在《反思教育》的报告中指出,所有青年都要具备基础素养、可迁移素养和职业素养三类素养。基础素养,指日常生活所需的素养,如读写算技能、遵守交通规则和垃圾分类放置等行为规范;可迁移素养,指能够适应不同工作需求和环境的能力,具体指分析问题、找到适当解决方案、有效传达想法和信息,领导能力和责任感以及创业创新能力;职业素养,是指特定职业所需的专门性素养。2003 年,美国 CASEL 组织提出通过社会情感学习提高学生社会能力的六个优秀项目,主要是为了通过学习环境的创设、家园合作等社会情感的学习来培养学生的社会能力。[①] 在研究"素养的界定与选择"时,美国提出三大核心素养——沟通信息处理、社会素养及自主行动,同时特别强调四个"超级核心素养"——创新能力、批判性思维、合作能力、交流能力。德国提出的核心素养分为基础素养和进阶的核心素养,基础素养包括学习知识、理解知识、应用知识及使用工具素养等,进阶的素养包括文化素养、沟通素养、媒体素养、经济素养、跨文化素养及情绪智能等核心素养。我国台湾地区参考经合组织 DeSeCo 项目构建关于核心素养的维度时,提出学生发

---

① 秦也雯:《美国学前儿童社会能力培养研究——以"强大开端"项目为例》,博士学位论文,延边大学教育学院,2018 年,第 30 页。

展核心素养包括自主行动、沟通互动、社会参与三个方面。其中,自主行动指个人可以在社会背景中自我管理和自主选择行动来发展身心素质;沟通互动则强调个体具备灵活运用科学技术、语言、符号等社会文化工具,有效地与他人与社会进行合作交往;社会参与注重发展学生适应社会的能力,能够积极主动参与活动,在活动中建立良好和谐的人际关系。

与此同时,我国大陆学者针对学生的社会素养内容也提出了一些看法。如有学者认为,核心素养不同于基础素养,基础素养指人们在日常生活、学习、工作中所需要的基本素养,包括基础性的知识技能和基本的行为规范要求。然而在 21 世纪,要适应社会变迁不仅需要基础素养,更需要具备核心素养。核心素养是高级素养,不仅涉及逻辑思维、分析、综合解决问题的能力,也涉及自主行动、沟通交流等素养,凸显了团队合作、自我管理的重要性。[1] 社会性是人在与社会的交往中获得的,儿童社会性是指儿童在与社会环境的相互作用过程中形成社会技能,确定自身社会角色,从自然人发展为社会人的过程。[2] 发展以培养"全面发展的人"为核心的核心素养应包括人的主体性、社会性和文化性。"主体性"包括生理的、心理的、智能和个性素养,主要涉及个人自我发展方面的素养;"社会性"主要指在社会背景下的交往素养,培养个体具备处理好与他人、家庭、社会、国家乃至国际等多重社会关系素养。[3] 由此可以看出,不同组织、国家、地区以及核心素养的理解,不仅仅局限于学科素养,而是渐渐转向重视学生的社会素养,注重学生自主发展、合作交往以及社会参与方面的能力。

---

① 褚宏启:《核心素养的国际视野与中国立场——21 世纪中国的国民素质提升与教育目标转型》,《教育研究》2016 第 11 期。

② 孙瑜:《家庭教养方式与儿童社会性发展的思考》,《现代教育科学》2006 第 3 期。

③ 张彦:《"两岸三地"学生核心素养的比较研究》,硕士学位论文,西南大学教育学部,2017 年,第 15 页。

一、社会素养理论模型的建构

根据现有核心素养框架可以发现,有关社会素养的内容主要由自主发展、合作交往和社会参与三个维度构成。本研究通过对核心素养框架中所涉及社会素养内容的归纳和分类整理,结合团队前期有关社会适应能力的研究结果,初步确定社会素养的各维度及二级指标,构建了学生社会素养的理论框架。

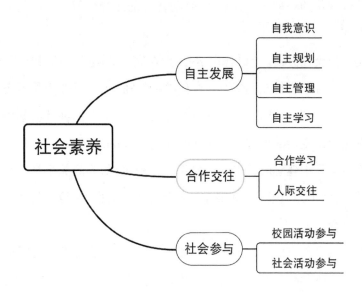

图 7-1　初步构建的小学生社会素养的理论框架

图 7-1 显示,社会素养由自主发展、合作交往和社会参与三个维度构成,其中,自主发展包括四个指标,即自我意识、自主规划、自主管理和自主学习;合作交往包括两个指标,即合作学习和人际交往;社会参与包括两个指标,即校园活动参与和社会活动参与。具体阐释如下。

一是自主发展方面。(1)自我意识,指个体对自身的察觉,即自己对自己的认识,具体包括三方面的认识:一是对自己生理状况的认识,如身高、体重等;二是对自己心理特征的认识,如兴趣、能力、气质、性格等;三是对自己与他人关系的认识,如自己与身边的人相处的关系、自己在社会中的作用与位置等。(2)自主规划,指学生个人能够根据对未来的整体性、长期性、基本性问题的思考与衡量,自行制订比较全面、长远的发展计划,设计未来整套行动的方案的能力。(3)自主管理,指学生在成人的积极引导下自主发现自我价值、发掘自身潜力、确立自我发展目标、形成适应社会发展和推动个体与社会发展的意识和能力。(4)自主学习,指以学生作为学习的主体,由学生自己做主,自主选择学习方式,通过阅读、听讲、研究、观察、实践等方式获得知识技能,达到身心持续变化的一种学习方式,它是与传统的接受学习相对应的一种现代化学习方式。

二是合作交往方面。(1)合作学习,指在完成共同任务的目标下,学生通过明确的责任分工进行互助学习。合作学习鼓励学生在完成共同任务的过程中为集体和个人利益共同努力,实现理想。(2)人际交往,在社会学中人际交往是指在生产或生活活动过程中建立的社会关系;在心理学中,人际关系是指人们在生活交际中建立的直接心理联系。一般来说,人际关系是人与人之间关系的总称,即个体通过一定的语言、文字或肢体动作、表情等与其他个体建立关系的过程。

三是社会参与方面。(1)校园活动参与,校园活动是指在校园里由学校举办的面向全体师生的活动,包括文化、娱乐、体育、社会实践等相关活动。(2)社会活动参与,指学生参加的有关社会上各行各业或者某一社会性质问题调查或走访的活动,具有以社会为媒介的性质。

上述模型只是一个理论假设,模型是否与实际一致,需要在研究中检验。

二、小学生社会素养测量问卷的编制

依据所建立的学生社会素养理论框架,结合小学生学习与生活的实际状况,编制了小学生社会素养的测量问卷,并对问卷进行信效度检验。具体来讲,题项筛选使用独立样本 t 检验与临界值检验法,探索性因素分析使用主成分分析法,信度检验使用克隆巴赫 α 系数,效度检验使用验证性因素分析法。

（一）预测问卷题项的形成

　　小学生社会素养问卷是在核心素养已有研究基础之上提出问卷的理论构想,参考国内外文献、个人访谈和开放式问卷整理而形成的。问卷分为自主发展、合作交往、社会参与三维框架,包括自我意识、自主管理、自主学习、自主规划、合作学习、人际交往、校园活动及社会活动参与 8 个二级指标。根据个别访谈和开放式问卷中具有代表性的结果,初步建构相关项目形成预测问卷。在编制问卷题项的过程中,发现开放式问卷回收的具体情形很难区分自主规划与自主管理的界限,同时,在编制具体题项时也发现,两个指标多处存在重合。通过征求专家意见,将自主规划这一指标剔除,因而,问卷中的自主发展维度包括三方面,分别是自我意识、自主管理和自主学习。对初步编制的问卷进行审定,请熟悉心理测量与问卷编制的专业教师评估审定初始问卷中每个项目的内容和语句表达,并对其进行修改,确定初始问卷的 50 个项目。

　　问卷共三部分,第一部分是了解学生的基本信息,包括性别、父母学历、是否班干部等方面;第二、第三部分是关于小学生社会素养的 50 道选择题。问卷采用 Likert 自评式 5 点形式,每个条目下设 5 个选项记分（1 表示"极不符合"、2 表示"不太符合"、3 表示"不确定"、4 表示"比较符合"、5 表示"非常符合"）,行为越符合,选择的数字越大。

（二）项目分析与探索性因素分析

　　通过数据编码和录入,对各题项进行项目分析,自主发展、合作交往、社会参与三个维度依次用 A(a)、B(b)、C(c) 表示,每个项目由其所在维度字母加其序列号数字表示。在高低分组比较、每个项目与总分相关性分析之后,删除 t 值不显著和相关性低于 0.3 的题项,结果删除 A7、A10,其余题项有良好的区分度,适合进行探索性因素分析。对剩余题项进行因子适合性检验,通过 KMO 和 Bartlett 球形检验,发现 Bartlett 球形检验值为 13165.767,p<0.001,说明各题项间可能存在共同因素。同时,KMO 值为 0.953,符合因素分析的标准。

采用主成分分析,抽取特征值大于 1 和项目大于 3 的因子。表 7-1 结果显示,特征值大于 1 的因素有 9 个,可以解释总体方差的 58.70%。使用最大方差法旋转因子并获取用于删除项目的因子之间的旋转分量矩阵。根据问卷项目要求的标准,题项负荷值需大于 0.40,共同度大于 0.20,每个维度不少于 3 题的标准:第一次降维结果删除 B4、b7、B2、a7、b5、b6;第二次降维由于因素 8 仅有 2 题,A3 和 B1,建议删除;第三次降维,由于因素 6 仅有 2 题,b2 和 C3,建议删除;第四次降维,由于因素 7 仅有 1 题 C1,删除;第五次降维,抽取因子 3,A1 和 A8、A6、B8 删除。最后贡献率达 50.29%,详见表 7-1 和表 7-2。

表 7-1 问卷因素负荷矩阵

成分	初始特征值			旋转平方和载入		
	合计	方差的 %	累积 %	合计	方差的 %	累积 %
1	11.748	37.898	37.898	6.563	21.170	21.170
2	2.320	7.485	45.383	4.817	15.537	36.707
3	1.520	4.904	50.287	4.210	13.580	50.287

表 7-2 探索性因素分析结果(第五次降维)

旋转后的成分矩阵[a]			
	成分		
	1	2	3
C5 课后,我会复习老师上课讲的内容。	0.739		
C7 我会自觉地将错题整理到改错本上,并经常回顾。	0.720		
B7 在学习上,我能制订适合自己的目标或计划。	0.712		
a5 如果有些知识在课堂上没有听懂,我会在课后与同学讨论将它弄明白。	0.653		

续表

旋转后的成分矩阵^a			
	成分		
	1	2	3
B5 我会定期清洁自己的房间,书桌、卧室井然有序。	0.637		
B6 在家里我会做一些力所能及的事,如洗碗、扫地、洗袜子、整理书桌等。	0.628		
C8 当一部分学习结束时,我常常能够总结出一些新的学习小窍门。	0.619		
C2 在学习新课之前,我会主动预习。	0.615		
a8 在课堂上,我的思维能跟着老师走。	0.606		
a3 如果在课堂上没有学会某个知识,我会主动找老师帮忙。	0.602		
C6 做完作业后,我会主动看书学习。	0.587		
B3 老师不在教室时,我在自习课上也能保持安静。	0.550		
C4 我能借助工具书查阅学习资料。	0.534		
b11 我的父母很关心我。		0.777	
b9 遇到不顺心的事情时,我能感受到父母在安慰我。		0.736	
b12 我感觉到我的父母很相爱。		0.692	
A2 我是一个幸福的人。		0.670	
b8 我乐于与父母分享我的想法。		0.551	
b10 父母经常陪我去图书馆阅读书籍。		0.543	
b3 我很信任我的老师。		0.529	
b1 我的老师在学习和生活中很关心我。		0.512	
b4 如果我犯了错,老师会帮助我正确应对。		0.510	
A9 我觉得自己在爸爸妈妈眼里是个好孩子。		0.506	
b14 我会积极参与学校组织的兴趣小组活动。			0.690
b15 我认为多参与学校组织的活动对我的学习有帮助。			0.660
b16 我认为在学校组织的活动中会获益匪浅。			0.647
a4 我非常愿意参加小组探究学习。			0.623
a2 在课堂小组合作学习中,我很愿意和同学分享自己的观点。			0.600
b13 我乐于参与一些学校组织的有关阅读方面的活动。			0.583
a6 通过小组合作学习,我的绝大部分问题能够被解决。			0.561
a1 课堂上,我经常主动举手提问或发言。			0.508

提取方法:主成分分析法。旋转方法:凯撒正态化最大方差法。a.旋转在 7 次迭代后已收敛。

　　根据上述分析结果,修订了初始框架,框架中的自主发展维度较为稳定,将合作交往与社会参与两个维度合并为社会参与一个维度,将活动参与列为人际交往下的一个分量表,删除 15 题项,由此形成正式问卷,共含两个维度(自主发展、社会参与)、五个因子(自我意识、自主管理、自主学习、合作学习、人际交往),共 29 个题项(见图 7-2)。通过对因素分析陡阶检验(碎石图)观察发现,在第四个拐点后的数据曲线趋于平缓,结合图 7-3,可判定小学生社

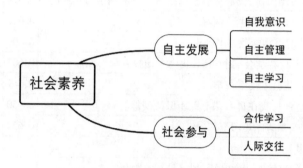

图 7-2　修订后的小学生社会素养模型

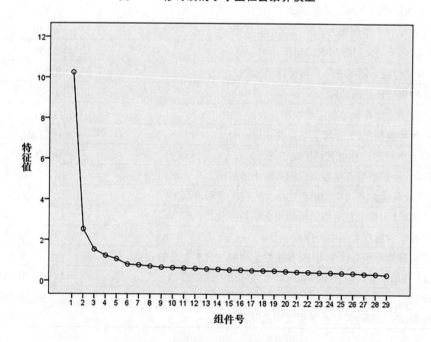

图 7-3　因素分析陡阶检验(碎石图)

会素养测量问卷保留的 29 个题目是合适的。

（三）信度分析

本次施测采用的是正式的量表,由 29 个题目构成,使用内部一致性系数（Aronbach's Alpha 系数）检验小学生社会素养问卷的信度,信度分析结果见表 7-3。

表 7-3　小学生社会素养问卷的信度分析

信度分析	总量表	自我意识	自主管理	自主学习	合作学习	人际交往
α 系数	0.934	0.862	0.783	0.823	0.829	0.783

一般情况下,当 α>0.8 时,内部一致性良好,当 0.6<α<0.8 时,内部一致性较好,当 α<0.6 时,内部一致性较差。小学生社会素养总问卷的内部一致性系数为 0.934,每个分量表的内部一致性系数在 0.783 至 0.862 之间,表明量表内部一致性信度经过再次验证较为理想,问卷具有良好的信度,是相当可靠的。

（四）验证性因素分析

崔丽霞和郑日昌认为,所编制问卷的内容效度和同质性系数的数值都较高的情况下可以说明所编制的问卷结构效度较好。在使用因素分析法检验问卷效度时,根据因素提取所提取的公因素与理论结构相近,那么说明所编制的问卷的结构效度较好。[①] 万忠尧认为,所编制问卷的内容效度和内部一致性系数较为理想时,可以从侧面说明结构效度也较理想。同时对预测问卷结果进行项目分析、探索性因素分析,得到维度结构和理论构想一

[①] 崔丽霞、郑日昌:《中学生问题行为的问卷编制和聚类分析》,《中国心理卫生杂志》2005 年第 5 期。

致,也说明问卷的结构效度良好。① 通过对小学生社会素养问卷的项目分析、探索性因素分析和内部一致性系数计算结果可初步判断,问卷的结构效度较为理想。

心理学家 Tuker 指出问卷各维度之间呈中等程度的相关,认为各维度之间相关应在 0.10—0.60,维度与总分之间相关在 0.30—0.80。当相关过高时,可能是因为维度间重合,过低说明个别维度测量内容和想要测量的内容不一致。为了再次检测小学生社会素养的结构效度,通过对正式问卷进行量表维度相关分析,得出各维度与维度之间的相关和各维度与总分之间的相关,见表 7-4。

表 7-4 小学生社会素养问卷各维度之间的相关

	自我意识	自主管理	自主学习	合作学习	人际交往	总分
自我意识	1					
自主管理	0.467**	1				
自主学习	0.483**	0.778**	1			
合作学习	0.479**	0.585**	0.568**	1		
人际交往	0.501**	0.633**	0.661**	0.703**	1	
总分	0.768**	0.840**	0.853**	0.786**	0.826**	1

由表 7-4 看出,各分量表之间的相关系数在 0.467—0.778,并且都在 0.01 水平上达到显著相关,显示出中等程度的相关,符合标准;各分量表与问卷总分的相关系数在 0.768—0.853,且都在 0.01 水平上达到显著相关,存在很高的相关;说明该问卷的结构效度良好。对验证性因素分析后发现,小学生社会素养问卷拟合效果较好。各量表指标不同程度达到标准,拟合较为理想。见表 7-5。

---

① 万忠尧:《大学生知识管理倾向问卷的初步编制》,硕士学位论文,西南大学心理学部,2014 年,第 16 页。

表 7-5 模型拟合指标

	AGFI	GFI	CFI	IFI	NFI	TLI
自主发展	0.874	0.888	0.898	0.888	0.875	0.873
社会参与	0.957	0.976	0.976	0.976	0.972	0.964

通过检测,本书所编制的小学生社会素养问卷由 29 个题目构成,包含两个维度:自主发展(21 题)、社会参与(8 题)。其中,自主发展维度下包含 3 个二级指标:自我意识(9 题)、自主管理(6 题)、自主学习(6 题);社会参与维度下包含 2 个二级指标:合作学习(4 题)、人际交往(4 题),采用 LIKERT 5 点计分。

第二节 小学生社会素养的现状分析

为了解小学生社会素养的总体水平及不同类型小学生的个体差异,从自主发展与社会参与两个维度分析小学生的社会素养。

一、小学生社会素养的总体水平

小学生社会素养总分为 145,从表 7-6 中可以看出,所调查的小学生社会素养的均值为 120.54,小学生社会素养状况良好。其中,得分最大值为 145.00,最小值仅为 29.00,可知小学生社会素养具有一定的差异性。

表 7-6 小学生社会素养总体概述

	均值	方差	极大值	极小值
社会素养	120.54	306.40	145.00	29.00

进一步分析小学生社会素养水平的差异,将得分为总分 90%以上的划分

为优秀,90%—80%划分为良好,80%—60%划分为中等,60%以下划分为相对较差,根据总分 145 可得出小学生社会素养各个水平的区间:优秀为 145—130.5,良好为 130.5—116,中等为 116—87,相对较差为 87 以下。

表 7-7 结果显示,小学生社会素养等级达到优秀的占 33.8%,良好的占 32.1%,中等的占 29.7%,相对较差的占 4.4%。计算可得,共有 95.6% 的小学生的社会素养达到了中等及以上的水平,表明大部分小学生的社会素养较高,然而还有 4.4% 的小学生社会素养等级相对偏低,说明还有部分同学的社会素养较低。

表 7-7 小学生社会素养等级划分

	频率	有效百分比	累计百分比
优秀	1186	33.8	33.8
良好	1128	32.1	65.9
中等	1041	29.7	95.6
相对较差	155	4.4	100

为清晰地了解小学生社会素养各指标的情况,下面从小学生的自我意识、自主管理、自主学习、合作学习和人际交往五个方面进行分析。

(一)小学生的自我意识

自我意识部分总分为 45,被试小学生自我意识的均值为 39.63,标准差为 34.74,说明小学生自我意识水平良好。将自我意识划分不同区间:优秀为 45—40.5;良好为 40.5—36;中等为 36—27;相对较差为 27 以下。

表 7-8 结果显示:自我意识优秀的 1964 人,占 55.6%;良好的有 822 人,占 23.4%;中等的有 586 人,占 16.7%;相对较差的有 138 人,占 3.9%。共有 96.1% 小学生的自我意识在中等及以上水平,更有超过半数的学生达到优秀,说明小学生的自我意识拥有较好的水平。

表 7-8　小学生自我意识等级划分

	频率	有效百分比	累计百分比
优秀	1964	56.0	56.0
良好	822	23.4	79.4
中等	586	16.7	96.1
相对较差	138	3.9	100

自我意识从婴儿期开始萌芽,在青春期渐趋成熟,良好的自我意识是个体实现社会化、完善人格的重要保证。在黑格尔看来,自我意识是人的意识发展中的一个环节,是在人类精神自身发展过程中处于意识之后、理性之前的一个特定阶段。[①] 自我意识的发展是一个运动的过程,通常表现为由个人的自我意识再到"自我与他人"关系的意识,当儿童进入小学,新环境中有来自同伴和教师之间的人际交往以及学业压力等,使小学阶段成为儿童获得自我意识发展的重要阶段。有研究认为,自我意识发展过程的曲线是起伏变化的,从小学到初中逐年下降,青春期后显著上升,大学毕业后开始下降,到中年后再次回升,随着年龄的增长缓慢下降。根据埃里克森有关 6—12 岁儿童心理社会性发展的观点,此阶段的儿童处于勤奋和自卑阶段,不仅要学习大量知识,还要寻求自我意识的发展。[②] 因而,抽样小学生的自我意识处于较高水平,一是遵循儿童社会性发展的规律,小学阶段的学生本身处于自我意识的快速发展时期,二是由于学校中师生、同伴交往的环境为其自我意识的发展提供了必要的支持,为小学生自我意识的发展提供了空间。

（二）小学生的自我管理

小学生自我管理总分为 30,抽样小学生的自我管理均值为 24.74,标准差

---

① 王佳:《自我意识思想:黑格尔哲学的理论精髓》,《人民论坛》2016 年第 25 期。

② 梁修云、万声贤:《小学生自我意识团体游戏干预效果评价》,《中国学校卫生》2015 年第 8 期。

为 17.32,说明小学生的自主管理能力处于中等偏上的水平。将自主管理得分划分为四个等级:优秀为 30—27;良好为 27—24;中等为 24—18;相对较差为 18 以下。

根据表 7-9 结果,优秀的有 1427 人,占 40.6%;良好的有 920 人,占 26.2%;中等的有 978 人,占 27.9%;相对较差的有 185 人,占 5.3%。可知,有超过 2/5 的小学生自主管理方面达到优秀,有 94.7% 的小学生在此方面达到中等及以上水平,大部分小学生的自我管理能力较强。类似研究也得出相近的结论,如有研究显示,小学生在自我管理中具有足够的自信,有一定的积极性及实践性;愿意树立榜样,有着积极向上的自我管理意识。①

表 7-9 小学生自主管理等级划分

	频率	有效百分比	累计百分比
优秀	1427	40.6	40.6
良好	920	26.2	66.8
中等	978	27.9	94.7
相对较差	185	5.3	100

小学生的自主管理主要考查小学生的自主、自律、自立能力,自主管理能力强,表明学生自我约束、自我控制的行为能力强,也有助于形成稳定的、主动的自我发展相关行为。教育实践中学生自主管理能力的培养,就是让学生通过自治、自理、自立,实现自我教育和自我提高,努力学会做人、学会学习、学会发展,真正成为学习的主人翁、行为的自律者、励志的践行者,达到能力和素质的协调发展、全面发展。② 小学生自主管理能力培养主要有两种途径:一是家庭教育中的生活自主管理教育。虽然有研究得出小学生生活自理能力相对较

---

① 胡静:《高年级小学生自我管理能力的现状及对策研究——以大连市 3 所小学为例》,硕士学位论文,辽宁师范大学教育学院,2016 年,第 17 页。

② 郝庆福:《学生自主管理模式探究》,《中国教育学刊》2010 年第 S2 期。

差的结论,但从本书对小学生的访谈中得到的结论却是不同的,在提及是否能独立穿衣、生活自理以及参与家庭劳动时,访谈的 12 位四、五年级小学生都表示可以,如"家里要求三年级开始独立睡觉""自己洗澡""自己整理书桌""送到离学校近的路口自己走去学校""每天负责装饭、收拾餐桌"等,一定程度上反映了抽样小学生有着较好的自主管理能力。小学生的自主管理能力虽属于较简单的范畴,但这是良好的开端,为形成良好的自主发展能力进而较好地适应社会提供了基础。二是学校教育中的学习自主管理教育。小学教育阶段不涉及学习自主管理的课程,但这方面却是教师教学中涉及的重要内容或要求,因而,学校教育过程中学生学习自主管理能力的培养主要依托教师教学中的要求,以及班队活动的相关主题设计。在问及教师有关学生学习自主管理能力培养时,教师普遍认为家庭教育是重要的途径,同时教师也在积极培养学生的学习自主管理能力。有教师谈道:"儿童学前教育阶段的自主学习能力直接影响学生的自主管理能力,因而家长对孩子学习管理的有意识培养起重要作用。""任课老师在课堂上也经常会告诉同学们怎么学习、怎么避免一些问题出现,但好的学生根本不用说,相对较差的孩子还是很难纠正过来,这和入学前的已有习惯有关系。""班队活动的时候我们也会有这样的主题,对于一些学生来说真的有效。"可以发现,教师很重视学生学习自主管理能力的培养,这为小学生养成自主学习、自主管理的能力大有益处,但从影响的重要程度来说,教师们普遍认为还是入学前的家庭教育更为重要。

(三)小学生的自主学习

小学生的自主学习总分为30,抽样小学生的均值是23.35,说明小学生的自主学习能力处于中等水平。将自主学习划分为四个等级:优秀为45—40.5,良好为40.5—36,中等为36—27,相对较差为27以下。

表7-10　小学生自主学习等级划分

	频率	有效百分比	累计百分比
优秀	1011	28.8	28.8
良好	913	26.0	54.8
中等	1179	33.6	88.4
相对较差	407	11.6	100

由表7-10可知,被试中自主学习得分达到优秀等级者共有1011人,占28.8%;良好的有913人,占26.0%;中等的有1179人,占33.6%;相对较差的有407人,占11.6%。侧面反映出小学生的自主学习能力整体上还有较大的提升空间,自主学习可能是小学生自主发展方面需要关注的内容。

自主学习不仅指学习者自觉自主地学习具体的学科知识与技能,更注重其在复杂多变的社会情境中自觉主动地使用一系列复杂的认知(如反思与批判性思维等)与非认知策略(合作及目标管理等)解决复杂问题以达成各种个体及社会性的发展目标。它是学习的自治状态,存在自觉、自律和自为三个不可或缺的维度,因而有学者认为,自主学习能力是核心素养体系的本质与核心,在核心素养的整体发展中具有不可或缺的引领和触发作用。① 学生的自主学习能力不是天生的,也并非自发形成,是需要经过系统培养形成的,但我国从小学到高中阶段的教学基本以应试为导向,一切以教师为中心,学生自主学习的意识和习惯欠缺。因此,抽样小学生出现的自主学习能力水平不高的现状,其原因可能在于两个方面。一是自主学习意识相对较弱。这主要受制于小学生所处的年龄阶段,这一阶段的儿童本身存在学习意识不强、学习自觉性相对较差以及学习行为不持久的特点,尤其是自主学习意识,它是发展自主学习能力的基本前提。二是缺少自主学习的空间。在我国现行教育模式下,

① 郭文娟、刘洁玲:《核心素养框架构建:自主学习能力的视角》,《全球教育展望》2017年第3期。

学生缺乏课堂外自主支配、自主学习的时间,势必会导致自主学习空间难以有效利用的问题。学生缺乏必要的自主学习空间,可能压制其主动学习的意识,进而习惯于被告知、被参与等学习行为。有研究者提出,应由情趣化吸引学生初步参与,习惯化养成学生行为自觉,仪式化强化学生自觉意识,意义化生成学生实践动力。本书的访谈也侧面反映出部分学生自主学习能力相对较弱的问题,当问及学生"是否有课前预习或课后复习的习惯"时,鲜少有同学的回答是肯定的,大部分学生的学习习惯还是集中精力于课堂上认真听讲,而课堂以外的学习活动例如总结更适合自己的学习方法、制定错题集"复盘"以降低错误率等较不普遍;当继续追问"你最喜欢的课程是什么,为什么喜欢这门课程"时,自主学习能力不高的同学较少选择语文、数学和英语这类压力相对较大、理论性相对较强的课程,而更偏爱音乐、美术这类趣味性较强的课程。当问及部分成绩较为优异的同学此问题时,大多数学生认为语文、数学、英语课程可以给他们带来更多的知识,他们享受这种学习新知识、攻克难题的状态,对此有着浓厚的兴趣,愿意付出时间和精力主动学习。

(四)小学生的合作学习

小学生合作学习总分为20,抽样小学生的均值是16.59,说明整体上小学生的合作学习处于中等偏上水平。将合作学习得分划分为四个等级:优秀为20—18,良好为18—16,中等为16—12,相对较差为12以下。表7-11结果显示,得分达到优秀等级者共1751人,占49.9%;良好的共703人,占20.0%;中等的有726人,占20.7%;相对较差者共330人,占9.4%。半数小学生的合作学习处于良好及以上,说明小学生合作学习较好。

合作学习是在教学过程中学生以小组为基本单位从事的学习活动。这种学习策略强调以学生为中心,以教师为主导,通过生生、师生之间的合作、交流与互动,相互促进,实现共同学习、共同完成任务的目标,从而获得个体与集体

表 7-11　小学生合作学习等级划分

	频率	有效百分比	累计百分比
优秀	1751	49.9	49.9
良好	703	20.0	69.9
中等	726	20.7	90.6
相对较差	330	9.4	100

的学习绩效。[1] 研究认为,合作学习中的儿童在群体中有一种成员身份感,在参与中产生互动仪式,培养学习策略和社会技能;[2]有助于提升学生的学习效果,且对非认知维度的影响要大于认知维度,与此同时,合作学习对中小学生的影响较大。[3] 新课程改革以来,随着学习方式变革在课堂教学中的不断推进,合作学习备受推崇,在不同学段的课堂教学、主题活动中如火如荼地开展,取得了明显的成效。小学生合作能力的提升得益于新课程改革推动的小组合作学习,虽然仍存在合作学习的目的限定于知识掌握、内容安排缺乏针对性、成员组成随意、教学过程组织混乱、教师地位不明确等问题;[4]但这种学习方式的转变跨越了课堂教学单一的知识传授的功能,逐渐向知识习得、合作互动、责任体验等多元方向发展,及早培养了小学生的合作意识,在合作过程中也促进了学生合作技能的习得与合作行为的自觉。因而,合作学习成为小学课堂教学、主题活动常规性的模式,为小学生合作学习能力的提升提供了良好的外在条件。

---

① 李凌艳、郭思文:《国际大型教育评价项目中学校因素测量——学校有效性研究的一个视角》,《中国教育学刊》2011 年第 11 期。
② 刘延金、温思涵:《儿童眼中的合作学习》,《教育学术月刊》2015 第 11 期。
③ 王维等:《合作学习对学生学习效果的影响——基于 48 项实验或准实验研究的元分析》,《上海教育科研》2020 年第 7 期。
④ 闫昱洁:《警惕课堂合作学习中的虚假合作》,《教学与管理》2015 年第 28 期。

（五）小学生的人际交往

小学生人际交往总分为 20,抽样小学生的平均得分为 16.24。将人际交往得分划分为四个等级:优秀为 20—18,良好为 18—16,中等为 16—12,相对较差为 12 以下。由表 7-12 可知,优秀的占 42.3%,良好的占 22.4%,中等的占 26.1%,相对较差的占比 9.2%。可见,大部分小学生的人际交往能力较好。

表 7-12　小学生人际交往等级划分

	频率	有效百分比	累计百分比
优秀	1485	42.3	42.3
良好	785	22.4	64.6
中等	918	26.1	90.8
相对较差	322	9.2	100

对小学生而言,良好的人际关系不仅有益于小学生的身心健康及其认知能力的发展,而且有利于建设良好的学校人际氛围,使他们把旺盛的精力用在如何按照社会要求设计自己、发展自己方面,有利于培养具有现代素质的一代新人。[1] 调查结果显示,小学生具有较高水平的人际交往能力,可能有以下两方面原因:一是学校可以提供小学生人际交往内在心理需求的外界支持环境。在人际交往过程中,小学生表现出重友谊、好交往的特点,他们乐于过集体生活,重视同学之间的友情,[2]而在学校中,学生之间由于年龄、智力、身心发展水平相近、志趣相投,这为学生之间的友好交往提供了良好的条件。二是课堂教学中合作学习与心理健康教育课程的开展为小学生人际交往能力的提升提

---

[1]　谷玉冰:《小学生人际交往能力的培养》,《教学与管理》2011 年第 17 期。
[2]　陈江辉、张烨:《情绪管理视野下中小学生人际交往技能的培养》,《上海教育科研》2019 年第 3 期。

供了条件。有研究认为,自我为中心倾向、交往的主动性不足、对人际关系认知上的偏差等会导致小学生的人际交往问题。小学生人际交往能力是一个不断发展的过程,部分小学生所表现出的如交往认知偏差、自信心不足、交往行为退避等问题属于暂时性表现,在教师、同伴的外界支持下和小学生个体心理逐渐成熟的情形下,个别学生的人际交往问题可以得到有效缓解。特别是小学阶段对合作学习、心理健康教育、班队活动设计等重视程度不断提升,为小学生人际交往能力的全面培养提供了支持,一定程度上保障了小学生人际交往水平的稳定发展。

二、小学生社会素养的差异

由于小学生个体差异以及不同的生活与学习环境的影响,其社会素养可能表现出不同的水平。本研究对不同年级、来源以及不同类型小学生的社会素养进行了比较,以了解小学生社会素养水平的差异状况。

(一)不同年级小学生社会素养的差异

表7-13结果显示,四年级学生社会素养的均值为119.78,五年级学生社会素养的均值为122.29,六年级学生社会素养的均值为119.62,不同年级小学生的社会素养之间存在显著性差异($F = 3.655$, $P = 0.026 < 0.05$)。经过事后检验发现,五年级学生的社会素养水平最高,明显高于四、六年级的学生。

表7-13 不同年级小学生社会素养的比较

	均值	标准差	F	P
四年级①	119.78	18.04		
五年级②	122.29	16.12	3.655	0.026
六年级③	119.62	18.14		
事后检验			②>①>③	

表 7-14 至表 7-18 对小学生社会素养各构成(自我意识、自主管理、自主学习、合作学习和人际交往)进行差异性检验,以对小学生社会素养进行更深层次的分析。

表 7-14　不同年级小学生自我意识的比较

	均值	标准差	F	P
四年级①	39.73	5.80		
五年级②	40.38	5.19	8.702	0.000
六年级③	38.85	6.48		
事后检验			②>①>③	

表 7-15　不同年级小学生自主管理的比较

	均值	标准差	F	P
四年级①	24.56	4.27		
五年级②	25.06	4.00	2.189	0.112
六年级③	24.60	4.20		

表 7-16　不同年级小学生自主学习的比较

	均值	标准差	F	P
四年级①	23.14	4.75		
五年级②	23.46	4.58	0.686	0.504
六年级③	23.43	4.64		

表 7-17　不同年级小学生合作学习的比较

	均值	标准差	F	P
四年级①	16.28	3.67		
五年级②	16.93	3.22	4.296	0.014
六年级③	16.55	3.63		
事后检验			②>③>①	

表 7-18　不同年级小学生人际交往的比较

	均值	标准差	F	P
四年级①	16.06	3.47		
五年级②	16.46	3.15	1.837	0.160
六年级③	16.19	3.32		

表 7-14 结果显示,四年级学生自我意识的均值为 39.73,五年级学生自我意识的均值为 40.38,六年级学生自我意识的均值为 38.85,不同年级小学生的自我意识之间存在着显著性差异(F = 8.702,P = 0.000 < 0.05)。经过事后检验可知,五年级学生自我意识水平显著高于四、六年级学生。

表 7-15 结果显示,四年级学生自主管理的均值为 24.56,五年级学生自主管理的均值为 25.06,六年级学生自主管理的均值为 24.60,不同年级小学生的自主管理水平之间不存在显著差异(F = 2.189,P = 0.112 > 0.05)。

由表 7-16 可以看出,四年级小学生自主学习的均值为 23.14,五年级小学生自主学习的均值为 23.46,六年级小学生自主学习的均值为 23.43,不同年级小学生的自主学习水平之间不存在显著差异(F = 0.686,P = 0.504 > 0.05)。

表 7-17 显示,四年级学生合作学习的均值为 16.28,五年级学生合作学习的均值为 16.93,六年级学生合作学习的均值为 16.55,不同年级小学生的合作学习之间存在显著性差异(F = 4.296,P = 0.014 < 0.05)。经过事后检验可知,五年级学生较四、六年级的合作学习水平得分相对较高。

表 7-18 显示,四年级学生人际交往的均值为 16.06,五年级学生人际交往的均值为 16.46,六年级学生人际交往的均值为 16.19,不同年级小学生的

人际交往水平之间不存在显著差异（F=1.837,P=0.160>0.05）。

总体来说,不同年级小学生的社会素养水平存在差异,五年级学生水平相对较高。该结果与下述一项研究结果相类似。有学者对四、五、六年级小学生从学习快乐（学习时间、学习压力、学习难度和学习成就感）、交往快乐（师生、同伴和亲子）、快乐认识（最快乐的同学和最快乐的时候）等方面进行调查,调查指标也涵盖了本书所涉及社会素养的一些内容。结果发现,五年级学生总体最快乐,并认为与以下因素有关:一是五年级学生比四年级学生相对更成熟一些,对学校生活适应能力更强;二是六年级学生面临小升初的压力,因此其学习快乐是最低的。[①] 社会素养的概念是一个由多因素构成的总体能力,主要与小学生的学习、生活、师生与同伴交往相关,换句话说,小学生的社会素养也是在这些具体活动中逐渐养成的。就如上述有关"总体快乐"的研究所认为的,五年级学生的心理发展成熟度高于四年级,而升学压力又低于六年级,这可能是五年级学生总体最快乐,其社会素养总体表现也相对较好的原因。

与此同时,不同年级学生社会素养的差异,主要表现在自我意识和合作学习两个方面,且五年级学生的水平相对最高。小学五年级的学生正处于事物认知发展阶段的起点,从自主意识形成与发展的阶段来看,五年级学生是"社会自我"向"心理自我"发展的重要时期,这个时期的学生可以根据自己的心智水平对周边与自己的人或事进行客观的认识。五年级学生所处的学习阶段,以及学生所感知的"五年级分水岭"氛围下教师和家长心理与行为的变化,可能会极大地促进学生自主意识的发展。因而,五年级学生在自主学习、合作学习、自主管理等方面所发生的积极变化,恰恰也是其自主意识明显提升的重要表现。事实上,这可能也是造成五年级出现学生学习分化的重要原因,而向上或向下的两种分化现象可能更多地源于学生自主意识的发展水平。从

---

① 李新翠:《五年级学生总体最快乐——北京、山东小学生快乐程度调查报告》,《中国教育报》2013年6月10日。

客观层面看,五年级的学习知识点开始加深,例如:语文除了字数要求外,开始讲究作文的主题和内容;数学应用题的难度加大,对思维能力要求更高;英语开始看重能力,注重思维方式。特别是五年级是小升初的准备与启动阶段,课程的难度加上教师和家长的重视程度,为五年级学生自主意识的"显著"发展提供了外在条件。从主观层面看,五年级学生恰逢自主意识发展的重要阶段,具备自主意识发展的心理条件。正如在家长访谈中所发现的,部分家长会因为这个关键时期更加关心孩子的心理,与孩子进行更多的深入交流,此时的孩子更易感受到自己被父母的关心和爱包围着。因而,在家校普遍重视五年级学生学习的情况下,在学生开始意识到学习重要性的前提下,学生的学习也会变得更倾向于主动与合作。

(二)城乡小学生社会素养的差异

由表7-19可知,城镇学校小学生的社会素养均值为120.69,农村学校小学生的社会素养均值为120.36,城镇学校和农村学校小学生的社会素养水平不存在显著性差异($t=-0.365$,$P=0.715>0.05$)。

表7-19　城乡学校小学生社会素养的比较

	均值	标准差	t	P
城镇学校	120.69	18.03	-0.365	0.715
农村学校	120.36	16.86		

由于关于社会素养的研究相对较少,对城乡小学生社会素养无差异的结果,可借助学生社会适应能力影响因素的结果予以解释。原因在于,社会素养是核心素养概念体系中具体化的一种关键能力,学生社会素养的培养主要是为了提升其适应社会生活的能力,本质上与社会适应能力是相近概念,表现在三个方面。一是概念内涵相同,社会适应能力是指个体对社会生活环境的适

应能力和水平,包括对生活环境的适应、对人际关系的适应、对学习与工作方式的适应、对压力与挫折的适应等,①社会素养是反映学生融入社会、适应社会的综合能力的表现。二是指标结构相似,社会适应能力通常包含一般适应能力、人际适应、心理能量储备等内容,②大致涉及自我管理、生活适应、学习适应、环境适应等范畴,③社会素养包含自我意识、自主管理、自主学习、合作学习和人际交往五方面,与小学生学习、生活、交往等内容直接相关。三是目标指向相同,社会适应能力是个体接受当前社会生活方式、道德规范和行为准则的过程,能否形成良好的社会适应能力,对其今后的发展具有奠基作用。④社会素养是个体适应当前社会生活所应具备的实践能力,是否具备一定水平的社会素养,是评价个体能否较好地适应社会的重要因素。总之,从社会素养与社会适应能力的概念内涵、结构与目标指向等方面来看,两者具有一致性,因而,我们也可以将之看作不同学科对相同领域问题的不同解释。

现有关于学生社会适应能力影响因素的研究,主要包括学生个体(如智力、人格特征、心理健康、依恋感知等)、家庭环境(如家庭功能、教养方式、亲子关系等)、校园环境(如硬件教育资源、班主任管理等)以及社会支持(如社会支持来源、社会支持方式等)因素,而学生个体与外在环境之间存在交互关系,共同作用于学生社会适应能力的发展。如果从现有研究所关注的因素中提炼更为关键的因素,则主要集中于家庭环境和校园环境,因此,本书主要从这两个方面来分析城乡学生的社会素养。

首先是家庭环境方面。很多研究关注农村留守儿童的社会适应能力,得

---

①　戴斌荣、柴江:《大学生社会适应性问卷的初步编制》,《心理与行为研究》2011 年第 3 期。

②　柴江:《我国特殊家庭学生社会适应能力的研究进展》,《中国特殊教育》2014 年第 4 期。

③　胡朝兵等:《进城农民工子女城市社会适应问卷的编制》,《重庆师范大学学报(哲学社会科学版)》2013 第 3 期。

④　陈英敏等:《小学中年级学生父母教养方式、羞怯与社会适应的关系》,《中国特殊教育》2015 年第 10 期。

出农村留守儿童社会适应性低于非留守儿童的结论,证明了家庭环境与留守儿童社会适应能力的关系。如上网时间、与父母联系频率、对爸妈打工目的的认知、对家庭完整度的认知、想与爸妈生活在一起的程度、对爸妈的想念程度、生活态度及照料者教养方式是影响农村留守儿童社会适应性的重要因素;①亲子沟通、同伴友谊质量与农村留守儿童社会适应性两两之间均存在显著正相关;②同住对象、对父母打工的态度、父母回家频率及亲子联系频率对农村留守儿童社会适应性产生较为重要的影响等。虽然如此,但以留守儿童作为研究对象具有样本的特殊性,根据测量的外在效度,针对农村留守儿童的研究结果不能推广于非留守儿童,亦即无法推广于农村学生整体。事实上,当前城乡家庭对小学生的关心与关爱程度整体上不存在明显的差别,且家庭结构与功能、家庭教养方式等存在异同,亦各有利弊,如城乡家庭共有的隔代教养、父母受教育水平较高、子女数量、父母对子女重视程度关注度高等,而城市家庭的离婚率偏高、城市家庭严要求下亲子关系的问题,农村家庭中父母或单方外出打工后留守儿童的教育缺失等。在共同情形与各有利弊的情况下,在整体层面上城乡小学生家庭环境的差异可以"相互抵消",作为影响小学生社会素养发展的重要因素,城乡学生家庭环境影响下的小学生社会素养亦无显著性差异。

其次是校园环境方面。近年来,随着国家对农村教育的经费投入和对农村学校与农村教师发展的政策支持,农村教育的现代化水平明显提升,城乡学校软硬件的差距逐渐缩减,支持城乡学生各方面发展的外在环境差距明显缩小。如2018年,国务院办公厅出台《关于全面加强乡村小规模学校和乡镇寄宿制学校建设的指导意见》,要求统筹农村学校布局规划,改善办学条件,强

---

① 彭美、戴斌荣:《农村留守儿童社会适应性及其影响因素》,《中国健康心理学杂志》2020第4期。
② 彭美、戴斌荣:《亲子沟通与同伴友谊质量对农村留守儿童社会适应性的影响》,《中国特殊教育》2019年第9期。

化师资建设,强化经费保障。① 2019 年,中共中央、国务院印发《中国教育现代化 2035》,指出推进教育现代化的总体目标,提出要实现基本公共教育服务均等化。提升义务教育均等化水平,建立学校标准化建设长效机制,推进城乡义务教育均衡发展。在实现县域内义务教育基本均衡基础上,进一步推进优质均衡。② 农村教育发展与支持的相关政策为农村学校的硬件建设提供了保障,排除现代化教育设施设备利用率与后期维护等问题,农村学校硬件环境的变化为农村学生享受优质的教学环境提供了支持,从这个层面来说,城乡学生所处的学校硬件环境差距减小,可能是城乡学生社会素养无显著差异的间接原因之一。与此同时,城乡学校教师素质与水平的差距也在缩减。随着国家相关政策对农村教师发展与支持的倾斜,省、市(县)政府对农村教师引进力度的增强,农村学校教师发展的机制不断得到优化,如城乡教师发展联盟、集团办学、城乡学校与教师结对帮扶、农村教师专项培训(如学科培训、班主任培训、心理健康教师培训等)、农村教师引培一体化等,在上述机制运行的基础上,农村教师的教学水平得到显著提升,班主任的班级管理能力得到明显发展,这些都为农村小学生各方面能力的发展提供了条件,这可能是城乡学生社会素养无显著性差异的根本原因。

小学生社会素养的发展是多因素共同作用的结果,这其中,外在环境是非常重要的因素,但城乡地域的差别并非是判断学生发展差异的主要原因,本书得出城乡小学生社会素养无差异的结论,是城乡学校教育质量逐渐缩减的一种表现。因而,我们在看待城乡学生社会素养发展的外在环境时,更需要看到城乡学校、教师及家庭各自的优势与不足,在农村教育大环境正在发生巨大变化的同时,农村学生各方面的发展将与城镇学生同步,而在农村、农村学校特有的教育优势下,农村学生在个别方面的发展也会强于城镇学生。

---

① 《关于全面加强乡村小规模学校和乡镇寄宿制学校建设的指导意见》,国务院办公厅,2018 年 5 月 2 日。
② 《中共中央国务院印发〈中国教育现代化 2035〉》,《人民日报》2019 年 2 月 24 日。

家校合作与学生核心素养发展

（三）不同类型小学生社会素养的差异

本书从不同性别、是否班干部两个方面，分析不同类型小学生社会素养的差异。

1. 不同性别小学生社会素养的差异

从表 7-20 可知，男生的社会素养均值为 118.78，女生的社会素养均值为 112.63。男生和女生之间的社会素养存在显著性差异（t = -4.668，P = 0.000 < 0.005），女生的社会素养水平高于男生。

表 7-20　不同性别小学生社会素养的比较

	均值	标准差	t	P
男	118.45	18.78	-4.668	0.000
女	122.63	15.87		

女生的社会素养之所以高于男生，主要原因如下：一是小学阶段的女生积极行为与社交能力高于男生，更容易接纳集体并融入集体。社会素养高低以集体观念的形成与集体接纳的行为为基础，倡导社会交往的积极行为并避免有损社会交往的攻击性行为。已有研究表明，男生在发展和成长过程中存在着一些不利因素，有越来越多的男生在学业成就、社会行为、行为障碍以及性别角色发展等方面存在弱势表现。在小学低年级，女生比男生表现出更多的积极社会行为，在整个小学阶段男生表现出更多的攻击冒犯行为。相似研究结果显示，男生与女生在积极应对方式上差异显著，女生显著高于男生。[1] 小学男女生在积极社会行为上的差异，可能是女生社会素养高于男生的重要原因。同样，这一点从小学生交往能力方面也可以有所反映，如一项研究显示，

---

[1]　孙宗敏：《小学生社交焦虑与应对方式及其关系研究》，硕士学位论文，南京师范大学教育学院，2011 年，第 15 页。

小学生的社交能力与美国同龄群体基本相当,行为问题的检出率为11.5%,女生社交能力得分显著高于男生且行为问题更少。① 二是由小学生人格特质的性别差异所致。研究显示,小学阶段女生的乐群性、稳定性、有恒性、敏感性、自律性等特质得分略高于男生,女生比男生更外向、热情,情绪更稳定;而男生的兴奋性、轻松性、紧张性等特质得分略高于女生,在做事方面更轻松、兴奋,容易冲动,缺乏耐心。社会素养的内核是学生在个体自治基础上的交往,小学阶段主要表现在对学习与生活自主管理的基础上与教师、同伴以及周边相关人群的合作与交往能力的水平,女生所表现出的乐群、敏感、稳定、自律等人格特征,有益于学习与生活自主管理的持久稳定,以及人际交往的和谐友善。

2. 班干部与非班干部小学生社会素养的差异

从表7-21可知,小学生中班干部的社会素养均值为125.89,非班干部的社会素养均值为118.16。班干部与非班干部之间的社会素养存在显著性差异(t=8.884,P=0.00<0.005),班干部的社会素养水平高于非班干部。

表7-21　班干部与非班干部小学生社会素养的比较

	均值	标准差	t	P
班干部	125.89	14.16	8.884	0.000
非班干部	118.16	18.31		

在小学生中,班干部与非班干部的管理协作能力、沟通技能水平等存在较大的差异,这是班干部与非班干部社会素养存在差异的重要原因。有研究表明,担任班干部的学生在自主管理、自主学习、人际交往方面比一般学生拥有更高的水平;②与非班干部相比,班干部能够较好地通过沟通实现愉悦身心、

---

① 徐晓莉等:《北京市朝阳区小学生社交能力与行为问题调查分析》,《中国健康教育》2010年第3期。
② 张林:《小学高年级学生班级自主管理现状及改善对策研究》,硕士学位论文,辽宁师范大学教育学院,2018年,第12页。

彼此了解、达到沟通目的的状态，实现有效沟通，与此同时，班干部学生在沟通方面对自己的评价相对较高，而其他学生会对自己的沟通效果及能力显出一定的不自信。两者之所以存在管理能力、协调与沟通能力的差异，主要在于以下三个方面原因。一是班干部的选拔机制。学生班干部的设立是自班级授课制产生以来所产生的一种学生自我管理和自我教育形式，它可以实现学生之间的自我管理与自我教育，提高班级管理效率，而设立班干部可以使学生在管理他人过程中提高自身的管理能力和培养为他人服务的意识。[①] 为达到班级管理的目的，教师通常选择班级里学习成绩优异、自主学习能力较强，或具有一定沟通能力与管理协调能力的学生作为班干部，以实现班级的自主管理，协助教师完成班级管理的相关事情。可以说，具有一定的社会素养是教师选择班干部首先考虑的因素。二是个体的角色效应。通常来说，角色效应的产生经历三个过程，即社会和他人对角色的期待、对自己扮演的社会角色的认知，以及在角色期望和角色认知的基础上，通过具体的角色规范，实现角色期待和角色行为。班干部是教师赋予个别学生的班级管理者的角色，这一角色本身就具有教师和学生对"角色"的客观认知，即具有班级管理能力、良好的协调能力与人际沟通能力等。因而，无论班干部是否具有"角色"能力或自身能力是否撑得起班干部"角色"，在教师与学生、同伴的角色期待下，班干部会在无形之中内化自身角色，不断提升其班级管理能力。在主观认同与外在期待的共同影响下，班干部社会素养的提升具有了良好的条件。三是小学生在当班干部过程中自我提升的机会较多。小学生班干部的主要职责是协助教师积极开展学习、文体等各种活动，建立同学与教师和学校的联系，如自习课纪律、出勤统计、交流学习经验、检查同学与公共卫生情况、向班主任汇报同学思想和学习情况等。班干部在履行上述职责的过程中，自身的管理能力、组织与协调能力、沟通能力等都会得到不同程度的锻炼，特别是在处理与其他同学关系方

---

① 高梅玲：《小学生班干部制度的教育现象学研究》，硕士学位论文，西北师范大学教育学院，2012年，第13页。

面,班干部与非班干部往往基于自身角色的定位,在交往观念与行为形成方面会有所偏重,如班干部更多地考虑班集体、思考如何与同学相处,而其他同学则较少思考这些问题。可以说,班干部自己对"角色"的认知与定位增强了其"角色"行为的表现,在实践中多于非班干部锻炼的机会,又为其进一步提升社会素养提供了条件,这是班干部的社会素养高于非班干部的关键所在。

　　总体来说,调查发现抽样小学生的社会素养处于相对较高的水平,当然,这是基于小学生身心发展的实际状况而言的,这将为小学生社会素养的持续发展与提升提供良好的基础。相比较来说,小学生的自主意识较高,自主学习相对较弱,作为发展中的小学生,其社会素养是一个不断自我反思且持续发展的过程,因而,我们需要积极看待个别小学生社会素养或个别方面暂时"低水平"的问题。小学生社会素养的提升,不仅依托于小学生心理的自然成熟,更需要家庭、家长、学校、教师与社会创造适宜的心理与物质环境予以必要支持,尤其是在当前以"合作、共享、互惠"为特征的社会发展趋势下,及早培养学生的社会素养以适应共生共在的合作型社会,是教育本质的重要体现,也是现代教育发展的现实追求。

第八章 小学生核心素养影响
因素与分析

新时代对儿童青少年的发展提出了更高的要求,培养儿童青少年的关键能力以适应新时代社会发展的需求,培养儿童青少年广博的文化知识、稳定的学业素养、积极的参与意识、主动的合作行为,以展现新时代公民的基本素养,是家庭和学校所极力倡导的,也成为家庭与学校开展深入合作的结合点。在普遍重视学生核心素养发展的时代要求下,家庭和学校作为儿童青少年核心素养培养的两大场所,被寄予了厚望。但现实中,长期的家校教育分离阻碍了家校双方合作的深入发展,"各自为政"的局面仍未被打破。单方面来看,家庭与学校对学生的核心素养或单方面的素养可能产生一定的影响,但核心素养的培养不应该是"单兵作战"式的培养,而应该是家校双方合作下所形成的教育合力对学生产生的最大效应。因而,我们不应仅限于家庭、学校或教师单方面因素对学生核心素养的影响,更需要将家校作为一个整体,全面描述家校因素对小学生核心素养的影响路径。

第一节 影响学生核心素养发展的关键因素

学生核心素养的发展是多方面因素共同作用的结果,主要涉及学生个体、家庭、学校与教师等因素,相关研究大多集中于对学生核心素养中个别具体素养的研究,如学科素养、学业素养中的学习动机、学习态度,以及社会素养中的自主管理、人际关系等。核心素养是学生适应社会的关键能力,其本身具有整体性,将核心素养分解为独立、具体的部分有助于深入研究其特征和机理,也有益于提出解决问题的具体举措,核心素养的整体性研究可以描述其全貌,更便于将之纳入真实的教育情境中予以解释。为整体探究小学生核心素养的影响因素,本书在梳理现有文献的基础上,从家庭、教师和学校三方面建构分析框架并制定调查工具,作为分析小学生核心素养影响因素的研究工具。

一、家庭因素与学生核心素养关系的研究

关于家庭对学生核心素养发展的影响已基本形成共识,学者们普遍认为,家庭是人的第一课堂,良好的家庭教育是促进学生养成良好的行为习惯、道德品质和关键能力的基础,是学生核心素养的形成和发展的重要保证;家庭的优势体现于教育时间的持久和教育空间的延展,是培养学生发展核心素养的重要场域。家庭对学生核心素养的影响,主要涉及学生的学科素养、学习品质及社会交往等,而家庭因素中以家庭资本、家庭教养方式、亲子关系与学生核心素养相关内容有较大关联。

一是家庭资本对学生教育获得、学习品质的影响。国内外许多学者研究了家庭社会、文化、经济和政治资本对子女的学校教育机会获得的影响,结果大多显示家庭资本越高的学生获得学校教育机会更多且更优质,城乡之间家庭资本存在的较大差距是形成城乡家庭子女学业成就差异的重要因素。[①] 家庭资本对学生的各方面发展产生较大影响,包括与学生核心素养相关的内容。如学习品质,有研究者以父母受教育程度为文化资本指标,以父母参与的在家

---

① 蒋国河、闫广芬:《城乡家庭资本与子女的学业成就》,《教育科学》2006 年第 4 期。

沟通、家校合作、在校沟通维度为社会资本指标,检验文化资本对学习品质的影响及社会资本的中介机制。研究发现,父母受教育程度通过父母参与的完全中介作用对学习品质产生正向影响,家校合作影响在校沟通,在校沟通和家校合作通过在家沟通对学习品质发挥作用。[①] 家庭资本既与学习品质呈显著正相关,又通过家庭心理韧性的中介作用间接影响学习品质,其中起主要中介作用的是家庭信念。[②] 更为具体地分析,家长的职业、家庭收入水平直接影响到学生的学习能力,父母的文化程度是造成学生学习能力差异的最重要原因。

二是家庭教养方式影响学生的社会性发展和心理特质。朱永新教授曾说"科学是家庭教育的罗盘",为了让孩子能够健康快乐地成长,家长需要用科学的家教方式管教孩子。很多家长在教育孩子的过程中,不是非常了解各种教育方法,当遇到实际问题时,往往不懂得应该采用何种方式来应对,家长大部分的教育方法是父辈对自己教育方式的一种延续,而社会环境正在改变,父辈的一些教育方式已经不能适应当前的孩子,这就导致绝大多数的家长虽然想对孩子进行教育,但缺乏科学的教育方式。因而,学生发展的差异往往受家庭教养方式或方法的影响,不同的家庭教养方式对小学生的自尊心、自信心、人格特点以及孩子的行为方式和心理发展,都会产生或多或少的正反两方面影响。[③] 研究表明,情感温暖与理解的教养方式能够使学生采取认知重评的方式进行情绪调节,并且愿意向他人表露与释放自己的积极情绪,抑制自身不良情绪的表达;[④]家庭教养方式的情感温暖、信任鼓励维度与小学中年级学生社会适应性总分呈显著正相关,专制、溺爱、忽视维度与小学中年级学生社会

---

① 王元:《家庭资本与教育代际流动:基于学习品质的研究》,《基础教育》2020 年第 5 期。

② 余璐、罗世兰:《家庭资本对处境不利儿童学习品质的影响:家庭心理韧性的中介》,《学前教育研究》2020 年第 9 期。

③ 王丛、刘博:《家庭教养方式对小学生身心发展影响的研究》,《课程教育研究》2018 年第 27 期。

④ 杨传利、林丽珍:《家庭教养方式与学生情绪调节能力的关系——基于社会情感学习 (SEL)背景下的实证研究》,《广西师范学院学报(哲学社会科学版)》2017 年第 3 期。

适应性总分呈显著负相关,家庭教养方式能够有效预测小学中年级学生的社会适应性。同时,小学生父母教养方式中的积极因子对积极学业情绪、学业延迟满足有正向预测作用,小学生父母教养方式中消极因子对消极学业情绪有正向预测作用,对学业延迟满足有负向预测作用。

　　三是亲子关系影响学生的社会交往能力学习结果。亲子关系是人生中形成的第一种人际关系,也是家庭中最基本、最重要的一种关系,它对青少年的社会认知、情感和社会行为的发展具有决定性影响。研究显示,亲子亲合与亲社会倾向呈正相关,亲子亲合通过自我同情和认知重评对青少年亲社会倾向也有间接的正向影响;成长期亲子关系与亚健康呈正相关,且健康状况随着亲子关系的亲密性而好转。[1] 小学高年级学生亲子关系、自立行为与学校适应呈显著正相关,自立行为分别在母子关系、父子关系与学校适应的关系之中起中介作用,因而,亲子关系不仅能直接影响小学高年级学生的学校适应,还能通过自立行为间接影响其学校适应。[2] 同时,父子和谐能显著负向预测青少年的内外化问题行为,母子和谐仅能显著负向预测青少年的外化问题行为。[3]家庭依恋类型中,双亲依恋安全型的儿童攻击性最低,其次为母亲安全父亲非安全型,再次为父亲安全母亲非安全型,最高为双亲非安全型,单亲家庭和重组家庭儿童与核心家庭和大家庭儿童相比,有着更高的攻击性及较差的亲子依恋关系。[4] 可见,亲子关系对学生的亲社会性行为、适应能力产生较大影响。与此同时,亲子关系对学生的学习结果也产生一定的影响,良好的亲子关系不仅有助于学生形成健康的品格,还有利于学生学习效果的提升。有研究

　　① 薛允莲等:《童年不良事件与成年亚健康的关系及成长期亲子关系的中介效应研究》,《现代预防医学》2019 年第 16 期。
　　② 凌辉等:《小学高年级学生亲子关系与学校适应:自立行为的中介作用》,《中国临床心理学杂志》2019 年第 1 期。
　　③ 刘莉等:《青少年期亲子和谐特点及与内外化问题行为的关系》,《中国特殊教育》2014年第 1 期。
　　④ 孟仙等:《小学高年级儿童攻击行为与亲子依恋关系》,《中国学校卫生》2011 年第 8 期。

表明,青少年亲子依恋可以显著负向预测学习倦怠,学业自我效能感在亲子依恋与学习倦怠之间起完全中介作用,家庭功能发挥较好时,安全亲子依恋对学业自我效能感的促进作用增强。[①] 父母与孩子的沟通频繁,孩子的学习信心满满,学习习惯就会表现得越好;当孩子与父母的沟通越深入,内容越丰富,孩子在学习习惯方面就会表现得越好;专制粗暴和放任不管家庭中的孩子由于缺少学习兴趣,养成了自由散漫的学习习惯;父母经常参与孩子学习活动,其孩子表现出的学习习惯要优于父母在生活中缺位的孩子。同时,家庭对小学生阅读素养的养成发挥着重要的作用,PIRLS 在过去 20 年的研究中发现,学生的阅读素养与家庭环境之间的关系是正相关的,主要表现为家庭为孩子提供的资源、父母对阅读表现出来的喜好、亲子阅读活动等方面。PIRLS 近 20年的测评研究表明,学生的阅读素养与家庭环境两者关系呈正相关,主要体现在家庭教育资源、父母阅读态度、家庭阅读活动、学前教育水平等方面。[②]

二、学校因素与学生核心素养关系的研究

学校主要从宏观层面如课程设置、文化建设、制度建设等方面对学生核心素养发展产生影响。

一是课程设置方面。有研究认为,学校课程体系的构建是整体性撬动学校育人模式变革的重要载体,学生核心素养的培养需要从碎片化的课程要素向整体性的课程体系建构发展,以充分发挥课程的整体育人功能。[③] 学生发展核心素养的性质与形成规律、课程的治理本质和课程实施的经验教训决定了学生发展核心素养的落实需要课程治理变革,构建多层次的课程协商治理

---

① 张璟等:《亲子依恋对青少年学习倦怠的影响:有调节的中介模型》,《江西师范大学学报(哲学社会科学版)》,2019 年第 5 期。

② 肖林:《基于 PIRLS 测评的小学生阅读素养影响因素研究》,硕士学位论文,西南大学教育学院,2017 年,第 1—63 页。

③ 刘向东:《以成长性课程涵养面向未来的学生素养》,《中小学管理》2019 年第 8 期。

机制和改善课程治理方式,可以为核心素养的落实提供参与机制、能力和评价保障。① 核心素养的培养要依靠学科课程,因而发展学生的核心素养要特别重视跨学科能力培养的特性,创设跨学科主题课程也必不可少。建议在校本课程中新增一定数量的跨学科主题课程。② 也有研究建议,在实践中,分科课程保底,按照国家课程标准设置;课程可细化为"学科+"课程、"学科融合"课程、"项目统整"课程,而互补课程使分科课程和整合课程共同作用于学生,优势互补,促进学生核心素养的培养。③ 在课程设置中,有些研究重点关注了学科课程与学生具体素养的关系,如书法教学能培育学生良好的道德品质,启发学生优质思维,锻炼学生健康体魄,净化学生浮躁心灵,滋养学生活泼的性情,陶冶学生的审美情趣;学校足球教育实践能够有效地提高学生的身体素质,提升学生的运动素养,有利于学生的健康成长与发展等。

二是学校文化建设方面。有研究认为,学校校园文化影响学生的书法核心素养,培养小学生的书法核心素养不是通过笔、纸或者字帖来实现的,涉及很多个层面,校园文化建设就是一个非常重要的方面。一个适宜的书法文化环境是必要的基本条件,包括书法专用教室、书法文化走廊、书法艺术橱窗,帮助学生了解中国书法文化的历史渊源、发展过程及艺术价值,感受著名书法大师的生平事迹和人格魅力,在墨香满园的校园氛围中增强书法意识,培养文化内涵。因而,教师要对学校建设特别是学校精神建设进行新的思考、定位,使学校能全方位、立体地为学生素养的提高服务;学校精神重建要遵循它的发展特点,选准突破口,导入 CI④ 理念,重塑学校精神,以使学校发展符合时代的要求。与此同时,有研究认为,学校硬件设备影响小学生核心素养,学校没有

---

① 胡定荣:《论学校课程治理变革的意义、性质与任务》,《教育学报》2019 年第 2 期。

② 牛瑞雪:《基于学生发展核心素养的课程整合与创生》,《当代教育科学》2018 年 2 期。

③ 张明蓉等:《从分科·整合走向互补:基于学生素养发展的学校课程实践》,《现代中小学教育》2019 年第 12 期。

④ 又称 CIS,即形象识别(Corporate Identity System)。学校 CI 包含学校理念、学校行为、学校视觉三个基本要素和相应功能。

完善先进的教育设备,就无法培养小学生核心素养。教育设备是学校教学工作有序进行的必要条件,学校教育的最终精神目标是培养小学生核心素养。[①]

三是学校制度建设方面。学校制度建设对于学生核心素养的发展具有重要价值,引导着学生发展核心素养的方向,调控着学生发展的空间,规范着学生发展的行为,因而,学校应建设系统、简约的制度体系,提升学生在学校制度建设中的参与度,增强制度的人文关怀,提高执行力,促进学生核心素养的发展。[②] 也有研究认为,学生发展核心素养是学校发展规划的"新焦点"。在这一"焦点"下,学校发展规划评估逐步呈现关注核心素养理念的渗透性和实现程度、融入基础教育质量监测技术、以促进学生核心素养提升为评估目标等新特点。建议在评估内容中,关注核心素养理念的渗透性和实现程度,评估方式中要融入基础教育质量监测技术的评估,评估的改进要转向促进学生核心素养的提升。[③] 与此同时,学校的课程资源建设与学生素养有着必然的内在关联。课程资源必须经过教学环节方能具体转化为学生素养,其转化路线为:课程资源—课程内容—教学内容—学习内容—学生素养。在实践中,时常出现课程资源与学生素养错位、师生在课程与教学理解上存在偏差等现象,可基于目标、主体、行为、手段和知识本身等角度设计其优化思路。[④]

三、教师因素与学生核心素养关系的研究

教师对学生核心素养的影响主要体现在学科素养方面,以核心素养培养为目标的学科教学,有利于共育、个育相得益彰,促进学生生命成长中共性与

---

① 朱静颖:《浅议如何让学生核心素养之花在信息技术课堂上尽情绽放》,《中国校外教育》2018 年第 2 期。

② 和学新、杨丹滋:《基于学生核心素养发展的学校制度建设策略》,《天津师范大学学报(基础教育版)》2017 年第 3 期。

③ 程艳霞、程国玺:《学校发展规划评估:学生发展核心素养的视角》,《教育测量与评价(理论版)》2016 年第 4 期。

④ 杜尚荣:《课程资源到学生素养的转化理路与实践反思》,《海南师范大学学报(社会科学版)》2017 年第 1 期。

个性的共同发展。不同学科教师对学生核心素养的理解不同,教师更多的是关注学生的学科知识素养。有研究发现,教师教学理念影响学生的数学素养,认为教师不应该只关注学生的成绩以及完成教学活动目标,更重要的是关注小学生的数学素养,让学生学会用理论联系实际,将课堂上所学的数学知识运用到实际生活中;而教师的教学准备影响学生的音乐素养,教学设计是开展学生音乐素养教学的重要部分,只有教学设计良好,音乐教学才能发挥培养小学生音乐素养的作用。[①] 同时,有研究认为教师的教学过程影响学生的英语综合素养。新课程改革的实施在一定程度上提高了对小学英语教学的要求,在教学活动中教师需要通过科学的教育手段让学生学会学习,并且训练学生的综合应用能力,使其能够灵活运用所学的英语知识解决生活中的问题,从而有效提升其英语综合素养。另外,教育评价体系也影响着学生的学科核心素养,构建科学的教学评价体系是为了培养学生的学科核心素养,在培养学生学科素养的过程中应该实现评价的多元化,如教师评价、学生自评、学生互评等,通过形成性评价与终结性评价相结合,形成多样的评价手段,从而合理地培养学生的核心素养,不断促进学生的个性化发展。[②]

　　从对现有文献的梳理中可以看出,家庭、学校和教师均对学生核心素养发展产生影响,各影响因素分别对学生核心素养的具体方面发挥作用,如家庭教养方式、亲子关系等更多地对学生的社会交往产生影响,学校的文化建设与硬件设施更多地为学生核心素养的发展提供环境与资源,而教师的教学更多地为学生学科素养的发展提供重要基础。事实上,家庭、学校、教师对学生核心素养的发展具有整体性,将它们单列并分析其对具体核心素养的影响可以深入了解它们之间的关系,但却忽视了各个影响因素对学生整体核心素养发展的影响,以及各因素相互交织对学生核心素养产生的整体效应。因而,在明确各个因素对学生具体核心素养影响的前提下,探究家校因素对学生核心素养

---

① 孙娟:《试论小学音乐核心素养教学设计》,《中国农村教育》2018 年第 2 期。

② 田凯:《基于中小学语文学科核心素养的教学实践》,《课程教育研究》2017 第 15 期。

的作用路径,将更清晰地了解它们之间的相互作用关系,特别是在家校合作实践中,对学校有针对性地制订家校合作的具体计划、设计相应的支持性制度等,都将有所裨益。

第二节　小学生核心素养影响因素
调查工具的编制

基于学生核心素养影响因素的文献发现,家庭、学校和教师是影响小学生核心素养的核心要素。家庭层面,主要涉及家庭教育、亲子关系;教师层面,主要涉及教师的教学理念和教学水平;学校层面,主要集中于学校的设施和学校文化建设等。基于此,本书建立了小学生核心素养影响因素的结构。

一、小学生核心素养影响因素问卷的形成

本书自编小学生核心素养影响因素问卷,分别纳入家长问卷和教师问卷两套工具。教师问卷中,维度的设计以课程改革对教师提出的要求为参考,将问卷分为教师素养、校园环境 2 个一级维度,包括教学理念、教学准备、教学过程、教学评价、硬件设施、校园文化这 6 个二级维度。家长问卷中,维度的设计以现有文献基于家庭视角对学生核心素养发展的影响研究为依照,将问卷分为教育内容、家教方式与亲子交流 2 个一级维度,包括文化教育、健康教育、民主性方式、约束性方式、亲子活动、亲子交流这 6 个二级维度。

预测问卷的形成主要根据个别访谈和开放式问卷中具有代表性的结果。在编制教师问卷题目的过程中,将高低分组进行比较,发现教学情况中有两题的相关性低于 0.3,故将这两题剔除。编制家长卷时,发现在家教内容方面,题项之间有重合,故剔除了四题。在初步分析之后,再请专业老师对初始问卷中每个题目内容和语句表达进行审核修改,最终确定初始问卷家长卷 35 个题目、教师卷 40 个题目。

教师问卷共三部分,第一部分是了解教师的基本信息,包括性别、年龄、教龄、支撑等方面,第二、第三部分是关于教学情况与校园环境两个方面,共 40 道选择题。家长问卷共三个部分,第一部分是了解家长的基本信息,包括学历、职业、对孩子的期许等方面,第二、第三部分是关于教育内容和亲子关系两个方面,共 35 道题。问卷中部分采取 Likert 自评式 5 点形式,每个条目下设 5 个选项记分(1 表示"极不符合"、2 表示"不太符合"、3 表示"不确定"、4 表示"比较符合"、5 表示"非常符合"),行为越符合,选择的数字越大。

二、小学生核心素养影响因素问卷的分析

(一)项目分析

项目的区分是评价项目质量与筛选项目的主要指标。项目区分度低则会影响测验的效度。因此,在得到初始问卷的数据后,要计算每一项目得分与总分的相关系数,具体结果如下。

1.家长卷——亲子关系

将有效问卷进行各题项的项目分析,在进行高低分组比较、各题项与总分相关性的分析之后,将 t 值不显著和相关性低于 0.3 的题项删除,所有题目均符合要求,适合进行下一步探索性因素分析。

2.家长卷——家教方式

进行各题项的项目分析,在进行高低分组比较、各题项与总分相关性的分析之后,对 t 值不显著和相关性低于 0.3 的题项进行删除,27 题均符合要求,适合进行下一步探索性因素分析。

3.教师卷——教学情况

在进行高低分组比较、各题项与总分相关性的分析之后,对 t 值不显著和相关性低于 0.3 的题项进行删除,删除第 9 题、第 14 题,其余 26 题区分度良好,适合进行下一步探索性因素分析。(删除的题目:第 9 题"我重视培养学

生的良好的学习习惯",p>0.05;第 14 题"我会经常在课堂上让成绩好的学生回答问题",p>0.05)

4.教师卷——校园环境

在进行高低分组比较、各题项与总分相关性的分析之后,t 值均显著,15 道题区分度良好,适合进行下一步探索性因素分析。

(二)探索性因素分析

1.家长卷——亲子关系

首先,将 15 个题项进行因子适合性检验,其中 Bartlett 球形检验值为 2356.41,p<0.001,说明各题项之间很可能存在着共同因素;同时,KMO 值为 0.710,达到了适合进行因素分析的标准。

表 8-1　亲子关系因素负荷矩阵

成分	初始特征值			旋转平方和载入		
	合计	方差的 %	累积 %	合计	方差的 %	累积 %
1	7.139	47.596	47.596	5.182	34.546	34.546
2	1.313	8.756	56.353	3.271	21.807	56.353

表 8-1 结果表明,特征值大于 1 的因素有两个,可以解释总体方差的 56.35%。采用最大方差法旋转因子并获取因素之间的旋转成分矩阵,用于删除题项。根据问卷题项要求的标准,题项负荷值需大于 0.40,共同度大于 0.20,每个维度不少于 3 题的标准,15 道题均符合要求,见表 8-2。

2.家长卷——家教方式

首先,将 27 个题项进行因子适合性检验,其中 Bartlett 球形检验值为 2356.41,p<0.001,说明各题项之间很可能存在着共同因素;同时,KMO 值为 0.710,达到了适合进行因素分析的标准。

表 8-2　亲子关系因素探索性分析的结果

旋转后的成分矩阵[a]		
	成分	
	1	2
在我的孩子心情低落时,我会引导孩子用正确的方式排解。	0.769	
当我的孩子心情不好时,我能够及时给予关心与帮助。	0.750	
我经常与孩子讨论学习问题。	0.734	
当意见不合时,我会耐心与孩子沟通。	0.697	
我能常观察孩子的需要,使他常处于愉快和满足的状态中。	0.685	
孩子有一些不愉快的心事时会向我倾诉。	0.661	
我经常设身处地考虑孩子的感受。	0.644	
我会了解孩子的思想性格、爱好及交友情况。	0.642	
我会定期与孩子交流,相互分享生活上的乐趣与苦恼。	0.631	
我会经常通过给孩子拥抱、亲吻的方式传达爱意。	0.585	
我经常带孩子参加一些社会公益活动。		0.815
我经常会带孩子参加探亲、旅行等外出活动。		0.774
我经常请孩子的同学来家里做客。		0.757
我注重培养孩子良好的人际交往技能。		0.586
我经常鼓励孩子参加学校组织的各类活动。		0.531

注:a,旋转在 3 次迭代后收敛,余不再注。

表 8-3　家教方式因素负荷矩阵

成分	初始特征值			旋转平方和载入		
	合计	方差的 %	累积 %	合计	方差的 %	累积 %
1	7.074	32.155	32.155	5.461	24.823	24.823
2	3.452	15.689	47.844	3.491	15.870	40.693
3	1.469	6.678	54.521	3.042	13.828	54.521

　　表 8-3 结果表明,特征值大于 1 的因素有 5 个,可以解释总体方差的 58.97%。采用最大方差法旋转因子并获取因素之间的旋转成分矩阵,用于删

除题项。根据问卷题项要求的标准,题项负荷值需大于 0.40,共同度大于 0.20,每个维度不少于 3 题的标准,第 4 成分和第 5 成分仅有两题,建议删除 W14、W13、W12、W11;第二次降维发现,成分 4 仅有 1 题,删除 W5,最后获得 22 个题项,累计贡献率为 54.52%,见表 8-4。

表 8-4　家教方式因素探索性分析的结果

旋转后的成分矩阵[a]			
	成分		
	1	2	3
传统节日里,我会给孩子讲此节日的故事以及古诗词。	0.794		
我经常会给孩子讲一些课本外的知识(如四大名著)。	0.776		
我会陪孩子进行课外阅读。	0.772		
我经常会陪孩子玩一些益智小游戏。	0.762		
我经常领着孩子参加体育活动锻炼身体。	0.748		
我在家中订了报刊、儿童读物,并培养孩子的阅读习惯。	0.699		
我经常给孩子讲一些心理健康方面的知识。	0.668		
我会给孩子讲解安全常识。	0.662		
在孩子遭受挫折失败的时候,我会引导孩子积极归因。	0.632		
我的家庭有重大事项时会全家一起商量。	0.438		
我要求孩子按我的想法做事情。		0.812	
我经常为了一点小缺点就批评孩子。		0.763	
孩子达不到我的要求时,我会打骂孩子。		0.753	
我会干涉孩子和什么样的人交朋友。		0.684	
我通常会让孩子参与社会实践活动。		0.642	
我经常对我的孩子说"如果你不按照这样做我就不爱你了"这样的话。		0.620	
我在孩子的生活和学习中起支配作用。		0.570	
我很信任孩子并允许他独立完成一些事情。			0.739
我尊重孩子自己的选择。			0.714
我允许孩子自己决定穿衣搭配。			0.682
当孩子满足我的要求时,我会奖励孩子他想要的礼物。			0.657
孩子有不同意见时,我会倾听孩子的看法。			0.652

3.教师卷——校园环境

对题项进行因子适合性检验,Bartlett 球形检验值为 1722.3,p<0.001,说明各题项之间很可能存在着共同因素;同时,KMO 值为 0.837,达到了适合进行因素分析的标准。

表 8-5　校园环境因素负荷矩阵

成分	初始特征值			旋转平方和载入		
	合计	方差的 %	累积 %	合计	方差的 %	累积 %
1	7.324	39.323	39.323	6.341	33.628	33.628
2	3.261	13.937	53.260	4.244	19.632	53.260

表 8-5 结果表明,特征值大于 1 的因素有两个,可解释总体方差的 53.26%。根据问卷题项要求的标准,题项负荷值需大于 0.40,共同度大于 0.20,每个维度不少于 3 题的标准,15 道题目均符合,见表 8-6。

表 8-6　校园环境因素探索性分析的结果

旋转后的成分矩阵[a]		
	成分	
	1	2
我认为学校的管理模式有助于教师个人的专业发展。	0.933	
学校对教师教育教学水平的评价机制完善。	0.930	
我觉得学校制定的发展规划有前瞻性。	0.889	
学校注重培养教师的团队合作意识。	0.849	
我认为我们学校给予教师外出学习的机会是均等的,且较为普及。	0.823	
学校的图书馆使用起来很便利。	0.761	
学校经常组织一些活动来培养学生的实践能力。	0.618	
学校课程的种类以及可以选择的内容非常丰富。		0.931

续表

旋转后的成分矩阵[a]		
	成分	
	1	2
学校开设的课程适合学生的发展。		0.894
学校的校本课程能促进学生的能力发展。		0.822
学校注重楼道文化的建设。		0.813
我所在的学校师生比较为合理。		0.777
学校对于学生的考核评价多元化,有利于学生核心素养的提升。		0.726
我们学校的建筑风格非常适合小学生的身心发展。		0.686
学校的教学设施、实验设备使用起来很便利。		0.632

4. 教师卷——教学情况

首先,对剩余的 28 个题项进行因子适合性检验,Bartlett 球形检验值为 2356.41,$p < 0.001$,说明各题项之间存在着共同因素;同时,KMO 值为 0.710,达到了适合进行因素分析的标准。

表 8-7 教学情况因素负荷矩阵

成分	初始特征值			旋转平方和载入		
	合计	方差的 %	累积 %	合计	方差的 %	累积 %
1	13.057	52.229	52.229	6.292	25.168	25.168
2	2.148	8.594	60.823	4.986	19.942	45.110
3	1.597	6.389	67.212	3.467	13.867	58.976
4	1.372	5.489	72.701	3.431	13.725	72.701

表 8-7 结果显示,特征值大于 1 的因素有 5 个,可以解释总体方差的 75.27%。结合碎石图结果,最终抽取 4 个因素做主成分分析。根据问卷题项要求的标准,题项负荷值需大于 0.40,共同度大于 0.20,每个维度不少于 3 题的标准,删除第 4 题,最后获得 25 个题项,累计贡献率为 72.70%,详见表 8-8。

表 8-8　教学情况因素探索性分析的结果

旋转后的成分矩阵ª				
	成分			
	1	2	3	4
我讲课时能做到重点突出,知识点讲述表达清晰。	0.884			
即使学生表现得不那么完美,我也会鼓励他并耐心指导。	0.873			
我的教学进度组织安排合理有序,准时上下课。	0.841			
在课堂教学中,我能够将理论与实际相结合,帮助学生理解知识。	0.799			
我布置的作业不多不少且批改及时,必要情况下会与家长交流。	0.771			
课后,我能够做到耐心解答学生的提问,及时回复学生的提问。	0.610			
课后,我会有针对性地对学生的薄弱环节给予一定的指导。	0.603			
我对所教的学科知识精通。	0.500			
我会关注学生学习之外的生活。		0.841		
我会采取情景教学法使我的课堂尽可能地生动活泼。		0.754		
我认为我的课堂教学达到了预期的目标。		0.745		
我认为学生们都喜欢上我的课。		0.676		
我会教给学生一些自主学习的方法。		0.638		
我善于组织不同类型活动来调动学生的积极性。		0.617		
在课堂上,我能充分考虑每个学生的需要。		0.566		
我会根据学生的学习状况不断进行教学调整或改进。		0.564		
我在备课时经常会查找与小学生生活相关的素材纳入教学内容。		0.421		
我会有意识地培养学生自主发展的能力。			0.661	
我能够主动学习最新的教育教学知识,更新教育理念。			0.605	
我坚持新课改理念,倡导新型自主、合作、探究的教学方法。			0.592	
在平时的学习过程中,我会有意识指导学生的合作学习。			0.421	
课前我会认真备课,几乎每堂课都有教学设计。				0.874
在分组教学中,我会充分考虑到学生的能力、特点等因素。				0.800
新学期上课前,我会对学生的基本状况做一定的了解。				0.622
我认为在课堂教学中有必要从情感角度进一步加强师生交往。				0.600

5.正式问卷的项目分布

经过项目分析和探索性分析后,家长卷共形成 35 个题项,教师卷共形成 40 个题项。其中,家庭因素方面,共分为家校内容和亲子关系 2 个维度,教育内容、家教方式、亲子关系、亲子活动 4 个二级指标。教师因素方面,主要是教师的教学水平,分为教学理念、教学准备、教学过程、教学评价 4 个二级指标。学校因素方面,主要是校园环境,分为硬件设施和学校文化 2 个二级指标。具体见表 8-9。

表 8-9　小学生核心素养影响因素问卷构成

	一级维度	二级指标	对应题目
家庭因素 (家长问卷)	家教内容	教育内容	1—9
		家教方式	10—21
	亲子关系	亲子交流	1—9
		亲子活动	10—14
教师及学校因素 (教师问卷)	教学水平	教学理念	1—8
		教学准备	9—17
		教学过程	18—21
		教学评价	22—25
	校园环境	硬件设施	1—7
		学校文化	8—15

(三)正式问卷的施测与分析

1.信度分析

使用内部一致性系数检验所编制的家长卷与教师卷的信度,当 $\alpha > 0.8$ 时,内部一致性良好,当 $0.6 < \alpha < 0.8$ 时,内部一致性较好,当 $\alpha < 0.6$ 时,内部一致性较差。

表 8-10　教师问卷的信度分析表

信度分析	总量表	教学准备	教学评价	教学过程	教学理念	硬件设施	学校文化
α 系数	0.974	0.938	0.877	0.892	0.907	0.943	0.948

表 8-11　家长问卷的信度分析表

信度分析	总量表	文化教育	健康教育	约束性方式	民主性方式	亲子交流	亲子活动
α 系数	0.923	0.843	0.769	0.821	0.798	0.902	0.908

从表 8-10 和表 8-11 可以看出,教师卷的内部一致性系数为 0.974,家长卷的内部一致性系数为 0.923,每个分量表的内部一致性系数在 0.769—0.862,表明量表内部一致性信度经过再次验证较为理想,问卷具有良好的信度。

2.效度分析

检测小学生核心素养影响因素家长卷与教师卷的结构效度,通过对正式问卷进行量表维度相关分析,得出各维度与维度之间的相关和各维度与总分之间的相关,见表 8-12 和表 8-13。

表 8-12　教师问卷的信度分析表

	教学准备	教学过程	教学评价	硬件设施	学校文化	总分
教学准备	1					
教学过程	0.877**	1				
教学评价	0.859**	0.832**	1			
硬件设施	0.543**	0.511**	0.519**	1		
学校文化	0.544**	0.532**	0.544**	0.509**	1	
总分	0.877**	0.835**	0.840**	0.842**	0.852**	1

表 8-13　家长问卷的信度分析表

	文化教育	健康教育	约束性方式	民主性方式	亲子交流	亲子活动	总分
文化教育	1						
健康教育	0.705 **	1					
约束性方式	0.163 **	0.078 **	1				
民主性方式	0.434 **	0.477 **	0.027 **	1			
亲子交流	0.629 **	0.644 **	0.086 **	0.630 **	1		
亲子活动	0.613 **	0.583 **	0.156 **	0.486 **	0.722 **	1	
总分	0.798 **	0.757 **	0.419 **	0.671 **	0.863 **	0.809 **	1

　　由表 8-12 和表 8-13 可以看出,教师卷各维度之间的相关系数在 0.501—0.877,并且都在 0.01 水平上达到显著相关,显示出中等程度的相关,符合标准;各分量表与问卷总分的相关系数在 0.835—0.877,且都在 0.01 水平上达到显著相关,存在很高的相关,说明该问卷的结构效度良好。家长卷各维度之间的相关系数在 0.027—0.722,并且都在 0.01 水平上达到显著相关,显示出中等程度的相关,符合标准。进一步对问卷进行验证性因素分析以检验问卷结构的稳定性和可行性,结果见表 8-14。

表 8-14　小学生核心素养影响因素各维度模型拟合指标

		RMSEA	GFI	CFI	NFI	TLI
教师卷	教学水平	0.063	0.870	0.945	0.925	0.939
	校园环境	0.085	0.865	0.958	0.950	0.951
家长卷	教育内容	0.103	0.891	0.928	0.924	0.950
	家教方式	0.077	0.915	0.922	0.914	0.902
	亲子关系	0.083	0.887	0.924	0.918	0.909

经检测,教师卷中,教学水平的适配度指数如下:GFI 值为 0.870,CFI 值为 0.945,NFI 值为 0.925,TLI 值为 0.939(这些取值在 0—1,临界值为 0.9,越接近 1 表示拟合良好),RMSEA 值为 0.063,说明教学水平拟合效果较好,各指标达到标准。校园环境的适配度指数如下:GFI 值为 0.865,CFI 值为 0.958,NFI 值为 0.950,TLI 值为 0.951,RMSEA 值为 0.085,说明校园环境维度的拟合效果较好。家长卷中,教育内容的适配度指数如下:GFI 值为 0.891,CFI 值为 0.928,NFI 值为 0.924,TLI 值为 0.950,RMSEA 值为 0.103,说明模型可接受。家教方式的适配度指数如下:GFI 值为 0.915,CFI 值为 0.922,NFI 值为 0.914,TLI 值为 0.902,RMSEA 值为 0.077,说明模型拟合较好。亲子关系的适配度指数如下:GFI 值为 0.887,CFI 值为 0.924,NFI 值为 0.918,TLI 值为 0.909,RMSEA 值为 0.083,说明模型拟合较好。总体来看,小学生核心素养影响因素问卷的模型较为合理。

第九章　家校因素与小学生核心素养的关系

影响小学生各学科素养、学业素养及社会素养的因素并非是单一的，而是发挥着综合性的作用。但是，在小学生核心素养发展的众多影响因素中，仍存在一些关键因素并指向学生核心素养的具体方面，如学生学科素养的发展，更多地受教师素养的影响，学业素养的发展可能与家校合作的开展有一定的关联，而小学生社会素养的发展，则与家庭因素紧密相关。基于前期有关学生核心素养影响因素文献的分析，结合预调收集的资料，本书提出假设：教师素养对小学生学科素养发展产生影响；家校合作对小学生的学业素养产生影响；家庭因素对小学生的社会素养产生影响；家校因素之间相互作用共同影响小学生的核心素养。

第一节　教师素养与小学生学科素养的关系

本书所指的教师素养主要指教师的教学能力，相关研究表明，教师素养对学生学业产生影响，如教师的教学效能与学生的学业成绩、学业动机等因素之间密切相关,是影响学生学业成绩和学业动机的重要变量。[1] 教师教学能力的发展经过五个阶段,即初学者、高级初学者、有能力者、熟练者、专家,教学准备、教学实施和教学评价等是提升教师课堂教学能力的重要手段。[2] 因而,本书从教学理念、教学准备、教学过程和教学评价四个方面,探究教师素养与小学生学科素养的关系。

一、教师素养与小学生语文学科素养的关系

为了探究教师素养与小学生语文学科素养的关系,首先分析教师的教学理念、教学准备、教学过程、教学评价与小学生语文知识、理解与应用、阅读技能、写作技能等之间的相关性。由表 9-1 可知,教师素养以及具体过程与小学生的语文知识、理解与应用和写作技能不存在显著性相关,而与小学生的阅读技能存在显著的负相关关系。

表 9-1　教师素养与小学生语文学科素养的相关分析

		教学理念	教学准备	教学过程	教学评价	教师素养
语文知识	相关性	0.019	0.036	0.015	0.036	0.027
	显著性	0.462	0.168	0.571	0.161	0.288
理解与应用	相关性	−0.022	0.003	0.030	0.010	0.000
	显著性	0.385	0.911	0.240	0.699	0.990
阅读技能	相关性	−0.090**	−0.075**	−0.073**	−0.057*	−0.078**
	显著性	0.001	0.004	0.005	0.027	0.002
写作技能	相关性	−0.043	−0.033	−0.031	−0.011	−0.034
	显著性	0.093	0.196	0.232	0.670	0.192

阅读是小学语文教学中很重要的一个环节,学生的阅读能力不是靠死记

---

[1]　赵至纯:《教师教学效能研究进展》,《当代教育与文化》2017 年第 2 期。
[2]　张玉民、何树芳:《新课程课堂教学能力训练》,哈尔滨地图出版社 2009 年版,第 122 页。

硬背就能得到提高的,需要学生不断地积累和培养语感,才能在拿到文章后迅速概括出文章大意,理清文章的脉络,提取出关键信息。教师教学中的强化训练对小学生阅读技能的提升效果甚微,恰恰是小学阶段教师教学经常遇到的困惑。原因在于,教师教学对阅读技能的强化训练与该技能提升的规律不符。通常,教师在教学过程中准备了大量阅读练习和规定每天必须达到的阅读量,此种方式在短期内较难见到成效。特别是近些年,小学教育阶段规定了明确的必读与选读书并纳入语文考试范畴,课外阅读逐渐成为学生的一种负担,小学生出现害怕阅读或应付阅读的现象。在对学生的访谈中,有部分学生表达了不喜欢阅读的原因:"学校规定要看的书不是我感兴趣的书,有时候我会看得很快,看完后也知道说了些什么,但是有时候做不对题。""我喜欢看的书就会认真看,但是规定的一些要看的必读书不是我喜欢的,我喜欢看民航飞机的书,所以我会让爸爸买给我看。"对学生访谈时我们发现,并非他们不喜欢阅读,而是部分书目并非学生所感兴趣的。同时,教师教学中对阅读技能的强化训练更多地指向背诵阅读题目以应付考试,在这种情境下,阅读成了小学生必须完成的一项任务,加上教师教学中对学生阅读技能的"训练",极易造成学生的"逆反"心理,出现教师教学关注度提升而学生阅读技能提升缓慢甚至停滞不前的问题。

进一步分析教师素养对小学生语文学科素养的影响,以教师因素为自变量,小学生阅读技能素养为因变量进行回归分析,采用逐步进入变量法。

表9-2 教师素养对小学生阅读技能素养的影响

进入回归方程变量	R	R^2	F 值	Beta	显著性水平
教学理念	0.090	0.008	12.140	−0.606	0.000
教学评价	0.135	0.018	13.923	5.627	0.000

如表9-2所示,教师因素中的教学理念作为预测变量进入回归方程,多

元相关系数为 0.090,多元相关系数平方为 0.008,表示教学理念能够解释小学生阅读技能素养的 0.8%,标准化回归系数为负数,表示其对小学生阅读技能素养的影响为负向;教师因素中的教学评价作为预测变量进入回归方程,多元相关系数为 0.135,多元相关系数平方为 0.018,表示教学评价能够解释小学生阅读技能素养的 1.8%,标准化回归系数为正数,表示其对小学生阅读技能素养的影响为正向。总体来看,教师教学理念对小学生阅读技能素养的影响最强。

教师的教学理念对小学生的阅读技能素养影响最大,原因在于,一名教师的教育理念可以反映其自身的教育价值观和教学方法,这对于教师的教学实践是至关重要的。[①] 学生阅读技能的提升需要教师转变教学理念,以适宜的方式给予学生正确的引导,而非以"应试"的方式开展"题海战术"式训练。现今新课程改革正如火如荼地开展,新课程改革不仅仅是教材的改革,更是教育理念的一系列改革和转变。在传统的教学理念中,教师身兼数职,需要控制教学课程、组织教学活动、制定教学内容、评判教学结果,以一种"填鸭式"的教学方法,老师讲学生听,学生被动地接受知识。新课程改革提出,教师的角色要从"权威者"变为"平等中的首席",教学应由师生共同完成,把课堂还给学生,让学生真正做课堂的主人,教师应该是学生学习的合作者、引导者、参与者。某学校一位四年级老师在访谈中提到,"我们现在的第一课时生字词教学,都是让学生上台来做小老师,教给大家他觉得重要的字的字音、字形、字义,然后其他同学再加以讨论,使学生的主体性得到充分体现"。只有教师的教学理念与时俱进地不断进步,课堂才会有好的效果,学生的学科素养才能得以提高。某学校一位五年级老师在访谈中提到,"现在正是教材改革的关键时期,不仅仅是学校,还有教研室都组织了一系列培训讲座,不断更新自己的教学理念,就如最新的我们语文课堂在推广的'1+X'教学模式,光课本上那几

---

① 杨若男:《语文核心素养研究》,硕士学位论文,河北师范大学教育学院,2017 年,第 16 页。

篇课文是远远不能满足学生学习需求的,我们就要在学习每篇课文时,找出与其相关的文章,进行拓展教学,丰富学生的知识面,这一创新方法,真的让我受益良多"。事实上,教师教学理念的提升是其教学能力发展的首要和必备条件,教学能力所表现出的具体行为,比如有效的备课、基于学生发展实际的教学设计、富有生动性的课堂教学、具有激励特征的教学评价等,都需要先进的教学理念予以支撑,仅靠外在形式的模仿与表面化的浅层学习,不仅教学效果不佳,更有可能对学生产生负面影响,出现如教学方法机械迁移而降低学生阅读兴趣的问题。

二、教师素养与小学生数学学科素养的关系

为探究教师素养与小学生数学学科素养的关系,本书分析了教师教学理念、教学准备、教学过程以及教学评价和小学生数学知识、计算技能、理解与运用、分析与解决问题之间的相关性。表 9-3 结果显示,教师的教学理念、教学准备、教学过程、教学评价和小学生数学学科知识的理解与运用存在显著正相关关系。

表 9-3　教师素养与小学生数学学科素养的相关分析

		教学理念	教学准备	教学过程	教学评价	教师素养
数学知识	相关性	0.000	0.005	0.002	0.027	0.006
	显著性	0.999	0.859	0.930	0.294	0.816
计算技能	相关性	0.018	0.020	0.027	0.044	0.024
	显著性	0.487	0.442	0.300	0.090	0.351
理解与运用	相关性	0.065*	0.097**	0.105**	0.101**	0.089**
	显著性	0.012	0.000	0.000	0.000	0.001
分析与解决问题	相关性	-0.056	-0.042	-0.035	-0.022	-0.043
	显著性	0.051	0.104	0.171	0.397	0.092

教师的教学能力越高,学生对数学知识的理解与运用越好,其原因在于:教育是一个非常复杂的过程,教师的教和学生的学共同构成了教学活动。在教学过程中,教师的教与学生的学紧密相连,当教师的教学方法与学生的学习方式相匹配时,能有效提高学生的学习效率。访谈中某四年级数学教师说:"接手一个班级,首先要面对的就是教师与学生的磨合阶段。教学水平高的教师,能帮助学生的学习,同样,学生对教师的反馈,也对教师产生影响。"某六年级数学教师说:"我们学校有很多特级教师,这些教师的教学水平毋庸置疑,他们班级的学生整体素质也很好。"教师教学能力的提升首先需要更新教学理念,教学理念一般分为以学生为中心和以教师为中心,以教师为中心的教学理念是教师控制课堂,学生处于被动状态,易忽视学生的自主学习和发展需求,忽略学生解决问题能力的培养。就如一名特级教师所说:"现代教育很注重学生的主体地位,但是在实际教学过程中,需要持之以恒地坚持这一理念,之所以未取得预期的效果,可能未考虑到学生的实际情况,分类培养比较重要。"因此,要提升学生理解与运用的能力,教师应在更新教学理念的基础上逐步提升自身的教学能力,这一过程不但会提升教学的实际效果,还是教师个人成长的重要推力。

教师素养与小学生数学知识理解与运用能力存在相关,下面进一步分析两者之间的作用关系。以教师因素为自变量,小学生数学知识理解与运用为因变量进行回归分析,采用逐步进入变量法,结果如表9-4所示。

表9-4　教师素养对学生数学知识理解与运用素养的影响

进入回归方程变量	R	R^2	F 值	Beta	显著性水平
教学过程	0.105	0.011	16.750	0.273	0.001
教学理念	0.146	0.021	16.331	-0.526	0.000
教学评价	0.172	0.030	15.200	0.348	0.000

教师因素中的教学过程作为预测变量进入回归方程,多元相关系数为0.105,多元相关系数平方为0.011,表示教学过程能够解释小学生理解与运

用素养的 1.1%,标准化回归系数为正数,表示其对小学生理解与运用素养的影响为正向。教师因素中的教学理念作为预测变量进入回归方程,多元相关系数为 0.146,多元相关系数平方为 0.021,表示教学理念能够解释小学生理解与运用素养的 2.1%,标准化回归系数为负数,表示其对小学生理解与运用素养的影响为负向。教师因素中的教学评价作为预测变量进入回归方程,多元相关系数为 0.172,多元相关系数平方为 0.030,表示教学评价能够解释小学生理解与运用素养的 3.0%,标准化回归系数为正数,表示其对小学生理解与运用素养的影响为正向。总体来看,教学理念对小学生理解与运用素养的影响最强。

第二节　家校合作与小学生学业素养的关系

本研究对现实中家校合作类型的调查,实际上描述了家校合作的不同水平,家校合作水平越高,家校之间的互动越紧密,对学生产生的积极影响也越大。家校合作对学生产生的影响范围较大,涉及学业成绩、心理健康、学校适应等,而学业素养贯穿学生学习与发展的整个阶段,养成于家庭而发展于学校。从经验层面来说,家校如果形成合力,且在合作意愿与能力方面越强,将对学生的学业素养发展产生积极影响,学生的学业素养水平也就越高。为验证这一假设,本书首先利用 Mplus8.3 软件对家校合作进行潜在剖面分析,获得家校合作的最优模型;其次,在保留最优类别模型的基础上加入人口学统计变量如学校区域、父母学历、年级和学业排名作为预测变量,采用 R3STEP 法预测潜类别变量;最后,采用潜在剖面分析和潜在剖面后续分析中的 ML 三步法探讨不同类别的家校合作类型对小学生学业素养的影响。

一、家校合作类型潜在剖面分析结果

采用 Harman 单因素检验方法,将问卷中所有的测量项目进行未旋转的

探索性因素分析,结果显示,共有11个特征值大于1的公共因子被提出,并且第一个公共因子解释了总变异量的15.1%,小于Podsakoff等提出的40%判断标准。[①] 这说明不存在明显的共同方法偏差。

以家庭合作意愿、家庭合作能力、学校合作意愿、学校合作能力四个维度为指标,分别建立潜在剖面模型。本书以1类别为基准模型,抽取1—4个类别的拟合指数汇总在表9-5。随着类别数目的增加,模型的各信息评价指标值(AIC、BIC、ABIC等)都在不断下降,[②]这几种统计量都是通过比较期望值与实际值差异来判断模型拟合的优劣,统计值越小表示拟合得越好。

根据表9-5所示,在第3类别模型时AIC、BIC数值下降程度开始变得缓慢,并且此时的Entropy值最大,综合考虑各种指标,选择3类别模型作为家庭合作类型的分类。

表9-5　家校合作类型的潜在剖面模型拟合指数

模型	k	Log(L)	AIC	BIC	ABIC	Entropy	LMR	BLRT	类别概率(%)
1	44	-100899.83	201887.66	202158.84	202019.03				
2	67	-92712.06	185558.12	185971.05	185758.15	0.895	<0.001	<0.001	0.55/0.45
3	90	-89774.33	179728.67	180283.35	179997.37	0.906	<0.001	<0.001	0.28/0.49/0.22
4	113	-88858.54	177943.09	178639.52	178280.46	0.891	<0.001	<0.001	0.25/0.45/0.21/0.09

从图9-1可知,3个潜在类别在家校合作四个维度上的应答概率差别明显,表现出不同的特征。类别1在家庭合作意愿、家庭合作能力、学校合作意愿和学校合作能力四个维度上的得分最高,将类别1命名为"积极型",约占

---

① 周浩、龙立荣:《共同方法偏差的统计检验与控制方法》,《心理科学进展》2004年第6期。

② 张洁婷等:《潜在类别分析技术在心理学研究中的应用》,《心理科学进展》2010年第12期。

全体被试的 22%,说明这一类别的家长和学校均有较高的合作意愿和能力;类别 3 在各个维度上得分最低,故将类别 3 命名为"消极型",占全体被试的 28.5%,说明这一类别的家庭和学校在合作意愿和合作能力上多消极怠慢。类别 2 在四个维度上的得分处于中间水平,命名为"中间型",约占全体被试的 49.5%,说明这一类别家庭和学校的合作意愿和能力一般。

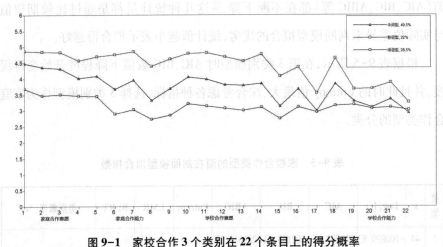

图 9-1　家校合作 3 个类别在 22 个条目上的得分概率

根据家庭合作意愿、家庭合作能力、学校合作意愿、学校合作能力四个维度,利用潜在剖面分析法对家校合作类型进行分类。研究发现,小学生家校合作类型可以分为"积极型""中间型""消极型"三种。分别将家校合作类型的三种潜在类别进行两两比较,结果表明在"积极型""中间型""消极型"三种类型上,家校合作类型四个维度得分呈现由高到低的特点且任意两种类型之间的得分均存在显著差异,表明小学家校合作类型存在异质性的分类特点。"积极型"的家长和学校在合作意愿和合作能力上得分都较高,表现在家长参与学校事务的权利意识越来越强,[①]他们不仅在意识上有所增强,在行动上也

---

　　① 洪明:《家校合育的基本现状及改进研究——基于 9 省市 4000 份问卷的调查分析》,《教育科学研究》2015 年第 9 期。

逐渐配合学校管理,同时学校具备教育活动经验和教育能力,能够及时将学生的在校学习情况反馈给家庭,并从家庭中获取更加具有针对性的学生指导建议。① 这也验证了苏霍姆林斯基"家庭与学校的一致性教育能够对最终效果产生决定性影响"这一论点。"积极型"类别所占比例达到 22%。"中间型"的家长和学校在合作意愿和合作能力上处于相对被动的角色,多为学校单向灌输,家庭则附属于学校的活动,并且这一类别所占比例最高,达到 49.5%,这与已有研究结果一致,家校合作的常态是介于紧密合作与消极的中间地带,表现为附属型家校互动。② "消极型"的家长和学校在合作意愿上多为被动,更多的是敷衍式的交流,在学生教育方面存在两者责任分离的思想和推诿责任现象,这一类别所占比例达到 28.5%。

二、家校合作类型对小学生学业素养的影响

下面加入小学生学业素养作为结局变量,采用稳健三步法探究家校合作类型对小学生学业素养的影响,估计时选取 ML 法。由表 9-6 可知,不同家校合作类型在学业素养上存在显著性的差异。"积极型"与"消极型"差异显著(p<0.001),"中间型"与"消极型"差异显著(p<0.001),而"积极型"与"中间型"两种家校合作类型中的学业素养不存在显著性差异。比较各个类型家校合作的学业素养发现,与"中间型"和"消极型"相比,属于"积极型"家校合作的孩子学业素养得分最高;属于"中间型"家校合作的孩子学业素养得分高于"消极型"。

研究表明,不同家校合作类型的学生在学业素养上存在显著性差异,属于"积极型"家校合作的孩子学业素养得分最高,属于"中间型"家校合作的孩子

① 汪敏:《家校合作的主体边界与实践范式》,《教育科学研究》2018 年第 12 期。
② 程肇基:《附属型家校互动的文化困境及其突破》,《四川师范大学学报(社会科学版)》2019 年第 6 期。

表 9-6　小学生学业素养在家校合作类型上的差异分析

变量	Wald	积极型 vs 中间型	积极型 vs 消极型	中间型 vs 消极型	多重比较
学业素养	98.59***	3.56	84.22***	53.86***	积极型>中间型>消极型

学业素养得分高于"消极型",这与黄菲菲等人的研究相一致。[1] 学校又能如实向家长反映学生的情况,更有利于家长全面了解学生信息,两者合力育人更有利于形成极具包围之势的整体性学业核心素养培育环境。家庭是学生成长最重要和基本的社会系统,学校又是除家庭外对学生发展影响最大的微观系统,[2]两者的联结对小学生学业素养的发展起到至关重要的作用。2017 年,《义务教育学校管理标准》明确提出,要构建和谐的家庭、学校、社区合作关系,提高家长在学校治理中的参与度,形成育人合力。目前,在家校关系之中,人们更多地关注家庭方面,如父母参与、"教育卷入"等。家校合作不应是家庭单方面的参与和介入,而是需要通过充分发挥家庭、学校的各自优势,通力合作对学生进行教育,使学校在教育学生时能及时获得家庭的支持与配合,同时家长在教育子女时也能获得学校的实时指导,[3]最终实现学校和家庭对学生教育影响的一致性。因此,我们需要在积极整合各方教育资源、优势的基础上,拓宽学业素养的培育路径,在家校信念一致、统一行动的基础上,共同着力于学生学业素养的提升。

---

① 黄菲菲等:《家校关系类型对小学生学业成绩的影响:基于潜在剖面分析》,《教育研究与实验》2018 年第 2 期。

② 元英等:《亲师关系对初中生学业成就表现的影响——基于中国教育追踪调查的实证研究》,《教育研究与实验》2019 年第 3 期。

③ 石中英等:《基础教育新概念:家校合作》,教育科学出版社 1999 年版,第 22—25 页。

第三节　家庭因素与小学生社会素养的关系

学生社会素养的培养是为了提升其社会适应能力,学生发展的过程也是其社会适应能力不断提升的过程,这一过程主要依托于个体自身以及家庭、学校与社会教育。相比较而言,学生的社会素养最早受家庭因素影响且影响较深。国内外相关研究表明,儿童的教育影响最早可以追溯到儿童早期,而儿童社会能力的发展除了受到自身内部因素的影响,还受到家庭、同伴等外在因素的影响。可以说,家庭因素是影响学生社会素养的重要变量。因而,本书重点关注家庭因素(包括教育内容、家教方式、亲子关系)对小学生社会素养及各构成要素的影响。

一、家庭因素与小学生社会素养的相关性分析

主要从教育内容、家教方式和亲子关系方面,分析家庭因素与学生社会素养及自我意识、自主管理、自主学习、合作学习、人际交往五个维度之间的相关性。

表 9-7　家庭因素与小学生社会素养的相关分析

	社会素养	自我意识	自主管理	自主学习	合作学习	人际交往
教育内容	0.440**	0.360**	0.346**	0.391**	0.320**	0.358**
家教方式	0.169**	0.150**	0.105**	0.145**	0.115**	0.170**
亲子关系	0.418**	0.395**	0.311**	0.358**	0.281**	0.311**

表 9-7 结果显示,教育内容、家教方式、亲子关系与小学生的社会素养存在显著的正相关关系。与此同时,教育内容、家教方式、亲子关系与小学生的自我意识、自主管理、自主学习、合作学习和人际交往存在显著的正相关关系。

研究表明,学生的家庭文化是影响师生关系的远位变量,小学阶段的学生还没有独立,受到父母家庭的影响较为显著,父母的沟通还会影响孩子在学校中与教师以及同学之间的关系,长期的同伴排斥会导致儿童消极地看待自己和他人,不愿意参加学校活动。从相关分析结果可以初步得出以下判断:一是家庭因素与小学生的社会素养紧密相关。即家庭教育内容符合学生的年龄特征,适时引导学生树立积极的社会交往态度,或是采取民主型的家教方式,注重良好亲子关系的培育,将有助于提升小学生的社会素养。二是小学生的社会素养有可能影响家庭的教育内容、家教方式以及亲子关系。学生社会素养的相关内容,如自主管理、自主学习、人际交往等,通常也是家庭教育的重要内容。小学生社会素养的发展水平一定程度上代表了其将来适应社会的能力,为培养学生的社会素养,家长往往通过榜样示范、家庭氛围营造、提供独立机会等方式,提升子女的独立能力、人际交往能力等。同时,在面对子女如独立能力相对较差、交往信心不足、自主学习能力不高等问题时,家长也会采取积极引导、创造独立机会等方式予以应对。换句话说,学生的社会素养水平一定程度上会引起家庭教育内容、家教方式以及亲子关系的变化,而这种变化通常作为一种手段以改变学生社会素养的现状。

二、家庭因素对小学生社会素养的影响

由相关分析可知,家庭教育内容、家教方式、亲子关系与小学生社会素养及各维度存在显著的正相关关系,下面进一步对小学生社会素养及各维度进行线性回归分析,以探究家庭因素对小学生社会素养的影响。

以家庭因素为自变量,小学生核心素养为因变量进行回归分析,结果如表9-8 所示,教育内容作为预测变量进入回归方程,得出多元相关系数为0.440,多元相关系数平方为 0.193,表示教育内容能够解释小学生社会素养的 19.3%,标准化回归系数为正数,表示其对小学生社会素养的影响为正向。同时,亲子关系作为预测变量进入回归方程,多元相关系数为 0.463,多元相

关系数平方为 0.215,表示亲子关系能够解释小学生社会素养的 21.5%,标准化回归系数为正数,表示其对小学生社会素养的影响为正向。总体来看,教育内容对小学生社会素养的影响最大。

表 9-8　家庭因素对小学生社会素养的线性回归分析

进入回归方程变量	R	R²	F 值	Beta	显著性水平
教育内容	0.440	0.193	360.032	0.289	0.000
亲子关系	0.463	0.215	204.843	0.209	0.000

分析家庭因素对小学生自我意识、自主管理、自主学习、合作学习和人际交往的影响,以家庭因素为自变量,以小学生核心素养各维度为因变量进行回归分析,结果见表 9-9。

表 9-9　家庭因素对小学生社会素养各维度的线性回归分析

因变量	进入回归方程变量	R	R²	F 值	Beta	显著性水平
自我意识	教育内容	0.440	0.193	360.032	0.289	0.000
	亲子关系	0.463	0.215	204.843	0.209	0.000
自主管理	教育内容	0.346	0.120	203.892	0.253	0.000
	亲子关系	0.357	0.128	109.660	0.129	0.000
自主学习	教育内容	0.391	0.153	270.204	0.276	0.000
	亲子关系	0.406	0.165	147.789	0.158	0.000
合作学习	教育内容	0.320	0.103	171.590	0.242	0.000
	亲子关系	0.328	0.108	90.642	0.105	0.003
人际交往	教育内容	0.358	0.128	222.402	0.278	0.000
	亲子关系	0.366	0.134	116.045	0.111	0.001

如表 9-9 所示,各维度的分析情况如下:

第一,在小学生的自我意识方面,教育内容作为预测变量进入回归方程,多元相关系数为0.440,多元相关系数平方为0.193,表示教育内容能够解释小学生自我意识的19.3%,标准化回归系数为正数,表示其对小学生自我意识的影响为正向;亲子关系作为预测变量进入回归方程,多元相关系数为0.463,多元相关系数平方为0.215,表示亲子关系能够解释小学生自我意识的21.5%,标准化回归系数为正数,表示其对小学生自我意识的影响为正向。总体来看,亲子关系对小学生自我意识的影响最大。

第二,在小学生的自主管理方面,教育内容作为预测变量进入回归方程,多元相关系数为0.346,多元相关系数平方为0.120,表示教育内容能够解释小学生自主管理的12.0%,标准化回归系数为正数,表示其对小学生自主管理的影响为正向;亲子关系作为预测变量进入回归方程,多元相关系数为0.357,多元相关系数平方为0.128,表示亲子关系能够解释小学生自主管理的12.8%,标准化回归系数为正数,表示其对小学生自主管理的影响为正向。总体来看,教育内容对小学生自主管理的影响相对较大。

第三,在小学生的自主学习方面,教育内容作为预测变量进入回归方程,多元相关系数为0.391,多元相关系数平方为0.153,表示教育内容能够解释小学生自主学习的15.3%,标准化回归系数为正数,表示其对小学生自主学习的影响为正向;亲子关系作为预测变量进入回归方程,多元相关系数为0.406,多元相关系数平方为0.165,表示亲子关系能够解释小学生自主学习的16.5%,标准化回归系数为正数,表示其对小学生自主学习的影响为正向。总体来看,教育内容对小学生自主学习的影响最大。

第四,在小学生的合作学习方面,教育内容作为预测变量进入回归方程,多元相关系数为0.320,多元相关系数平方为0.103,表示教育内容能够解释小学生合作学习的10.3%,标准化回归系数为正数,表示其对小学生合作学习的影响为正向;亲子关系作为预测变量进入回归方程,多元相关系数为0.328,多元相关系数平方为0.108,表示亲子关系能够解释小学生合作学习的 10.8%,标准化回归系数为正数,表示其对小学生合作学习的影响为正向。总体来看,亲子关系对小学生合作学习的影响最大。

第五,在小学生的人际交往方面,教育内容作为预测变量进入回归方程,多元相关系数为 0.358,多元相关系数平方为 0.128,表示教育内容能够解释小学生人际交往的 12.8%,标准化回归系数为正数,表示其对小学生人际交往的影响为正向;亲子关系作为预测变量进入回归方程,多元相关系数为 0.366,多元相关系数平方为 0.134,表示亲子关系能够解释小学生自主学习的 13.4%,标准化回归系数为正数,表示其对小学生人际交往的影响为正向。总体来看,教育内容对小学生人际交往的影响最大。

综上所述,家庭因素中的教育内容和亲子关系对小学生社会素养各维度均产生正向影响,且教育内容对学生社会素养的影响相对最大。小学生社会素养的提升可能更需要注重两个方面:一是家庭教育内容有针对性地纳入社会化的相关主题。有研究建议,家庭教育内容应主要集中在对儿童进行品德教育和人格教育、帮助儿童扮演好社会角色以及培养儿童的社会责任感上。但是,许多家长把家庭场所混同于学校,家庭教育内容实质上还是学校教育中的学科知识。许多父母对于家庭教育的误用让儿童在家庭中感受不到该有的温情和关爱,容易使儿童产生抵触心理甚至是逆反心理。[1] 因而,家长在青少年的成长发展过程应发挥主导作用,特别是在解决人生价值、伦理道德、社会和谐等核心价值观方面,父母担负着重要社会责任。[2] 二是培育良好的亲子关系。研究表明,青少年社会化的正常程度和父母与子女之间的互动率呈正相关,构成家庭中的各种因素之优劣直接影响着家庭成员尤其是子女的人格特征、心理素质、道德品行及其他方面的发展方向和程度。[3] 亲子关系是儿童成长过程中的第一个社会关系,是儿童成长发展过程中最持久、最稳定和最亲

① 张彬彬:《家庭教育与儿童社会化发展研究》,《黑龙江科学》2020 年第 1 期。
② 刘长城等:《青少年双向社会化模式与亲子关系研究》,《青年研究》2013 年第 3 期。
③ 安培培:《亲子关系与青少年社会化》,《山西高等学校社会科学学报》2010 年第 3 期。

近的关系,亲子关系在儿童的心理发展过程中起着极为重要的作用。亲子关系是在长期互动中生成并发展的,这需要家长针对不同阶段孩子的心理特点,积极主动与孩子沟通,尊重其独立性,为建立良好的亲子关系营造浓厚的家庭氛围。

第四节　家校因素影响小学生
核心素养的路径

基于家校因素对小学生各类素养影响的分析,进一步对家校因素之间相互作用影响小学生核心素养的路径进行深入探究,基本思路如下:单维视角分析家庭、教师和学校因素对小学生核心素养的影响,甄别各因素中对小学生核心素养产生影响的关键变量。在此基础上,分析三种因素对小学生核心素养的影响路径。主要包括小学生核心素养的影响因素分析、调节模型检验、中介模型检验、链式中介模型检验四部分。

一、小学生核心素养的影响因素

小学生核心素养的影响因素分析包括两个步骤:第一步,采用 Pearson 积差相关考查家庭因素、教师因素、学校因素与小学生核心素养之间的相关;第二步,分别以家庭因素、教师因素、学校因素为自变量,小学生核心素养为因变量,采用逐步进入变量法进行回归分析。

(一)家庭因素对小学生核心素养的影响

从表9-10中可以看出,小学生核心素养与家庭教育内容之间的相关系数为 0.264,表明两个变量之间显著正相关,家庭教育内容越丰富,小学生核心素养越高;小学生核心素养与家教方式之间的相关系数为 0.031,两个变量之间不存在显著相关;小学生核心素养与亲子交流之间的相关系数为 0.235,

表明两个变量之间显著正相关,亲子交流越多,小学生核心素养越高;小学生核心素养与亲子活动之间的相关系数为 0.178,表明两个变量之间显著正相关,亲子活动越多,小学生核心素养越高。总体来看,家庭因素与小学生核心素养显著相关。

表 9-10　家庭因素与小学生核心素养的相关性

		教育内容	家教方式	亲子交流	亲子活动
小学生核心素养	皮尔逊相关性	0.264**	0.031	0.235**	0.178**

以家庭因素为自变量,小学生核心素养为因变量进行回归分析,采用逐步进入变量法,结果如表 9-11 所示。家庭因素中的家庭教育内容作为预测变量进入回归方程,多元相关系数为 0.264,多元相关系数平方为 0.070,表示家庭教育内容能够解释小学生核心素养的 7.0%,标准化回归系数为正数,表示其对小学生核心素养的影响为正向;家庭因素中的家教方式作为预测变量进入回归方程,多元相关系数为 0.278,多元相关系数平方为 0.077,表示家教方式能够解释小学生核心素养的 7.7%,标准化回归系数为负数,表示其对小学生核心素养的影响为负向;家庭因素中的亲子交流作为预测变量进入回归方程,多元相关系数为 0.300,多元相关系数平方为 0.090,表示亲子交流能够解释小学生核心素养的 9.0%,标准化回归系数为正数,表示其对小学生核心素

表 9-11　家庭因素对小学生核心素养的线性回归分析

进入回归方程变量	R	R²	F 值	Beta	显著性水平
教育内容	0.264	0.070	112.253	0.223	0.000
家教方式	0.278	0.077	62.929	−0.137	0.000
亲子交流	0.300	0.090	49.434	0.175	0.000
亲子活动	0.301	0.090	37.222	−0.030	0.430

养的影响为正向;家庭因素中的亲子活动作为预测变量进入回归方程,多元相关系数为 0.301,多元相关系数平方为 0.090,表示亲子交流能够解释小学生核心素养的 9.0%,标准化回归系数为负数,表示其对小学生核心素养的影响为负向。总体来看,家庭教育内容对小学生核心素养的影响最强。

上述研究发现,家庭教育内容是影响小学生核心素养最重要的因素。由相关和回归分析显示,小学生核心素养与家庭教育内容呈显著正相关,这说明家长可以通过丰富家庭教育的内容提高小学生核心素养,比如定期进行家庭体育锻炼、积极和孩子沟通心理上的问题、营造家庭阅读氛围。本书的研究与下述研究结果相似,认为家长应该带给孩子丰富的、多样的教育内容。举例来说,孩子的成长不仅需要科学文化知识,而且需要具备健康生活、责任担当等能力。总之,家庭教育最重要的是培养小学生核心素养。[1]

(二)教师因素对小学生核心素养的影响

从表 9-12 中可以看出,小学生核心素养与教学理念之间的相关系数为 0.032,两个变量之间不存在显著相关;小学生核心素养与教学准备之间的相关系数为 0.052,$t < 0.05$,表明两个变量之间显著正相关,教学准备越充分,小学生核心素养越高。小学生核心素养与教学过程之间的相关系数为 0.055,$t < 0.05$,表明两个变量之间显著正相关,教学过程越有效,小学生核心素养越高。小学生核心素养与教学评价之间的相关系数为 0.074,$t < 0.01$,表明两个变量之间显著正相关,教学评价越科学,小学生核心素养越高。总体来看,教师因素与小学生核心素养显著相关。

---

[1] 陈烨:《家长认同考试下的核心素养发展处境与策略探析》,《教育现代化》2017 年第 40 期。

表 9-12 教师因素与小学生核心素养的相关性

		教学理念	教学准备	教学过程	教学评价
小学生核心素养	皮尔逊相关性	0.032	0.052*	0.055*	0.074**

以教师因素为自变量,小学生核心素养为因变量进行回归分析,采用逐步进入变量法,结果如表 9-13 所示。教师因素中的教学理念作为预测变量进入回归方程,多元相关系数为 0.032,多元相关系数平方为 0.001,表示教学理念能够解释小学生核心素养的 0.1%,标准化回归系数为负数,表示其对小学生核心素养的影响为负向;教师因素中的教学准备作为预测变量进入回归方程,多元相关系数为 0.081,多元相关系数平方为 0.007,表示教学准备能够解释小学生核心素养的 0.7%,标准化回归系数为正数,表示其对小学生核心素养的影响为正向;教师因素中的教学过程作为预测变量进入回归方程,多元相关系数为 0.086,多元相关系数平方为 0.007,表示教学过程能够解释小学生核心素养的 0.7%,标准化回归系数为负数,表示其对小学生核心素养的影响为负向;教师因素中的教学评价作为预测变量进入回归方程,多元相关系数为 0.163,多元相关系数平方为 0.027,表示教学评价能够解释小学生核心素养的 2.7%,标准化回归系数为正数,表示其对小学生核心素养的影响为正向。总体来看,教师评价对小学生核心素养的影响最强。

表 9-13 教师因素对小学生核心素养的线性回归分析

进入回归方程变量	R	R²	F 值	Beta	显著性水平
教学理念	0.032	0.001	1.494	−0.602	0.000
教学准备	0.081	0.007	5.012	0.226	0.124
教学过程	0.086	0.007	3.720	−0.104	0.425
教学评价	0.163	0.027	10.268	0.537	0.000

本书研究发现,教师因素对小学生核心素养的直接预测效应存在四种原因。其中,教师评价是影响小学生核心素养最重要的因素。由相关和回归分析显示,小学生核心素养与教师评价呈显著正相关,这说明教师可以通过构建科学的教学评价体系提高小学生核心素养。与类似研究结果一致,在小学数学教学过程中,教师要以小学生核心素养为出发点,客观评价教学活动,并且合理解决教学过程中的问题,提高培养学生数学学习的能力。[①]

(三)学校因素对小学生核心素养的影响

从表9-14中可以看出,小学生核心素养与学校硬件设备之间的相关系数为0.174,t<0.001,表明两个变量之间显著正相关,学校硬件设备越齐全,小学生核心素养越高。小学生核心素养与学校文化之间的相关系数为0.208,t<0.001,表明两个变量之间显著正相关,学校文化越好,小学生核心素养越高。总体来看,学校因素与小学生核心素养显著相关。

表9-14　学校因素与小学生核心素养的相关性

		硬件设备	学校文化
小学生核心素养	皮尔逊相关性	0.174**	0.208**

以学校因素为自变量,小学生核心素养为因变量进行回归分析,采用逐步进入变量法,结果如表9-15所示。学校因素中的硬件设备作为预测变量进入回归方程,多元相关系数为0.174,多元相关系数平方为0.030,表示硬件设备能够解释小学生核心素养的0.3%,标准化回归系数为负数,表示其对小学生核心素养的影响为负向;学校因素中的校园文化作为预测变量进入回归方程,多元相关系数为0.237,多元相关系数平方为0.056,表示学校文化能够解

①　周燕萍、王黎黎:《基于核心素养下的小学数学教学评价》,《课程教育研究》2018年第8期。

释小学生核心素养的 5.6%,标准化回归系数为正数,表示其对小学生核心素养的影响为正向。总体来看,学校文化对小学生核心素养的影响最强。

表 9-15　学校因素对小学生核心素养的线性回归分析

进入回归方程变量	R	R²	F 值	Beta	显著性水平
硬件设备	0.174	0.030	47.006	−0.462	0.000
学校文化	0.237	0.056	44.479	0.654	0.000

研究发现,学校因素对小学生核心素养的直接预测效应存在两种原因。其中,学校文化是影响小学生核心素养最重要的因素。由相关和回归分析显示,小学生核心素养与学校文化呈显著正相关,这说明学校可以通过建设优质的校园文化环境提高小学生核心素养。本书研究结果支持了相关研究的说法。学校是重要的教育场所,应该发扬我国优秀的传统文化,学校可以创设优良的校园文化氛围,让学生在中华优秀传统文化的熏陶中提升核心素养。[1]

二、家教方式在家庭教育内容与小学生核心素养关系中的调节效应

由于家教方式在家庭教育内容与小学生核心素养关系中的中介效应不显著,家教方式在亲子关系与小学生核心素养关系中的中介效应不显著,因此,在分析三种因素影响路径时,仅对中介效应显著的路径进行分析。调节模型检验包括四个步骤:第一步,用 Amos 建立家教方式在家庭教育内容与小学生核心素养关系中的调节效应模型;第二步,采用 Pearson 积差相关考查家教方式与小学生核心素养、家庭教育内容之间的相关;第三步,采用分层回归分析对家教方式在家庭教育内容与小学生核心素养关系中的调节效应进行考查;

① 张红峰:《传承中华优秀传统文化培养学生核心素养》,《新课程研究(上旬刊)》2017 年第 6 期。

第四步,简单斜率分析。

家庭教育内容和小学生核心素养的关系,往往受到家教方式的影响,相同的家庭教育内容用某种家教方式能提高小学生核心素养,用另一种家教方式却不能提高。因此,假设模型如图 9-2 所示,家教方式对家庭教育内容与小学生核心素养的关系可能是有调节效应的。

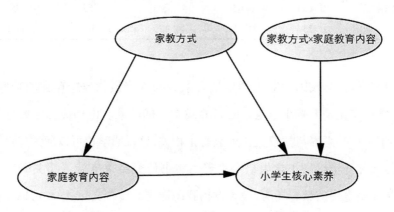

图 9-2　家教方式对家庭教育内容的调节模型

已有关于调节作用的研究表明,理想的调节变量和预测变量、结果变量之间的相关都不高。按照 $|r| \leqslant 0.40$ 为弱相关的判断标准[1],表 9-16 中家教方式与小学生核心素养、家庭教育内容的相关系数的绝对值在 0.007—0.365,属于弱相关,因此符合调节效应的条件。

表 9-16　家教方式与小学生核心素养、家庭教育内容的相关性

		小学生核心素养	家庭教育内容
家教方式	皮尔逊相关性	−0.007	0.365**

在考查家教方式的调节效应时,为了减少多重共线性的问题,家庭教育内

① 张厚粲、徐建平:《现代心理与教育统计学》,北京师范大学出版社 2009 年版,第 122 页。

容、家教方式进入回归方程前都已经过中心化处理,它们的交互项也是中心化的变量之积。以学生性别、成绩排名为第一层变量,以家庭教育内容、家教方式为第二层变量,以家庭教育内容×家教方式为第三层变量,以小学生核心素养为结果变量进行分层回归分析,结果见表9-17。

表9-17显示,在控制了第一层变量(协变量)的作用以及家庭教育内容的主效应后,家教方式对小学生核心素养的负向预测作用($\beta = -0.075$,$p<0.01$)显著;在控制了协变量的作用和家庭教育内容、家教方式的主效应后,家庭教育内容×家教方式对小学生核心素养的负向预测作用显著($\beta = -0.063$,$p<0.01$)。说明家教方式在家庭教育内容对小学生核心素养的预测作用中存在调节效应。

表9-17　家教方式在家庭教育内容与小学生核心素养关系中的调节作用检验

	β	t
第一层		
学生性别	0.107	4.866**
成绩排名	0.421	19.005**
	$\Delta F = 221.940^{**}$	$\Delta R^2 = 0.228$
第二层		
家庭教育内容	0.238	9.688**
家教方式	−0.075	−3.126**
	$\Delta F = 57.129^{**}$	$\Delta R^2 = 0.055$
第三层		
家庭教育内容×家教方式	−0.063	−2.781**
	$\Delta F = 7.737^{**}$	$\Delta R^2 = 0.004$
	$AdjR^2 = 0.284$	

为了更清晰地了解家教方式的调节作用,根据Preacher等人提出的调节作用分析程序,进行了简单斜率(Simple slope)分析。结果如图9-3所示,家

教方式可以显著调节家庭教育内容和小学生核心素养之间的关系,即约束性家教方式可以提高家庭教育内容单一的小学生的核心素养。

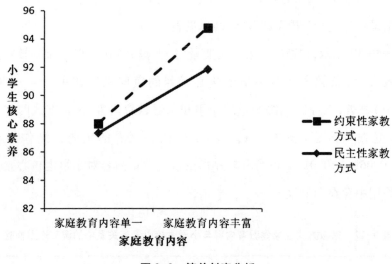

图 9-3　简单斜率分析

从图 9-3 简单斜率分析的结果可以看出,约束性家教方式和民主性家教方式对小学生核心素养的影响有所不同,表明由于进行了家教方式的区分,使得家庭教育内容与小学生核心素养之间的关系强度发生了变化或波动。具体来说,约束性家教方式的家庭教育内容与小学生核心素养的关联度最强,然后是民主性家教方式。由此可见,约束性家教方式可以提高家庭教育内容单一的小学生的核心素养。约束性家教方式即家长对日常生活中的一些事情作出约束性的规定,比如玩游戏时间、考试的成绩等,孩子必须严格遵守,使他们的自我管理意识和能力无法得到提高。家庭教育内容单一指家长只关注文化教育或健康教育中的一方面。家庭环境并不好的小学生因为没有丰富的家庭活动,只能按照家长的要求进行生活作息,在得到优质睡眠和减少游戏上瘾的基础上,小学生文化基础方面的素养反而会提高。类似的观点是适用的,不同学历、职业背景的父母对小学生核心素养的观点存在差异。比如,学历较低的家长比较关注孩子的文化基础方面的素养,家长的学历越高,越关注身心健康、人际交往、社会融入等素养。[1]

三、校园环境在教师素养与小学生核心素养关系中的中介效应

中介模型检验包括三个步骤：第一步，采用 PROCESS 的模型 4 对校园环境在教师素养与小学生核心素养关系中的中介效应进行检验；第二步，用 Amos 建立校园环境在教师素养与小学生核心素养关系中的中介效应模型；第三步，中介模型各效应的 Bootstrap 检验。

为检验校园环境在教师素养影响小学生核心素养时是否具备中介效应，按照 Zhao 提出的中介效应分析程序[2]，参照 Hayes 提出的 Bootstrap 方法，采用 SPSS 宏程序 PROCESS 的模型 4 进行中介效应检验，结果显示，置信区间未包含 0（LLCI＝0.793，ULCI＝1.384），表明校园环境的中介效应显著，且中介效应大小为 1.079。

通过 Amos 建立潜变量中介模型，在模型中，教师素养为外源潜变量，是模型中的自变量，教学理念、教学准备、教学过程和教学评价为其观测变量；小学生核心素养为内在潜变量，是模型中的因变量，知识素养、技能素养、学业素养和社会素养为其观测变量。结果发现，直接效应即教师素养→小学生核心素养的路径系数并不显著。模型指标皆符合标准，具体见表 9-18。

表 9-18　模型拟合指标

模型	CMIN/DF	RMSEA 值	CFI 值	TLI 值	GFI 值	NFI 值
简单中介模型	2.327	0.030	0.999	0.997	0.996	0.999

从表 9-19 中可知，教师素养对校园环境的正向关系是显著成立的，并且

① 胡定荣、杨飔：《中小学生家长认为孩子应具备的核心素养》，《中国德育》2019 年第 2 期。

② Zhao X.，Lynch J.G.& Chen，Q.，"Reconsidering Baron and Kenny：Myths and Truths about Mediation Analysis"，*Social Science Electronic Publishing*，2010，No.37，pp.197-206.

影响因素的因子是 1.867，也即校园环境增加一个单位，小学生核心素养变化了 1.867 个单位。校园环境对小学生核心素养的正向关系是显著成立的，并且影响因素的因子是 1.095，也即校园环境增加一个单位，小学生核心素养变化了 1.095 个单位。教师素养对小学生核心素养的正向关系是不显著的。

表 9-19 中介模型中的路径系数

路径	Estimate	S.E.	C.R.
校园环境←教师素养	1.867***	0.073	25.683
小学生核心素养←校园环境	1.095***	0.252	4.348
小学生核心素养←教师素养	0.247	0.886	0.278

采用偏差校正非参数百分位 Bootstrap 法，重复抽样 2000 次，考查效应值的置信区间。结果如表 9-20 所示，校园环境的中介效应的置信区间为 [1.051—3.038]，不包括 0，表明中介效应显著。另外，控制了中介变量后，自变量教师素养对因变量小学生核心素养的影响不显著（LLCI=-1.513，ULCI=1.899）。因此，校园环境在教师素养对小学生核心素养的影响中发挥完全中介作用。中介效应占总效应比 ab/（ab+c,）=89.22%。

表 9-20 中介模型各效应的 Bootstrap 检验

Parameter	Estimate	S.E.	有偏差矫正的百分位 Bootstrap 法		无偏差矫正的百分位 Bootstrap 法		p	占总效应比%
			Lower	Upper	Lower	Upper		
教师素养→校园环境→小学生核心素养	2.044	0.502	1.051	3.038	1.060	3.054	0.001	89.22
教师素养→小学生核心素养	0.247	0.865	-1.513	1.899	-1.479	1.911	0.803	10.78
total	2.291	0.720	0.858	3.695	0.891	3.717	0.001	100.00

对校园环境的中介效应检验表明存在完全中介效应，即校园环境在教师

素养与小学生核心素养的关系中处于完全中介变量的地位。中介效应和中介变量具有统计学意义,而本书关注校园环境这种中介效应在教育学层面上的意义。中介变量的作用在于教师素养通过校园环境对小学生核心素养产生影响。具体来说,低素养的教师由于不注重校园文化建设、教学时不使用多媒体设备,因此校园环境较差。张敏芬认为,教师应充分发挥多媒体的教学优势,加强艺术课教学的信息化建设。教师可以利用多媒体技术,音频和视频互相结合,以图文并茂的形式讲解知识点,为学生营造轻松的课堂氛围,同时实现艺术素养的提高。可见,校园环境在教师素养与小学生核心素养之间起着桥梁的作用,可以说,高素养的教师由于营造良好的校园环境而提升了小学生的核心素养。①

四、校园环境和家庭教育内容在教师素养与小学生核心素养关系中的链式中介效应

链式中介模型检验包括四个步骤:第一步,对教师素养、校园环境、家庭教育内容、小学生核心素养进行描述统计并采用 Pearson 积差相关考查四个变量之间的相关;第二步,共同方法偏差检验;第三步,用 Amos 建立校园环境和家庭教育内容在教师素养与小学生核心素养关系中的链式中介效应模型;第四步,采用偏差矫正的 Bootstrap 对校园环境和家庭教育内容在教师素养与小学生核心素养关系中的链式中介效应进行检验。主要变量的均值、标准差及其相关系数信息如表9-21 所示。

表 9-21 显示,教师素养与校园环境以及家庭教育内容均呈显著正相关;校园环境与家庭教育内容以及小学生核心素养均呈显著正相关;家庭教育内容与小学生核心素养呈显著正相关。变量之间的关系支持后续模型的检验。

---

① 张敏芬:《小学美术教学中学生核心素养培养的有效策略》,《中国校外教育》2018 年第 18 期。

表 9-21 主要变量的均值、标准差和相关系数

变量名称	1	2	3	4
1. 教师素养	—			
2. 校园环境	0.537[**]	—		
3. 家庭教育内容	0.067[**]	0.144[**]	—	
4. 小学生核心素养	0.022	0.173[**]	0.282[**]	—
M	29.043	34.484	16.989	90.492
SD	0.621	1.225	3.705	11.892

由于模型中的四个潜变量均包含多个维度,每个维度又涉及多个项目,为减少误差,先对项目进行打包,以各维度的项目均值作为各潜变量的新指标。[①] 教学理念、教学准备、教学过程和教学评价四个因子作为教师素养潜变量的新指标,硬件设备和学校文化两个因子构成校园环境潜变量的新指标,家庭文化教育和家庭健康教育作为家庭教育内容潜变量的新指标,知识素养、技能素养和社会素养作为小学生核心素养潜变量的新指标。然后以所有指标作为单因子模型的新指标进行验证性因子分析[②],拟合结果很差(CMIN/DF = 45.970,RMSEA = 0.173,CFI = 0.916,TLI = 0.878,GFI = 0.834,NFI = 0.914)。因此,不存在严重的共同方法偏差问题。

通过进一步研究,发现有两条路径系数不显著,按标准化系数"由小到大"的顺序剔除这两条不显著的路径(教师素养—家庭教育内容;教师素养—小学生核心素养)从而对模型加以修正,得到修正模型。修正模型拟合指数为:CMIN/DF = 1.173、RMSEA = 0.011、CFI = 1.000、TLI = 1.000、GFI = 0.997、NFI = 0.999。可见,修正模型较好地拟合了数据,并且与初始模型相比,修正模型拟合指数有了一定的改善。具体为:教师素养对小学生核心素养的直接

---

① 吴艳、温忠麟:《结构方程建模中的题目打包策略》,《心理科学进展》2011 年第 12 期。

② 周浩、龙立荣:《共同方法偏差的统计检验与控制方法》,《心理科学进展》2004 年第 6 期。

效应不显著,教师素养对小学生核心素养的影响是通过两条中介路径进行的,一条中介路径是教师素养→校园环境→小学生核心素养,另一条中介路径是链式中介效应,即教师素养→校园环境→家庭教育内容→小学生核心素养。

采用偏差矫正的 Bootstrap 程序检验模型中的中介效应显著性,结果如表9-22 所示。模型中的第一条中介效应路径的95%置信区间不包括0,说明校园环境在教师素养与小学生核心素养之间的中介效应显著;模型中的第二条中介效应路径的95%置信区间包括0,说明校园环境、家庭教育内容在教师素养与小学生核心素养之间的链式中介效应不显著。

表 9-22　中介效应检验的 Bootstrap 分析

路径	标准化间接效应估计值	95%置信区间	
		下限	上限
教师素养—校园环境—小学生核心素养	0.891	0.047	2.220
教师素养—校园环境—家庭教育内容—小学生核心素养	0.095	−0.045	0.307
教师素养—校园环境—家庭教育内容	1.033	0.196	1.905
校园环境—家庭教育内容—小学生核心素养	0.051	−0.024	0.162

在教师素养与小学生核心素养链式中介作用路径中,家庭教育内容在校园环境与小学生核心素养之间未起到中介作用。研究表明,校园环境和家庭教育内容在教师素养与小学生核心素养之间的链式中介作用不显著。已有研究表明,学校可以通过家校合力,营造阅读的环境,培养学生阅读的习惯,探寻阅读的方法,引导家长关注影响小学生发展的非智力因素,从而使学生学会阅读,提高核心素养。[①] 因而,家庭教育内容与学校环境的进一步融合,进而在教师素养对小学生核心素养影响过程中发挥作用,可以认为是提升小学生核心素养的有效途径。

---

① 李燕:《家校协同共酿"亲子阅读"芬芳》,《江苏教育》2018 年第 40 期。

关于小学生核心素养影响因素分析的结论为:家庭因素中的家庭教育内容、教师因素中的教师素养、学校因素中的学校环境是影响小学生核心素养的重要变量。家庭教育内容、教师素养及学校环境之间相互作用,整体上对小学生的核心素养产生作用。具体表现在:一是校园环境在教师素养对小学生核心素养的影响中发挥完全中介作用,即教师素养对小学生核心素养的影响是通过校园环境来发挥作用的,反映出校园环境在教师对小学生核心素养影响过程中的重要支持作用;二是校园环境和家庭教育内容在教师素养对小学生核心素养影响中不起中介作用,即教师素养对小学生核心素养的影响,未受到校园环境和家庭教育内容两因素共同的作用,结合家庭教育内容和学校环境各自影响小学生核心素养的结论,侧面反映出学校环境(硬件设施和学校文化)和家庭教育内容的共同作用未与教师素养形成联结,未形成家校整体因素对小学生核心素养产生影响的局面。

这一结论可以为家校合作的理论建构与实践提供依据。在理论层面上,家庭教育内容、教师素养和学校环境单独影响小学生核心素养的发展,而家校双方自有的影响因素仍未形成合力,若形成合力,将有助于增强教师素养对小学生核心素养的作用强度。在实践层面上,以提升小学生核心素养为目的,应该加强家校合作,建立长久稳定、主体多元的家校合作体系,在注重家庭教育内容与学校环境两因素融合时,吸纳有助于更广泛地支持家校沟通的力量,如社区,从中观场域搭建合作体系,共同助力小学生核心素养的发展。

第十章　家校合作提升小学生
核心素养的途径

关于指向小学生核心素养发展的家校合作,我们需要解决的问题有二:一是如何推动家校合作体系建设,以更为积极有效的方式促使学校与家庭开展实质性的合作,使家庭教育内容、学校文化与环境以及教师素养等影响小学生核心素养的重要因素之间构建融合统一且能够协同发力的桥梁;二是在家校合作体系构建的基础上,在家校合作实践中如何进一步提升小学生的核心素养,特别是引导学校和家庭避免"功利"思想而真正关注学生的全面发展。

第一节　家校合作体系的建立

家校合作是近些年基础教育发展的重要趋势,在关注学生全面发展这一回归教育本质的诉求下,家校合作成为实现这一目标的重要手段。国家的政策、地方的推动以及学校的实践方面,家校合作的研究与实践成果可圈可点。在国家政策层面,我国早在 20 世纪八九十年代,《中小学管理章程》《中小学德育工作规程》等文件中就已经强调发挥家庭教育的重要作用和家校合力育人的内容。2010 年出台的《国家中长期教育改革和发展规划纲要(2010—2020 年)》,明确提出将"建立中小学家长委员会,引导社区和有关专业人士参

与学校管理和监督"作为完善中小学学校管理制度,进而推进现代学校制度
建立的重要内容。2015 年,教育部颁布的《关于加强家庭教育工作的指导意
见》,进一步明确了家庭在育人工作中的主体地位以及学校在指导家庭科学
育人过程中的重要性。① 2017 年,《国家教育事业发展"十三五"规划》首次提
出"全员育人、全过程育人、全方位育人"。2019 年发布的《中国教育现代化
2035》提出"推进家庭学校共同育人"。党的十九届五中全会再次明确了"建
设高质量教育体系"的政策导向和重点要求,并在人才培养路径上进一步凸
显了"健全学校家庭社会协同育人机制"的重要性。2021 年发布的《关于进一
步减轻义务教育阶段学生作业负担和校外培训负担的意见》,意见中要求强
化"学校教育主阵地作用",完善"家校社协同机制"。在地区推动层面,根据
国家家校合作相关政策的精神,结合不同地区资源、文化、基础教育改革方向
的实际情况,多个省份正在探索各自的家校合作模式。浙江省教育厅 2012 年
出台《关于印发进一步加强和改进家校合作机制建设指导意见的通知》(浙教
基〔2012〕34 号),就进一步加强和改进家校合作机制建设提出指导意见。江
西省于 2018 年推出《关于开展制度化家校合作示范县(校)创建工作的指导
意见》以及家校合作工作标准,提供了县(市、区)和学校(园)两级的家校合作
实践框架。在指导思想上,强调家校合作要围绕所有学生的成长,动员全体家
庭积极参与子女教育。在工作原则上,学校和家庭要建立地位平等的合作伙
伴关系,坚持平等对待所有家庭、平等对待所有学生;在工作标准上,要求与家
长通过互动,共同制定个性化的成长和学习规划,特别是对社会经济地位不高
或有特殊困难的单亲、困难、留守儿童等家庭,要给予特别的关注和帮助。②
在学校实践方面,重在落实国家、省市相关政策与文件的重要精神,将之作为
学校发展规划、家校互动与沟通等操作层面相关举措制定的依据,重点在家校

① 张越等:《家校合作研究的分层、路径及整合——基于"意识三态观"的分析架构》,《民族教育研究》2021 年第 1 期。
② 吴重涵等:《家校合作不是少数人的游戏》,《中国教育报》2018 年 3 月 15 日。

合作内容、形式、模式、经验等方面进行了探索,各个学段学校的合作内容、操作模式上有一定的差异,但目标较为明确,通常采用建立家长委员会,开展家长会、家长访校、家教讲师团、网上交流、家庭教育资源推送等活动,服务于学生的各方面发展。

家校合作是一项系统化工程,需要考虑多合作主体的目标,整体构建制度化的合作体系,以解决合作实践中主动性不强、配合度不高等问题。本章重点从主体构成、合作目标以及资源支持等方面,分析家校合作体系构建的关键要素,结合学校发展实际从顶层设计角度思考如何构建家校合作体系。

一、家校合作体系建立的关键要素

家校合作体系的构建涉及多方面的因素,现有研究主要关注家校合作主体边界、家校合作跨界行为、家校合作共育目标、家校合作制度化、家校合作政策等。一是合作主体方面,家校合作中主体构成出现"单主体"观、"双主体"观和"多主体"观的不同观点①,有关合作主体构成的不同观点也形成了人们对家校合作体系的不同认识。二是跨界行为方面,有观点认为,家校合作主体的跨界行为多因跨界认知、立场和边界的不同使得各主体都觉得自己是干着"分外的事",导致家校合作陷入互相推诿的僵局。② 三是合作目标方面,学业成绩始终作为家校双方达成合作的共同目标③;绝大部分家长仅关注自己孩子的发展且限于对学业成绩的关注④,大多数学校之所以重视家长参与,主要

---

① 汪敏:《家校合作的主体边界与实践范式》,《教育科学研究》2018 年第 12 期。

② 张润田:《家校合作制度化的困境与出路——基于新制度主义的视角》,《当代教育科学》2020 年第 5 期。

③ Park S,Holloway S D,"The Effects of School-based Parental Involvement on Academic Achievement at the Child and Elementary School Level:A longitudinal Study",*The Journal of Educational Research*,2017,Vol. 110,No. 1,pp. 1-16.

④ 刘翠兰:《影响家校合作的因素分析与对策研究》,《当代教育科学》2006 年第 20 期。

也是为了提高学生学业成就①。四是制度化方面,家校合作制度化是一种自觉的、深层次的阶段②,是家校合作体系中行动主体行动、规定、意义和价值相互作用的产物。家校合作制度化存在前制度化、标准化和完全制度化三种状态③,也存在新制度化视角下的强制度组织与弱制度组织的合作主体格局④。五是家校合作政策方面,政策的制定由"服务学校"逐渐向"以生为本"的价值理念转变,政策的执行除了需要家长的协同也开始呼唤社会力量的参与,政策的要求由零散向落地、落细、落实转变等特征。

已有研究为家校合作体系构建要素的进一步提炼提供了思路。首先,家校合作体系的构建,可从合作主体及其行为、合作目标、合作政策及政策指导下的制度化建设等方面入手;其次,相关研究立论的视角多侧重于单一因素,整体思维下的单一因素间具有高度的关联性,将之放置于"体系"框架下,单一因素就成为构建家校合作体系的重要内容。家校合作体系是由学校、家庭、社区等行动主体按照一定的协作方式形成的组织系统。巴纳德的系统行政组织理论认为,任何正式的组织作为一个协作系统,是由人的活动或效力,即人的行为构成的系统,其存在的三个基本条件则是协作意愿、共同目标和信息交流。⑤韦伯的行政组织理论认为,理想的行政组织应具有确定的目标、明确的权责划分、严格执行的规章制度等特征⑥。现有研究关注的合作主体及其行为、合作目标、合作政策等家校合作体系构建的因素,属于行政组织建立的基

---

① Auerbach S, "Visioning Parent Engagement in Urban Schools", *Journal of School Leadership*, 2007, Vol. 17, No. 6, pp. 699-734.

② 杨晓萍、王其红:《走向实践共同体的学前教育教研制度——基于新制度主义的分析》,《内蒙古社会科学》2020年第2期。

③ 吴重涵:《制度化家校合作与儿童成长的相关性研究》,《教育科学研究》2018年第10期。

④ 张润田:《家校合作制度化的困境与出路——基于新制度主义的视角》,《当代教育科学》2020年第5期。

⑤ 向建设:《巴纳德与西蒙的组织理论比较》,《吉首大学学报(社会科学版)》2013年第S1期。

⑥ 吴春:《组织理论的发展概述》,《新疆大学学报(哲学社会科学版)》2002年第1期。

本条件,但不能将家校合作体系等同于行政组织,而以行政组织的观念去分析家校合作体系的各个要素。家校合作体系的运行确实需要行动主体形成共同的目标,并在协作意愿的基础上产生合作行为,但不一定受行政组织体系中权威的等级、正式的规则和法规、服从制度等规定的约束。家校合作体系的高级发展状态体现的是一种合作文化,制度或政策主要为体系的运行提供支持而非约束。在这个层面上,家校合作体系又具有自组织的特征,自组织是在没有外部指令的情况下,各行动主体依然能够按照一定规则自动自觉地形成合作协同系统。① 家校合作体系是一个开放系统,这就意味着家庭、学校和社区等行动主体可以获得政策、物质、信息等资源的交换,并利用主体间的资源交换和共享,推动家校合作体系由原来的无序状态转变为一种时间、空间或功能的有序状态。可以说,家庭合作体系是介于行政组织与自组织两者之间的一种新型的组织,其构建要素需要满足行政组织建立的基本条件,即行动主体(包括主体意愿、权责与行为等)、共同目标及资源支持等,以保障合作体系的高效运行,又要遵循家校合作体系的自发性和内在性特征,明晰制度或政策在体系构建与运行中的角色。基于此,本书从行动主体、共同目标和资源支持三方面入手,分析家校合作体系构建的要素。

(一)行动主体

家校合作是一项涉及政府、家庭、学校及社区等多层面、多主体互动的复杂工程,因此需要不同主体之间明确各自角色担当,取长补短,形成合力。在家校合作过程中不同主体都有其特定的角色作用。学校是家校合作中关键资源的拥有者,具备教育活动经验和教育能力,通过政策制定、实施和监控,引导多元主体参与家校合作;针对学生成长过程中的问题,通过家委会、家长会、家长教师协会等协作方式展开家校合作行动,及时将学生的在校学习情况反馈

---

① 吴彤:《论协同学理论方法——自组织动力学方法及其应用》,《内蒙古社会科学》2000年第6期。

给家庭。家庭作为教育的内在力量,在家校合作过程中承担着独特的责任,在促进孩子的道德发展方面有着引导性的作用;为学生书本知识的学习提供了经验基础①,包括劳动教育、体育、美育、书育、自然教育、社会教育、内省教育等多种教育的经验支撑。社区作为学生在家校之外的另一个主要活动场域,一方面可以提供资源和相关服务,具体表现为可以为子女抚养研讨会提供会议场所、为学校—家庭会议提供协同沟通服务、提供志愿助教服务、为家庭方面提供相关信息、为学校会议提供饮食等;另一方面,社区还能为家庭和学校提供更具人文关怀的场所,助力学生获得更好的社会化功能,确保学生在不同社会领域取得成功,例如学业成就、社交网络等。家校合作体系的构建需要发挥不同主体角色应有的作用。首先,学校起到核心主体作用,主要指学校管理者、教师和学生。作为家校合作活动设计、发布和实施的主体,学校管理者承担着家校合作监督者和协调者的角色;作为专业工作者,教师是家校合作第一推动力的创生者;学生既是受益者,也可以成为促成家校合作的主体,家校合作需要充分尊重学生意见,发挥学生团体组织的作用。其次,家庭起到重要主体作用,体现在家庭承担着学生价值观的培育和形成、基础知识经验和技能的掌握,是学生发育、成长、生存的首要基地。最后,社区起到边缘主体的作用,为家校活动的展开提供场地、财力以及人力等方面的支持。

家校合作体系中的行动主体,其关系应是在主体人格、主体权利、主体责任上的平等协作。首先,家庭、学校、社区之间的交流和协作应在人格平等的前提下开展;其次,家校合作中各主体的权利平等体现在建言献策、提出异议、参与投票和决策与监督问责等各方面的公平;最后,主体责任上的平等体现在尊重不同主体在能力上的差异,承担力所能及的责任。总之,家校合作是不同主体在社会结构中互动的产物,明确多元主体的职责和关系是促进家校合作水平提升的重要条件。

---

① 刘利民:《学校教育与家庭教育的边界》,《中国教育学刊》2017 年第 7 期。

（二）共同目标

家校合作体系形成与发展的前提是行动主体要具有共同的目标。实际上,不同的行动主体因角色定位、价值立场、行动能力和资源配备等方面的差异,其合作目标也有所不同。家庭开展合作的目标是子女的教育获得,更多地体现在增加在社会竞争中获胜的机会;学校开展合作的目标是利用家庭教育资源共同服务于学生的发展,学校层面考虑的学生发展体现国家意志,目标是为社会建设与发展培养合格乃至优秀的公民;社区方面则主要考虑社区居民整体素质的提升,针对家庭所设定的目标更多地集中于为其家庭教育水平的提升提供支持和服务。

在有效的家校合作中,家庭、学校、社区的关系建立以学生为桥梁,合作体系的建立也必然围绕"学生发展"建立共同的目标。围绕学生发展的各个方面可以建立多层次、多类型的共同目标,如旨在帮助学生增强阅读、数学、科学、写作等科目的能力,帮助学生提高出勤率、端正品行、顺利度过升学过渡期,帮助学生做好高等教育规划、增强对多元文化的包容理解,帮助家长增进对少年儿童发展问题的了解等目标。最关键的不是这些目标可以产生什么作用,而是这些作用是否可以获得合作者的信任,可以成为不同合作者为之努力的目标。共同目标的建立需要考虑合作者的"获益"心理,即进行合作能给"我"带来什么收益。因而,共同目标的形成是合作体系中各主体间"目标"的聚拢或交叉。

针对家庭、学校、社区开展合作的"个性化"目标,家校合作体系中的共同目标旨在更好地促进青少年的健康成长、有利于培养学生良好的行为习惯、促进学校和家庭之间的信息交流和能够优化学校教育的环境。实践中,明确家校合作的共同目标具有多种重要意义,可以多方面推动家校合作的进程,保证家校合作的成效。其一,共同目标是评价家校合作成效的需要。家校合作是否成功,是否达到了最终的或阶段性的成效,需要评价标准,一个最有说服力的根据就是判断家校合作的目标是否达到。如果实现了预期的目标,可以说家校合作是成功的;如果没有,则表明家校合作不甚理想。其二,共同目标是对家校合作过程进行调节、矫正与修补的前提。家校合作体系的构建是一项复杂的系统性工作,充满了诸多不可测因素,一旦家校合作进程出现偏差,就要根据目标适时调整与矫正。其三,共同目标是家校合作的组成内涵。家校合作本身就蕴藏着调动行动主体的主动性、参与性的含义,如果没有共同的目标,行动主体则会更加分散,很难形成合力。家校合作的目标具有十分重要的意义,行动主体需要对家校合作的目标本身进行充分思考和评估。如果共同目标本身存在偏差,家校合作的成效与意义就会受到质疑。

(三)资源支持

家校合作体共同目标的实现需要一系列的政策实施、科学研究和媒体宣传等不同层面的推动。首先,家校合作政策是党和政府在一定历史时期,为了实现不同的教育目的和任务而协调家、校、社内外关系所规定的行动依据和准则。通过政策将合作行为逐渐制度化,可以达到相互调适目标、共同解决冲突、增进彼此利益的目的。政策是组织有序运作的物质载体,由具体的政策制定者和执行者去响应。家校合作的政策制定者往往是学校,并通过政策的资源分配、评估考核等方式来规范教师、引导家长、发动社区等政策执行者去参与家校合作。只有政策执行者愿意并且有能力努力去实施政策,政策才能真正被实施。推进我国家校合作体系,需同时考虑制定者和实施者的能力和需求,设立与我国教育发展特点相适应的政策制度。① 家校合作相关政策的制定与实施,关键与难点在于家庭,政策内容需要涉及相关部门、学校支持家庭教育的责任,使家庭教育成为全社会关注的重要工作;行政部门应该设置家庭教育推进的专项经费预算,形成政府主导下,以学校为主体、各种社会资源融

---

① 江平、李春玲:《教育治理体系现代化视角下家校合作创新实践》,《上海教育科研》2020年第 2 期。

合的模式来服务家庭教育。①

其次,科学研究对家校合作的实践及效果提升起着重要的支持作用。家校合作的理论研究主要从合作理念、原则、模式、主体责任等方面,探究为什么开展家校合作,家校合作的应然状态,家校合作中的类型、模式以及框架等;家校合作的实践研究主要从家校合作的项目内容设计、参与者范围与职责、合作模式比较等方面,探寻家校合作过程中存在的共性问题、实践经验等。总体上看,家校合作研究可以为政策制定者提供政策问题与指导性方案的框架;为政策实施者认识家校合作的内涵、原则、目标等提供智力支持,助力家校合作政策在实践层面的运行与实施;为学校清晰掌握家校合作中的关键因素提供依据,指导学校设计家校合作项目活动,建立有针对性的家校合作机制;为家校合作政策的修正与完善提供实践资料和数据,保障家校合作政策实施的有效性。当前我国家校合作实践的发展,需要家校合作的系统研究和相关成果的广泛推广,尤其是不同区域、不同类型学校经过多年探索所形成的家校合作模式,对于构建我国"本土化"的家校合作理论体系,形成并发展具有中国特色的家校合作区域模式、学校模式,都具有深远的理论意义和实践价值。

最后,媒体是教育理论与实践经验传播的重要渠道,拓展着新时代家校合作的运行模式。通过主流媒体、自媒体的宣传报道,把家校合作作为核心内容而进行的信息传播,旨在改变大众对家校合作的认知、态度和行为。同时,媒体可以成为教育改进的动力或破坏力。在家校合作传播的对象上,学业成绩、升学率、"状元"、"清北率"不应成为家校合作的主要目标,学生健康地发展才是家校合作的立足点和关注点。此时,对于从事家校合作传播的媒介来说,以正面的舆论引导受众才是媒介的主攻方向和主打目标。舆论监督是新闻媒体的一项重要功能和职责,也是家校合作得以健康发展的重要监督资源之一。②

---

① 倪闽景:《重视家庭教育,推进全面育人》,《人民政协报》2021年3月24日。
② 沈正赋:《风险社会视域下的环境传播:环境问题、媒介功能与信息治理》,《内蒙古社会科学》2021年第2期。

构建家校合作体系所涉及的内容较多,除行动主体、共同目标及推动力外,还包括相关主体的激励机制、经费保障、合作项目设计、合作质量评估等内容。家校合作体系的运行类似于政策的建立与实施过程,在实施的不同阶段需要关注的关键要素有所不同,但从家校合作体系构建角度看,确定主体的范围与责任、建立不同合作主体间的共同目标以及保障家校合作实践强有力的持续推动力,这是家校合作体系建立的三大要素,其他因素则可纳入合作体系的相应板块中。比如,激励机制与经费保障是政策内容的主要组成部分,合作项目设计与合作质量评估是构成政策文本的内容之一,也是作为政策实施主体的学校制定家校合作活动细则时要考虑的内容。因而,以行动主体、共同目标及相应资源的推动三方面要素,搭建家校合作体系并厘清多方主体的任务与职责,有助于更清晰地展现家校合作各要素之间的关系及互动方式,为提出家校合作体系的具体举措提供思路。

二、家校合作体系建立的举措

家校合作是多方主体围绕共同目标而开展的互动与交流活动,它不是单纯地设计合作项目吸引学生家长的参与,不是机械地对照教育行政部门的文件要求建立家长委员会、设立家长学校等,也不是量化地规定班主任或任课教师每学期召开家长会与进行家访的次数,更不是脱离社区仅依靠学校和家庭双方的投入。西方国家如英美在政策规制指导下的家校合作、澳大利亚在家长参与传统下的家校合作、芬兰在合作教育共识下的家校合作,我国的区域推进模式如专业智囊模式、行政推动模式、群团引领模式和校校联动模式等,①这些国内外有效家校合作的实践经验表明,家校合作是一项有赖于顶层设计且具有组织性、规范性、延续性的涉及多方主体共同参与的活动。因而,无论何种类型、模式的家校合作,都需要从整体上架构家校合作体系,厘清多方行

---

① 郁琴芳:《家校合作的区域推进若干模式评析——以泛长三角地区的实践样态为例》,《教育学术月刊》2020 年第 3 期。

动主体的优势并整合教育资源,借助外在推动力促成多方主体共同目标的逐步实现。

(一)家校合作体系建立的目的

基于家校合作相关理论的基本理念和观点,从国内外有关家校合作的制度建设和政策推进的层面分析,或是立足于家校合作实践的实际成效和成功经验,都指明了现阶段家校合作发展的基本趋势,即从家庭—学校双主体向家庭—学校—社会多主体、从随意性强目标定位模糊向责权明确有既定目标、从零散的家校活动开展向系统化的项目方案设计等方向转变。现代教育观念是一种大教育观念,它不仅限于学校教育,而且扩大到社会教育和家庭教育,学校教育如果不与家庭教育相结合,将一事无成。[①] 这不仅是提升学校教育质量的理论逻辑与实践需求,也是学生发展所需良好教育文化生态的基础和要求。

建立家校合作体系的目的就是要实现家庭、学校、社区多方协同为学生健康成长提供良好的教育文化生态。当前家校合作中所反映出的如随意性强、流于形式、家长参与积极性不高等问题,恰恰反映了学生成长外在环境未能形成积极互助、和谐一致的"关怀型"教育文化生态。换言之,家校合作体系不直接对学生的学业成绩或某种能力的发展产生影响,其作用是通过营造健康积极的外在环境使学生感知"被关怀",激发学生"想学、愿学、乐学"的自我发展内驱力,进而取得学业成就以及获得各种能力的发展。家校合作体系是通过将多方行动主体纳入具有一定组织性、功能性且相对封闭的体系之中,通过建立互动与交流渠道,不断缩小各行动主体思维理念的差异,逐步形成多方共同接受的合作目标,同时借助体系中各行动主体的"全员之力"为单方主体弥补短板提供支持和帮助,来发挥上述作用的。

---

① 顾明远:《学校教育如果不与家庭教育相结合,将一事无成》,《中国教育报》2021年6月27日。

（二）家校合作体系中各要素的关系

基于系统行政组织理论的观点,结合国内外家校合作实践经验,围绕"人的行为"所建立的家校合作体系,理应以各行动主体的行为为核心,其他要素如科学研究、合作政策、媒体宣传等皆服务于各行动主体和谐关系的建立与稳定发展。沿着这样的思路,本书梳理了家校合作体系中各要素之间的关系,如图 10-1。

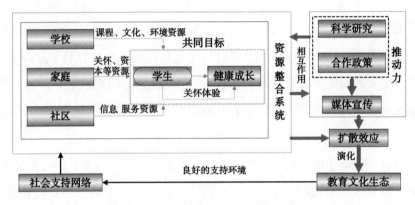

图 10-1　家校合作体系中各要素的关系

家校合作体系由两个基本单元构成:资源整合系统和提升资源有效整合的推动力,两者之间能否产生相互作用决定着家校合作体系的建立与发展。两个基本单元产生相互作用大致有两种情形:一是学校、家庭与社区达成共识并围绕学生健康成长建立合作关系,在实践中产生积极的效果并逐渐形成示范效应,从而成为科学研究的对象、合作政策制定的实践案例以及媒体宣传的焦点,相当于合作实践在先、推动力作用的产生在后。这种情形有助于推动学校、家庭与社区资源的进一步整合,提升合作的效果和效率。二是由政府部门根据现实需要制定相关合作政策,学术研究团体或机构进行理论探讨和实践经验提炼,媒体宣传政策内容和研究成果,在多方推动尤其是政策的规定与指导下,学校、家庭与社区围绕学生健康成长建立合作关系,相当于推动力在先、合作实践在后。这种情形有助于在较短时间内推动全国性、区域性的学校、家庭与社区资源的整合,而推动力的作用也将影响资源整合的整个过程。

在上述两种情形下,两个基本单元一旦建立联系,则为后续的相互作用奠定基础。资源整合过程中不断生成的新模式与新经验,或是出现的新问题与新挑战,将为科学研究、政策分析提供素材,经过学术团体或机构的潜心研究、政府相关部门对合作政策的修订与完善,必然会提升"推动力"服务于家校合作体系发展的效能。可以说,家校合作体系的两个基本单元是一种相互促进、"你中有我、我中有你"的关系。这种良性互动的关系更有可能引起扩散效应,特别是在取得明显成效的情况下,会极大地增强家庭、学校、社区继续合作的信心和力量,当各行动主体将之看成生活或工作的一部分时,最终将演化为指向学生健康成长的良好教育文化生态。教育文化生态是教育领域内各类施教群体在培养人的活动中所形成的关系结构。通常认为,施教群体是有既定教育职能的机构或群体,如学校、家庭、社区等。因而,良好的教育生态文化表现为学校、家庭与社区相对稳定且具有共同理念与教育行为的关系形态,反映了特定人群所共有的深层价值观念及其表层象征。① 这种由教育领域内各施教群体所认同的共识性文化将实现教育文化的转向,且易获得社会其他群体的普遍支持。进而,良好的社会支持环境将极大地推动不同行动主体资源的整合效率,最终形成围绕学生健康成长的具有超强稳定性的家校合作体系。

(三)家校合作体系建立的关键点分析

第一,推进家庭、学校和社区的深度融合,实现各行动主体资源的整合。家校合作作为"真正共同体"的一种形态,是多方主体共同行动而结成的"联盟",多方主体不仅限于家庭和学校两个"单元",社区所具有的文化资源同样可以发挥协同育人的作用。社区是在一定地域范围内因具有相同的文化背景

---

① 杨伟东、胡金平:《教育文化史:新文化史视域下的教育史学新范式》,《大学教育科学》2021 年第 4 期。

及建设社区的共同目标而关联并缔结起来的社会生活共同体①,具有组织协调(组织基层民众开展终身学习并协调各种教育资源以满足基层民众的学习需求)、文化建设(包含社会风气、思想风俗、观念认知以及科学艺术等内容)和融合发展(协调社区、学校与家庭之间的关系并在促进社区成员精神品质提升的进程中发挥促进与调节作用)三大功能②。社区具有的整合多元教育资源并调节学校与家庭之间关系的功能,是将它纳入家校合作体系行动主体之一的重要依据。家校合作体系的构建将进一步整合家庭、学校、社区的资源,使三者之间的关系变得更为紧密。学校可以通过家长学校、家长课程、专题培训等为学生家长家庭教育能力的提升提供支持;社区可以通过文化宣讲、知识普及、社区活动等提升家庭成员的精神与文化素养;家庭则通过广泛参与学校和社区的培训项目、专题活动等提升自身素质和教育能力,使自己有能力帮助子女在学业上或发展中获得成就。家庭、学校和社区三者之间的教育资源在同一体系中具备相互补充、相互支撑、相互影响的基础,在三方主体达成共识的基础上开展一致行动时,就产生了体系内部不同主体间的交互作用,这将极大地促进家校合作体系中家庭—学校—社区三方教育资源的整合。

第二,明晰家庭、学校和社区的职责范围,提升各行动主体的执行力。家庭、学校和社区在帮助学生成长与发展过程中都有自己的目标,家校合作体系的建立,有助于三方行动主体形成共同的教育目标,明确各行动主体的职责与任务。家庭的社会属性与结构、学校的类型与学段以及学校所在社区的建设目标与方向有所不同,会形成多样的具有独特目标的家校合作体系,如以提升家庭教育能力为目标的"家庭中心型"家校合作体系、以提高志愿服务质量为目标的"社区中心型"家校合作体系、以开发合作课程为目标的"学校中心型"

① 史云贵:《当前我国城市社区治理的现状、问题与若干思考》,《上海行政学院学报》2013年第2期。
② 吴遵民、蒋贵友:《公共危机背景下社区教育功能再思考——基于社区治理的视角》,《教育研究》2020年第10期。

家校合作体系、以建立行动团队帮扶特殊群体为目标的"危机应对型"家校合作体系等。可以说,各行动主体协商达成的合作目标,将随着主客观条件及现实需求的变化而不断改变,这种变化会带来各行动主体职责功能的不确定性,此时作为行动引领者的一方,在合作目标发生变化时有可能成为支持者或协调者。因而,我们不能以不确定的合作目标来界定家校合作体系各主体的职责。事实上,家校合作体系构建的目的提供了更为明确的合作目标,无论是以提升家庭能力为目标,还是以提高志愿服务质量或是开发合作课程为目标,这些行动都有一个共同愿望,即形成健康积极的教育文化生态以促进学生的发展。提升学生的学习和发展水平,支持其健康成长,则可以被认为是家校合作体系构建的现实目标。围绕学生学习和发展水平提升为目标的家校合作体系也就大致明确了各行动主体的职责范围,如谁来主导、谁来辅助或支持,谁来负责合作方案的设计、开发与实施,谁来开展参与者的培训与工作指导,谁来提供相应的资源与保障,谁来实施效果评估与持续改进等。由于具体职责与任务的确定是家校合作体系各行动主体沟通协商的结果,不能事先规定性地说明哪些内容由谁来负责,但可以肯定的是,离开家校合作体系来讨论各主体的职责范围也就失去了现实意义。家校合作体系的建立为各行动主体达成共识性目标提供机会,也相当于明晰了各行动主体在行动时的职责与任务,一旦达成共识,各方都知道自己在共同行动中扮演的角色和要做的主要事情,这将极大地提升各行动主体的执行力。

第三,提供行动主体交流沟通的互动平台,支持家校合作的稳定发展。在家校合作体系的形成、巩固与发展中,提供交流沟通的机会非常重要,它决定着家校合作体系的稳定性。家校合作各行动主体间稳定、信任关系的建立不是一次性完成的,而是日积月累的过程。在家校合作体系建立之初,合作目标的达成、各行动主体职责范围的确定等需要一定时间的磨合。同时,家校合作是需要落实到具体行动的实践活动,往往通过一项项具体的合作项目或方案得以体现,而项目或方案通常围绕某一个或多个具体内容,如阅读、书写、道德教育、学习态度、课外活动等,并非所有活动内容都能吸引所有行动主体的参与。这些问题都需要通过多方积极沟通予以解决。一是在家校合作体系建立的初始阶段,由谁、以何种态度组织各行动主体的沟通交流决定着体系构建的成败。由于学校、社区组织的合作项目与活动对家庭不具有约束性,若期望家庭的积极参与和配合,学校与社区就要扮演组织者或协调者的角色,在以真诚、友好的态度与家庭进行积极沟通的基础上再邀请家庭的参与往往可以获得更好的效果,也能够使家庭充分认识到合作的目的和可能获得的收益。学校与社区关系的建立也是通过沟通交流实现的,通常以会晤的方式商讨合作共事的目标以及合作项目中各项工作的组织分工。这里需要提及学校与社区合作意愿的问题,双方如缺少合作意愿或在各自的定位上未达成共识,也就缺少必要的组织者和协调者,也就没有真正意义上的合作体系的建立,最多是学校与家庭或是社区与家庭的双向互动。因此,在学校与社区拥有合作意愿且愿意承担组织者或协调者角色时,沟通交流才能真正发挥作用,才能形成学校与社区相互支持、家庭积极参与的格局。二是在家校合作体系的巩固与发展过程中,积极的沟通交流有助于缓解矛盾和冲突。家庭参与到合作项目或活动中,并非所有家庭成员或其子女能够立刻获得态度的转变、成绩的提升或能力的发展。合作项目与活动收益的产生需要一定周期,个体对新知识的习得、对新技能的掌握是一个不断内化且逐步修正的过程,短期内未见明显变化就容易使家庭感到合作项目与活动低效或是认为"浪费彼此时间",这也成为众多家庭不能持续参与乃至拒绝合作的重要原因。家校合作体系将提供沟通的平台,如提前对合作方案与活动进行多方论证,征求家庭对活动项目的建议,预设可能出现的结果并做好预案等,由于合作方案形成阶段有了多方的沟通,特别是家庭的参与,实施中出现问题或短期内未见明显效果也将得到家庭的理解,家庭也愿意积极地参与方案改进的整个过程。

第四,获得相关职能部门的资源支持,保障家校合作项目的顺利实施。一些单方主体面向家庭开展的活动,如学校组织的家长研讨会、陪伴阅读、亲子运动,社区组织的系列讲座、家庭才艺展、节日聚会等,这些活动由学校或社区单方发起并组织,属于学校与家庭或社区与家庭的双向互动。家校合作体系下的活动更期望多主体的共同行动,表现为家庭、学校、社区在合作项目与活动中的共同参与,比如,由学校邀请学生家长参与"走进社区文化"、由社区与学校共同组织"一起锻炼"活动等。与学校或社区单方发起组织的活动不同,由学校与社区联合发起并组织的活动更强调团队构成的多样性和相应资源的支持,团队负责策划活动方案并实施、宣传并邀请家庭参与、联络社区各相关机构、向相关部门报送方案等,相应的资源如经费、场馆、消防设施等为活动提供外部保障。因此,家校合作体系的常态运行需要团队及资源的支持,单凭学校或社区的单方资源不足以保障合作项目或活动的长期开展。当前,各级政府职能部门出台的有关政策越来越多地涉及学校与家庭、社区合作方面的内容,这为家校合作体系的建立提供了政策基础。家校合作体系的建立更需要政府构建相应的领导机制,它可以打通学校和社区所属管理部门职权的界限,解决家校合作项目与活动组织者的协同问题。学校由教育局负责管理,社区是政府下属的一级办事机构,实现学校与社区的联动则需要教育局、民政局、公安局派出所及街道办事处的共同支持。领导机制一旦建立,也相当于有了专门机构和专人负责家校合作的事务,机构职能也必然涉及协调家校合作项目与活动的组织者、设计家校合作整体规划、进行合作团队建设,同时也将提供家校合作项目与活动必要的人力与财力的支持,将极大地推进学校、社区与家庭合作落到实处,也意味着家校合作体系的构建获得实质性的进展和强有力的保障。

(四)家校合作体系建立的具体举措

1.多向互动,整合优化资源

第一,学校以校本课程创新为引擎,打造特色家校合作模式。学校应当视本校学生家长、社区的实际能力,结合本校的传统和优势、学生的兴趣和需要,从亲子共学、家校合作、学校社区共建、教工家庭辐射四个层面开发适合本校的课程。一方面,倡导"家长亦为师"的理念,充分利用家长的智慧、关怀、教育和社会资源,活化学校教育教学资源,提升家校合作;另一方面,塑造"社区亦是家"的情怀,依托社区平台,与周边学校建立结队帮扶,形成校校间、校社间合作联盟,实现家校合作的资源共享、优势互补。

第二,盘活家庭教育资源,提升家庭人文关怀度。家长们来自各行各业,每个家庭都蕴含丰富的教育资源。学校和社区应充分挖掘这些宝贵资源,调动家长参与学校教育的积极性。比如,有些学生家长在具有教育性质的单位工作,他们作为家长可以在单位和学校之间做一些协调性工作,来推动家校合作向社区延伸;同时,家庭本身具有情感性的先天优势,父母能够在"以情动人"中对子女进行教育,父母的一言一行会潜移默化地影响子女。家庭要努力创造一个有利于学生身心健康成长的人文环境。

第三,聚合社区教育资源,建好学生第二课堂。社区是孩子的第二课堂和实践基地,社区需要承担起家校合作的对接工作。社区可通过建立社区—学校项目(爱心社区、灯塔学校等),将社区中的警察、医生、图书管理员、科研人员或者其他有一技之长的居民吸收为社区—学校项目中学校职业生涯规划、专业知识讲座等课程的主讲人;社区中已有的大中院校、教育机构、书店、图书馆、博物馆、展览馆、研究院所和新闻媒体,它们本身就是文化部门或具有教育性质的单位,可以利用这些资源为学生提供学术援助,提供社会大讲堂服务,为学生提供个性化、多样化的教育。

推动家庭—学校—社区协同联动,打造以家庭教育为基础、学校教育为中心、社区教育为延伸和补充的立体发展模式,促进家庭、学校、社区的资源共享和优势互补,推进家校合作体系的构建,具有现实意义。

2.目标协同,持续精准发力

为了构建三方的信任关系,需要家庭、学校、社区三方在共同利益和价值认同的基础上通过相互协商达成共同目标。一是在家校合作过程中,应通过整合各主体的利益冲突和目标差异,凝聚共同利益,设定共同目标,明确权责关系,在资源、信息、人员的持续流动中培养彼此之间的信任关系,不断增强家、校、社之间的合作意识;二是建立价值认同,价值认同指行动主体在教育活动中对家校合作价值的内在认可或共识,家校合作无法简单地"制造"出学生,家校合作的目的在于动员、引导、激励、鼓舞学生自己创造成功,在此基础上形成的价值认同,能更有利于行动主体对家校合作采取自觉接受、自愿遵循的态度。这种行动共识会使合作行为变得"理所当然",更加的常规化、模式化,不需要多加说明,从而推动家校双方走向更深入的合作。

家庭、学校、社区在共同育人目标的引导下,还应尊重各自为教育过程带来的专业知识,在对学生的教育中,三方都有各自擅长或主责的领域,也存在各自教育学生的短板,只有三方精准发力才能够形成互补性的教育内容,才能有利于教育方法的科学化,才能实现学生培养和发展的最大化,最终推进家校合作体系的达成。

3. 全面助力,培育良性教育生态

在家校合作政策执行过程中,一方面,要明确学校在家校合作体系中的主导地位。一是开展高质量的家校合作项目。学校负责牵头组建专业化团队,积极开发与共同目标相一致的家校合作活动项目,避免"走过场"和"象征性的合作"。二是提升教师家校合作的胜任力。教师在家校活动的沟通和执行上起着关键性作用,他们不是家校的传声筒,应注重教师家校合作能力的培养,充分整合家校互动教育优势。另一方面,要提高政策的针对性、实用性和可操作性,加大相关的配套政策和实践保障措施的落实,以使行动主体能有效地执行政策。在家校合作政策执行中,对处于弱势地位的家庭应有相应的政策倾斜,任何家庭都有参与的潜力,学校和社区需要为家庭创造机会,挖掘家庭的潜力。特别是在"双减"政策下形成良好的教育生态,需要家校共同努力落实。"双减"工作是以习近平同志为核心的党中央作出的重大决策部署,是深化教育评价改革的重要内容。"双减"工作是一项系统工程,涉及众多利益

群体。家长、学校和社会均是做好"双减"工作的重要责任主体。具体而言，学校方面，要科学合理布置作业，注重提高课后服务质量。丰富校内课后服务内容，拓展课后服务供给渠道，推动落实义务教育学校课后服务全覆盖，支持鼓励学校创造条件满足学生在校内午餐、午休需求。支持学校在周末和假期开展课后服务，提供以拓展综合素质为主要内容的相关服务，供学生自愿参加。家庭方面，作为孩子的家长，减负不代表减轻肩上的责任。家长要有更强的意识担当，即"双减"不减责任、不减质量更不减成长。学生的成长，离不开父母的教导，家庭的熏陶。家长要更专注于培养孩子的自控力、专注力和情绪管理能力，密切家校联系，共同为孩子成长助力。社会方面，可以联合妇联、社区、各类教育性质的部门，可以提供家长学校或网上家庭教育指导平台，推动社区家庭教育指导中心、服务站点建设，引导家长树立科学育儿观念，理性确定孩子成长预期，努力形成减负共识。另外，校外培训机构应从以应试为导向转向以培育发展兴趣特长、拓展综合素质为导向。

良性的教育生态不仅需要政策的推动，还要有健康平和的舆论氛围。当新闻媒体能正面报道家校合作的真实状况、反馈教育生态的实际写照时，媒体有利于促成家庭、学校、社区形成共同目标、有利于行动主体之间信息的传递；而当宣传偏离家校合作的政策的价值、歪曲理解家校合作的含义时，则会导致恶劣的家校关系。主流媒体应加强对各级各类学校立德树人成效、广大教师教育教学业绩、科研人员的科研创新和贡献以及学校内涵式发展经验与做法的宣传报道，在宣传时，合理引导社会心理预期，增进教育评价改革的社会共识。

第二节　家校合作共育小学生核心素养

一、指向小学生核心素养发展的合作体系

家校合作体系建立的目的是为学生各方面能力的发展提供良好的支持环

境,它并不局限地指向学生的某种能力发展,而是针对学生的整体发展。通常来说,家校合作体系建立后所确定的共同目标,是各行动主体根据合作需求进行协商的结果。然而,不同区域的家校合作体系会因各行动主体合作目标的不同而指向学生的不同发展方向,且同一家校合作体系的合作目标在同一或不同年度的聚焦点也有所不同。因此,顺应新时代对学生关键能力发展的新要求,需要构建指向小学生核心素养发展的家校合作体系。

(一)建立多方合作的行动团队

行动团队的建设是家校合作体系运行的基础,它类似于行政组织中的指导委员会,具有引领、规范组织运行的作用。行动团队通常由学校发起组建并作为学校建设的一部分,采取委员会或工作组的形式,直接负责商定团队建设目标、制定合作方案与实施方案、解决障碍问题、做好宣传工作等。团队成员的构成可包括校长、学校行政人员、教师、家长、高年级学生等,不同的成员承担不同的职责,但必须在具体的运行中实质性地承担相应的任务,如校长负责团队会议的组织与设计、学校行政人员负责相关章程的起草与传达、教师负责与家长沟通并传达相关会议精神、家长负责收集其他家庭的反馈与建议、高年级学生负责收集学生层面的需求等。在团队建设过程中,需要考虑组织架构、成员的参与方式、家长调动策略等,其中,家长的参与最为关键。组建合作团队需要学校面向家长进行广泛宣传,在积极沟通的基础上邀请家长参与,使家长认识到合作目的和可能获得的收益,从而提升其参与率。

(二)围绕小学生核心素养的养成制定合作方案

合作方案是团队共同研讨的结果,也是合作目标达成的重要载体。合作目标需要通过一项项具体的合作方案得以体现,合作方案不在于多而在于有效支撑目标的达成。例如,以培养小学生正确学习认知为目标的合作方案,可设计"学习的心理""看看同学怎么学""改善学习品行"等具体活动;以培养小学生社会素养为目标的合作方案,可设计"学会与老师沟通""当一次志愿者"等活动。无论采取何种形式,活动内容与指向需明确回应合作方案的预期目标。制定指向小学生核心素养养成的合作方案需要准确定位学生发展的目标,基于小学生核心素养的构成,可以建立由学科素养、学业素养、社会素养构成的基本框架,围绕基本框架的具体素养进行细化,如学科素养可再细化为语文、数学等学科素养中的具体内容。简言之,合作方案需要具体且可实现的目标予以体现。因此,合作方案要有总目标和分目标(一级、二级等分级目标),由分目标指导具体活动的设计,活动设计除了考虑形式、内容、时间、周期等,更重要的是要以团队成员会议的形式对活动的效果进行预评估,以保证所组织策划并实施的活动能够支撑学生预期发展目标的实现。

(三)获得家庭及相关部门的支持

合作方案或方案中具体活动的设计不一定得到所有学生家庭的认同,即使合作方案的实施已取得良好效果。这种情形侧面反映出家庭和学校之间仍然存在教育理念、能力以及目标的差异,需要在合作方案的设计中进一步考虑未积极参与家庭的实际需求,或通过继续沟通使家庭逐渐理解合作方案的实施为其子女带来的益处。客观来说,合作体系运行中会遇到各种问题和争论,特别是在建立各行动主体的共同目标和合作方案设计时,往往存在一定的分歧。几乎所有的家庭都希望自己的子女成功,几乎所有的教师都希望家庭参与到学校教育中来,这是家庭与学校或教师能够建立合作关系的基本出发点,也是我们坚信能够解决合作中家庭参与问题的重要依据。合作体系由建立到稳固再到发展,是一个由存在分歧到分歧化解,再到相互理解、相互信赖的过程,彼此之间的相互尊重是基础。因而,行动团队需要本着积极、理解、尊重的态度去看待家庭的参与,应将之作为继续行动的动力而非阻力。与此同时,学校层面需要考虑如何获得相关部门的资源支持。事实上,我国很多省份已开展实质性的由教育部门牵头组织的家校合作体系建设工作并取得了突出进展,此种情形下的家校合作活动更具方向性、长期性,最重要的是有相应的资源保障活动的开展。在未形成规定性或充足资源保障家校合作方案与项目开展的情况下,需要学校发挥积极主动性。一是要在寻求相关部门资源支持前在家校合作方面有所成就,需要先期开展卓有成效的活动,在学生发展或家长满意度方面取得一定的收益;二是需要学校在特色活动、实施细则、项目开支、评估考核等方面进行整体设计和充分论证,以相对完善的方案获取相关职能部门的经费或政策支持。

二、指向家庭教育能力提升的服务联盟

受教育者在未进入学校教育系统之前,由家庭与父母带给子女影响,这种影响会以惯习的形式内化进个体精神图式之中,成为影响其一生的存在。①部分家长教育观念落后,在教育目标上功利性思想严重,在教育内容上重智育而轻德育、体育、美育、劳动教育,在教育方式上更多采用讲道理、训斥、打骂、溺爱或是放任等方式而没有根据孩子特点选择合适的教育方式等,反映出一些家长的家庭教育能力相对不足。家长出现的教育知识、教育观念和教养方式等方面的问题,将对学生核心素养的发展产生负面影响。因而,小学生核心素养的养成应重视家庭教育能力的提升。

(一)发挥家校合作体系在家庭教育中的指导作用

首先,家校合作体系建立本身就具有提升家庭教育能力的职责,在行动团队组建之时需要考虑成员中学生家长的构成,要重点选择有一定知识素养、沟通与协调能力,以及有一定人脉、资源的家长。这些家长可以为合作方案的制定提供多样化、有见地的观点,为合作项目的策划、实施等工作提供便利条件,也可以成为其他学生家长开展家庭教育的效仿对象。其次,在团队建设阶段,

---

① 黄俊、董小玉:《布尔迪厄文化再生产理论的教育社会学解读》,《高教探索》2017 年第12 期。

学校通常要为团队成员提供培训,帮助团队成员学会协作并提升其能力水平,培训中一般涉及家庭教育理论与实践案例的内容,这将有助于提升团队中参与家长的家庭教育能力。最后,合作团队在制定合作方案时,要有意识地将家庭教养观念、教养方式以及家庭教养实践等内容纳入主题活动,利用活动开展家庭教育知识的传播和家庭教养技能的指导。但是,面向家庭教育能力提升的具体活动不能成为合作方案制定的重点,更不能成为家校合作的主要内容。家校合作体系中有关家庭教育能力的提升,应该是提供平台或是作为"引导人",意在通过充分利用各类社会资源,引导或鼓励合作体系中的其他主体参与到该项活动中,以避免因合作方案中活动内容增多而造成合作目标的偏离。

(二)学校依托社区共建家庭教育指导服务联盟

在 2018 年召开的全国教育大会上,习近平总书记指出"教育、妇联等部门要统筹协调社会资源支持服务家庭教育",第一次把教育部门放在了妇联之前,由此强化了教育行政部门的家庭教育责任,这就为建立教育行政部门主管的家庭教育组织体系提供了重要依据。① 社区本身具有文化建设的功能,负责辖区内居民知识与文化、道德素养等提升的责任,但是,社区这一功能的发挥往往具有普适性,较少聚焦于家庭教育能力方面。同时,在功能发挥的效果方面,也由于社区功能的多样性、辖区内居民的复杂性以及社区工作重心等问题,在操作层面存在表层化的现象。社区在文化建设功能发挥不足、实际活动效果不佳的状态下,为学校与社区在家庭教育能力提升方面的合作提供了广阔空间。因此,学校可主动对接社区,在组建合作团队过程中,邀请社区相关负责人和工作人员进入合作团队的组织架构,为整合社区教育资源、实现学校与社区的沟通交流提供平台;在合作方案制定时,充分考虑学校所在社

---

① 叶强:《家庭教育立法应重视"提升家庭教育能力"》,《湖南师范大学教育科学学报》2021 年第 3 期。

区的企业、组织、机构、团体、场馆等资源优势,结合社区文化宣讲、知识普及、社区活动等常规活动,共同策划和开发以提升家庭教育能力为目标的主题活动。

(三)学校与高校共同开发面向特殊家庭的教育指导项目

流动、留守、单亲等特殊家庭儿童的学习与发展是学校教育与学生工作的重点,特殊家庭儿童的家庭教育能力需要给予特别关注,在这方面,学校与高等院校具有共同行动的基础。一是学校希望借助高校的学术资源对特殊家庭的学生及家庭本身提供智力支持,在解决现实问题时需要高校研究人员提供更为科学有效的建议;二是高校则希望通过学校提供样本对象和现场条件开展有关特殊家庭儿童或家庭本身的研究,在数据与资料获取的基础上形成相关领域理论与实践研究的成果。教育领域中的扎根研究、行动研究、个案研究等,都是解决与应对此类问题的重要研究范式。当前,高校的社会服务功能正在不断得到强化,也迫切需要融入地方经济社会发展的良性互动之中,因此,学校可主动与高校研究机构或从事相关研究的学者建立合作关系,通过申报政府基金或校地融合项目开展理论与实践研究,在研究中根据不同类型特殊家庭的实际状况形成建议方案、开发家庭读物、推出培训课程等,为特殊家庭教育能力的提升提供相应的支持。

三、指向教师教学与校园环境的内在资源建设

在小学生核心素养发展的影响因素中,教师素养与校园环境的贡献率较高。可以说,在小学生核心素养养成过程中,教师和学校所起的作用举足轻重。小学生具有很强的可塑性,其初步发展形态虽受家庭教育能力的影响,但在学科素养、学业素养和社会素养的养成方面,教师的理念与教学水平以及校园环境建设,都直接或间接地影响着学生关键能力的发展与提升。

(一)教师的教学理念与方法更新推动小学生学科素养的发展

发展学生的学科素养,首先就是要确立新的教学理念、确立新的教学思维。教师要坚持"以人为本"的教学理念,把学生的发展放在第一位,结合学生实际,尊重学生个性差异,根据不同学生的特点因材施教。一是要根据学生不同年龄阶段的特点进行分段教学。教学要符合当前小学生思维发展的水平,低年级段学生要注重基础知识的培养和教学,三、四年级是一个过渡时期,要注重学生形象思维能力和逻辑思维能力的开发,教师在教学中应当以学生为主体,在课堂上善于引导学生,进行启发式教育。五、六年级学生心理逐渐成熟,教师要注意学生心理的变化,进行适当引导。二是对学生因材施教。如根据本书研究数据,女生的核心素养水平高于男生的核心素养水平,女生在阅读能力、语言能力方面普遍高于男生,养成的习惯普遍比男生好,相较于男生,女生更听教师和家长的话。因而,在小组学习中男女搭配、男生基础知识的教学等都需结合小学生的性别特征在内容和方式上有所差别。其次,不断改善教学方式,适应学生身心发展。当前,各级各类有关新型教学方式与模式的培训较多,教师或多或少都会从中收益,我们一般接受这种观点——没有最好的但有最合适的教学方法。就如同"三步走的方法":第一步是课前准备,注重学生的预习,会让学生有选择性地收集资料、图片,学会用自己的话概括文章内容;第二步是课堂教学,坚持以学引思,培养学生自主学习、合作探究;第三步是课后实践,鼓励学生参与社会实践。不同的教学方式各有利弊,但教师的选择有一个基本点,即要符合学科课程具体内容的教学目标。因而,教师在教学方式改革过程中,应始终坚持一个目标,即聚焦于学生知识的习得与技能的掌握,在目标的指引下完善教学过程。

(二)价值观教育融入课程教学推动小学生学业素养的发展

在学生学业素养发展过程中,教师的教育与引导发挥着重要的作用。主要表现在两个方面:一是纠正学生不正确的学习认知,逐步培养良好的学习认知,树立积极的学习情感;二是不断深化学生的学习认知,引导那些已有初步正确学习认知、积极主动学习的学生坚定理想信念,并使之逐渐内化。能否实现学生学习认知与情感向积极方面的转变,价值观教育是根本。价值观教育与课程统整的内在特征存在高度耦合性,课程统整有利于价值观教育整体化、深度化、具体化的实施。[①] 因而,教师首先要将价值观教育的目标融入课程目标之中,找准课程中价值观教育的融入点。价值观教育目标的定位应准确把握学生成长过程的个性化和矛盾性发展规律,将广义价值观教育中的理想信念、价值取向、社会责任等与学生学习的目标、态度、责任有机结合,突出培育学生正确的学习认知、端正的学习态度以及积极的学习情感,在潜移默化中塑造学生的价值观、培育情感心理。其次,挖掘包括学科课程在内的价值观教育的元素。价值观教育的素材来源较为广泛,如历史人物、道德模范、教师个人经历、"反面教材"等,除了考虑素材与价值观教育目标的吻合度,还要考虑能否被学生所理解、接受和认同,能否引起学生的共鸣或产生"共情"。考虑到学生学习与生活空间的特征,在学科课程、地方文化、学校发展历史以及"优秀家长"中挖掘"想学、愿学、乐学"的典型案例与素材,将更易激发学生的兴趣。最后,以过程性记录为主设计评价方案。在评价指标方面,可考虑以学习认知、学习情感和学习行为三个维度建立一级指标,将各维度的典型行为如"认识到学习的重要性""课堂上与老师互动次数增多""经常去学校图书馆看书"等作为具体指标来构建指标体系。在评价方式上,可采用诊断性评价、形成性评价和总结性评价相结合的方式,如诊断性评价通过设计问卷和量表对学生开课前后的水平进行量化评价,形成性评价通过记录学生的课堂参与、行为学观察结果等对学生的学习过程进行评价,总结性评价则通过学生的心得体会,结合诊断性评价及形成性评价结果,给予学生定性或定量的评价。评价

---

① 李洪修、王萌萌:《课程统整视域下价值观教育的实现》,《天津师范大学学报(基础教育版)》2021 年第 3 期。

方案的制定既可以为了解价值观教育目标的达成情况提供依据,也可以为价值观教育的改革实践提供反馈。

(三)立足校本课程推动小学生社会素养的发展

学校是进行教育活动的教育场所,校园环境对小学生核心素养的发展起着潜移默化的影响。因而,学校在营造如社会主义核心价值观以及家国情怀、友善等主题的文化长廊、教育基地、宣传海报的同时,还可以通过聚焦社会素养的校本化方式,提升小学生的核心素养。首先,校本课程的开发应适当指向学生的社会素养。有学者认为,核心素养校本化表达是学校对于"核心素养"的再认识,也就是学校对其培养目标的自我设计与定位。① 事实上,核心素养校本化表达所凸显的特色与凝练的精髓基本都集中于有关"明理""天下情怀"等与学生社会素养内容紧密相关的内容。在这个层面上,学校的校本课程有理由也有可能成为学生社会素养发展的媒介。其次,校本课程的内容可涵盖社会素养主题。立足于校本课程所设计的主题活动内容,如德育、生活教育、劳动教育等,都是提升学生社会素养的重要途径。如开展"祖国在我心中""我爱我国"等为主题的爱国教育活动,组织学生走进"爱国主义"教育基地,使学生了解祖国的历史,接受爱国熏陶,产生爱国情感;开展"走进社区,体验生活""学习雷锋,走进社区"等活动,增强学生与社会的联系、增强其人际交往和社会适应等;开设剪纸、足球、学习唐诗宋词等特色化校本的课程,拓宽学生生活技能范畴。

学生社会素养的培养虽不是学校教育的主要功能,但学校教育对学生社会素养的养成却起着重要作用。当前,在学校教育功能不断被放大的情形下,有学者认为需要厘清学校教育与家庭教育或是社会教育的边界。但是,这个边界到底要如何设置?哪些范畴属于学校教育抑或是家庭与社会教育?此类

---

① 窦桂梅:《成志教育视野下的学生核心素养校本表达》,《人民教育》2017年第Z1期。

问题可能一直是教育界争论的话题。我们可能需要换一种思维方式,以更为包容、接纳的态度看待家庭、学校或是社会的教育功能,可能更容易在学生成长方面达成共识,更愿意主动为学生成长提供资源,也更可能在最短时间内实现家庭—学校—社区在学生培养方面思想与行动的统一。这不仅是现代教育发展的方向,也是学生核心素养发展所期望形成的教育生态文化。

参考文献

一、专著

[英]安妮特·拉鲁:《家庭优势:社会阶层与家长参与》,吴重涵等译,江西教育出版社 2014 年版。

[美]爱普斯坦·乔伊丝等:《学校、家庭和社区合作伙伴:行动手册》,吴重涵、薛惠娟译,江西教育出版社 2012 年版。

[法]布尔迪约、帕斯隆:《再生产:一种教育系统理论的要点》,邢克超译,商务印书馆 2002 年版。

成尚荣:《儿童立场》,华东师范大学出版社 2018 年版。

陈琦、刘儒德主编:《当代教育心理学》,北京师范大学出版社 2017 年版。

[德]底特利希·本纳:《普通教育学——教育思想和行动基本结构的系统的和问题史的引论》,彭正梅等译,华东师范大学出版社 2006 年版。

冯建军:《教育学的人学视野》,教育科学出版社 2008 年版。

[德]斐迪南·滕尼斯:《共同体与社会》,张巍卓译,商务印书馆 2019 年版。

顾明远主编:《教育大辞典(增订合编本)》(下),上海教育出版社 1998 年版。

[德]赫尔曼·哈肯:《高等协同学》,郭治安译,科学出版社 1989 年版。

[德]哈尔特穆特·罗萨:《加速:现代社会中时间结构的改变》,董璐译,北京大学出版社 2015 年版。

何瑞珠:《家庭学校与小区协作:从理念研究到实践》,中文大学出版社 2002 年版。

胡守钧:《社会共生论(第 2 版)》,复旦大学出版社 2012 年版。

黄志斌:《绿色和谐管理论:生态时代的管理哲学》,中国社会科学出版社 2004

362

年版。

[美]科尔曼:《社会理论的基础》,邓方译,社会科学文献出版社 1990 年版。

《鲁迅全集》第 1 卷,人民文学出版社 1981 年版。

[德]马克思:《资本论》第 1、3 卷,人民出版社 2004 年版。

《马克思恩格斯全集》第 25 卷,人民出版社 2001 年版。

《马克思恩格斯全集》第 30 卷,人民出版社 1995 年版。

《马克思恩格斯文集》第 1、2、4、5 卷,人民出版社 2009 年版。

《马克思恩格斯选集》第 1 卷,人民出版社 2012 年版。

[美]迈克尔·贝尔雷等:《超越团队:构建合作型组织的十大原则》,王晓玲、李琳莎译,华夏出版社 2005 年版。

[德]米歇尔·鲍曼:《道德的市场》,肖君译,中国社会科学出版社 2003 年版。

马忠虎:《家校合作》,教育科学出版社 1999 年版。

[英]齐格蒙特·鲍曼:《流动的现代性》,欧阳景根译,中国人民大学出版社 2018 年版。

[苏]苏霍姆林斯基:《给教师的建议(修订本)》,杜殿坤译,教育科学出版社 2006 年版。

沈德立:《非智力因素的理论与实践》,教育科学出版社 1997 年版。

石中英等:《基础教育新概念:家校合作》,教育科学出版社 1999 年版。

[美]泰勒拉尔夫:《课程与教学的基本原理》,罗康、张阅译,中国轻工业出版社 2014 年版。

吴明隆:《问卷统计分析实务——SPSS 操作与应用》,重庆大学出版社 2010 年版。

吴重涵等:《家校合作:理论、经验与行动》,江西教育出版社 2013 年版。

王守恒等:《教育学新论》,中国科学技术大学出版社 2005 年版。

谢维和:《教育活动的社会学分析》,北京教育科学出版社 2000 年版。

夏征农、陈至立主编:《辞海彩图本 A-G(第 6 版)》,上海辞书出版社 2009 年版。

袁贵仁:《中小学校管理评价》,人民教育出版社 2014 年版。

[英]亚当·斯密:《道德情操论》,蒋自强译,商务印书馆 1997 年版。

张厚粲、徐建平:《现代心理与教育统计学》,北京师范大学出版社 2009 年版。

张康之:《合作的社会及其治理》,人民出版社 2014 年版。

张康之:《走向合作的社会》,人民大学出版社 2015 年版。

张康之、张乾友:《共同体的进化》,中国社会科学出版社 2012 年版。

张玉民、何树芳:《新课程课堂教学能力训练》,哈尔滨地图出版社 2009 年版。

邹强:《中国当代家庭教育变迁研究》,天津大学出版社 2011 年版。

周俊:《现代学校制度建设的理论与实践》,浙江大学出版社 2010 年版。

《义务教育语文课程标准》,北京师范大学出版社 2012 年版。

二、期刊论文

安培培:《亲子关系与青少年社会化》,《山西高等学校社会科学学报》2010 年第 3 期。

安秋玲等:《流动儿童的学校生活与学业成绩的关系:学习态度和学习目标的中介作用》,《中国特殊教育》2018 年第 6 期。

陈英敏等:《小学中年级学生父母教养方式、羞怯与社会适应的关系》,《中国特殊教育》2015 年第 10 期。

陈蓓:《国外数学素养研究及其启示》,《外国中小学教育》2016 年第 4 期。

陈六一、刘晓萍:《指向核心素养的小学数学命题探究——基于 PISA 数学测试的启示》,《教育与教学研究》2017 年第 8 期。

陈烨:《家长认同考试下的核心素养发展处境与策略探析》,《教育现代化》2017 年第 40 期。

陈翠翠等:《正念训练对学习困难学生注意力及学业情绪的影响》,《基础教育》2019 年第 2 期。

陈江辉、张烨:《情绪管理视野下中小学生人际交往技能的培养》,《上海教育科研》2019 年第 3 期。

陈奕桦等:《电子白板竞赛游戏课堂评价环境下小学生数学学习表现的变化》,《现代教育技术》2019 年第 4 期。

程黎等:《10~12 岁学业优秀与学业不良高智商儿童非智力因素的比较》,《教育研究与实验》2011 年第 6 期。

程艳霞、程国玺:《学校发展规划评估:学生发展核心素养的视角》,《教育测量与评价(理论版)》2016 年第 4 期。

程晓堂、赵思奇:《英语学科核心素养的实质内涵》,《课程·教材·教法》2016 年第 5 期。

程肇基:《附属型家校互动的文化困境及其突破》,《四川师范大学学报(社会科学版)》,2019 年第 6 期。

程永峰:《论新时代人与社会协调发展的科学内涵》,《内蒙古师范大学学报(哲学社会科学版)》2020 年第 4 期。

柴娇:《近 20 年国内外体育学习兴趣研究综述》,《体育学刊》2014 年第 6 期。

柴江:《我国特殊家庭学生社会适应能力的研究进展》,《中国特殊教育》2014 年第 4 期。

常卫国、谢娟:《影响高一学生数学学习兴趣的调查》,《现代教育科学》2010 年第 10 期。

蔡上鹤:《面向全体学生提高数学素养》,《人民教育》1993 年第 1 期。

蔡敏:《小学生数学学习情感评价的研究》,《教育科学》2010 年第 1 期。

崔丽霞、郑日昌:《中学生问题行为的问卷编制和聚类分析》,《中国心理卫生杂志》2005 年第 5 期。

崔允漷:《追问"核心素养"》,《全球教育展望》2016 年第 5 期。

褚宏启:《核心素养的国际视野与中国立场——21 世纪中国的国民素质提升与教育目标转型》,《教育研究》2016 第 11 期。

褚宏启:《只讲"核心素养"是不够的》,《中小学管理》2016 年第 9 期。

褚宏启:《核心素养是"行为能力"而非纸上功夫》,《中小学管理》2016 年第 11 期。

褚宏启:《核心素养的概念与本质》,《华东师范大学学报(教育科学版)》2016 年第 1 期。

曹敏:《聚焦小学语文核心素养的课堂实践》,《中国校外教育》2018 年第 33 期。

曹洪军:《马克思"真正共同体"思想及其当代价值》,《理论探索》2020 年第 2 期。

胡朝兵等:《进城农民工子女城市社会适应问卷的编制》,《重庆师范大学学报(哲学社会科学版)》2013 年第 3 期。

常珊珊、李家清:《课程改革深化背景下的核心素养体系构建》,《课程·教材·教法》2015 年第 9 期。

戴斌荣:《大学生社会适应能力的培养必须从中小学抓起——以农村中小学为研究视角》,《天津师范大学学报(基础教育版)》2014 年第 1 期。

戴斌荣、柴江:《大学生社会适应性问卷的初步编制》,《心理与行为研究》2011 年第 3 期。

丁锐、马云鹏:《课堂环境与学生学习表现的因果关系研究——一个基于数学课堂的前实验研究》,《全球教育展望》2011 年第 10 期。

丁萍萍、李如密:《课堂上的假性学习:表现、原因及对策》,《上海教育科研》2019 年第 6 期。

窦桂梅:《成志教育视野下的学生核心素养校本表达》,《人民教育》2017 年第 Z1 期。

董妍、俞国良:《青少年学业情绪问卷的编制及应用》,《心理学报》2007 年第 5 期。

董辉:《寻找芬兰教育成功的基因:历史—文化视角的阐释——专访芬兰埃博学术大学教授迈克尔·乌尔恩斯》,《比较教育研究》2020 年第 7 期。

杜尚荣:《课程资源到学生素养的转化理路与实践反思》,《海南师范大学学报(社会科学版)》2017 年第 1 期。

范涌峰:《重大疫情的课程价值及其实现路径——核心素养的视角》,《教育与教学研究》2020 年第 3 期。

傅维利:《论核心素养的认识误区与关键素养体系的中国化构建》,《高等教育研究》2020 年第 8 期。

高港、宋凤敏:《家庭教育与学校教育合作途径的探究》,《当代教育实践与教学研究》2018 年第 5 期。

庚振英:《小学学科整合课程研究》,《课程教育研究》2017 年第 12 期。

顾明远:《核心素养:课程改革的原动力》,《人民教育》2015 年第 13 期。

谷玉冰:《小学生人际交往能力的培养》,《教学与管理》2011 年第 17 期。

谷贤林:《终身学习思潮的理论基础与价值取向》,《比较教育研究》2018 年第 12 期。

郭文娟、刘洁玲:《核心素养框架构建:自主学习能力的视角》,《全球教育展望》2017 年第 3 期。

郭成等:《少年儿童社会适应问卷的初步修订及信效度检验》,《西南大学学报(社会科学版)》2018 年第 3 期。

巩永丹:《马克思共同体理论的历史逻辑及其当代表现》,《马克思主义与现实》2019 年第 2 期。

韩庆年等:《移动学习环境下同伴互评对大学生学习动机的影响效应研究》,《中国远程教育》2018 年第 11 期。

郝庆福:《学生自主管理模式探究》,《中国教育学刊》2010 年第 S2 期。

郝连明等:《项目学习对学习兴趣和自我效能感的影响》,《教学与管理》2018 年第 24 期。

洪明:《家校合育的基本现状及改进研究——基于 9 省市 4000 份问卷的调查分析》,《教育科学研究》2015 年第 9 期。

何声清、綦春霞:《数学学优生和后进生学习表现及其影响因素的差异研究——基于我国 6 个地区的大规模测试》,《教育科学研究》2018 年第 3 期。

何声清、綦春霞:《师生关系和数学学习兴趣对数学学业成绩的影响——自我效能感及数学焦虑的链式中介作用》,《教育科学研究》2018 年第 12 期。

和学新、杨丹滋:《基于学生核心素养发展的学校制度建设策略》,《天津师范大学学报(基础教育版)》2017 年第 3 期。

核心素养研究课题组:《中国学生发展核心素养》,《中国教育学刊》2016 年第 10 期。

黄河清:《家庭教育与学校教育的比较研究》,《华东师范大学学报(教育科学版)》2002 年第 2 期。

黄友初:《我国数学素养研究分析》,《课程·教材·教法》2015 年第 8 期。

黄俊、董小玉:《布尔迪厄文化再生产理论的教育社会学解读》,《高教探索》2017 年第 12 期。

黄菲菲等:《家校关系类型对小学生学业成绩的影响:基于潜在剖面分析》,《教育研究与实验》2018 年第 2 期。

惠良虹等:《英语学习动机对努力程度的影响:动机调控的中介效应——以河北三所重点高中为例》,《内蒙古师范大学学报(教育科学版)》2018 年第 10 期。

侯金芹、陈桂娟:《亲子依恋与师生关系对中学生掌握目标定向学习动机影响的追踪研究》,《中国特殊教育》2017 年第 4 期。

胡定荣:《论学校课程治理变革的意义、性质与任务》,《教育学报》2019 年第 2 期。

胡乐乐:《国外核心素养体系构建探究》,《新疆师范大学学报(哲学社会科学版)》2017 年第 6 期。

蒋国河、闫广芬:《城乡家庭资本与子女的学业成就》,《教育科学》2006 年第 4 期。

姜言霞等:《中小学生发展核心素养现状调查研究》,《山东师范大学学报(人文社会科学版)》2017 年第 6 期。

江平、李春玲:《教育治理体系现代化视角下家校合作创新实践》,《上海教育科研》2020 年第 2 期。

康渝生、边飞飞:《"共同活动方式":"真正的共同体"的实践前提》,《湖南社会科学》2019 年第 6 期。

雷云、建设:《"教育强国"实现伟大复兴——十九大报告中的教育宣言与未来图景》,《四川师范大学学报(社会科学版)》2018 年第 1 期。

李广等:《小学生语文核心素养调查研究:问题分析与改进建议——以吉林省 C 市五年级小学生为调查对象》,《东北师范大学报(哲学社会科学版)》2016 年第 2 期。

李洪修、王萌萌:《课程统整视域下价值观教育的实现》,《天津师范大学学报(基础教育版)》2021 年第 3 期。

李开国、张文华:《高中生化学学习动机、学习效能感与学习成绩的关系调查研究》,《化学教育(中英文)》2019 第 21 期。

李凌艳、郭思文:《国际大型教育评价项目中学校因素测量——学校有效性研究的一个视角》,《中国教育学刊》2011 年第 11 期。

李亮、周彦:《江苏省小学语文学业质量分析报告》,《江苏教育研究》2012 年第 6 期。

李琼:《小学生数学学习观:机构与特点研究》,《心理发展与教育》2006 年第 1 期。

李清臣、岳定权:《家校合作基本结构的建构与应用》,《中国教育学刊》2018 年第 12 期。

李松林:《学科核心素养的发展机制与培育路径》,《课程·教材·教法》2018 年第 3 期。

李雪松:《社会治理共同体的再定位:一个"嵌入型发展"的逻辑命题》,《内蒙古社会科学》2020 年第 4 期。

李艺、钟柏昌:《谈"核心素养"》,《教育研究》2015 年第 9 期。

李燕:《家校协同共酿"亲子阅读"芬芳》,《江苏教育》2018 年第 40 期。

刘翠兰:《影响家校合作的因素分析与对策研究》,《当代教育科学》2006 年第 20 期。

刘长城等:《青少年双向社会化模式与亲子关系研究》,《青年研究》2013 年第 3 期。

刘国飞等:《核心素养研究述评》,《教育导刊》2016 年第 3 期。

刘红云等:《班主任教师班级管理效能感对学生学习态度及其与学业效能间关系的影响》,《心理发展与教育》2005 年第 2 期。

刘杰:《高中生体育学习兴趣与心理健康关系研究》,《教学与管理》2011 年第 15 期。

刘莉等:《青少年期亲子和谐特点及与内外化问题行为的关系》,《中国特殊教育》2014 年第 1 期。

刘利民:《学校教育与家庭教育的边界》,《中国教育学刊》2017 年第 7 期。

刘铁芳、曹婧:《公共生活的开启与学校教育目标的提升》,《教育研究与实验》2012 年第 6 期。

刘义民:《国外核心素养研究及启示》,《天津师范大学学报(基础教育版)》2016 年第 2 期。

刘向东:《以成长性课程涵养面向未来的学生素养》,《中小学管理》2019 年第

8 期。

刘影、桑标:《中学生学业情绪表达策略及其与学业情绪的关系》,《心理科学》2020 年第 3 期。

刘延金、温思涵:《儿童眼中的合作学习》,《教育学术月刊》2015 第 11 期。

刘贞福:《谈"语文素养"》,《语文建设》2003 年第 4 期。

刘在花:《流动儿童学业情绪对学习投入影响的研究》,《中国特殊教育》2020 年第 2 期。

刘在花、单志艳:《小学生自我效能感的现状及其与学习态度的关系》,《济南大学学报(社会科学版)》2011 年第 5 期。

蔺秀云等:《流动儿童学业表现的影响因素——从教育期望、教育投入和学习投入角度分析》,《北京师范大学学报(社会科学版)》2009 年第 5 期。

凌辉等:《小学高年级学生亲子关系与学校适应:自立行为的中介作用》,《中国临床心理学杂志》2019 年第 1 期。

梁修云、万声贤:《小学生自我意识团体游戏干预效果评价》,《中国学校卫生》2015 年第 8 期。

马强、董文梅:《乌鲁木齐市中学生体育学习兴趣现状及其与心理健康的关系研究》,《民族教育研究》2016 年第 2 期。

马惠霞等:《不同教学方法激发与调节大学生学业情绪的教育实验》,《心理发展与教育》2010 年第 4 期。

马健生、邹维:《论学校及其功能》,《清华大学教育研究》2019 年第 4 期。

孟仙等:《小学高年级儿童攻击行为与亲子依恋关系》,《中国学校卫生》2011 年第 8 期。

苗红娜:《社会资本研究:分类与测量》,《重庆大学学报(社会科学版)》2015 年第 6 期。

牛云芳:《从"虚幻共同体"到"真正的共同体"——〈德意志意识形态〉共同体思想探析》,《长春理工大学学报(社会科学版)》2016 年第 5 期。

牛瑞雪:《基于学生发展核心素养的课程整合与创生》,《当代教育科学》2018 年 2 期。

裴新宁、刘新阳:《为 21 世纪重建教育——欧盟"核心素养"框架的确立》,《全球教育展望》2013 年第 12 期。

裴昌根、宋美臻:《小学生数学学习兴趣发展的"现状""问题"及"对策"》,《数学教育学报》2017 年第 3 期。

彭美、戴斌荣:《农村留守儿童社会适应性及其影响因素》,《中国健康心理学杂志》2020 年第 4 期。

彭美、戴斌荣:《亲子沟通与同伴友谊质量对农村留守儿童社会适应性的影响》,《中国特殊教育》2019 年第 9 期。

桑明旭:《马克思对共同体发展的历史考察及其当代启示》,《湖北社会科学》2019 年第 4 期。

沈正赋:《风险社会视域下的环境传播:环境问题、媒介功能与信息治理》,《内蒙古社会科学》2021 年第 2 期。

师曼等:《21 世纪核心素养的框架及要素研究》,《华东师范大学学报(教育科学版)》2016 年第 3 期

孙思雨:《国内关于核心素养研究的文献综述》,《基础教育研究》2016 年第 17 期。

孙颖等:《基于生态系统理论构建的融合教育专业支持系统探究——以北京市为例》,《中国特殊教育》2020 年第 7 期。

汤序华:《小学数学核心素养要素分析与界定反思》,《课程教育研究》2018 年第 32 期。

唐智松等:《"核心素养"概念的混沌与厘定》,《课程·教材·教法》2018 年第 8 期。

涂阳军:《论学习兴趣的养成:对西方近二十年来学习兴趣研究的反思》,《江苏高教》2013 年第 1 期。

田文华、亓秀梅:《家长参与学校教育:英美等国的经验与启示》,《全球教育展望》2004 年第 8 期。

田腾飞:《芬兰基础教育的质量标准及其评估机制探析》,《比较教育研究》2013 年第 4 期。

田凯:《基于中小学语文学科核心素养的教学实践》,《课程教育研究》2017 第 15 期。

汪敏:《家校合作的主体边界与实践范式》,《教育科学研究》2018 年第 12 期。

王丛、刘博:《家庭教养方式对小学生身心发展影响的研究》,《课程教育研究》2018 年第 27 期。

王光明:《基于学科素养的课程改革路向探究》,《教学与管理》2019 年第 9 期。

王雄雄、张军:《西北农村地区小学生的数学学习态度调查》,《教育测量与评价》2012 年第 6 期。

王佳:《自我意识思想:黑格尔哲学的理论精髓》,《人民论坛》2016 年第 25 期。

王亚婷、孔繁斌:《用共同体理论重构社会治理话语体系》,《河南社会科学》2019年第3期。

王婧文:《美国教师与家长合作的经验及其启示》,《教学与管理》2019年第8期。

王维等:《合作学习对学生学习效果的影响——基于48项实验或准实验研究的元分析》,《上海教育科研》2020年第7期。

王元:《家庭资本与教育代际流动:基于学习品质的研究》,《基础教育》2020年第5期。

王永丽等:《儿童社会生活适应量表的编制与应用》,《心理发展与教育》2005年第1期。

卫沈丽:《美国儿童养育的"学校化":对"家长参与"政策的工具理性的评析》,《外国中小学教育》2017年第5期。

魏锐等:《"21世纪核心素养5C模型"研究设计》,《华东师范大学学报(教育科学版)》2020年第2期。

魏易、薛海平:《我国基础教育阶段家庭校外培训的消费行为研究——基于2017中国教育财政家庭调查的分析》,《教育学报》2019年第6期。

吴春:《组织理论的发展概述》,《新疆大学学报(哲学社会科学版)》2002年第1期。

吴莉、尹铁超:《认知学习理论视野中的英语专业课程信息化改革研究》,《黑龙江高教研究》,2006年第9期。

吴彤:《论协同学理论方法——自组织动力学方法及其应用》,《内蒙古社会科学》2000年第6期。

吴艳、温忠麟:《结构方程建模中的题目打包策略》,《心理科学进展》2011年第12期。

吴重涵:《从国际视野重新审视家校合作——〈学校、家庭和社区合作伙伴:行动手册〉中文版序》,《教育学术月刊》2013年第1期。

吴重涵等:《教育跨界行动的制度化特征——对家校合作的经验分析》,《教育研究》2017年第11期。

吴重涵:《制度化家校合作与儿童成长的相关性研究》,《教育科学研究》2018年第10期。

吴重涵、张俊:《制度化家校合作的国际比较:政策、学校行动与研究支撑》,《中国教育学刊》2019年第11期。

吴遵民、蒋贵友:《公共危机背景下社区教育功能再思考——基于社区治理的视角》,《教育研究》2020 年第 10 期。

辛涛等:《论学生发展核心素养的内涵特征及框架定位》,《中国教育学刊》2016 年第 6 期。

徐戈等:《社会资本、收入多样化与农户贫困脆弱性》,《中国人口·资源与环境》2019 年第 2 期。

徐速等:《高中生数学学业情绪及其相关因素的研究》,《心理研究》2013 年第 5 期。

徐先彩、龚少英:《学业情绪及其影响因素》,《心理科学进展》2009 年第 1 期。

徐晓莉等:《北京市朝阳区小学生社交能力与行为问题调查分析》,《中国健康教育》2010 年第 3 期。

薛允莲等:《童年不良事件与成年亚健康的关系及成长期亲子关系的中介效应研究》,《现代预防医学》2019 年第 16 期。

向建设:《巴纳德与西蒙的组织理论比较》,《吉首大学学报(社会科学版)》2013 年第 S1 期。

向玉琼:《"中心—边缘"结构下政策过程的线性思维》,《党政研究》2017 年第 6 期。

向祖强等:《中职生学业情绪与人格特征的关系研究》,《教育导刊》2017 年第 10 期。

[法]夏尔·提于斯、林静:《法国中小学生核心素养要求及评价——夏尔·提于斯与林静的对话》,《华东师范大学学报(教育科学版)》2018 年第 1 期。

夏雪、魏星:《学校因素对中学生学习态度的影响——基于上海地区 PISA 测试的数据分析》,《教育科学研究》2020 年第 10 期。

姚文峰:《农村小学生英语学习兴趣状况及影响因素调查》,《内蒙古师范大学学报(教育科学版)》2009 第 10 期。

杨虎平等:《"双螺旋"教学模式对学生学习态度的影响与分析》,《山西师范大学学报(自然科学版)》2011 年第 2 期。

杨燕、周东明:《小学四年级学生数学素养测评研究》,《教育研究与实验》2018 年第 6 期。

杨海波等:《学习兴趣、自我效能感、学习策略与成绩的关系——基于 Kolb 学习风格的初中数学学习研究》,《教育科学研究》2015 年第 10 期。

杨宝琰:《城乡初中生学业表现差异的影响因素及作用机制——基于教育投入、学习投入和教育价值观的分析》,《教育科学研究》2017 年第 3 期。

杨传利、林丽珍:《家庭教养方式与学生情绪调节能力的关系——基于社会情感学习(SEL)背景下的实证研究》,《广西师范学院学报(哲学社会科学版)》2017年第3期。

杨晓萍、王其红:《走向实践共同体的学前教育教研制度——基于新制度主义的分析》,《内蒙古社会科学》2020年第2期。

杨伟东、胡金平:《教育文化史:新文化史视域下的教育史学新范式》,《大学教育科学》2021年第4期。

闫昱洁:《警惕课堂合作学习中的虚假合作》,《教学与管理》2015年第28期。

叶强:《家庭教育立法应重视"提升家庭教育能力"》,《湖南师范大学教育科学学报》2021年第3期。

叶祖庚:《科学的家庭教育观:破解家庭教育现实问题的出路》,《闽南师范大学学报(哲学社会科学版)》2020年第3期。

元英等:《亲师关系对初中生学业成就表现的影响——基于中国教育追踪调查的实证研究》,《教育研究与实验》2019年第3期。

元英、刘文利:《澳大利亚家校合作评估及其启示》,《教学与管理》2019年第28期。

余璐、罗世兰:《家庭资本对处境不利儿童学习品质的影响:家庭心理韧性的中介》,《学前教育研究》2020年第9期。

郁琴芳:《家校合作的区域推进若干模式评析——以泛长三角地区的实践样态为例》,《教育学术月刊》2020年第3期。

于倩等:《教师支持对学生学习动机及学业成就的影响机制研究》,《天津大学学报(社会科学版)》2017年第6期。

俞国良、董妍:《学业情绪研究及其对学生发展的意义》,《教育研究》2005年第10期。

张二莎:《初中生语文学习兴趣影响因素及机制研究——基于扎根理论的视角》,《新课程研究》2020年第27期。

张华:《论核心素养的内涵》,《全球教育展望》2016年第4期。

张剑、郭德俊:《内部动机与外部动机的关系》,《心理科学进展》2003年第5期。

张璟等:《亲子依恋对青少年学习倦怠的影响:有调节的中介模型》,《江西师范大学学报(哲学社会科学版)》,2019年第5期。

张洁婷等:《潜在类别分析技术在心理学研究中的应用》,《心理科学进展》2010年第12期。

张俊等:《家长和教师参与家校合作的跨界行为研究——基于交叠影响域理论的经验模型》,《教育发展研究》2018 年第 2 期。

张俊等:《面向实践的家校合作指导理论——交叠影响域理论综述》,《教育学术月刊》2019 年第 5 期。

张康之、张乾友:《对共同体演进的历史考察——兼论人文社会科学研究的共同体视角》,《西北大学学报(哲学社会科学版)》2008 年第 4 期。

张康之:《模式化行动与合作行动中的知识类型及其比较》,《西北师大学报(社会科学版)》2019 年第 4 期。

张康之:《论风险社会中的人及其行动方式》,《内蒙古社会科学》2020 年第 4 期。

张乐天:《欣赏教育创新的亮丽风景——读〈芬兰道路:世界可以从芬兰教育改革中学到什么〉》,《全球教育展望》2015 年第 5 期。

张润田:《家校合作制度化的困境与出路——基于新制度主义的视角》,《当代教育科学》2020 年第 5 期。

张桐:《社会关系变迁的结构化过程:基于中心—边缘结构的视角》,《社会发展研究》2018 年第 3 期。

张雯闻、方征:《学校主导型家校合作与社会资本生产——基于 CEPS 的实证研究》,《教育学术月刊》2019 年第 2 期。

张燕军等:《性别、年级、最喜欢的老师影响学生 STEM 学习态度研究——基于浙江省六所中学的调查》,《开放教育研究》2020 年第 6 期。

张献华、杨文:《影响处境不利儿童学习表现的主要因素》,《学前教育研究》2013 年第 3 期。

张玉静:《青少年积极情感体验的发展及其影响因素》,《首都师范大学学报(社会科学版)》2020 年第 4 期。

张屹等:《基于 APT 教学模型的移动学习对学生学习兴趣与成绩的影响研究——以小学数学"扇形统计图"为例》,《中国电化教育》2016 年第 1 期。

张越等:《家校合作研究的分层、路径及整合——基于"意识三态观"的分析架构》,《民族教育研究》2021 年第 1 期。

赵红霞、崔亭亭:《家庭文化资本对初中生学业成就的影响研究》,《教育研究与实验》2020 年第 3 期。

赵南:《儿童品质结构与层次新论及其对教育的启示——基于儿童终生自主发展的需要》,《学前教育研究》2015 年第 12 期。

赵耸婷、许明:《家长参与:英国学校教育改革的新亮点》,《外国教育研究》2014 年第 1 期。

赵延东、洪岩璧:《社会资本与教育获得——网络资源与社会闭合的视角》,《社会学研究》2012 年第 5 期。

朱永新:《家校合作激活教育磁场——新教育实验"家校合作共育"的理论与实践》,《教育研究》2017 年第 11 期。

左璜:《基础教育课程改革的国际趋势:走向核心素养为本》,《课程·教材·教法》2016 年第 2 期。

邹泓等:《青少年社会适应的保护性与危险性因素的评估》,《心理发展与教育》2015 年第 1 期。

周翠敏等:《学校心理环境对小学 4~6 年级学生学业表现的作用及条件》,《心理学报》2016 年第 2 期。

周浩、龙立荣:《共同方法偏差的统计检验与控制方法》,《心理科学进展》2004 年第 6 期。

周庆元:《语文教育旨在提高语文素养》,《湖南师范大学社会科学学报》1993 年第 6 期。

周燕萍、王黎黎:《基于核心素养下的小学数学教学评价》,《课程教育研究》2018 年第 8 期。

曾献春等:《导学案教学策略对新疆双语学生生物学习兴趣和学习态度的影响——以喀什地区第六中学为例》,《新疆师范大学学报(自然科学版)》2012 年第 2 期。

钟科代、郑永扣:《应然、实然、必然:论马克思"真正的共同体"》,《河南大学学报(社会科学版)》2020 年第 3 期。

三、学位论文

柏峥嵘:《家长参与学校管理的现状、问题及对策研究——以上海市青浦区 Q 小学为例》,硕士学位论文,华东政法大学政治学与公共管理学院,2018 年。

陈红瑛:《数学素养的内涵比较分析及其培养现状研究》,硕士学位论文,陕西师范大学教育科学学院,2017 年。

陈旭娇:《高中生二语自我动机与其英语学习成绩关系的研究——以伊宁市第一中学为例》,硕士学位论文,伊犁师范大学外国语学院,2020 年。

陈艺瑕:《农村中小学生学习动机与父母教养方式、亲子关系的研究》,硕士学位论文,湖南师范大学教育科学学院,2012 年。

程丽丽:《小学生语文核素养评价研究》,硕士学位论文,东北师范大学教育学部,2015 年。

邓潺:《中学生学习动机与时间管理倾向的关系:学业自我的中介作用》,硕士学位论文,四川师范大学教师教育与心理学院,2018 年。

付冠峰:《小学生课外学习行为对学业表现的影响研究》,硕士学位论文,华东师范大学教育技术信息技术学院,2016 年。

高梅玲:《小学生班干部制度的教育现象学研究》,硕士学位论文,西北师范大学教育学院,2012 年。

高树丽:《高中生数学学习动机与学习成绩的关系的调查研究——以天津市静海区 M 高中为例》,硕士学位论文,天津师范大学教育学部,2020 年。

桂绍贞:《台湾基础教育质量保障管理策略之研究——以台北市为例》,博士学位论文,华东师范大学公共管理学院,2010 年。

桂德怀:《中学生代数素养的内涵与评价研究》,博士学位论文,华东师范大学教育科学学院,2012 年。

何剑彤:《基于协同理论的专业学位研究生培养模式系统结构与机制研究》,博士学位论文,大连海事大学航运经济与管理学院,2015 年。

胡静:《高年级小学生自我管理能力的现状及对策研究——以大连市 3 所小学为例》,硕士学位论文,辽宁师范大学教育学院,2016 年。

李雪峰:《免费师范生学习动机与学习态度的研究——与非免费师范生的比较》,硕士学位论文,华中师范大学教育科学学院,2009 年。

李霄文:《小学生高年级语文核心素养培养策略研究》,硕士学位论文,渤海大学教育与体育学院,2017 年。

刘丽琼:《4—6 年级学生语数学科兴趣量表的初步编制》,硕士学位论文,湖南师范大学教育科学学院,2007 年。

彭一峰:《独生与非独生子女早期发展的比较研究》,硕士学位论文,陕西师范大学教育实验经济研究所,2018 年。

秦也雯:《美国学前儿童社会能力培养研究——以"强大开端"项目为例》,博士学位论文,延边大学教育学院,2018 年。

孙平:《学习者信念与课堂表现相关度的实证研究》,硕士学位论文,华中师范大学外国语学院,2011 年。

孙宗敏:《小学生社交焦虑与应对方式及其关系研究》,硕士学位论文,南京师范大学教育学院,2011 年。

史田花：《日语专业本科生二语动机自我系统与自主学习能力的相关性研究》，硕士学位论文，山西财经大学外国语学院，2019 年。

万忠尧：《大学生知识管理倾向问卷的初步编制》，硕士学位论文，西南大学心理学部，2014 年。

王银：《农村中学生心理健康、生活压力与学习态度的相关研究》，硕士学位论文，贵州师范大学心理学院，2019 年。

王晓杰：《数学文化教学对小学生数学抽象素养的影响研究》，硕士学位论文，西南大学教育学部，2017 年。

王晓萍：《中学生在线学习中学习适应性、学业情绪对学习投入的影响——自我决定动机的中介作用》，硕士学位论文，天津师范大学教育学部，2020 年。

徐玲娇：《小学家校合作现状与优化策略研究——以扬州市××小学为例》，硕士学位论文，扬州大学教育科学学院，2018 年。

徐菁：《小学家校合作的问题和改进策略的研究》，硕士学位论文，华东理工大学师范学院，2019 年。

许洪悦：《家庭教养方式和学习动机对初中生学业成绩的影响》，硕士学位论文，吉林大学哲学社会学院，2020 年。

肖林：《基于 PIRLS 测评的小学生阅读素养影响因素研究》，硕士学位论文，西南大学教育学院，2017 年。

杨若男：《语文核心素养研究》，硕士学位论文，河北师范大学教育学院，2017 年。

杨思涵：《小学生语文核心素养调查研究》，硕士学位论文，东北师范大学教育科学学院，2018 年。

杨花：《高中生生物学业情绪、自我效能感与学业成绩的相关研究》，硕士学位论文，上海师范大学生命科学学院，2020 年。

张彦：《"两岸三地"学生核心素养的比较研究》，硕士学位论文，西南大学教育学部，2017 年。

张林：《小学高年级学生班级自主管理现状及改善对策研究》，硕士学位论文，辽宁师范大学教育学院，2018 年。

张心悦：《基于协同理论的我国科技计划资金监管政策研究》，博士学位论文，中国科学技术大学公共事务学院，2018 年。

钟俊璇：《高中生英语学习动机、学习效能感与学习成绩的相关性研究》，硕士学位论文，闽南师范大学外国语学院，2020 年。

周淑红：《小学数学核心素养培养研究》，硕士学位论文，哈尔滨师范大学教育科学学院,2017 年。

四、报纸文章

顾明远:《学校教育如果不与家庭教育相结合,将一事无成》,《中国教育报》2021年 6 月 27 日。

李新翠:《五年级学生总体最快乐——北京、山东小学生快乐程度调查报告》,《中国教育报》2013 年 6 月 10 日。

刘培功、晏扩明:《马克思"真正的共同体"思想之规范性解析》,《中国社会科学报》2019 年 9 月 23 日。

倪闽景:《重视家庭教育,推进全面育人》,《人民政协报》2021 年 3 月 24 日。

吴重涵等:《家校合作不是少数人的游戏》,《中国教育报》2018 年 3 月 15 日。

张桐:《中心—边缘结构视角下的治理结构转型》,《中国社会科学报》2019 年 9 月25 日。

五、外文文献

Auerbach S., "Visioning Parent Engagement in Urban Schools", *Journal of School Leadership*, 2007, Vol. 17, No. 6.

Claessens A., Duncan G.J., & Engel M., "Kindergarten Skills and Fifth Grade Achievement: Evidence from the ECLS-K", *Economics of Education Review*, 2008, Vol. 28, No. 4.

Liu C., "Three Types of Reading Class in Primary Chinese Teaching", *Studies in Literature and Language*, 2016, No. 4, Vol. 12.

Jia Q., "Primary Exploration of the Developmental Teach Evaluation in Chinese Basic Education", *Asian Social Science*, 2010, No. 5, Vol. 6.

Kilpatrick J., "Understanding Mathematical Literacy: the Contribution of Research", *Educational Studies in Mathematics*, 2001, No. 2, Vol. 47.

Mathematics N., "Curriculum and Evaluation Standards for School Mathematics", *Mathetics Education*, 2013, No. 26.

Park S., Holloway S.D., "The Effects of School-based Parental Involvement on Academic Achievement at the Child and Elementary School Level: A Longitudinal Study", *The Journal of Educational Research*, 2017, Vol. 110, No. 1.

Rychen D. S., et al, *Defining and Selecting Key Competencies*, Göttingen, Germany:

hogrefe & Huber,2001.

The European Parliament and the Council of the European Union,"Recommendation of the European Parliament and of the Council of 18 December 2006 on Key Competences for Lifelong Learning" ,*Official Journal of the European Union* ,2009 ,NO. 8.

Ye L.& Cheng L. ,"Fill the Classroom with Life:Deepening the Reform of Chinese Primary and Secondary Classroom Teaching " , *Journal of Curriculum Studies*, 2017, No. 3 ,Vol. 50.

Zhao X. ,Lynch J.G.& Chen ,Q. ,"Reconsidering Baron and Kenny:Myths and Truths about Mediation Analysis" ,*Social Science Electronic Publishing* ,2010 ,No. 37.

后　记

　　2021年7月,中共中央办公厅、国务院办公厅印发《关于进一步减轻义务教育阶段学生作业负担和校外培训负担的意见》(以下简称"双减"),明确提出要"有效减轻义务教育阶段学生过重作业负担和校外培训负担",并将"完善家校社协同机制"作为提升"强化配套治理,提升支撑保障能力"的重要举措。"双减"政策进一步强化了家校合作在学校教育教学改革中的作用,家校合作也必然成为"双减"落地的重要支撑力量。"双减"政策着眼于学生的身心健康成长,为打破学校教育与家庭教育的"界限"并推动更为完善的家校合作体系建设工作提供了重要的时空场域。事实上,家校合作本身不直接对学生某种能力的发展产生影响,是通过营造健康、和谐的教育生态环境,促进学生成长内在动力的生成与深化,进而支持其学业获得或是某种能力的发展。因而,家校合作提供的是一种外在环境,家校合作的良好状态将促成健康、积极教育生态环境的形成,随着这种教育生态环境的逐渐扩散,其结果将生成健康、积极的教育生态文化。在这个层面上,家校合作的实践以及家校合作体系的建立健全就成为健康、积极教育生态环境乃至教育生态文化形成的重要基础。此时,教育生态文化视域下的学生发展,已不限于学生核心素养或是某种能力的发展,而是指向更广泛意义上的学生全面发展。

　　健康、积极教育生态环境的生成需要家庭和学校之间的真诚合作,双方共同助力培养学生的核心素养是当前家校合作的重要内容。本书是在核心素养的话语体系下,从家校合作角度分析其对学生核心素养的影响,进而探讨家校共育学生核心素养的路径。本研究是国家社会科学基金教育学一般课题"家校协同视域下中小学生学业素养的养成路径研究"(课题批准号:BHA190146)的研究成果。研究数据与资料的采集得到了江苏省盐城市、山西省临汾市、四川省乐山市等相关县(市、区)教育局、教育科学研究院(所),以及相关中小学校长、班主任、学生和学生家长的鼎力支持;研究工具的编制与修订得到了江苏省心理与认知科学大数据重点建设实验室、江苏高校哲学社会科学重点研究基地江苏农村教育发展研究中心的全力襄助;在数据的分析与处理以及相关章节的写作过程中,得到了邱慧燕博士和我的学生杨雨蒙、陆威、王亚芹、李清新、揭露、李菲菲、许浒、汪有竟、李静怡、马羽婷、冯千权、杨澜、王艳的倾力协助;专著的出版得到了人民出版社的大力支持,陈晓燕编辑对全书的框架、内容编排提出了很有价值的建议,借此机会对他们的付出表示由衷的感谢! 同时,本书的一些章节中涉及相关研究领域的成果,这些成果不仅拓宽了本研究的思路,也为相关结论的论证提供了支持,在此对作者表示诚挚的感谢!

责任编辑:陈晓燕
封面设计:九五书装

图书在版编目(CIP)数据

家校合作与学生核心素养发展/柴江 著. —北京:人民出版社,2022.12
ISBN 978 - 7 - 01 - 024766 - 3

Ⅰ.①家… Ⅱ.①柴… Ⅲ.①小学教育-学校教育-合作-家庭教育-教育
研究②小学生-素质教育-研究 Ⅳ.①G626②G621.6

中国版本图书馆 CIP 数据核字(2022)第 080783 号

家校合作与学生核心素养发展
JIA XIAO HEZUO YU XUESHENG HEXIN SUYANG FAZHAN

柴江 著

人民出版社 出版发行
(100706 北京市东城区隆福寺街 99 号)

北京汇林印务有限公司印刷 新华书店经销

2022 年 12 月第 1 版 2022 年 12 月北京第 1 次印刷
开本:710 毫米×1000 毫米 1/16 印张:24.5
字数:351 千字

ISBN 978 - 7 - 01 - 024766 - 3 定价:78.00 元

邮购地址 100706 北京市东城区隆福寺街 99 号
人民东方图书销售中心 电话 (010)65250042 65289539

版权所有·侵权必究
凡购买本社图书,如有印制质量问题,我社负责调换。
服务电话:(010)65250042